KB158924

부동산평가론

장동훈 • 정성조 • 나길수 共著

개정판을 발행하면서

초판을 발행한 이후 격년 주기로 개정판을 발행하게 되었다. 이토록 짧은 기간에도 부동산환경은 물론 감정평가 분야에도 급속한 변화가 있음을 말해주고 있다. 부동산 학계의 원로이신 윤창구 박사님께서는 '많은 부동산 관련 주변학문 중에서도 부동산 평가론은 인체의 심장과도 같이 중요한 역할을 담당하는 학문'이라고 늘 말씀하셨다. 부동산 자체가 국가, 사회 및 경제관계에서 높은 사회성과 공공성을 지니고 있기 때문이기도 하지만 토지의 자연적·인문적 특성으로 인하여 가치형성요인이 매우 복잡하여 일반 국민이 시장가치를 판단하기 어려울 수밖에 없고, 수많은 이해관계 속에 객관적인 경제적가치인 시장가치뿐만 아니라 과세·보상·보험 등의 가치정보와 함께 부동산시장의 유통질서 확립에 기여하기 때문이다.

이러한 환경 속에 부동산 감정평가 전반에 대한 학문적 연구와 실무적인 지침서가 될 수 있도록 새로운 공동 집필진으로 나길수 교수께서 합류하면서 그의 해박한 지식과 다양한 경험을 바탕으로 개정작업에 탄력을 받게 되었다.

지난번에는 「부동산 가격공시 및 감정평가에 관한 법률」이 '부동산 가격공시'와 '감정평가사' 관련 규정으로 분리하여 별도의 법률로 제·개정됨에 따라 부동산 가격공시제도와 감정평가사제도 편을 전면 개정하였다. 그러나 이 두 법률의 시행령이 공포되기도 전에 입법예고편으로 개정한지라 여전히 부족한 면이 많았다. 따라서 본 개정판에서는 위와 같은 두 법령의 시행에 맞추어 일부 미진한 부분들을 수정·보완하였다.

이 책은 감정평가실무에 앞서 기본이론에 대한 충분한 선행학습교재로 활용할 수 있도록 나름대로 상세하게 서술하였으나 지면관계로 부족함이 많을 진데 독자 여러분의 따뜻한 충고를 거울삼아 부족함을 채워가고자 다짐해본다.

끝으로 이 책을 개정하는데 보다 새롭고 알찬 내용으로 담을 수 있도록 언제나 따뜻한 조언과 새로운 자료들을 준비해 주시고 감정평가와 관련된 이론들에 관해 기꺼운 마음으로 토론을 이끌어 주시곤 하셨던 윤창구 박사님과 이 책을 집필하는데 많은 참고가 된 저서와 논문을 발표하신 동학 선후배 여러분께 깊은 감사를 드리며 개정작업에 수고를 아끼지 않으신 21세기사 편집부 여러분에게도 깊은 감사를 드린다.

2017년 8월 연구실에서

공저자 일동

머리말

감정평가란 토지 등의 경제적 가치를 판정하여 그 결과를 가액으로 표시하는 것을 말하는데 이러한 부동산 감정평가는 국민생활과 밀접하게 직결되어 있고 정치·사회·경제적 여건에 민감하게 반응함은 물론 개인 간의 이해관계에 따라 달리 해석될 수 있는 여지가 있기 때문에 사실 부동산의 정확한 가격을 산정한다는 것이 그리 쉬운 일만은 아닐 것이다.

이렇듯 부동산평가는 우리 실생활에 직접적인 영향을 미치고 있음에도 불구하고 우리나라 부동산평가의 수준은 선진국에 비해 아직은 좀 미약한 게 사실이다. 그러나 근자에 이르러 산학 실무경험을 바탕으로 여러 학자들에 의해 꾸준히 연구되고 있음은 아주 다행스러운 일이 아닐 수 없다. 저자들 또한 오랫동안 대학에서 평가관련 강의를 해 오며 우리나라 부동산평가 수준의 향상에 일정 역할을 담당해야 한다는 나름의 책임감을 느껴오던 차에 여기에 "부동산평가론"이라는 새로운 교재를 출간하게 되었다.

본서는 부동산평가의 과학화·선진화에 중요한 역할을 수행할 수 있도록 그동안 축적된 강의 자료들을 정리하여 크게 다음의 세 가지 관점에 주안점을 두고 구성하였다.

첫째, 감정평가의 기초이론 및 부동산 가격이론과 감정평가의 방법들을 체계적으로 정리하여 기본개념을 정확하게 이해할 수 있도록 하였으며, 부동산평가의 지침서로 활용하도록 하였다.

둘째, 주택가격 공시제도 도입과 감정평가사의 자격등록제도입에 따라 최근 개정된 「부동산 가격공시 및 감정평가에 관한 법률」 을 부동산 가격공시제도와 감정평가사제도로 나누어 정리하였다.

셋째, 감정평가의 기초이론과 감정평가 관련 법령을 토대로 물건별 감정평가방법을 서술하여 실무분야에 응용할 수 있도록 정리하였다.

나름대로 대학 및 대학원교재로서 손색이 없도록 심혈을 기울여 의욕적으로 엮었다고 자부하지만 그럼에도 미진한 부분들은 있을 것이며, 이에 대하여는 앞으로 꾸준히 연구하여 더욱 체계적이고 알찬 내용들로 채워 나갈 수 있도록 계속 수정·보완해 나갈 계획이다.

끝으로 본서가 출간되기까지 학문적·실무적인 면에서 평소 각별한 관심으로 이끌어주신 윤창구 박사님의 조언과 가르침에 힘입은 바 큰데 이 자리를 빌어 깊이 감사드리며 또한 본서가 출간되기까지 애써주신 21세기 이범만 사장님과 임직원 여러분께 감사의 마음을 전한다.

모쪼록 본서가 부동산학을 전공하는 대학 및 대학원생들과 이 분야에 뜻을 둔 후학들에게 미력하나마 도움이 되어지길 바라며 독자 제위의 건승과 발전을 기원하는 바이다.

2008년 초여름에
저자 일동

목 차

Chapter 1

감정평가의 기초

Chapter 3 지역분석과 개별분석

감정평가의 방법

Chapter 5

부동산 가격공시제도

감정평가제도

감정평가의 절차와 감정평가서

토지의 감정평가

건물의 감정평가

공장재단 및 광업재단의 감정평가

기타자산 및 권리의 평가

보상평가

담보 및 경매평가

부 록

Chapter 1

감정평가의 기초

제1절 감정평가의 개념

1. 감정평가의 정의와 대상

1) 부동산 감정평가의 정의

제반 부동산 활동을 원활히 수행하기 위해 부동산의 가치를 정확히 산정하는 일은 매우 중요한 일인데, 부동산의 정확한 가치를 산정한다는 것은 그리 용이한 작업이 아니다. 그 이유는 여러 가지가 있겠으나, 특히 부동산에 있어서는 누구나 용이하게 적정 시장가치를 식별할 수 있는 구체적시장을 갖지 못하다는 점에서 더욱 그러하다. 이에 본장에서는 과거 학자들 간에 논란의 표적이었던 감정과 평가의 개념정립과 함께 부동산 감정평가에 대해 설명하고자 한다.

그런데 여기서 부동산 평가를 정의하기에 앞서 과거 학자들간에 논란의 표적이었던 감정과 평가의 개념정립을 확실히 해 둘 필요가 있다.

(1) 감정평가의 이론적 개념

감정(鑑定, Appraisal)이란 대상물건의 내용을 판단하는 과정으로 특정물건에 대한 사실관계를 조사·확인하여 그 물건의 진위·선악·적부 등을 판정하는 것을 말한다. 여기서 진위란 소유권의 진정성문제를 말하고, 선악은 부동산의 물리적·기능적 하자문제를 그리고 적부는 부동산 용도의 적합성문제를 말하는 것이다. 또한 평가(評價, Valuation)는 당해 물건의 경제적 가치[1]를 화폐단위로 평정하는 것이다. 여기에서

1) 경제적 가치란 부동산의 경제적 지대를 자본환원한 값으로 정상적인 시장을 상정할 때 성립되리라고 판단

감정과 평가는 같은 개념이라는 1원설과 다른 개념이라는 2원설 그리고 2원설에 경제적 타당성 분석(evaluation) 기능을 포함한 3원설 등이 있다.

① 1원설 : 부동산의 가치를 평정하기 위해서는 반드시 감정이 선행되어야 하므로 업무적 행위면에서는 감정과 평가의 개념을 구분하지 않고 하나의 행위라는 개념이다.

② 2원설 : 감정과 평가는 상호 구분되는 개념으로 각각 분리된 두 행위에 의해 이루어진다고 보는 개념이다.

③ 3원설 : 2원설에 토지이용계획, 개발의 타당성 검토, 최유효이용 분석, 시장성 및 투자성 등의 분야 등 경제적 타당성 분석기능도 포함한다는 개념이다.

④ 1원설은 감정평가라는 부동산활동을 기능면에서 볼 때 단일한 서비스라는 점에 초점을 둔 개념인데 반해 2원설이나 3원설은 행위의 과정(process)면에서 상호 분리되는 개념으로 외국 및 국내에서는 2원설 및 3원설이 다수설로 알려지고 있지만 감정과 평가는 서로 표리관계에 있으므로 개념적으로 구분할 수는 있겠으나 양자를 구별할 하등의 실질적인 이유는 없는 셈이다. 또한 각국의 감정평가에 관한 규정들도 이들을 구별하지 않으며 우리나라 현행법상이나 실무상에서도 이를 구분하지 않고 적용하고 있다.[2]

(2) 감정평가의 제도적 개념

우리나라 「감정평가 및 감정평가사에 관한 법률」[3]에서는 양자를 동일한 개념으로 보고 감정평가를 다음과 같이 정의하고 있다. 즉, '감정평가란 토지 등의 경제적 가치를 판정하여 그 결과를 가액으로 표시하는 것'을 말한다(법 제2조3호).

① 감정평가는 평가대상으로서 '토지 등'[4]을 평가하는 것이다.

② '경제적 가치'를 판정한다는 것은 현실적인 시장에서 실제로 거래된 가격을 말하는 것이 아니라 합리적 시장에서 형성될 시장가치를 말한다.

되는 값이며 시장에서 화폐로 표현되는 가치를 말한다.

2) 이창석 · 윤창구 외, 부동산감정평가론, 서울 : 형설출판사, 2003, pp.38~40

3) 본 교재에서는 「감정평가 및 감정평가사에 관한 법률」은 이하에서 "「감정평가법」"이라 하고, 「부동산 가격공시에 관한 법률」은 「부동산가격공시법」이라 하며, 「공익사업을 위한 토지 등의 취득 및 보상에 관한 법률」은 이하에서 "「토지보상법」"이라 한다.

4) 「토지보상법」에서 '토지 등'은 ① 토지 및 이에 관한 소유권외의 권리 ② 토지와 함께 공익사업을 위하여 필요로 하는 입목, 건물 기타 토지에 정착한 물건 및 이에 관한 소유권외의 권리 ③ 광업권 · 어업권 또는 물의 사용에 관한 권리 ④ 토지에 속한 흙 · 돌 · 모래 또는 자갈에 관한 권리를 말하며, 이러한 토지 · 물건 및 권리로서 평가의 대상이 되는 것을 '대상물건'이라 한다. 또한 「감정평가에 관한 규칙」에서도 '토지 등'을 '대상물건'과 동일개념으로 정의하고 있다.

③ 감정평가는 토지 등의 경제적 가치를 판정하여 그 결과를 '가액으로 표시'하는 것이다. 여기서 가액은 화폐액으로 표시하는 것을 말한다.

2) 부동산 감정평가의 대상

감정평가의 목적물이 될 수 있는 대상은 「감정평가법」 제2조 및 동법 시행령 제2조에서 규정하고 있는 바와 같이 부동산·동산·기타재산의 세 종류로 대별된다. 부동산은 ① 토지·건물, 등기된 입목 등의 단일 부동산, ② 토지와 건물, 산지와 입목 등의 복합부동산, ③ 공장재단·광업재단, 자동차·건설기계·선박·항공기 등의 의제부동산으로 세분되고, 동산은 ① 상품·원재료·반제품·재공품·제품·생산품 등의 실사자산, ② 실사자산 이외의 동산인 기타동산, ③ 상장주식·비상장주식·채권 등의 유가증권으로 세분되며, 기타재산은 ① 산업재산권(특허권·실용신안권·디자인권·상표권)과 준산업재산권(저작권·전용측선이용권) 및 준물권(어업권·광업권)으로 구성되는 법률상의 권리, ② 영업권으로 대표되는 사실관계의 2가지로 세분하고 있다. 이상의 분류를 정리하면 〈표 1-1〉과 같다.

① 토지 및 그 정착물
② 동 산
③ 저작권·산업재산권·어업권·광업권 및 기타 물권에 준하는 권리
④ 「공장 및 광업재단 저당법」에 의한 공장재단과 광업재단
⑤ 「입목에 관한 법률」에 의한 입목
⑥ 자동차·건설기계·선박·항공기 등 관계법령에 따라 등기 하거나 등록하는 재산
⑦ 유가증권
⑧ 이들에 관한 소유권 외의 권리

(1) 부동산

① 단일 부동산 : 토지(28개 지목), 건물, 등기된 입목, 농작물(판례)
② 복합 부동산 : 토지와 건물, 산지와 입목
③ 의제(준)부동산 : 공장재단·광업재단, 자동차·건설기계·선박·항공기 등

(2) 동 산

① 일반동산 : 상품, 원재료, 반제품, 재공품[5], 제품, 생산품 등 부동산 이외의 물건

② 유가증권 : 상장주식, 비상장주식, 채권

(3) 기타재산

산업재산권(특허권·실용신안권·디자인권·상표권)과 준산업재산권(저작권·전용측선이용권) 및 광업권·어업권, 영업권, 기업가치등의 무형자산 등

〈표 1-1〉 감정평가 대상물건의 분류

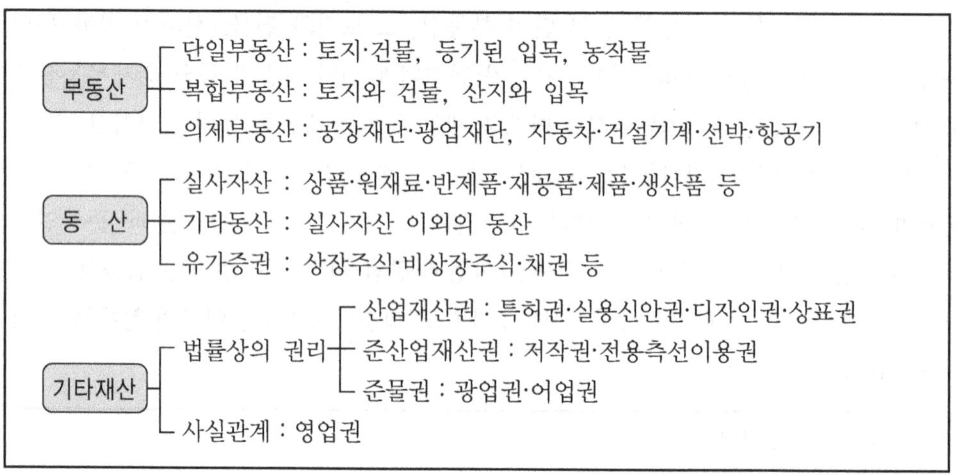

2. 감정평가제도의 필요성

부동산에는 그 특성상 구체적인 시장이 없으며 부동산 시장활동상 누구나 쉽게 식별할 수 있는 적정한 가치가 형성되지 못한다. 그 이유는 부동산 가치에는 합리적인 가치의 형성을 저해하는 요인이나 또는 전문지식을 요하는 문제들이 매우 많기 때문이다. 더구나 감정평가활동의 대상인 부동산 자체에 국가, 사회 및 경제관계에서 높은 사회성과 공공성을 지니고 있다. 이러한 이유로 전문가에 의한 감정평가가 필연적으로 요청된다.

다음은 감정평가제도의 필요성을 설명한 것이다.

① 부동산은 합리적인 시장이 형성되지 않으므로 쉽게 인식할 수 있는 적정가격이

5) 在工品이란 제조공정 중에 있는 물건으로 가공 내지는 제조공정을 더 거쳐야 완제품이 되는 생산물을 뜻한다. 반제품도 일정한 공정을 다 거치지 않은 상품이란 점에서는 재공품과 같이 미완성품이나 그것은 판매가능한 상태에 놓여 있는 생산물이란 점에서 재공품과는 다르다.

발생할 수 없다.

② 부동산은 부증성 등의 자연적 특성으로 공급이 제한되어 수요·공급에 의한 균형가격이 성립될 수 없다. 따라서 평가액이 균형가격 대신에 하나의 지표(parameter)의 기능을 한다.

③ 부동산의 가치는 적정한 가치발생을 저해하는 요인이 많아 시장의 기능을 하는 감정평가기관이 필요하다.

④ 부동산은 공급의 제한과 시장의 국지성, 거래당사자의 개별적 동기나 특수한 사정 등 합리적인 경쟁시장의 형성을 저해하는 요인들이 많다.

⑤ 부동산의 사회성과 공공성은 감정평가제도를 필요하게 한다.

⑥ 토지는 개별성 때문에 구체적인 시장이 존재하지 않고 일물일가의 법칙이 적용되지 않아 전문적인 지식과 평가활동이 필요하게 된다.

⑦ 용도의 다양성으로 최유효이용의 상태를 상정(想定)하고 평가를 해야 하므로 전문가가 필요하다.

3. 감정평가의 원칙

1) 시장가치기준 원칙

대상물건에 대한 감정평가액은 시장가치(Market value)를 기준으로 결정한다. 다만, 다음 어느 하나에 해당하는 경우에는 대상물건의 감정평가액을 시장가치 외의 가치를 기준으로 결정할 수 있다.

① 법령에 다른 규정이 있는 경우

② 감정평가 의뢰인이 요청하는 경우

③ 감정평가의 목적이나 대상물건의 특성에 비추어 사회통념상 필요하다고 인정되는 경우

2) 현황기준 원칙

① 감정평가는 기준시점에서의 대상물건의 이용상황(불법적이거나 일시적인 이용은 제외) 및 공법상 제한을 받는 상태를 기준으로 한다.

② 감정평가업자는 다음 각 호의 어느 하나에 해당하는 경우에는 기준시점의 가치형성요인 등을 실제와 다르게 가정하거나 특수한 경우로 한정하는 조건(감정평가조건)을 붙여 감정평가할 수 있다.

㉠ 법령에 다른 규정이 있는 경우

㉡ 의뢰인이 요청하는 경우

㉢ 감정평가의 목적이나 대상물건의 특성에 비추어 사회통념상 필요하다고 인정되는 경우

3) 개별물건기준 원칙

① 감정평가는 대상물건마다 개별로 하여야 한다.

② 둘 이상의 대상물건이 일체로 거래되거나 대상물건 상호 간에 용도상 불가분의 관계가 있는 경우에는 일괄하여 감정평가할 수 있다.

③ 하나의 대상물건이라도 가치를 달리하는 부분은 이를 구분하여 감정평가할 수 있다.

④ 일체로 이용되고 있는 대상물건의 일부분에 대하여 감정평가하여야 할 특수한 목적이나 합리적인 이유가 있는 경우에는 그 부분에 대하여 감정평가할 수 있다.

4) 대상물건의 확인 원칙

① 감정평가업자가 감정평가를 할 때에는 실지조사를 하여 대상물건을 확인하여야 한다.

② 감정평가업자는 다음 각 호의 어느 하나에 해당하는 경우로서 실지조사를 하지 아니하고도 객관적이고 신뢰할 수 있는 자료를 충분히 확보할 수 있는 경우에는 실지조사를 하지 아니할 수 있다.

㉠ 천재지변, 전시·사변, 법령에 따른 제한 및 물리적인 접근 곤란 등으로 실지조사가 불가능하거나 매우 곤란한 경우

㉡ 유가증권 등 대상물건의 특성상 실지조사가 불가능하거나 불필요한 경우

제2절 감정평가의 기능과 업무

1. 감정평가의 기능

1) 부동산 정책적 기능

부동산 감정평가의 정책적 기능은 주로 공적인 부동산 활동과 관계를 가지고 있으며, 부동산의 정책을 효율적으로 수행하기 위한 것이다.

(1) 부동산의 효율적인 이용관리

부동산의 객관적 가치를 판정하는 것은 부동산의 최유효이용의 방법을 선택하는 기준을 설정하는 것이므로 이미 평가된 지가수준은 국토공간의 효율적인 이용관리를 가능하게 한다.

(2) 적정한 부동산가치 형성의 유도

객관적이고 타당성 있는 감정평가는 비정상적인 가치의 형성을 억제함으로서 부동산가치의 적정화에 기여한다.

(3) 합리적인 손실보상

공익사업을 위하여 특정한 개인의 재산권을 침해할 경우에 적정한 감정평가를 행함으로써 공공사업의 원활한 수행과 손실보상의 적정을 기할 수 있다(표준지공시지가).

(4) 과세의 합리화

감정평가액은 조세의 기초가 되므로 일반국민의 재산권에 대한 적정한 감정평가는 조세주체로 하여금 재산권의 가치에 따른 정당한 조세의 부과를 가능하게 한다(개별공시지가).

2) 경제적 질서의 확립기능

부동산 평가의 경제적 기능은 부동산 시장의 불완전성을 보완하고 적정가격을 창조함으로써 부동산 시장 내에서 유통질서 확립에 기여하기 위한 것이다.

(1) 부동산 자원의 효율적 배분

감정평가는 부동산 시장의 불완전성을 보충하여 완전경쟁상태하의 균형가격 기능을 하는 적정한 가격을 도출하므로써 자원의 효율적인 배분을 가능하게 한다.

(2) 거래질서의 확립기능

감정평가는 부동산의 공정한 가격을 설정하므로써 매매·임대차, 담보설정, 경매 등 여러 가지 거래활동을 합리적·능률적으로 할 수 있도록 하는 기능을 한다.

(3) 부동산 결정의 판단기준 제시

주택의 구매나 인근지역 분석에 의한 수요예측, 효율성 및 수익성 분석을 행하는 등 경제성 분석을 통하여 투자방안을 제시한다.

(4) 가격창출기능

거래가 거의 없는 부동산인 경우 가격을 정확히 모르고 있다. 이 때 감정평가 가격은 하나의 가격창출기능을 갖고 있어 일반거래의 지표(parameter)로 활용된다.

(5) 이해조절기능

감정평가의 결과는 반드시 이해관계가 따른다. 감정평가는 대상 부동산 소유자와 상대자 사이에 이해조절기능이 필요하다.

3) 기업활동과 관련된 기능

(1) 인플레이션회계의 기초자료

인플레이션회계(물가변동회계)에서 자산 재평가시 감정평가는 회계담당자의 주관 개입방지 및 현재 공정가치의 공시로 재무제표의 객관성과 정보의 유용성을 높일 수 있다.

(2) 기업입지 및 개량물에 대한 투자결정기준

기업활동에 있어 가장 기본이 되는 입지의 선정 및 부동산의 대체·개량에 있어 감정평가는 그 기준을 제시한다.

(3) 보험료 산정의 기준

감정평가금액은 건물의 화재보험료 산정 등의 기초로 활용된다.

2. 감정평가업무

1) 가치추계업무

감정평가사는 대상부동산(감정평가의 대상이 되는 부동산)에 결부된 여러 가지 다양한 권익의 가치를 추계하고 있다. 여기에는 비단 시장가치뿐만 아니라 과세가치, 보상가치, 보험가치 등 다양한 형태의 가치가 포함된다. 또한 감정평가사는 공중권, 지중권, 광물권, 지역권, 임차권, 용수권 등 부동산의 소유권 일부를 구성하고 있는 부분권익의 가치도 평가한다.

2) 컨설팅업무

컨설팅업무는 평가사들만 하는 것은 아니다. 중개업자, 관리사, 개발업자 등도 각자 자신의 전문영역에서 컨설팅업무를 수행하고 있다.

(1) 비용편익 분석

비용편익 분석(cost benefit analysis)이란 어떤 투자사업에 대해서 투입되는 비용과 산출되는 편익을 비교·분석하는 것이다.

투자자는 투자사업으로부터 기대되는 현금수입과 예상되는 현금지출을 고려해서 투자결정을 하며, 예상되는 현금지출이 기대수입보다 크다면 투자를 꺼려할 것이다.

(2) 경제기반 분석

경제기반이란 그 지역의 수출활동으로서 다른 지역으로부터 자금을 끌어들일 수 있는 산업이다. 경제기반은 대상지역의 부동산 활동에 많은 영향을 미친다. 예를 들어 어떤 지역의 경제기반이 석탄채굴업이라고 할 때, 석탄채굴업의 경기는 그 지역의 부동산 가치에 많은 영향을 미치게 된다.

경제기반분석이란 이처럼 지역의 경제기반이 현재의 고용·인구·부동산의 가치 등에 어떠한 영향을 미치고 있으며, 그리고 앞으로는 어떠할 것인지를 분석하는 것이다. 경제기반 분석은 대규모 개발사업을 평가할 때 특히 중요한 의미를 갖는다.

(3) 타당성 분석

타당성 분석이란 계획사업이 투자자본에 대한 투자자의 요구수익률을 확보할 수 있는가의 여부를 분석하는 것이다. 부동산 타당성 분석에는 법률적·경제적·물리적 측면이 모두 포함된다.

① 법률적 타당성 분석이란 대상 투자사업과 관련된 여러 가지 법적 환경을 분석하는 것이다.

② 경제적 타당성 분석이란 대상 투자사업이 투자자의 요구수익률을 충족시킬 수 있는지 여부를 분석하는 것이다.

③ 물리적 타당성 분석이란 주어진 토지의 자연적 성격이나 기술적인 측면이 대상 투자사업에 적합한 것인지를 분석하는 것이다.

(4) 토지이용 분석

공지의 가치는 그것이 어떤 용도로 이용될 수 있는가에 따라 달라진다. 주어진 토지에 대한 여러 가지 대안적 이용을 분석하고, 어떤 이용이 대상토지의 최유효이용인가를 판단하는 것을 토지이용 분석이라 한다.

(5) 현금수지 분석

현금수지 또는 현금흐름이란 현금의 유입과 현금의 유출을 말한다. 현금수지 분석이란 현금유입과 현금유출의 흐름을 비교·분석하는 것이다.

제3절 감정평가의 분류

1. 제도 및 정책상의 분류

(1) 공적 평가제도와 공인평가제도

① 공적 평가(公的評價)제도란 공공기관이 평가의 주체가 되는 것으로, 특정한 감정평가활동에 있어 공적 수행력이 강하다고 볼 수 있다. ▶ 독일의 평가위원회

② 공인평가(公認評價)제도란 국가·공공단체 또는 민간단체로부터 자격을 부여받은 개인이 평가의 주체가 되는 것으로 공익상 규제하에서 영리추구의 형태를 취하면서 기업화 내지 전문화를 기하여 능률과 효율의 향상을 도모하는 제도이다. ▶ 한국, 미국, 일본의 감정평가제도

(2) 필수적 평가제도와 임의적 평가제도

① 필수적 평가제도란 일정한 요건이 충족되면 관계인은 의무적으로 감정평가기관의 평가를 받아야 하는 것을 말한다. 예를 들면 공시지가의 공시, 각종 조세의 부과, 도시계획사업의 시행, 토지의 수용 등에서 의무화 하고 있다.

② 임의적 평가제도란 이해관계인의 자유로운 의사에 의하여 감정평가가 행해지는 것을 말한다. 일반적인 거래목적의 평가가 대표적이다.

(3) 법정평가

법정평가는 평가의 목적이 일반적인 거래활동과는 다른 경우 또는 평가결과로서의 가격수준이 시장가격과 괴리될 개연성을 내포하는 경우 등에 있어서 행하는 법률의 규정에 의한 평가이다. 표준지공시지가 및 표준주택가격평가, 공공용지의 매수 및 수용평가 등이 있다.

2. 업무기술에 따른 분류

(1) 단독평가와 합의제평가

① 단독평가는 1인의 평가주체에 의한 평가로서 신속하고 경제적인 장점이 있으나, 평가 부분에 대한 전문적인 지식과 경험에 한계가 있고 객관성과 타당성이 결여될 가능성이 있다.

② 합의제평가는 다수의 평가주체가 공동으로 하는 평가인데, 대상부동산이 대규모이거나 고도의 전문지식과 경험이 요구될 때 다수의 합의에 의하여 행하는 평가이다. 객관적인 타당성이 높은 장점이 있으나, 신속하지 못하고 비경제적이다.

③ 복수평가는 2인 이상의 평가주체가 각각 독립하여 평가해 그 결과를 산술평균적으로 결정하는 것을 말하며 보상평가, 표준지 조사평가 등이 이에 속한다.

(2) 감정평가의 전제조건에 따른 분류

① 현황평가(現況評價)

대상물건의 상태·구조·이용방법, 제한물권의 부착·점유상태 등을 현황대로 유지할 것을 전제로 하는 평가이다.

② 조건부평가

다소 불확실하지만 부동산가격의 증감요인이 되는 새로운 상태의 발생을 상정하여 그 조건이 성취되는 경우를 전제로 평가하는 것이다.

③ 기한부평가

장래 도래할 확실한 일정시점을 기준으로 행하는 평가로서 그 시점에서의 가격을 상정하여 평가하는 것을 말한다. 기한의 도래가 확실하다는 점에서 조건부평가와 구별된다.

④ 소급평가

과거의 어느 시점을 기준으로 부동산의 가치를 평가하는 것이다. 기한부평가와는 반대이다.

3. 평가주체의 수준에 의한 분류

평가수준은 평가활동을 하는 주체의 이론수준 차이, 주의의무 차이, 신뢰도 차이, 윤리수준의 차이에 그 구별의 실익이 있다.

(1) 1차 수준의 평가

부동산의 소유자·이용자·거래당사자 등이 부동산의 매매·임대차 등의 결정을 위하여 행하는 평가로 일반적으로 대중성을 갖는다.

(2) 2차 수준의 평가

감정평가사가 아닌 부동산 업무종사자에 의한 평가를 말한다. 1차 수준의 평가활동보다는 신뢰도가 높고 일상적인 부동산 가격과 밀접한 관련성이 있다.

(3) 3차 수준의 평가

전문직업인인 감정평가사가 행하는 평가이다.

4. 평가대상에 따른 분류

(1) 일괄감정평가

둘 이상의 대상물건이 일체로 거래되거나 대상물건 상호간에 용도상 불가분의 관계가 있는 경우에는 일괄하여 감정평가하는 것을 말한다. 대지 및 건물이 일체로 거래되는 아파트 등 구분 소유권의 평가 및 2필지 이상의 토지가 일단지로 이용되는 경우에 일단지의 평가 등에 사용한다. 주물과 종물 또는 부합물에 대한 평가의 경우가 이에 해당한다.

(2) 구분감정평가

하나의 대상물건이라도 가치를 달리하는 부분은 이를 구분하여 감정평가하는 것을 말한다. 예를 들면, 공법상 제한의 정도가 상이한 개발제한구역 내 건부지와 나대지의 평가, 1필지가 용도가 다른 대지와 전·답이 혼재하고 있는 경우의 평가, 대규모 토지에 있어서 대로변에 접한 전면과 후면의 평가, 산림의 경우 산지와 임목의 평가, 선박의 경우 선체·기관·의장별 평가, 공장평가시 유형자산과 무형자산으로 평가하는 경우 등이 있다.

(3) 부분감정평가

일체로 이용되고 있는 대상물건의 일부에 대하여 감정평가하여야 할 특수한 목적이나 합리적인 이유가 있는 경우에는 그 부분에 대하여 감정평가하는 것을 말한다. 예를 들어 복합부동산의 경우 그 상태를 주어진 것으로 하여 부동산의 구성부분, 건물 또는 건부지만을 평가의 대상으로 하는 일종의 현황평가이며, 보상평가의 경우 잔여지의 평가가 그것이다.

5. 평가조건에 따른 분류

아래 기준은 일본의 평가기준에서 정하고 있는 분류이며 우리나라에서는 조건부평가에 해당된다 하겠다.

(1) 독립평가

부동산이 토지 및 건물 등의 결합으로 구성되어 있는 경우에 그 구성부분인 토지만을 독립한 부동산(나지)으로 규정하여 평가하는 것(예 : 건부지이지만 토지만을 정상평가)을 말한다. 즉, 토지상에 건물이 있음에도 그것이 없는 것으로 전제하여 건부증가·감가[6]를 고려하지 않은 우리나라에서의 일종의 조건부 평가라 할 수 있다. 건물의 철거, 제한물권의 해제를 조건으로 하는 경우 등이 있다.

(2) 부분평가

부동산이 복합부동산으로 구성되어 있는 경우에 그 상태를 주어진 것으로 보고 현

---

6) 건부감가(建附減價)와 건부증가(建附增價) : 건부감가는 어느 부지에 건물이 있고 그 부지의 사용을 현재보다 나은 방법으로 이용할 경우 부지에 건물 등이 존재하기 때문에 나타나는 부지에 대한 제약분을 부지가격에서 감액하는 것을 말한다. 일반적으로 건물면적에 비해서 부지면적이 크면 클수록 부지에 대한 제약은 적고 지상건물이 견고할수록 크다. 건부감가가 발생할 때에는 건부지의 가격이 나지의 가격보다 낮은 것이 원칙이나 개발제한구역 내의 건부지는 오히려 나지의 가격보다 높을 경우 건부증가라 한다.

황대로 평가하는 것을 말한다(우리나라 「감정평가에 관한 규칙」에서의 부분평가와는 의미가 다르다).

(3) 병합 · 분할평가

토지의 합필이나 분필을 조건으로 하는 평가를 말한다.

Chapter 2

부동산의 가격이론

제1절 부동산 가치의 일반이론

1. 부동산가치의 본질

1) 부동산가치의 개념과 본질

(1) 부동산가치의 개념

부동산 가치란 부동산을 소유함으로써 발생하는 유형·무형의 장래이익에 대한 현재가치이다. 일반상품은 현재 활용가치에 따른 가격인데 반해 부동산가치는 장래의 추상적인 가치가 내포된 경제적 가치로써 장래이익이 그 근거가 되고, 소유권과 불가분의 관계를 맺으며 현재가치로 전환되는 것이다. 따라서 부동산가치는 부동산의 소유에서 발생되는 미래이익의 흐름(stream of future income)을 이자율로 할인(discounting)한 현재가치(present value)이다.

(2) 가치와 가격의 구별

부동산과 같은 내구재에 대해서는 '가치란 장래 기대되는 편익을 현재가치로 환원한 값'이라는 정의가 사용된다. 여기서 장래 기대되는 편익이란 단순히 금전적인 것만을 의미하지는 않는다. 부동산에는 수익을 창출하는 것과 그렇지 않은 것이 있으며, 수익을 창출하지 않는 주택과 같은 부동산도 소유자들에게는 유용한 효용을 제공하기 때문에 구매되고 있다. 반면에 가격은 대상부동산에 대한 교환의 대가로 실제 지불된 금액으로 과거의 값이다.

가격(price)이란 가치(value)를 화폐로 표시한 것이라고 할 수 있다. 가치와 가격이

거의 일치하는 비내구재의 경우는 별다른 문제가 없으나, 내구재는 현재 가격이 장래에 기대되는 효용을 정확하게 반영하고 있다고 보기는 어렵다. 따라서 부동산에 대하여 가격과 가치는 엄밀히 구별되어야 한다.

① 가격과 가치는 개념상의 뚜렷한 차이가 있다. 부동산학에서 가격은 특정 부동산에 대한 교환의 대가로서 거래당사자 간에 실제 지불된 금액이며, 가치는 장래 기대되는 편익을 현재가치로 환원한 값이다.

② 가치란 '가격 + 오차'이다.

③ 가격은 대상부동산에 대한 과거의 값이지만, 가치는 그것에 대한 현재의 값이다.

④ 주어진 시점에서 대상부동산에 대한 가격은 하나이지만, 가치는 무수히 많다.

〈표 2-1〉 가격과 가치

가 격(price)	가 치(value)
• 특정부동산에 대한 교환의 대가로 시장에서 거래당사자간에 실제 지불된 금액 • 대상부동산에 대한 과거의 값 ⇒ 중개사가 전문가 • 시장수습작용으로 거래당사자사이에 제안된 값 • 주어진 시점에서 대상부동산에 대한 가격은 하나	• 장래 기대되는 편익을 현재가치로 환원한 값 • 대상부동산에 대한 현재의 값 ⇒ 감정평가사가 전문가 • 가격 ± 오차 • 가치는 무수히 많다

(3) 가치다원설

주어진 시점에서 대상부동산에 적용되는 가치의 종류는 무수히 많으며, 평가에서 가치란 그것이 어떠한 맥락에서 어떠한 용도로 사용되느냐에 따라 달라진다.

① 보험가치

보험금의 산정과 보상의 기준으로 사용되는 가치개념이다. 이것은 부동산 전체의 가치가 아니라 그것의 일부분인 감가상각된 가치를 말한다. 감가상각된 가치란 부동산의 전체가치에서 토지가치를 뺀 개량물의 가치에서, 이미 감가상각된 부분을 제외하고 남은 나머지 부분을 의미한다.

② 과세가치

정부나 지방자치단체에서 각종 세금을 부과하는데 사용되는 기준인데, 관련 법규에 의해 조정된 부동산가치이다.

③ 장부가치

대상부동산의 애초의 취득가격에서 법적으로 허용되는 방법에 의한 감가상각 분을 제외한 나머지가 장부상의 잔존가치이다.

④ 사용가치와 교환가치

사용가치란 경제재의 생산성에 근거하고 있는 개념으로 대상부동산이 특정한 용도로 사용될 때 가질 수 있는 가치를 말한다. 사용가치는 수용시, 기업의 합병시, 법원의 판결 등에서 평가기준으로 채택되기도 한다.
교환가치란 대상부동산이 시장에서 매도되었을 때 형성될 수 있는 가치이다.

⑤ 공익가치

부동산의 최유효이용이 사적 목적의 경제적 이용에 있는 것이 아니라, 보존이나 보전과 같은 공공목적의 비경제적 이용에 있을 때 대상부동산이 지니는 가치이다.

⑥ 투자가치와 시장가치

대상부동산이 특정한 투자자에게 부여하는 주관적 가치이다. 시장가치가 시장에서의 객관적인 가치인데 반해, 투자가치는 투자자가 대상부동산에 갖는 주관적 가치이다. 투자자는 시장가치와 투자가치를 비교하여 투자결정을 하는데, 시장가치보다 투자가치가 작다면 투자하기를 꺼려할 것이다.

⑦ 청산가치

회사, 조합등이 해산되어 청산하는 경우에 채권, 채무관계를 정리하기 위하여 재산을 처분하거나 그 대차관계를 청산하는 가치이다.

2) 가치이론

부동산 감정평가의 가장 핵심은 대상부동산의 가치를 평정하는 것이다. 따라서 평가이론은 가치추계이론을 중심으로 발달해 왔고, 가치추계이론은 가치이론과 밀접한 관계가 있다. 가치이론은 재화가 가치를 가지는 이유는 무엇이고 가치의 본질을 구성하고 있는 것이 무엇인가에 대한 논의이다.

(1) 고전학파 이론

아담 스미스(Adam Smith, 1721~1790)는 생산요소를 노동·토지·자본으로 나누고 이들의 사용대가인 임금, 지대, 이윤 사이에는 일정한 비율 즉, 자연율이 존재한다고 하였고, 생산요소에 대한 사용대가를 자연율에 따라 지불할 때 그것에 넘치지도 모자라지도 않는 수준의 재화가격을 자연가격이라 하였다. 만약 재화의 시장가격이 자연가격과 일치한다면, 그 재화는 그것이 지니는 가치만큼의 가격으로 팔린 것이다. 그리고 시장가격은 자연가격과 다를 수 있으며, 시장가격은 자연가격에 회귀하는 속성이 있다. 또한 아담 스미스는 재화의 가치에는 교환가치 외에도 사용가치가 있다는 것을 인식하였는데, 사용가치와 교환가치가 서로 다른 재화가 있다는 것에 주목하고 있다.

① 아담 스미스의 견해는 고전학파의 가치이론의 근간을 이룬다. 아담 스미스를 비롯한 고전학파 경제학자들은 생산비가치설을 주장했다. 생산비가치설에 따르면 생산비가 1억 원인 건물은 시장에서 교환가치도 정상적인 상황에서는 1억 원이 되어야 한다. 그런데 건물의 시장가치가 1억 원이 되었다면 그것이 제공하는 효용의 가치도 1억 원일 필요가 있다. 고전학파는 이처럼 재화의 효용도 생산비에 해당하는 만큼의 가치를 지니고 있다고 가정하는데 이 같은 개념을 '가정된 효용'이라 한다.

② 장기적인 관점에서 보면, 생산비는 확실히 부동산의 가치에 영향을 미치고 있다. 만약 부동산이 생산비 이하의 가격으로 팔리고 있다면 생산자들은 생산을 하지 않을 것이고, 생산비 이상으로 팔리고 있다면 가능매수자들은 그것을 사지 않을 것이기 때문이다.

③ 리카도(David ricardo, 1772~1823)는 한계지의 개념과 수확체감의 법칙에 입각하여 지대이론을 전개하였고, 그의 지대이론은 오늘날 부동산학에서 흔히 사용되고 있는 최유효이용과 수익방식의 주요한 평가기법의 하나인 토지잔여법의 발달에 많은 영향을 끼쳤다.

(2) 한계효용학파 이론

① 한계효용학파를 오스트리아학파라고도 하며, 제본스(William Jevons), 멩거(Menger) 등이 대표적 학자이다.

② 고전학파 학자들이 가치와 효용의 관계를 무시하려는 경향이 있었던 반면, 한계

효용학파는 가치를 결정하는데 효용의 중요성을 강조하였다. 이들은 재화의 가치는 한계효용에 의해 결정되는 것이지 생산비에 의해 결정되는 것이 아니라고 주장한다.

③ 다시말하면 수요와 공급의 원칙에 따라 가격이 성립한다고 보았고 수요의 측면에서 가치를 인식하였다. 즉, 재화의 가치란 그 재화가 창출하는 효용이 소비자의 복리를 증진시키는 기여도에서 차지하는 중요성이라고 하여, 한계효용이 바로 재화의 가치라고 주장하였고, 이 주장은 평가원리의 하나인 기여의 원칙에 대한 이론적 근거가 된다.

(3) 신고전학파 이론

① 신고전학파는 공급과 비용의 측면을 강조한 고전학파, 수요와 가격측면을 중시한 한계효용학파의 이론을 결합시켜 수요와 공급측면을 동시에 고려하였다.

② 알프레드 마샬(Alfred Marshall, 1842~1924)은 단기에서는 시장이나 수요의 힘이 재화의 가치에 영향을 미치지만, 장기에는 생산비가 가치에 영향을 미친다고 하였다.

③ 신고전학파 이론은 경제학의 특수분야·실무분야 등에도 많은 보완적 발전을 이루어 국가와 국제경제의 문제를 해결하는 도구로써 뿐만 아니라 감정평가나 기업경영에서 당면하는 경제문제를 분석하는 기법의 개발에 이용되었다.

3) 가치추계이론

가치이론과 가치추계이론은 밀접한 관계를 갖는다. 가치추계이론이란 대상부동산의 가치를 추계하는 원리나 방법을 의미하여 부동산학의 주된 관심이 된다.

가치추계이론은 가치가 무엇에 의해 결정되느냐 하는 이론적 근거가 달라짐에 따라 그 본질이 달라진다.

① 고전학파는 재화의 가치는 생산비에 의해 결정된다고 하였고, 이 가치이론을 신봉하는 학자들은 원가방식(비용접근법)으로 추계해야 한다고 주장한다.

② 한계효용학파에서는 재화의 가치는 시장에서 수요에 의해 결정된다고 하였고, 이 가치이론을 신봉하는 학자들은 비교방식(시장접근법)으로 추계해야 한다고 주장한다.

③ 수익방식(소득접근법)도 한계효용학파의 가치이론에 따르고 있으나 비교방식과는

다른 각도에서 접근하고 있다. 즉, 비교방식에서는 사람들이 시장에서 기꺼이 지불하고자 하는 가격에 따라 대상부동산의 효용을 평가하지만, 수익방식에서는 장래 기대되는 편익을 현재가치로 환원한 값으로 효용을 평가한다.

이러한 가치이론은 감정평가에도 영향을 미쳤는데 원가방식은 고전학파의 생산비가치설에서, 수익방식은 한계효용학파의 장래발생할 수익의 기대에 관한 한계효용가치설에서, 비교방식은 신고전학파의 수요와 공급의 원칙하의 수요공급의 균형이론에서 영향을 받았다.

2. 부동산 가치의 발생요인과 기능

1) 부동산가치의 발생요인

부동산 가치란 부동산이 물리적·기능적·경제적으로 소멸할 때까지 전 기간에 걸쳐 부동산을 사용·수익한다는 것을 전제로 하여, 효용성(유용성)·상대적 희소성·유효 수요의 상호결합에 의하여 나타나는 부동산의 경제적 가치를 화폐액으로 표시한 것이다. 이 때 효용성(유용성)·상대적 희소성·유효수요를 부동산가치의 발생요인이라 하며, 이는 항상 불가분의 관계로 작용하고 있다.

(1) 부동산의 효용성(유용성, utility, usefulness)

일반적으로 효용성이란 인간의 욕망이나 필요를 충족시킬 수 있는 재화의 능력을 말한다. 부동산의 효용 내지 유용성[7]이란 쾌적성과 수익성 및 생산성의 개념이 포함된 것으로 활용가치가 있는 것을 의미한다. 부동산을 사용·수익함으로서 얻는 쾌적성 또는 수익성 및 생산성은 주거지에서는 쾌적성·편리성, 상업용지에서는 영업수익의 증감, 공업용지에서는 생산비의 증감으로 나타난다. 이 효용을 일부 학자들은 유용성이라 하고 있다.

---

7) 효용은 대상재화의 유용성에 의존한다 할지라도 이 둘은 동일한 개념이라 할 수 없다. 즉, 효용은 유용성보다 포괄적인 광의의 개념이라 할 수 있으며, 이는 유용한 재화가 그것을 필요로 하는 개인의 욕망에 따라 효용을 지닐 수도 있고, 전혀 없을 수도 있기 때문이다. 그러나 일반적으로는 효용과 유용성을 동일한 개념으로 사용하고 있다.

① 쾌적성

주로 주거용 부동산에 해당하는 개념으로 주택을 소유하고 주택에서 생활함으로써 느끼는 정신적·육체적 만족도를 나타내는 것으로 여기에 생활의 편리성이 부가되면 최고의 주거용 부동산이 된다. 쾌적성은 좋은 환경·경관·고저 기타 외관적인 요인에 의한 것이 있는데 이것을 외적 쾌적성이라 하고, 건축재료의 양질·설계나 시공의 우수성 또는 창조성 등의 요인에 의한 것을 내적 쾌적성이라고 한다. 환경에 대한 관심이 높아진 현대에 있어서 쾌적성은 사회적·경제적 수준이 향상될수록 높게 평가되는 경향이 있다.

② 수익성

자본에 대한 기간적 이익의 관계를 말한다. 수익성이 가치의 중심이면 상업지의 경우는 영업수익의 증감, 공업지는 입지에 따른 생산비의 증감이 기초가 된다.

③ 생산성

공업용 부동산에서 효용성은 생산성(비용성)으로 나타나는데 생산성이란 생산을 위해 투입된 생산요소와 그 결과 생산된 생산량의 비율을 말한다.

(2) 상대적 희소성(relative scarcity)

일반적으로 희소성이란 재화에 대한 인간의 욕망의 정도에 비하여 그 재화의 충족수단으로서의 공급이 질적·양적으로 유한하여 상대적으로 부족한 상태에 있는 것을 말한다. 부동산은 자연적 특성인 부증성으로 인하여 그 희소성이 매우 크나, 부동산의 인문적 특성과 관련하여 용도적 대체성이 인정되고 있다. 이러한 의미에서 희소성은 절대적이 아니며 상대적이다. 상대적 희소성의 원인이 되는 것은 물리적 측면과 경제적 측면에서 발생된다. 즉, 부증성으로 인해 자연적·물리적 측면에서 토지의 절대량은 부족하며 부동성으로 대체권 내에 있는 토지의 양은 제한된다. 경제적 측면에 해당하는 것은 개발제한구역 등의 지정, 건폐율 인하 등 행정적 제 요인의 작용에 의한 것과 인구증가, 소득증대에 의한 수요의 증가 등이 있다. 토지의 희소성을 완화하기 위해서는 용도의 다양성에 근거하여 최유효이용의 원칙에 입각한 토지이용을 해야 한다.

(3) 유효수요(effective demand)

유효수요란 부동산에 대한 실질적인 구매력(Purchasing power)이 있는 수요를 말한다. 부동산의 객관적인 가치인 교환가치가 형성되기 위해서는 효용성, 상대적 희소성 외에도 유효수요가 존재하여야 한다. 유효수요의 증가는 가격의 상승을 초래한다. 그리고 구매력은 경제적인 개념으로 지역과 시기에 따라 변화하며, 부동산의 가격수준이 높고 낮음과 소득수준·과세정책·주택금융정책 등에 따라 영향을 받는다.

(4) 이전성(transferability)

부동산가격의 발생요인을 앞의 3요소 외에도 법적 개념으로 이전성을 강조하는 경우도 있다. 이전성이란 대상 부동산이 지니는 소유권과 권리의 양도 등 법적 이전가능성을 의미하는데, 부동산도 다른 일반재화와 같이 상품으로서 가치를 가지려면 수요측면에서 효용과 구매력, 공급측면에서 희소성과 이전성의 4가지 요건을 갖추어야 한다는 것이다.

2) 부동산 가치의 기능

부동산에는 일반재화와는 달리 균형가격이 성립되지 못하기 때문에 평가가격이 균형가격과 같은 기능을 하게 된다.

(1) 선택지표의 기능

부동산은 부증성으로 인해 비탄력적이어서 가격이 변화해도 공급을 창출할 수 없다. 따라서 부동산에는 자동적으로 균형가격이 성립되지 않고 수요공급의 자동조절기능이 작용하지 않으므로 평가가격이 파라미터(parameter)적 기능을 대신한다.

(2) 자원배분기능

부동산은 부증성으로 인해 공급을 창출하지는 못하지만 평가결과가 이용방법 결정의 주요 지표나 선택의 지표가 됨으로써 수요자의 행동을 결정하게 되므로 부동산 자원의 배분기능을 한다.

(3) 잠재가격기능

부동산의 현실적인 가격은 기회비용을 올바르게 반영하지 못하지만 평가가격은 잠재가격의 기능을 하게 된다. 여기서 잠재가격이란 그 재화의 기회비용을 올바르게 반영하는 가격을 말한다.

3. 부동산 가치의 특징 및 종류

1) 부동산 가치의 특징

부동산은 그 특성에 의하여 일반재화의 가격과 구별되며, 자연적·인문적 특성이 있기 때문에 다음과 같은 특성이 인정된다.

① 부동산 가치는 교환의 대가인 협의의 가액과 용익의 대가인 임대료로 표시된다. 가액과 임대료는 원본과 과실의 관계에 있다. 즉 임대료에서 순이익을 구하고 이를 환원하여 부동산의 가액을 알 수 있으며, 기초가액에 기대이율을 곱하여 순임대료를 구하고 이에 필요제경비를 더하여 부동산의 임대료를 구할 수 있다.

② 부동산가치는 당해 부동산에 대한 소유권·기타 권리·이익의 가치이다. 소유권이란 그 소유물을 사용·수익·처분할 수 있는 권리를 말한다. 이 때 사용권·수익권·처분권이 함께 있는 경우를 완전소유권이라 하고, 제한물권이 부착되어 있는 경우를 불완전 소유권이라 한다. 여기서 권리란 물권과 채권을 포함하는 것이며, 이익이란 제도적으로는 권리로 확립되어 있지 않으나 사회적 관행 등에 의해 일종의 권리로 볼 수 있는 것으로 가치를 발생하는 것을 말한다. 이익으로서 부동산의 가격을 구성하려면 다음과 같은 조건을 구비하고 있어야 한다.

㉠ 법률이 금하는 것이 아닐 것

㉡ 시장성이 있을 것

㉢ 이익의 존속기간이 보장될 것

㉣ 이론적으로 평가가 가능할 것

평가시 소유권의 진정성, 소유권 이외의 권리설정 유무의 확인, 소유권 이외의 권리로 인하여 소유권이 받는 제약을 검토해야 하는 대상부동산에 대한 권리분석이 필수적이다.

③ 부동산 가치는 장기적인 고려하에서 형성되며 항상 변동의 과정에 있다. 부동산

은 지리적 위치의 고정성으로 인해 지역을 구성하며, 그 지역의 사회적·경제적·행정적 위치는 항상 변동한다. 또한 영속성에 의해 과거와 장래에 걸쳐서 장기적인 고려하에서 형성되며 항상 변화하고 있다. 따라서 예측의 원칙과 변동의 원칙을 적용하여야 한다.

④ 부동산 가치에는 거래당사자 간의 개별적인 동기나 특수한 사정이 개입되기 쉽다. 부동산에 있어서는 누구나 쉽게 적정한 것으로 식별할 수 있는 가치의 기초가 되는 시장가치를 형성할 장소를 갖지 않는 것이 보통이기 때문에 일물일가의 법칙이 적용되지 않는다. 따라서 평가시 개별요인을 비교하고 사정·보정을 하여야 한다.

⑤ 부동산 가치는 이중성을 갖는다. 부동산의 가치는 기본적으로 효용·상대적 희소성·유효수요를 움직이는 자연적·사회적·경제적·행정적 제 요인의 상호작용에 의하여 창조·유지·수정·파괴된다. 이렇게 형성된 가치는 합리적 행동의 선택지표로서 제 요인에 영향을 주는 동시에 스스로 이들 제 요인의 영향을 받는 이중성을 갖는다.

⑥ 부동산가치는 성립에 규칙성이 있다. 부동산 가치는 부동산 가치의 원칙에 의해 성립에 규칙성을 갖는다. 부동산 가치의 원칙이란 부동산 가격의 발생·형성·유지에 관한 원리를 부동산 평가의 지침으로 삼으려는 하나의 행위기준이다.

⑦ 부동산가치에는 상한선이 있다(부동산가치의 상한선법칙).

부동산 가치에는 상한선법칙이란 기준시점 현재의 부동산 가치는 무한히 상승하지 않고 대체로 어떤 최고수준의 가격이 있다는 것을 의미한다. 이러한 가치상한선의 현상은 수요측면에서 구매력의 한계와 부동산 수익성의 한계에서 기인하는 것이다. 이 상한선법칙은 주거지시장에서 특히 잘 나타나며, 평가시 운동현상을 잘 파악하여야 한다.

⑧ 부동산 가치에는 연속성과 불연속성이 있다(부동산 가치의 불연속성).

어떤 지역의 사회적·경제적 제 요인이 외부의 통제나 조장에 의하지 않고 완만하게 변화하면 이에 따라 부동산 가치도 완만한 변동을 가지는데 그 변화를 연속성이라 한다. 그리고 어떤 지역에 새로운 개발계획이 수립되거나 시행되는 경우 개발계획수립(발표)단계, 개발사업 착수단계, 개발사업 완공단계에 있어 지가가 급등함으로써 그 변화가 일련의 연속성을 갖지 못하는 것을 불연속성이라 한다.

2) 부동산 가치의 종류

(1) 시장가치(Market value)

① 시장가치의 의의

시장가치란 감정평가의 대상이 되는 토지등(대상물건)이 통상적인 시장에서 충분한 기간 동안 거래를 위하여 공개된 후 그 대상물건의 내용에 정통한 당사자 사이에 신중하고 자발적인 거래가 있을 경우 성립될 가능성이 가장 높다고 인정되는 대상물건의 가액(價額)을 말한다(「감정평가에 관한 규칙」 제2조). 시장가치는 시장통제가 없고 수요·공급이 자유롭게 작용할 수 있는 시장에서 시장 사정에 충분히 정통하고 특별한 동기를 갖지 않는 다수의 매도인과 매수인이 존재하는 경우에 성립할 것으로 인정되는 가치를 말한다.

② 시장가치의 요건

㉠ 대상물건의 시장성

시장성이 없는 물건은 유효수요가 제한되어 거래의 대상이 되지 못하므로 시장가치를 구할 수 없다. 시장가치는 시장성이 있는 물건에 대한 가치이다.

㉡ 통상적인 시장

보통 다수의 매도인과 매수인이 합리적이고 합법적인 사고방식을 가지고 경제원칙에 입각하여 행동함에 따라 형성되는 시장을 통상적 시장이라 한다. 이것은 추상적 시장이다.

㉢ 출품기간의 합리성

시장가치는 매수인의 발견을 위하여 통상적인 시장에서 충분한 기간 거래된 후 합의되는 가치이다. 따라서 충분한 기간이란 무한의 장기간이 아닌 적정하고 합리적인 기간을 말한다.

㉣ 거래의 자연성

거래의 자연성이란 대상물건의 가치형성을 불합리하게 만드는 대내·대외적 요인의 개재가 없어야 한다는 것을 말한다. 즉, 거래동기의 순수성을 의미한다. 거래의 자연성을 저해하는 요인은 다음과 같다.

- 당사자의 특별한 사정
- 당사자의 개별적 동기
- 공공기관 또는 이에 준하는 기관의 직접·간접 거래

• 거래가 강요된 경우
• 부동산 가치나 수급 등에 공적 규제가 가해지는 경우

ⓜ 당사자의 정통성

• 당사자의 정통성으로 거래당사자가 부동산의 수급동향 기타 부동산 시장의 추이에 정통할 것, 대상물건의 적정용도에 정통할 것, 대상물건의 효용, 경제적 가치에 정통할 것 등이다.

③ 시장가치기준 원칙

대상물건에 대한 감정평가는 원칙적으로 시장가치를 기준으로 결정한다(「감정평가에 관한 규칙」 제5조제1항). 따라서 시장가치는 여러 가지 가치의 종류 가운데 대표성·규범성을 지닌 가치라 할 수 있다.

(2) 시장가치 외의 가치

① 감정평가업자는 시장가치기준 원칙에도 불구하고 다음 각 호의 어느 하나에 해당하는 경우에는 대상물건의 감정평가액을 시장가치 외의 가치를 기준으로 결정할 수 있다(「감정평가에 관한 규칙」 제5조제2항).
  ㉠ 법령에 다른 규정이 있는 경우
  ㉡ 감정평가 의뢰인이 요청하는 경우
  ㉢ 감정평가의 목적이나 대상물건의 특성에 비추어 사회통념상 필요하다고 인정되는 경우
② 감정평가업자는 시장가치 외의 가치를 기준으로 감정평가할 때에는 다음 각 호의 사항을 검토하여야 한다. 다만, 법령에 다른 규정이 있는 경우에는 그러하지 아니하다.
  ㉠ 해당 시장가치 외의 가치의 성격과 특징
  ㉡ 시장가치 외의 가치를 기준으로 하는 감정평가의 합리성 및 적법성
③ 감정평가업자는 시장가치 외의 가치를 기준으로 하는 감정평가의 합리성 및 적법성이 결여(缺如)되었다고 판단할 때에는 의뢰를 거부하거나 수임(受任)을 철회할 수 있다.

(3) 적정가격

① 적정가격의 의의

"적정가격이란 해당 토지, 주택 및 비주거용 부동산에 대하여 통상적인 시장에서 정상적인 거래가 이루어지는 경우 성립될 가능성이 가장 높다고 인정되는 가격"이라고 정의하고 있다(「부동산 가격공시법」제2조제5호).

② 적정가격과 시장가치와의 관계

정의의 내용에 의하면 시장가치와 같은 개념으로 해석된다. 그러나 「감정평가에 관한 규칙」제2조에서는 시장가치의 정의를 별도로 규정하고 있어 적정가격은 시장가치와 반드시 일치 하지 않는다. 적정가격과 시장가치는 「부동산 가격공시법」과 「감정평가법」의 준칙에서 각기 다른 용어로 정의하고 있어 두 정의에 대한 개념상 차이에 대해 논의하는 경우가 많다. 부동산평가의 학계에서는 적정가격과 시장가치는 동일한 개념이라는 견해와 적정가격은 시장가치와 다르다는 견해가 있다.

또한 적정가격은 당위가격(sollen wert)으로 '있어야 할 상태의 가격'이고 시장가치는 현실가격(sein wert)으로 '있는 그대로의 상태의 가격'이라고도 하는 견해가 있다.

이러한 여러 가지 견해에 대해 이창석·윤창구 교수 등은 적정가격과 시장가치는 같은 개념이라는 견해가 일반적이다. 다만, 「부동산 가격공시법」에서는 '나지를 상정하여 평가' 했을 경우에 적정가격이 된다는 점, 그리고 「토지보상법」상 경우에 따라서는 '개발이익을 배제한 가격'이 적정가격이 된다는 점에서 볼 때에는 예외적으로 법정가격의 성격도 포함하는 개념이 있다고 본다.[8] 주로 적정가격은 정당한 보상이나 법이 추구하는 목적에 따라 사용되고, 시장가치는 평가이론 및 실무에서 사용되고 있다.

(4) 현실가격과 당위가격

현실가격(Sein Wert)이란 "있는 상태 그대로의 가격"이고 당위가격(Sollen Wert)이란 "있어야 할 상태의 가격"을 의미하는데 감정평가의 기준이 되는 시장가치는 이 양자 중 어느 것이어야 하는 것인가에 대하여는 논쟁이 있다.

현실가격에서 말하는 "있는 상태 그대로의 가격"이란 현실의 거래가격을 의미하는 것이다. 따라서 이 방법을 채택하는 경우 시간과 비용이 절약되는 방법이기는 하나 당위성이 반영되지 않는 경우가 많아 요인과 현실 사이에는 시기적 괴리가 있을 수

8) 이창석 · 윤창구 외, 부동산감정평가론(서울 : 형설출판사, 2003. 10), p. 84.

있으며 내용상의 괴리도 나타나는 것이 보통이다.

또한 시장가치로 현실가격을 택하여야 한다고 주장하는 사람들은 감정평가사는 부동산가격에 대하여 플러스(+)요인도 마이너스(-)요인도 아니며, 감정평가사가 감정평가를 행함에 있어 자기의 주장을 가미한다면 혼란을 야기시키므로 공평한 가격이 현실가격이어야 한다고 주장한다.

그러나 시장가치란 사회일반이 통상 채용한다고 인정되는 방법을 전제로 하여 투기적이고 비합리적인 요소가 제거된 합리적인 자유시장에서 형성되는 객관적이고 타당한 교환가치를 의미하는데 반하여 현실가격이란 매매가 쌍방의 합의에 의하여 결정되어지는 것으로 시장의 합리성이라는 조건이 다소 결여된 불완전한 시장 즉, 개인의 특수한 사정이 반영될 수도 있는 상황하에서 현실적으로 이루어진 가격을 말하므로 양자는 다소의 차이가 있다고 하겠다.

한편 부동산의 평가액은 가격창출기능을 갖고 있어 일반거래의 지표로 활용되기도 한다는 점에서 평가액은 Sollen으로서의 일면성을 갖고 있다고 할 수 있으며 또한 부동산가격이 적정한 시장가치라고 하는 측면에서는 Sein으로서의 일면성도 갖고 있다, 이와 같은 이유에서 시장가치란 현실가격을 참작하여 당위성을 반영한 가격이어야 하는 것이다.[9)]

(5) 한정가격

한정가격이란 일본의 부동산평가기준에서 정하고 있는 용어로 어떤 부동산과 취득하는 다른 부동산과의 병합 또는 부동산의 일부를 취득할 때 분할의 경우 부동산의 가치가 시장가치와 달라짐으로써 시장이 상대적으로 한정될 때 취득부분에 대하여 당해 시장의 한정에 부응하는 적정한 경제가치를 표시하는 가격이다. 한정가격은 특정당사자 간에만 합리성이 인정된 가격의 특징을 가지며, 그 합리성은 부동산 가격 자체에서 도출된다.

① 한정가격으로 평가할 수 있는 경우

- 지상권자 또는 임차권자가 그러한 권리가 설정된 토지를 매입하는 거래
- 인접부동산과 합병을 목적으로 하는 거래
- 경제적 합리성에 반하는 부동산의 분할을 전제로 거래하는 경우

---

9) 윤창구, 부동산 평가론(서울 : 도서출판 좋은만남, 2005. 3), pp. 7~8.

② 고려해야 할 가치원칙

한정가격으로 평가할 토지의 경우, 합병을 목적으로 할 때는 합병 후의 최유효이용의 가능성, 분할의 경우 분할 후 잔여토지의 유용성, 합병이나 분할이 주변환경이나 장래의 동향에 비추어 적합의 원칙에 부응하는지, 합병으로 인한 기여도와 수익배분의 가능성 등을 참작하여야 한다.

(6) 한정임료

한정임료란 ① 부동산의 임대차 등의 계속, ② 임대차 등을 하는 다른 부동산과의 병합사용, ③ 부동산 일부의 임대차 등을 할 때 분할사용에 의하여 부동산의 가치가 시장가치와 달라짐에 따라 시장이 상대적으로 한정되는 경우에 있어서 임대차 등에 관한 시장의 한정에 부응하는 적정한 임대료를 말한다.

① 시장임료와의 비교

한정임료와 시장임료는 시장성이 있는 부동산에 대한 경제적 합리성이 인정된다는 점에서는 동일하나 다음과 같은 차이점이 있다.

- 시장임료는 통상적인 시장에서 형성되는 시장임료를 의미하고, 한정임료는 시장이 특정 임대차 당사자로 한정되는 경우에 형성된다.
- 시장임료는 누구에게나 타당한 임료이나 한정임료는 임대차 당사자에게만 타당한 임대료이다.

② 특정임료와의 관계

한정임료는 일본의 감정평가기준에 의한 개념이다. 그런데 한정임료는 시장임료로 평가함이 부적당하여 그 물건의 성격이나 평가조건에 부응한 특정임료의 개념에 포함된다고 볼 수 있다.

제2절 부동산 가치형성 요인

부동산 가치형성요인이란 부동산 가치는 부동산의 효용성(유용성)·상대적 희소성·

유효수요의 결합에 의해 형성·유지·수정·파괴되는데, 이 세 가지 가치발생 요인에 영향을 주는 요인으로 대상물건의 경제적 가치에 영향을 미치는 일반요인, 지역요인 및 개별요인 등을 말한다. 부동산의 가치형성에 영향을 미치는 요인은 그 요인을 이루는 여러 현상의 변동에 따라 끊임없이 변화한다. 그리고 가치형성 요인은 하나가 독립되어 작용하는 것이 아니라 서로가 관련성·유기성을 갖는다. 일반적 요인에 속하는 사회적·경제적 요인과 행정적요인은 자연적 요인과 함께 지역특성을 형성하는 지역요인을 형성하고, 개별적 제 요인은 부동산의 개별요인을 형성한다.

〈그림 2-2〉 부동산 가치의 발생요인과 가치형성요인

1. 부동산가치발생요인
   - ○ 효용성(유용성) ┐
   - ○ 상대적 희소성 ┘ 공급측면 ┐
   - ○ 유효수요 - 수요측면 ┘ + 이전성(법적 측면)

2. 부동산가치형성요인

   〈인문적 요인〉 〈물리적 요인〉

   - ○ 일반적 요인 - [사회적 요인, 경제적 요인, 행정적 요인] + 자연적 제요인
   - ○ 지역적 요인 - [일반적 제요인이 지역차원으로 축소] - 지역의 부동산 가치수준 형성
   - ○ 개별적 요인 - [토지의 개별요인, 건물의 개별요인] - 대상 부동산의 개별적 구체적 가치형성

1. 일반적 요인

일반적 요인이란 일반경제사회에 있어 부동산의 이용방법·상태 및 가격수준에 영향을 주는 제 요인을 말하는 것으로 사회적·경제적·행정적 요인으로 구분 되며, 이 요인들은 각 지역의 자연적 조건과 상호 결합하여 각 지역의 규모, 구성내용, 기능 등의 특성을 형성하고 그 지역에 속하는 부동산 가치의 형성 전반에 영향을 주는 것이다.

즉, 일반적 요인이 부동산 가치에 미치는 영향은 지역마다 각각 다른 동시에 동종의 지역에는 동질적인 영향을 준다. 이를 일반적 요인의 지역편향성이라 한다. 따라서 일반적 요인은 지역분석, 표준적 사용의 결정, 개별분석, 최유효이용의 판정 등에 중요한 역할을 한다.

(1) 사회적요인

부동산가치는 1차적으로 사회적 영향권하에 있다. 사회적 요인이란 부동산의 가치에 영향을 미치는 일련의 사회적 현상으로 다음과 같은 사항을 말한다.

- 인구상태
- 가족구성 및 가구분리 등의 상태
- 도시형성 및 공공시설 등의 정비상태
- 교육 및 사회복지 등의 수준
- 부동산 거래 및 사용수익 등의 관습
- 건축양식 등의 상태
- 정보화 진전의 상태
- 생활양식 등의 상태

① 인구상태

모든 부동산활동의 주체는 인간이다. 인간을 주체로 하는 부동산의 유용성이 거론되고 유용성을 주체로 하여 부동산의 가격이 형성된다. 그러므로 인구에 관한 지표는 부동산의 실제에 대한 현상과 미래상을 분석 또는 예측하는 유력한 지표가 된다. 인구의 증가는 택지의 수요를 증가시키는 대표적인 요인이고, 도시의 인구집중은 도시토지에 대한 수요를 증대시키는 사회적 요인의 대표적인 것이다. 인구의 상태에 속하는 사항은 총인구의 수준·출생률·사망률·연령별 구성·도시집중 정도 등이다.

② 가족구성 및 가구분리의 상태

가족수 및 가구분리에 따른 세대수의 증가는 부동산의 가격수준에 영향을 미친다. 특히, 대가족제도에서 부부중심의 핵가족제도로의 변화는 주거에 대한 유효수요를 증가시켜 부동산가격상승요인 된다. 이러한 현상은 도시에서는 특히 현저하다.

③ 도시형성 및 공공시설의 정비상태

도시형성이란 표현은 다소 포괄적인 것이지만 도시의 기능·구조·규모·성장과정 등은 부동산가치형성에 큰 영향을 주게 된다.

도로·상하수도·학교·공원·시장 등의 공공시설의 정비가 잘 되어 있으면 그만큼 토지의 생산성이 증가되고 인구의 집중도 있게 되어 도시의 부동산가격이 상승하게 되는 것이다.

④ 교육 및 사회복지의 상태

교육 및 사회복지의 상태는 사회의 문화수준·생활수준에 영향을 미치고 이들 수준은 부동산수요의 질적 측면에 큰 영향을 미친다.

⑤ 부동산의 거래 및 사용 · 수익 등의 관습

부동산의 거래나 사용·수익의 관습도 지가수준에 영향을 미친다. 이는 부동산의 행정적 통제로 인한 암거래, 부동산임대차에 있어서의 보증금·권리금, 각종의 부동산과세를 포탈하기 위한 미등기의 전매 등이 사회적 요인으로서의 부동산가치에 영향을 미치는 것을 의미하는 것이다.

⑥ 건축양식 등의 상태

건축양식의 고급화는 건물의 가격을 높임과 동시에 토지의 가격을 인상시키는 요인도 된다.

예컨대 구식 빌딩이나 또는 재개발이 필요한 건축물이 있는 지역은 인근의 최신식 빌딩이나 고급 주택지보다 지가가 낮게 형성된다.

⑦ 정보화 진전화의 상태

사회적인 현상의 변화는 곧 새로운 정보의 진전을 의미한다. 더구나 부동산시장과 부동산경기의 변화, 부동산수요예측 등에 관한 제반 정보의 파악은 곧 부동산가치형성에 영향을 미치게 된다. 더구나 인구의 증가, 도시의 건설, 공공시설의 등장과 도시계획, 지역개발, 부동산거래의 양상, 새로운 건축의 양식과 설계 등에 대한 정보화의 진전은 곧 부동산가치형성에 영향을 미치게 된다.

⑧ 생활양식 등의 상태

국제화의 개방에 따라 국제간의 교류, 특히 동서양간의 문물의 교류는 새로운 생활양식 등이 등장하게 된다. 따라서 주택이나 아파트와 같은 건축물의 구조 등이 변화하게 된다. 특히 생활양식의 변화는 아파트의 고층화와 맨션화, 그리고 빌라 등의 등장을 초래하므로써 이러한 새로운 생활양식의 상태는 부동산가격구성의 사회적 요인으로 나타나게 된다.

(2) 경제적 요인

부동산도 경제재이기 때문에 경제활동의 대상으로 전반적인 경제상태와 직접적인 관련을 가지고 있으며 경제정세의 변화는 부동산 경기와 부동산 가격에 영향을 준다. 경제적 요인의 구체적 내용은 다음과 같다.

- 저축·소비·투자 등의 수준과 국제수지의 상태
- 재정과 금융 등의 상태
- 물가·임금과 고용 등의 상태
- 세부담의 상태
- 기술혁신과 산업구조 등의 상태
- 교통체계의 상태
- 국제화의 상태

① 저축, 소비, 투자 등의 수준 및 국제수지 등의 상태

소비량의 변동은 부동산에 대해서는 내구소비재로서 주택의 수급동향에 나타나고 생산면의 경제동향은 생산재로서의 상업용지 등 고정자산 투자에 나타난다. 또한 저축 및 투자는 산업자금으로서 전환되고, 이 투자는 설비투자로서 부동산의 수요요인이 되며 부동산가격을 변동시킨다.

또한 국제수지의 개선 또는 악화로 인하여 경제 전반에 호황 또는 불황이 오고 그 결과 부동산가격에도 영향을 미친다.

② 재정 및 금융의 상태

재정 및 금융의 상태는 경기변동의 중요한 요소가 되며 일반경기의 호 불황은 부동산경기에도 영향을 미친다.

즉, 재정지출의 증대정책을 실시하면 경제활동을 자극하여 경기부양을 가져오고, 축소정책을 사용하면 경기는 침체한다. 금리의 인상·인하는 경기변화에 직접 영향을 준다.

그리고 산업용부동산의 수요(파생수요)는 경제확장책으로 인해 증대되고, 따라서 주거용 부동산의 수요(본래적 수요)도 증가하게 되는 것이다.

③ 물가 · 임금 및 고용 등의 상태

물가와 임금의 수준 및 그 변동은 건설비와 밀접한 관련이 있다. 그리고 임금 및 고용상태는 부동산의 유효수요에 직접적인 요인으로 작용, 부동산가치에 영향을 미친다.

④ 세부담의 상태

조세부담률은 개인 및 기업의 가처분소득에 영향을 미치고, 나아가서 부동산가치에도 영향을 주게 된다.
부동산 수요측면에서의 세부담은 취득세·등록면허세에, 공급측면에서는 양도소득세에 영향을 미친다.

⑤ 기술혁신 및 산업구조의 상태

경제의 고도성장의 기반이 되는 것이 기술혁신이다. 기술혁신과 산업구조의 개선, 고도화는 경제의 고도성장을 이룩하게 되고, 이는 기업의 새로운 설비투자를 증가시켜 부동산가치에 영향을 미친다.

⑥ 교통체계의 상태

철도·자동차·선박·항공기 등에 의한 교통·운송의 체계는 중요한 산업기반인 것이며, 지역의 발전·쇠퇴에 영향을 미친다. 전철·고속도로·항만 등의 공공시설에 대한 신설 또는 확장 등 교통체계의 확대·발전은 인근토지의 이용을 증대시키고 아울러 주변지역의 지가를 상승시킨다.

⑦ 국제화의 상태

국가의 해외 개방정도나 경제활동의 국제적 범위에 따라 부동산 가격이 영향을 받게 된다. 즉 경제의 개방 정도에 따라 국제수지나 물가, 환율, 국제자본의 이동, 경제시장의 규모 등이 결정될 것이며, 국제자본이나 국내의 투자수준의 결정요인 중의 하나로 작용하게 될 것이고, 외국기업의 국내진출에 따라 직접적으로 기업의 설립이나 합작, 증설 등으로 인한 부동산에 대한 파생수요가 생겨나게 될 것이고, 간접적으로는 국제자본의 유입 또는 유출로 인하여 국내 경제활동에 영향을 주게 됨으로써 부동산 가격의 증감에 영향을 미치게 되는 것이다.

(3) 행정적 요인

사회적 요인 및 경제적 요인은 주로 부동산 활동주체의 사익에 관계된다고 하면, 행정적 요인은 공익에 관계되는 요인이라고 볼 수 있다. 부동산은 그 자체가 공공성·사회성이 강조되고 있는 것이기 때문에 부동산의 이용 및 가격형성에 대하여 행정조치가 필연화되고 있는 것이다.

- 토지제도
- 토지이용에 관한 계획 및 규제의 상태
- 토지 및 건축물의 구조·방재(防災) 등에 관한 규제의 상태
- 택지 및 주택정책의 상태
- 부동산에 관한 세제의 상태
- 부동산의 가격·임대료 등에 관한 통제의 상태
- 부동산가격공시 제도

① 토지제도

토지제도란 토지의 소유권의 귀속형태나 공공의 필요에 의한 사용·수익·제한 등에 관한 기본적인 제도이다.

이러한 토지제도의 형태는 사유 또는 국유제도, 부재지주의 정리, 농지의 경자유전(耕者有田)의 원칙 등 국가와 시대에 따라 다양하며 한 국가의 토지제도의 내용에 따라, 또 그 제도가 어떻게 변화하는가에 따라 토지수요 및 부동산가치에 영향을 미친다.

② 토지의 이용계획 및 규제의 상태

국토의 종합적인 개발을 위한 토지이용의 효율적인 조정과 규제는 좁은 국토의 이용을 다양화시켜, 이들 시책 및 동향은 토지의 효용에 많은 영향을 미친다. 특히, 「국토의 계획 및 이용에 관한 법률」에 의한 용도지역·지구·구역의 지정, 농업진흥구역·개발제한구역 등은 토지의 수급이나 가치형성에 중요한 영향을 미친다.

③ 토지 및 건축물의 구조 · 방재 등에 관한 규제의 상태

부동산은 용도가 같더라도 건축물의 구조나 방재 등 안전조치의 유무에 따라 부동산의 가격수준에 큰 차이가 나타나게 된다.

④ 택지 및 주택정책의 상태

정부·지방자치단체·정부투자기관 등 국가 또는 공공단체의 주택 및 택지에 관한 정책이 부동산가격형성에 영향을 미친다.

주택정책의 내용으로는 주로 주택정책의 기본방향 확립, 택지와 주택의 물리적·경제적 공급, 주택자재, 주택금융, 주택시장, 주택의 거래질서 확립, 주택행정 및 주택법률 등을 들 수 있다.

⑤ 부동산에 관한 세제의 상태

부동산세제는 공공단체의 재정수입을 목적으로 하는 외에 불로소득의 사회환원, 투기성향의 억제·해소, 토지의 최유효이용(이용도 증가)의 촉진, 공적 토지획득의 원활화, 기타 부동산활동 등의 기능을 하기도 한다.

부동산에 관한 세금에는 다음과 같은 것이 있다.

㉠ 부동산을 취득하는 경우 : 취득세·등록면허세·상속세·증여세

㉡ 부동산을 보유하는 경우 : 재산세·종합부동산세

㉢ 부동산을 양도하는 경우 : 양도소득세

㉣ 부동산을 임대하는 경우 : 소득세

또한 부동산세제는 지가의 형성에 영향을 미치고 거래를 둔화시키는 기능을 한다.

⑥ 부동산의 가격 · 임대료 등에 관한 통제의 상태

지가동결, 토지거래허가제도의 실시 등은 직접적인 부동산가격에 영향을 주어 부동산가격을 통제하는 기능을 한다. 부동산의 임료를 통제하면 임차인의 부담이 경감되며 상대적인 경비의 절감으로 소득증대의 효과가 나타나고 토지임대의 수요가 증가하지만, 부동산소유자에게는 불리하며 공급감소의 효과를 나타낸다. 이와 같이 부동산가격의 통제나 임대료의 통제는 부동산가치의 형성에 영향을 미치게 된다. 직접적인 지가통제는 자유경제시장에서 가격기능을 무시하는 정책이다. 그러나 부동산 가격상승을 둔화시키거나 투기를 억제하는 데는 많은 효과가 있다.

⑦ 부동산 가격공시제도

정부에 의하여 지가 및 주택가격이 공시되면 공시된 지역내의 부동산가치는 공시지가 및 주택공시가격에 의하여 영향을 받게 된다.

거래가 거의 없는 깊은 농촌의 토지는 소유자나 주민들도 가격을 정확히 모르고 있다. 이때 지가가 공시되면 소유자나 주민은 공시지가에 의하여 토지를 거래하게 되는 경우가 있다.

이와 같이 부동산 가격공시제도는 행정적 요인으로서 부동산가치 형성에 영향을 미치게 된다.

2. 지역적 요인

지역적 요인이란 일반적 요인과 각 지역의 자연적 조건의 상관결합에 의해 그 지역의 규모, 구성, 내용, 기능 등에 영향을 미쳐 각 지역의 특성을 형성하고, 그 지역에 속하는 부동산의 가치형성에 전반적인 영향을 주는 요인을 말한다. 즉, 일반적 요인을 당해 지역의 차원으로 축소한 것으로 이해할 수 있다.

1) 일반적 요인

(1) 사회적 요인

- 인구상태
- 가족구성 및 가구분리 등의 상태
- 도시형성 및 공공시설 등의 정비상태
- 교육 및 사회복지 등의 수준
- 부동산거래 및 사용수익 등의 관습
- 건축양식 등의 상태
- 정보화 진전의 상태
- 생활양식 등의 상태

(2) 경제적 요인

- 저축·소비·투자 등의 수준과 국제수지의 상태
- 재정과 금융 등의 상태
- 물가·임금과 고용 등의 상태

- 세부담의 상태
- 기술혁신과 산업구조 등의 상태
- 교통체계의 상태
- 국제화의 상태

(3) 행정적 요인

- 토지제도
- 토지이용에 관한 계획 및 규제의 상태
- 토지 및 건축물의 구조·방재 등에 관한 규제의 상태
- 택지 및 주택정책의 상태
- 부동산에 관한 세제의 상태
- 부동산의 가격·임대료 등에 관한 통제의 상태
- 부동산 가격공시제도

2) 자연적 요인

부동산이 자연력 및 비노동생산물로서 지니는 자연적 제 조건을 의미하며, 이는 자연적 자질과 자연자원으로 구분된다. 자연적 요인이 부동산의 가치형성에 영향을 미치기 위해서는 인간과의 상대적 관계에 있는 조건이라야 한다.

① 자연적 자질

자연적 자질이란 입지론적 개념으로 일조·온도·습도·강우·강설 등의 기상상태, 지세·수심·경관 등의 자연적 환경, 홍수·지진·기타 재해발생의 위험을 포함한다.

② 자연자원

자연자원이란 인간의 현대생활에 있어서 욕망충족의 대상이자 필요불가결한 식량·섬유·건축자재·광물·동력자원 등의 지하자원과 수산자원·수력 등을 말하고, 일반적으로 자원이라고 할 때는 이를 의미한다. 자연자원은 자연적 자질의 개념보다 협의이다.

3. 개별적 요인

개별적 요인이란 부동산의 가격을 개별화·구체화하는 요인이다. 개별적 요인은 일반적 요인과 무관하지 않다. 일반적 요인은 광범위한 지역의 가격수준 개념이며 부동산의 개별적 특성에 따라 일반적 요인의 지역편향성이 나타난다. 따라서 일반적 요인의 파악 후에 그것을 지역적 차원으로 축소하고 다시 개별적 요인에 대한 영향을 분석함으로써 가치형성 요인에 대한 분석의 정도와 최유효이용의 판단이 용이할 수 있다.

(1) 택지의 개별요인

- 위치·면적·지세·지질·지반 등
- 접면너비·깊이·형태 등
- 일조·통풍·건습 등
- 고저·각지·접면가로와의 관계
- 접면가로의 계통 및 구조
- 공공시설·상업시설 등의 접근정도
- 변전소·폐수처리장 등의 위험·혐오시설과의 접근정도
- 공·사법상의 규제 및 제약
- 기타 공급시설의 유무 및 그 이용의 난이

(2) 건물의 개별요인

- 면적·높이·구조·재질 등
- 설계·설비 등의 양부
- 시공의 질과 양
- 공·사법상의 규제 및 제약
- 건물과 그 환경과의 적합상태

(3) 복합부동산의 개별요인

- 건물의 배치상태
- 건물과 부지의 면적상 균형
- 건물의 규모 및 용도가 부지에 적합한가의 여부

〈표 2-3〉 주택가치의 영향요인

분 류		변 수
물리적 요인	주거특성	아파트 평수, 거주하는 층, 경과연수, 방의 개수, 화장실 수, 욕실수, 취사연료, 난방형태
	단지특성	단지규모, 단지내 평형비율, 건폐율, 용적률, 조경면적 비율, 보행안전성, 단지내 운동시설, 지상주차장 비율
입지적 요인		초등학교까지의 거리, 전철역까지의 거리, 근린생활시설(점포, 약국, 개인병원, 유치원 등)과의 거리, 공원과의 인접, 공공시설(주민자치센터, 우체국, 은행 등)과의 인접, 자연환경(산, 하천, 강)과 인접, 중고교와의 인접, 편익(판매)시설과의 인접, 의료시설과의 인접, 직장까지의 거리, 학군주변이 주택밀집지역/상가밀집지역/아파트 밀집지역인지 여부
환경적 요인		향, 조망, 프라이버시, 일조, 소음·진동, 단열, 통풍 및 환기, 층수, 발코니의 크기, 넓이, 실내인테리어 정도, 코어 유형
기타 요인		건설사명, 설계사명, 매매회전율, 전세회전율, 가격상승(기대)률, 관리비

자료 : 정수연 · 김태훈, 일조가치 산정기법에 관한 연구, 한국부동산연구원, 2005. p. 52

제3절 부동산가치의 제원칙

부동산가치는 효용(유용)성, 상대적 희소성, 유효수요에 의해 발생하는데, 그 형성의 과정에서 기본적인 법칙성을 발견할 수 있다. 부동산 가치원칙이란 바로 이 가격이 어떻게 형성되고 유지되는지를 설명할 수 있는 법칙성으로 평가활동의 지침이 되는 행위기준이다. 이 원칙들은 가격형성, 도시성장 및 부동산에 관한 여러 이론의 집약으로 일반 경제법칙에 근거를 두고 있으나 자연법칙적인 것, 사회법칙적인 것 등을 포함하여 부동산 감정평가의 행위기준으로 삼고 있다.

1. 부동산 가치원칙의 특성

1) 부동산 가치원칙의 특성

부동산 가치원칙은 시간적으로 미래와 현재를 연결시키며, 공간적으로는 내부와 외부에 관련이 있으며 다음과 같은 특성을 갖는다.

① 부동산 가치원칙은 개별의 공간원칙과 시간원칙이 부동산의 최유효이용을 유도하며, 자원의 최적배분을 향한 목적지향성이 있다.

② 개별의 가치원칙들은 서로 독립되어 있는 것이 아니고, 시간적·공간적으로 관련성이 있으며, 또한 시간적으로 연속하여 작용하는 성질이 있다.

〈그림 2-3〉 부동산 가격원칙의 상호관계

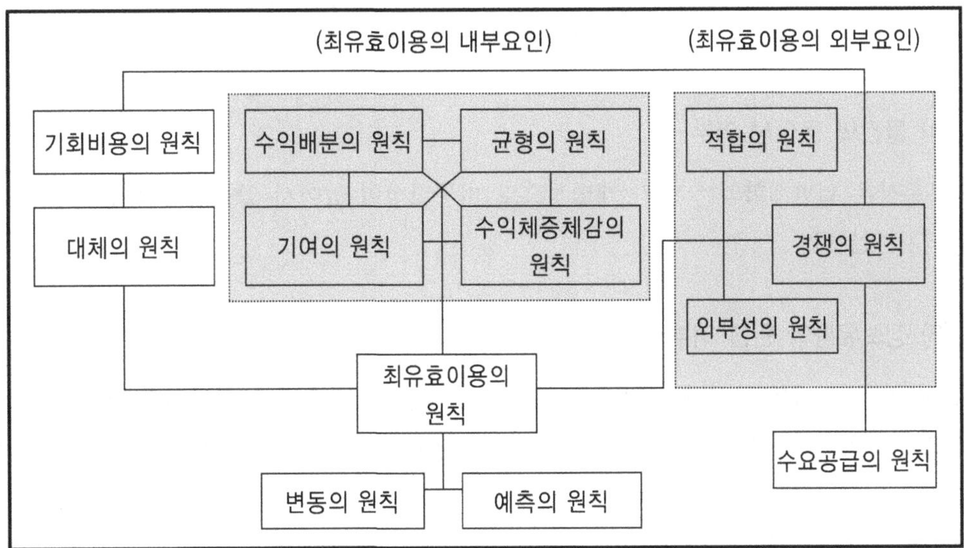

2) 부동산 가치원칙과 일반경제법칙의 비교

부동산 가치원칙은 부동산 시장에서 구매자의 구매 및 소유활동의 과정에 따른 수요자의 행동과 경제적 합리성에 근거하여 시간·공간에서 도출할 수 있으며, 일반경제법칙과는 다음과 같은 차이점이 있다.

(1) 대상물건의 차이

일반경제법칙에서 논의의 대상이 되는 물건은 생산이 가능한 것으로 생산비 개념이 적용되는데, 부동산 중 대표적인 토지는 생산비의 개념이 적용되지 않아 가격형성에 있어 일반법칙과 다르게 된다.

(2) 전제된 시장의 차이

일반경제학에서의 이론은 완전경쟁시장을 전제로 한 것이나, 부동산에 있어서는 그 특성상 완전경쟁시장을 전제로 한 이론은 의미가 없어진다. 즉, 전제된 시장이 다르기 때문에 일반경제법칙의 내용이 부동산에 적용될 때 그 의미가 달라진다.

(3) 시장참여의 제약 여부

완전경쟁시장과는 달리 부동산은 환금성이 낮고 비교적 경제가치가 크기 때문에 일정한 수준의 경제력이 요구되며 시장참여자의 진입과 탈퇴가 자유롭지 못하다.

(4) 물건의 동질성 여부

부동산은 일반재화와는 달리 개별성으로 비동질성이 있어서 일물일가의 법칙이 적용되지 않는다.

(5) 정보유통의 원활 여부

부동산은 권리의 공시가 일반재화와는 달리 복잡하고, 물건을 파악하는 데는 어느 정도의 지식과 경험이 요구되며 일반인이 완전한 정보를 쉽게 얻기는 곤란하다.

3) 부동산 특성과 관련 원칙

(1) 고정성

위치의 고정성(부동성)에 관련되는 원칙에는 적합의 원칙·외부성의 원칙·수익배분의 원칙 등이 있다.

(2) 영속성

시간의 작용과 관련하여 변동의 원칙·예측의 원칙이 있다.

(3) 부증성

부동산공급의 경직성과 관련하여 수요·공급의 원칙, 경쟁의 원칙, 수익체증·체감의 원칙 등이 있다.

(4) 개별성

부동산의 비대체성과 관련하여 대체의 원칙과 경쟁의 원칙이 있다.

(5) 상대적 위치의 가변성

사회적·경제적·행정적 위치의 가변성에 관련하여 변동의 원칙과 예측의 원칙이 있다.

(6) 용도의 다양성

용도가 다양하여 최유효이용의 원칙, 기회비용의 원칙과 관련이 있다.

(7) 병합 · 분할의 가능성

병합·분할의 가능성에 관련하여 기여의 원칙, 균형의 원칙, 적합의 원칙, 수익체증·체감의 원칙이 있다.

2. 부동산 가치원칙의 분류

1) 수요 · 공급의 원칙

(1) 개 념

일반재화의 경우 시장의 수요와 공급은 그 가격결정에 가장 많은 영향을 주고 있다. 부동산에 있어서도 기본적으로는 수요와 공급의 상호작용으로 그 가치가 결정되고, 그 가치는 다시 부동산의 수요와 공급에 영향을 미친다. 그러나 부동산의 특성상 수요·공급의 원칙이 일반재화의 법칙 그대로 적용되지는 않는다.

(2) 성립조건

부동산에 있어서 수요·공급의 원칙이 성립되려면 부증성을 완화하는 용도의 다양성, 병합·분할의 가능성이 전제되어야 하므로 일정한 지역(일정한 기간동안)에서의 택지의 조성·주택의 신축 등을 통하여 공급량의 증감이 가능하다는 논리에 근거하며,

수요·공급의 원칙은 부동산에는 제한된 의미로 적용된다.

(3) 관련원칙

① 수요측면

- 경쟁의 원칙 : 수요·공급이 이윤을 전제로 한 경쟁을 전제로 하여 이루어지므로 경쟁의 원칙과 관계가 깊다.
- 대체의 원칙 : 비용과 효용을 비교하는 과정에서 용도·기능면에서 대체가 가능하므로 대체의 원칙과 관련 있다.

② 공급측면

부동산 공급은 공급자의 생산자 균형과정에서 대체 및 경쟁관계가 성립되므로 대체의 원칙 및 경쟁의 원칙과 관련이 있다.

③ 수요 · 공급측면

현재의 수요와 공급은 장래의 동향을 반영하는 것이므로 변동의 원칙 및 예측의 원칙과 관련이 있다.

(4) 감정평가에의 적용

① 가치형성 요인의 일반적 요인 중의 하나인 경제적 요인의 동향분석지침으로 활용된다.
② 원가방식에서 재조달원가 산정시 그 구성요소 간의 수요·공급 사정에 따른 가격등락을 감안하여야 하며, 대체의 원칙과 함께 고려해야 한다.
③ 수익방식에서 대체성 있는 부동산의 건축가능성, 임대건물의 수요·공급상태의 판단에 있어 적용된다.
④ 부동산 시장은 여러 개의 부분시장으로 나누어지므로 대상부동산이 속한 수요·공급상태를 면밀히 파악하여야 한다.

2) 변동의 원칙

(1) 개 념

일반적으로 재화의 가격은 가치를 형성하는 요인(지역요인 및 개별요인)의 변화에 따라 변화한다. 부동산의 가치도 가치형성요인의 변화에 따라 인과관계를 가지며 변동의 과정에서 형성된다. 변동의 원칙은 모든 사상은 항상 변동의 과정에 있다는 자연법칙에서 유래한다.

(2) 가치형성요인과의 관계

지역요인이나 개별요인은 항상 변동의 연속선상에 있다. 따라서 평가자는 과거의 추이, 현재의 작용 및 미래의 동향 등을 동태적으로 파악하는 관점이 필요하다. 지역요인과 개별요인의 변동을 선후로 분리할 수는 없으나, 개별요인의 변동은 구체적인 가격의 변동으로 귀결된다.

(3) 관련 원칙

① 예측의 원칙 : 과거의 변동을 기초로 미래를 예측하므로 예측의 원칙과 관련이 있다.
② 최유효이용의 원칙 : 변동의 연속상에서는 최유효이용의 원칙과 관련이 있다.

(4) 감정평가에의 적용

① 부동산의 가치형성 요인은 항상 변화하므로 평가액은 기준시점 당시에 타당성이 있는 결과이며, 감정평가에 있어서 기준시점의 확정으로 평가자의 책임한계가 명확해진다.
② 부동산의 가치형성 요인을 분석할 때에는 세부내용의 변화에 유의하여야 한다.
③ 지역요인의 분석에서 각 요인 상호간의 관계를 동태적으로 파악해야 한다.
④ 3방식에 있어서, 비교방식에서 사례자료의 선택·시점수정·지역요인·개별요인의 종합적인 참작시 지침이 된다. 원가방식에서는 재조달원가의 산정시 변동률 적용의 기준이 되며, 감가수정시 감가요인의 고려는 부동산의 변동을 뜻하며 부동산 변동에 따른 가치의 감소를 가격으로 나타낸 것이다. 수익방식에서는 순수익의 산정 및 환원이율의 변동요인 등과 관련하여 변동의 원칙을 고려해야 한다.

3) 대체의 원칙

(1) 개 념

대체성 있는 2개 이상의 재화가 있는 경우에 그들 재화의 가격은 상호 영향하에 결정된다. 이와 같이 부동산의 가격도 대체가 가능한 다른 부동산이나 재화의 가격과 서로 관련을 가지고 형성된다. 즉, 효용(유용)성이 같으면 가격이 낮은 것을, 가격이 같으면 효용(유용)성이 큰 것을 선택한다는 것이다.

(2) 성립근거

부동산은 어느 지역의 구성분자로서 그 지역과 그 지역 내의 다른 부동산과 서로 보완·협동·대체·경쟁 등의 관계 즉, 지역성을 갖고 있으므로 대체성이 있게 된다.

(3) 관련 원칙

① 경쟁의 원칙 : 경쟁은 유사성이 있는 부동산 상호간에 이루어지고, 경쟁은 대체성을 전제로 이루어지므로 경쟁의 원칙과 관련이 있다.
② 수요·공급의 원칙 : 대체의 원칙은 대체성 있는 부동산 간의 수요와 공급이 작용하여 이루어지기 때문에 수요·공급의 원칙과 관련이 있다.
③ 기회비용의 원칙 : 대체의 원칙은 기회비용을 지급하는 대가로 성립하는 것이며 기회비용은 대체의 원칙을 전제로 성립하므로 기회비용의 원칙과 관련이 있다.

(4) 감정평가에의 적용

① 거래사례비교법에서 대상부동산의 가치를 판정하기 위해서 유사성 있는 기존 부동산의 가격이 거래사례 가격으로 이용된다.
② 원가법에서 재조달원가를 간접법으로 구하는 경우 대체가능한 경쟁적인 다른 부동산의 재조달원가는 대상부동산 가치의 기준이 된다.
③ 수익환원법에서 대상부동산의 순수익을 간접법으로 구하는 경우 유사부동산의 순수익으로부터 구할 수 있다.

4) 최유효이용의 원칙

(1) 개 념

최유효이용은 객관적으로 보아 양식과 통상의 이용능력을 가진 사람이 토지를 합법적이고 합리적이며 최고·최선의 방법으로 이용하는 것을 말한다.

부동산의 가치는 그 부동산의 효용이 최고도로 발휘될 이용의 가능성이 가장 풍부한 최유효의 이용을 전제로 파악되는 가격을 표준으로 형성된다. 따라서 최유효이용의 원칙은 부동산 감정평가활동에 있어서 가장 중요한 행위기준이다.

(2) 최유효이용의 분석

최유효이용을 분석하는 것은 대상부동산에 대한 표준적인 가격수준의 기준이 되는 용도를 밝히고, 이를 바탕으로 대상부동산의 적정한 경제가치를 판단하기 위함이다. 최유효이용분석은 내부구성요소에 의한 내부판정과 외부적 요인에 의한 외부판정을 하여 대상부동산의 최유효이용을 분석한 후 다음과 같은 순서로 종합적 판단을 한다.

- 현재는 최유효이용 상태인가?
- 그렇다면 최유효이용의 계속성은 있는가?
- 그렇지 않다면 최유효이용 상태로의 전환은 가능한가?
- 전환에 소요되는 비용과 시간은 얼마인가?

(3) 최유효이용의 판정시 유의사항

① 객관적인 양식과 통상적인 사용능력을 가진 자에 의한 합리적·합법적 사용이어야 하므로 특별한 능력이 있는 자에 의한 이용방법은 배제되어야 한다.

② 사용수익이 장래 상당기간 동안 지속될 수 있어야 하므로 일시적 수익·투기적 수익 등 안정적인 수익은 고려되어서는 안 된다.

③ 효용을 충분히 발휘할 수 있는 시점이 예측할 수 있는 장래가 아니어야 한다.

④ 단순한 사용자에 의한 사용과 같이 계약내용 등에 의하여 이용방법이 한정되어 있는 경우는 배제되어야 한다.

⑤ 최유효이용은 먼저 인근지역의 지역특성의 제약하에 개별요인에 영향을 받는다. 따라서 그 이용방법은 내부적으로는 물론 외부적으로도 합리적이어야 한다.

(4) 부동산 이용밀도

이용밀도는 특정용도에 이용되는 토지의 수요와 공급 간의 관계로 최유효이용분석의 중요한 요소이다. 특정용도에 이용되는 토지의 공급과 수요가 균형을 이루었을 때, 토지의 합리적인 이용과 용도별 이상적인 건물의 밀도를 형성하게 된다.

(5) 표준적 사용과의 관계

표준적 사용이란 대상지역에 속하는 개개 부동산의 최유효이용의 집약적·평균적인 사용방법을 말하며 이는 대상지역의 특성과 위치를 나타낸다. 감정평가활동에서 먼저 지역분석을 통하여 표준적 사용과 가격수준을 파악하고 이를 기준으로 개별분석을 함으로써 최유효이용과 가치를 판정하게 된다. 따라서 표준적 사용은 최유효이용을 제약하지만 최유효이용의 집약적·평균적인 사용이 표준적 사용이 되기도 한다. 그러나 최유효이용은 부동산의 개별성에 의해 규명되므로 항상 표준적 사용과 일치하는 것만은 아니다.

(6) 관련 원칙

① 내부구성의 원칙

- 균형의 원칙 : 내부적 구성요소 간에 균형이 유지되어야 최유효이용이 될 수 있다. 토지는 형태·면적·접면너비·획지의 깊이에서, 건물과 부지의 배치상태에서 각각 균형이 유지되어야 최유효사용이 될 수 있다.
- 수익 체증·체감의 원칙 : 한계비용과 한계수입이 일치하는 점이 최대수익획득점이 된다.
- 수익배분의 원칙 : 토지이용에서 발생하는 순수익은 자본·노동·경영에 배분되고 나머지가 토지에 귀속되므로 토지에 대한 배분이 최대가 되었을 때 최유효이용상태가 된다.
- 기여의 원칙 : 토지 또는 건물의 추가투자 등이 부동산의 균형상태 또는 최유효이용상태로의 접근 여부가 최유효이용판정과 관련이 된다.

② 외부구성의 원칙

- 적합의 원칙 : 대상부동산이 주위의 환경 및 용도 등에 적합하여야만 최유효이용상태가 된다.
- 경쟁의 원칙 : 일반적으로 최유효이용상태에 있는 부동산은 경쟁의 대상이 된다.
- 외부성의 원칙 : 사회적·경제적·행정적 외부요인의 변화에 의해 최유효 이용상태가 된다.

* 균형의 원칙이 내부적 구성요소간의 균형을 문제로 삼는데 반하여 적합의 원칙은 외부적인 균형, 즉 주변환경과의 적합을 문제로 삼는다.

〈그림 2-4〉 최유효이용의 원칙과 타 가치원칙의 관련도

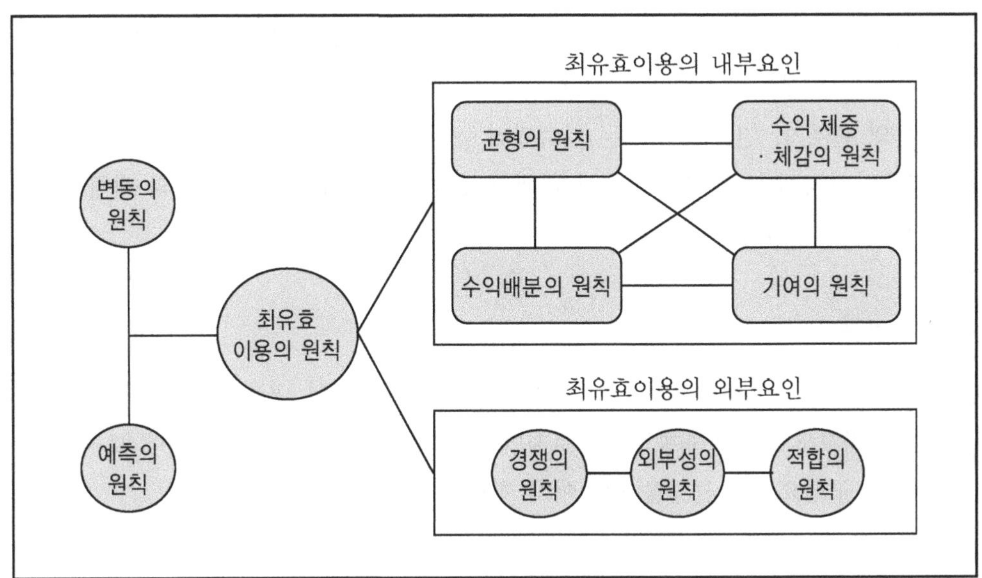

(7) 감정평가에의 적용

① 원가법에서 재조달원가는 최유효이용의 상태를 기준으로 하며, 감가수정은 최유효이용상태에서의 감가이다.

② 거래사례비교법에서 사례부동산과 대상부동산의 품등(品等)비교에 의한 개별비교시 그 판단기준이 된다(최유효이용 상태를 100%로 본다).

③ 수익환원법에서 수익가액의 기초가 되는 순수익, 환원이율은 최유효이용을 전제로 하여 구한다.

5) 균형의 원칙

(1) 개 념

부동산의 효용(유용)성이 최고도로 발휘되기 위해서는 그 내부구성요소 간의 상태가 균형을 이루어야 한다는 원칙이다. 그리고 균형의 원칙은 대상부동산이 균형을 상실함으로써 생기는 감가의 정도를 파악하기 위한 것이며, 그러한 감가요인이 없는 경우에 그 부동산의 이용은 균형이 있는 이용, 즉 최유효이용이 된다.

(2) 부동산의 구성요소

부동산의 구성요소는 토지·건물·복합부동산의 3측면에 따라 다르다. 크게 본다면 토지나 건물 자체도 부동산의 구성요소이지만 토지인 경우는 접면너비·획지의 깊이·고저 등의 관계가, 건물의 경우는 건축면적·높이·칸막이·복도·계단배치 등의 관계가, 복합부동산인 경우는 개개의 부동산에 대한 구성요소 외에 건물과 획지의 배치 및 크기 등의 관계가 지적될 수 있다.

(3) 성립근거

부동산은 통상 토지와 정착물이 일체로 이용되며 양자의 내부적 균형은 부동산의 유용성을 최고도로 발휘하게 하고, 토지만의 단독이용에도 부동성 때문에 토지 자체의 물리적 구성요소가 균형을 이루어야 한다.

(4) 관련 원칙

① 최유효이용의 원칙과 기여의 원칙 : 구성요소 간의 균형이 수익획득과정을 통하여 부동산 가격에 어느 정도 기여하였는가 그리고 균형의 정도가 최유효이용에 적합한가를 판단할 수 있으므로 기여의 원칙 및 최유효이용의 원칙과 관련이 깊다.

② 균형의 원칙 : 기여의 원칙은 균형의 원칙의 선행원칙이다.

(5) 감정평가에의 적용

① 균형의 원칙은 대상부동산의 내부구성요소의 개별요인분석에 유효한 행위기준이 된다.

② 원가방식에서 재조달원가를 구성하는 각 항목 간의 투입비의 균형을 판단할 때 활용될 수 있다.

③ 감가요인 중 내부구성요소 간의 불균형에 의한 기능적 감가를 판단할 때 유용하다.

6) 수익 체증 · 체감의 원칙

(1) 개 념

어떤 단위투자액을 계속적으로 증가시키면 이에 따라서 총수익은 체증한다. 그러나 일정한 점, 즉 최고수익점에 이르면 증가시킨 단위투자액에 대한 수익은 체감을 시작한다. 이것을 수익 체증·체감의 원칙이라 한다. 부동산에 있어서도 일반재화의 경우와 같이 추가투자의 효율은 추가한 단위투자액에 대응하는 수익이 최대수익점까지는 체증하고 최대수익점 후는 체감적 비율로 밖에는 생산을 증가시키지 않는다. 이 원칙은 토지공간의 입체이용률, 층별 효용비율, 지가 배분율, 부동산의 손익분기점 분석 등에서 감정평가활동과 관계가 깊다.

(2) 토지공간의 입체이용률과 입체이용저해율

① 입체이용률

대상획지의 최유효이용의 상태를 상정하여 이를 전제로 대상획지의 지상·지중·공중공간의 이용가치를 집적한 것이 대상획지의 가격을 형성하는 요소라고 한다면 평면적 지표면 부근의 이용가치가 가장 높다고 볼 때 공중공간·지중공간으로 연장됨에 따라 이용가치가 체감된다. 입체이용률이란 이용률이 100%인 지표면 부근의 수평적 공간과 공중공간 및 지중공간의 각 부분을 지표면과 평행으로 적당한 높이와 깊이로 구분하여 얻은 각 부분에 대한 이용가치의 비율이다.

〈그림 2-5〉 토지공간의 입체 이용률과 입체이용 저해율

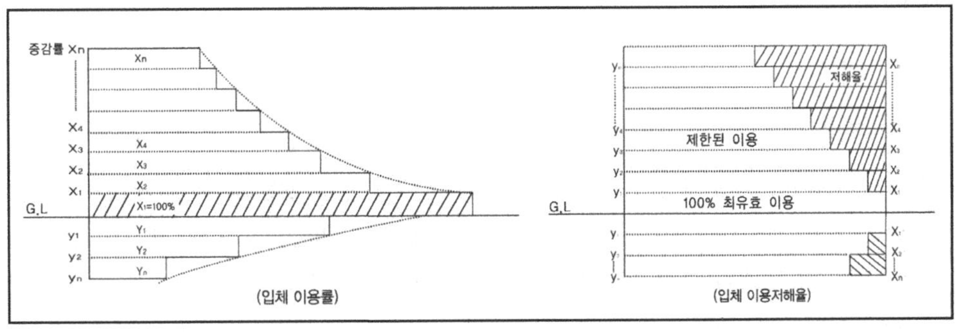

② 입체이용저해율

구분된 토지소유권·지역권·임차권 또는 건물의 구분소유권 등에 따라 공중 또는 지중공간의 일부분이 이용되는 때에 그들 권리의 행사는 대상획지의 입체적 이용을 상당히 제한한다. 이때 대상획지의 최유효이용 상태의 이용율에 대하여 그 제한에 따라 대상획지의 이용이 방해되는 정도에 대응한 비율이 입체이용저해율의 개념이다.

(3) 성립근거

리카도(D. Ricardo)가 전개한 수확체감의 법칙에 근거를 두고 있다.

(4) 관련 원칙

① 균형의 원칙 : 부동산의 수익의 한계점은 구성요소의 균형을 찾는데 중요한 역할을 함으로 균형의 원칙과 관련이 있다.
② 기여의 원칙 : 어느 부분의 투자가 대상부동산 전체수익에 어느 정도 기여하였는가를 판단하는 기여의 원칙과 관련이 있다.
③ 최유효이용의 원칙 : 투자의 한계점을 제시하여 부동산의 최유효이용 판정의 지침이 되므로 최유효이용과 관련이 있다.

(5) 감정평가에의 적용

부동산의 각 구성요소에 대한 추가투자의 합리성 또는 최적 자원배분의 판단기준이 되므로 감정평가활동에 있어서 투자행위의 합리적 여부가 가격에 영향을 미치는 정도를 고려해야 한다.

7) 수익배분의 원칙

(1) 개 념

토지는 생산요소의 하나이기 때문에 다른 생산요소와 결합되어 협동하여야 수익을 발생한다. 그러한 협동에서 비롯되는 필연적 결과로서 생산활동에서 획득된 총수익은 각 요소에 배분된다. 자본에 대한 이자, 노동에 대한 임금, 경영에 대한 보수, 토지에 대한 지대의 형태가 된다. 이 때 토지는 토지 이외의 생산요소에 대한 배분을 먼저 끝낸 다음 최종적인 배분을 받는 것으로 보는 것이 통상이다. 수익배분의 원칙은 총수익 중 토지에 배분되는 잔여부분이 토지가격을 결정하게 된다는 원칙이며, 잉여생산물의 원칙이라고도 한다.

(2) 수익배분의 특성 및 적정성 판단

① 부동산에 대한 수익배분은 토지가 부동성의 특성이 있고, 그 투자는 고정적인 것이기 때문에 이동이 곤란한데 반해 토지 이외의 생산요소에 있어서의 투자는

유동성이 있어서 평균수준의 배분이 없으면 곧 다른 곳으로 이동하여 기업의 존속을 위협하므로 토지에 대한 배분이 최종적으로 이루어진다.

② 부동산은 최종배분성을 가지기 때문에 다른 생산요소에 대한 배분의 합리성 및 경영능력의 합리성에 적정한 판단기준이 필요하다. 이 판단기준은 경영 능력의 합리성, 토지 이외의 생산요소의 질과 양, 토지의 최유효이용 등이다.

(3) 관련 원칙

① 최유효이용의 원칙 : 최종적이긴 하나 토지가 최대의 수익을 배분받을 수 있는가 여부는 최유효이용의 상태에 따라 결정되므로 최유효이용의 원칙과 관련이 있다.

② 균형의 원칙 및 적합의 원칙 : 용도 및 규모에 맞는 수익배분이 이루어지려면 내부구성요소 간의 균형 및 외부환경과 적합한 이용이 전제되어야 하므로 균형의 원칙 및 적합의 원칙과 관련이 있다.

③ 수익 체증·체감의 원칙 : 최대의 수익발생점이 최유효이용이고 가장 많은 수익을 배분받을 수 있으므로 수익 체증·체감의 원칙과 관련이 있다.

④ 기여의 원칙 : 각 생산요소의 수익발생에 대한 기여도가 판단되어야 하므로 기여의 원칙과 관계가 있다.

(4) 감정평가에의 적용

① 기업용 부동산은 각 생산요소의 결합에 의하여 수익이 발생되므로 수익배분의 원칙이 중요한 판단기준이 된다.

② 수익배분의 원칙이 수익성 부동산을 전제로 하는 것이므로 수익방식의 이론적 근거가 되며, 총수익 중 토지 이외의 생산요소에 대한 수익을 배제하고 토지의 가격을 평가하는 토지잔여법의 이론적 근거가 된다.

8) 기여의 원칙

(1) 개 념

기여의 원칙은 부동산은 여러 가지의 구성요소가 결합되어 구성되는 것이라는 점을 지적하고, 부동산의 가격은 각 구성요소의 기여도가 어떠한 것이냐에 따라서 가격면에 영향을 받는 것이기 때문에 감정평가활동에서 그 기여도의 적정 여부에 대한 판단이 중요하다는 것을 강조하는 원칙이다. 그리고 이 원칙은 대체의 원칙이 일방을 선택하면 타방은 불필요하다는 배타적인 법칙인데 반해, 일방을 선택하면 다른 것도 가치가 포함되어 증가한다는 특징이 있다.

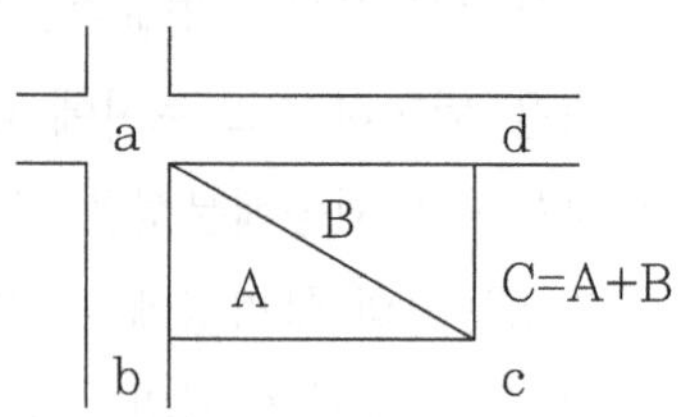

예를 들면, 아래 그림에서 토지 A(△abc)와 B(△acd)에 각각 작은 건물을 세운다고 가정할 경우 다른 모든 조건이 같다면 A의 수익가치를 1이라고 할 때 B도 같은 크기와 같은 형태이므로 역시 1이 된다. 따라서 전체 토지 C(□abcd)의 가치는 1+1=2가 된다.

그러나 이는 산술적인 결과일 뿐, C토지 전체의 관점에서 본다면 훨씬 큰 가치를 갖는 건물을 지을 수 있으므로 A+B의 합계는 3, 4, 5도 될 수 있는 $+\alpha$가 붙는다.

이는 기여의 원칙이 작용한 결과이다. 즉 부분적·개별적인 감정평가의 합계가 반드시 전체적·일괄적인 감정평가의 결과와 일치한다고 볼 수 없는 것이다.[10)]

(2) 추가투자의 적부판단

토지나 건물의 추가매입 또는 부동산의 개량은 대상부동산의 전체 가치에 현저한 영향을 미치게 되므로 기여의 원칙은 추가투자의 적부판단기준이 되며, 부분적인 수익 체증·체감의 법칙이라고 할 수 있다.

(3) 관련원칙

① 균형의 원칙 : 균형의 원칙이 여러 각 요소의 구성에 균형이 있어야 하는 점을 강조하는 것이라면 기여의 원칙은 부동산의 각 구성요소 사이에 그러한 기여도가 합리적으로 반영되어야 한다는 것이다. 즉, 기여의 원칙은 균형의 원칙에 선행하는 관계가 있다.

② 수익 체증·체감의 원칙 : 부동산의 일부에 대한 추가투자의 경우 대상 부동산 전체의 가격에 어떻게 기여하고 있는가에 관하여 적용되는 원칙으로 수익 체증·체감의 원칙과 관련이 있다.

③ 최유효이용의 원칙 : 추가투자가 대상부동산의 최유효이용의 달성에 적합한가를 판단하는 최유효이용의 내부구성원칙이다.

---

10) 윤창구, 전게서, p. 26.

(4) 감정평가에의 적용

① 부동산에 있어 추가투입에 따른 편익판단의 기준이 된다.

② 거래사례비교법에서 배분법을 적용할 때 각 구성부분의 기여도 판단시 활용 된다.

③ 인접토지와의 병합 및 분할에 따른 한정가격평가시 활용된다.

9) 적합의 원칙

(1) 개 념

적합의 원칙은 부동산이 입지한 환경을 강조하는 원칙이다. 부동산은 그 부동산이 속한 지역의 환경에 적합할 필요가 있고 그에 의해서 그 부동산의 효용(유용)성은 최고도로 발휘되기 때문이다. 균형의 원칙이 부동산의 내부구성요소간의 균형을 문제로 삼는데 반하여 적합의 원칙은 외부적 조건의 균형을 문제로 한다.

(2) 성립근거

부동산은 부동성에 의한 지역성이 있어서, 대상부동산이 인근지역의 이용상황에 적합하면 가격과 유용성이 높다는 것이 근거가 된다.

(3) 적합성의 판단기준

토지이용은 법률적·경제적·기술적 기준에 적합해야 한다. 특히 용도지역·지구와 같은 행정적 규제에 1차적으로 적합해야 한다. 그리고 적합의 정도도 문제가 되는데 예를 들어 상업지역에 주택을, 주거지역에 공장을 짓는 것은 1차적 적합에 미달된 토지이용이다.

(4) 적합 여부 판정의 가변성

인근지역과 부동산의 가치형성요인은 항상 가변적이다. 따라서 적합 여부에 대한 판정기준도 전진 및 후진의 원칙에 따라 다소 신축적이다.

① 전진(진보)의 원칙 : 인근지역의 생애주기 국면에 따라 초과이용에 속하는 부동산이 후일에 적합한 부동산이 되는 경우를 말한다.

② 후진(퇴보)의 원칙 : 인근지역의 생애주기 국면에 따라 적합한 이용이 후일에 부적합해진 경우이다.

(5) 관련원칙

① 균형의 원칙 : 용도나 규모에 따른 내부구성요소 간의 균형을 갖춘 부동산이 외부의 환경에 적합해야 하므로 균형의 원칙과 관련이 있다.
② 최유효이용의 원칙 : 인근지역의 용도나 이용상황에 적합해야 최유효이용이 될 수 있으므로 최유효이용의 외부구성원칙이 된다.
③ 예측의 원칙 : 전진 및 후진의 원칙에 의해 적합의 원칙은 가변적이므로 적합의 용도와 기간을 예측할 수 있어야 한다. 따라서 예측의 원칙과 관련성을 갖는다.
④ 외부성의 원칙 : 적합의 원칙은 대상부동산이 인근지역에 적합해야 한다는 것이며, 외부환경이 대상부동산에 주는 영향을 고려해야 하기 때문에 외부성의 원칙과 관련이 있다.

(6) 감정평가에의 적용

① 표준적 사용과 최유효이용의 판단에 활용된다.
② 부동산 경기변동은 주기가 일정치 않고 정점과 저점의 차이가 크므로 적합성 판단에 있어서 적합의 정도와 기간을 예측하여야 한다.
③ 외부적 적합이 결여된 부동산의 이용은 시장성 감퇴로 이어지고 경제적 감가요인이 된다.

10) 경쟁의 원칙

(1) 개 념

초과이윤의 발생은 경쟁을 유발하고 그 경쟁은 초과이윤이 소멸될 때까지 계속된다. 부동산에 있어서도 부동산의 이용으로 인한 초과이윤을 찾아 부동산 상호간에 또는 다른 재화의 사이에 경쟁관계가 인정되고 그로 인해 부동산의 가격은 경쟁의 과정에서 형성된다. 경쟁의 원칙은 수익성 부동산 평가시 특히 유의해야 한다.

(2) 경쟁과 대체성

대체성이 낮은 경쟁일수록 가격상승의 경향이 강하다. 예를 들어 대체성이 작은 상업지는 일반적으로 경쟁이 있으면 가격이 급등하나, 상대적으로 대체성이 큰 주택지는 경쟁이 높아지면 대체관계에 있는 지역으로 수요가 이동해 가격상승의 폭이 작다.

(3) 관련원칙

① 대체의 원칙 : 초과이윤이 있으면 대체가능한 재화 사이에 경쟁이 발생하므로 대체의 원칙과 관련이 있다. 그리고 대체의 원칙이 물적 경쟁·선택관계의 원칙인 것에 비해 경쟁의 원칙은 인적 경쟁·투자참가자관계의 원칙인 점에서 차이가 있다.

② 수요·공급의 원칙 : 경쟁과 수요의 관계는 상호의존의 관계에 있다. 즉, 초과이윤이 있으면 경쟁이 발생하고 이로 인해 수요가 증가하여 가격은 상승하지 않고 초과이윤이 감소된다.

③ 최유효이용의 원칙 : 최유효이용의 상태에 있는 부동산은 경쟁의 대상이 된다. 따라서 경쟁의 유무·정도는 최유효이용의 판정기준이 된다.

(4) 감정평가에의 적용

① 수익방식에서 순수익의 판정시 초과이윤을 배제해야 한다.

② 불완전경쟁시 초과이윤이 발생하므로 부동산시장의 동향파악에 중점을 두어야 한다.

11) 예측의 원칙

(1) 개 념

부동산 가치는 과거와 현재의 이용상태 뿐만 아니라 장래의 가치형성요인과 지역특성 등에 의해 결정된다는 것이 예측의 원칙이다. 이 원칙은 부동산가치가 장래의 유용성에 대한 것이라는 것을 지적하는 것이다.

(2) 관련원칙

① 변동의 원칙 : 변동을 전제로 예측을 하므로 변동의 원칙과 관계가 있다.

② 적합의 원칙 : 적합성의 판단에서 현재의 적합이 장래에 어느 정도 계속될 것인가에 대한 예측이 필요하기 때문에 적합의 원칙과 관련이 있는 것이다.

③ 최유효이용의 원칙 : 최유효이용은 부동산의 내·외적, 시간·공간과 관련이 있고, 예측의 원칙은 시간적인 측면에서 최유효이용의 판단기준이 된다.

(3) 감정평가에의 적용

예측의 원칙은 감정평가의 3방식에서 중요한 지침이 된다. 다음은 각각의 예이다.

① 비교방식에서 지역요인 및 개별요인의 분석시 가치형성요인의 장래 동향과 추이를 예측하여 반영하여야 한다.
② 원가방식에서 재조달원가에 대한 감가수정시 경제적 내용연수의 판정 기준이 된다.
③ 수익방식에서 순수익과 환원이율의 결정에 관련이 깊다.

12) 외부성의 원칙

(1) 개 념

외부성의 원칙은 부동산을 둘러싸고 있는 경제적 또는 비경제적 외부적 환경요소에 의하여 부동산가치에 긍정적 또는 부정적 영향을 미친다는 것이다. 여기서 외부요인은 넓게는 국제적 환율, 금시세, 좁게는 인접토지의 공시지가일 수도 있다.

(2) 관련원칙

① 적합의 원칙 : 외부성의 원칙과 적합의 원칙은 대상부동산에 대하여 동시에 판단하여야 한다. 그리고 적합의 원칙은 지역성에 따른 이용이나 용도의 적합성을 말하며, 외부성의 원칙은 사회적·경제적·행정적 외부요인의 변화에 중점을 두고 있다는 점이 다르다.
② 변동의 원칙과 예측의 원칙 : 외부요인은 사회적·경제적·행정적 위치가 변하므로 그것의 파악은 항상 변동의 원칙과 예측의 원칙을 수반해야 한다.

(3) 감정평가에의 적용

① 외부요인은 회복불가능한 감가요인으로 경제적 감가 파악시 활용된다.
② 외부증가·외부감가의 파악에서 반드시 상대적 거리의 접근성에 기초하여 증가와 감가요인을 판단해야 한다.

13) 기회비용의 원칙

(1) 개 념

기회비용이란 어떤 대안을 선택함으로써 선택될 기회를 희생한 다른 대안의 대가를 의미하며, 기회비용의 원칙이란 부동산투자로 인한 기회비용은 부동산의 유보수요 및 요구수익률에 영향을 미친다는 것이다.

(2) 관련원칙

대체의 원칙은 대체성 있는 부동산에 기회비용을 지급하는 대가로 성립하는 것이며, 기회비용은 대체의 원칙을 전제로 성립하는 것이다. 따라서 선택한 기회비용은 항상 희생되는 타부동산과 대체관계에 있다.

(3) 감정평가에의 적용

기회비용은 대체투자기회의 경제성을 추구할 수 있기 때문에 투자기회선택에 있어서 행위기준이 될 수 있으며, 부동산의 현실적인 가격은 기회비용을 반영하지 못하지만 평가액은 기회비용을 반영하는 기능을 하게 된다.

Chapter 3

지역분석과 개별분석

제1절 지역분석

1. 지역분석의 개념

대상부동산의 가치를 파악하기 위해서는 먼저 ① 대상부동산이 어떠한 지역에 있으며(용도성의 파악), ② 지역적 특성은 어떠하며(지역적 특성의 파악), ③ 그 특성은 지역 내의 부동산의 가치형성에 대하여 전반적으로 어떠한 영향을 미치는가를 분석·판단하는 것이 중요하다. 이러한 관련성에 대한 분석을 지역분석이라 한다.

2. 지역분석의 필요성과 목적

1) 지역분석의 필요성

부동산은 속해 있는 지역이나 그 지역 내의 다른 부동산과 밀접한 영향을 주고 받는다. 이러한 상호관계를 통해 부동산의 사회적·경제적·행정적 위치가 결정된다. 즉, 부동산 가치는 독립하여 형성되는 것이 아니므로 대상부동산의 시장가치를 구하는데 지역분석이 필요하다. 부동산은 지리적 위치의 고정성으로 인해 부동산 가치는 인접성·연결성·환경성 등 지역성에 대한 영향을 받게 된다. 따라서 대상부동산의 가치를 평가하기 위해서는 먼저 지역분석이 필요하게 된다.

2) 지역분석의 목적

① 지역분석을 통하여 그 지역적 특성에 가장 적합한 합리적 사용방법 즉, 표준적 사용을 판정할 수 있고, 다시 최유효이용의 판정을 할 수 있게 된다.
② 지역분석을 통해 평균적·집약적 이용방법을 판단하므로 대상부동산이 속한 지역의 가격수준을 판단할 수 있다. 이는 구체적인 가치결정시 유용하게 활용된다.
③ 지역분석은 대상부동산과 대체·경쟁의 관계에 있는 사례를 수집할 수 있는 범위를 설정해 준다.

3. 지역분석의 대상

지역분석은 주로 인근지역을 대상으로 하나 인근지역의 상대적 위치를 명백히 하기 위하여 유사지역과 이 양자를 포함하는 보다 광역적인 동일수급권에 대한 비교검토가 있어야 한다. 특히 지역분석에서는 용도적 관점으로부터 파생되는 용도지역이 가장 중요하다.

1) 인근지역

(1) 인근지역의 의의

인근지역이란 대상부동산이 속한 지역으로서 부동산의 이용이 동질적이고 가치형성요인 중 지역요인을 공유하는 지역을 말한다. 그리고 인근지역은 주택·인구 등의 동질적인 특성을 가진 단일지역이다. 인근지역을 용도지역으로 구분할 수도 있는데 주거·상업·공업·녹지지역 등의 각 지역으로 구분되며, 다시 상·중·보통의 주거지역 등으로 세분할 수도 있다.

(2) 인근지역의 요건

① 대상부동산이 속한 지역의 일부분일 것
② 도시·농촌과 같은 종합형태로서의 지역사회보다 작은 지역일 것
③ 인간생활활동과 관련하여 특정한 토지용도를 중심으로 집중된 용도 지역일 것
④ 인근지역의 지역특성이 대상부동산의 가치형성에 직접 영향을 미칠 것

(3) 인근지역의 경계

인근지역은 도시 또는 지역사회의 물리적인 영향뿐만 아니라 같은 용도의 토지이용 형태가 집중하는 곳이라도 크기의 차이가 있고, 대상부동산의 가치 형성에 미치는 영향도 다르게 나타나기 때문에 경계의 설정이 필요하다. 그러나 인근지역은 경직적·고정적인 것이 아니라 가변적이다. 다음은 인근지역의 경계를 판정하는 기준이다. 유의할 것은 인근지역의 경계를 결정하는 기준이 되는 용도적 지역은 법률상 용도지역이 아닌 감정평가상의 현실적인 용도지역이라는 점이다.

① 지반·지세·지질 등의 지형적인 경계
② 하천·수로·철도·공원·도로·광장·구릉 등의 물리적 경계
③ 토지의 이용상황 및 형태가 급격히 달라지는 지역의 경계
④ 대상부동산과 다른 공법상 용도지역·지구·구역 등의 경계
⑤ 역세권, 통학권 및 통작권역의 경계
⑥ 대상부동산과 다른 종교, 인종, 문명 등 인문적인 경계

(4) 인근지역의 지역분석

인근지역의 지역분석이란 당해 지역을 구성하는 부동산의 일반적·표준적 이용상태와 거래의 동향을 명백히 하여 그 지역 내의 부동산에 대한 가격수준을 판정 하는 것 또는 인근지역의 제 특성이 대상부동산의 가치에 어떠한 영향을 미치는지를 분석하는 것이라 할 수 있다.

(5) 인근지역의 사이클 패턴(cycle pattern)

인근지역의 싸이클 패턴(cycle pattern)은 지역의 성쇠 현상을 생태학적 과정에서 파악하여 각 국면에서 나타나는 여러 가지 현상의 특징을 설명하려는 논리이다.

인근지역이란 동질적인 부동산으로 구성되는 부동산의 집합체이며, 그러한 부동산은 경제적·물리적 내용연수를 갖는다. 따라서 개개의 부동산의 내용연수가 경과함에 따라, 그 지역은 마치 유기체와도 같은 성쇠현상을 나타낸다.

미국에서 연구된 인근지역의 싸이클 패턴은 성장기(the period of growth), 성숙기(the period of maturity), 쇠퇴기(the period of decline), 천이기(the period of transition), 악화기(the period of blight) 등의 다섯 단계로 구분된다.

〈그림 3-1〉 인근지역의 싸이클 패턴

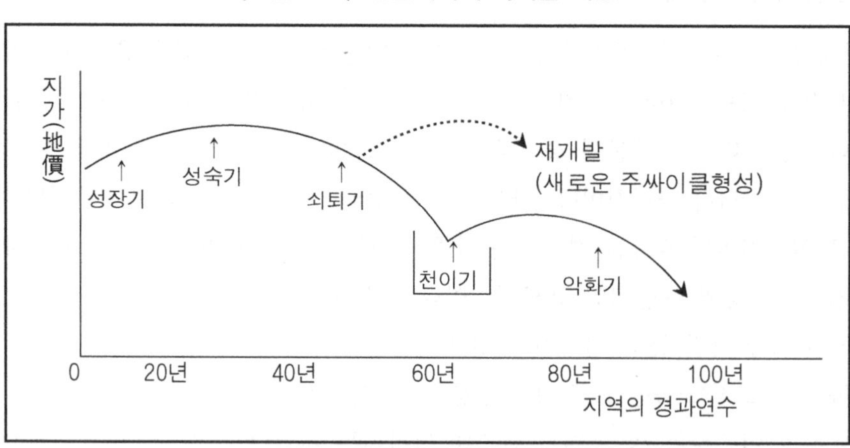

(6) 인근지역 사이클의 변화단계

① 성장기(개발기)

새로 어떤 지역이 개발되거나 과거부터 존재한 건물이 새로운 건물로 교체됨으로써 지역의 면모가 달라지기 시작하는 시기이다. 이는 주거지역의 재개발일 수도 있다. 이 단계의 기간은 지역의 규모, 개발의 방법, 도시 성장, 기타 여러 가지 요인에 따라 다르고, 나라에 따른 차이도 있겠으나, new town 규모의 경우라면 약 15년 내지 20년 정도로 보는 것 같다. 이는 하나의 new town의 개발에 통상적으로 소요되는 시간인 것이다.

이 단계에서 나타나는 현상은 일률적인 것은 아니지만, 대체로 다음과 같다.

㉠ 지역 기능이 새로 형성되어 가는 과정에서 비롯되는 여러 현상이 농후하다.

㉡ 지가의 상승이 비교적 활발하다.

㉢ 투기 현상이 개재되기 쉽다.

㉣ 지역내의 경쟁이 치열하다.

㉤ 입주하는 주민이 젊은 계층(때로는 교육 수준도 높음)이 많다.

㉥ 규모가 큰 개발인 경우에는 지가가 개발계획단계·개발사업착수단계·개발사업완성단계 등의 3단계에 따라 상승을 나타낸다는 이른바 '투기가격의 3단계설'이 있다. 물론, 이러한 견해는 충분히 검증된 것은 아니고, 항상 그러하리라고 단언하기에도 어려움이 없지는 않다.

② 성숙기

지역의 개발이 진행됨에 따라서 지역은 점차로 안정되어 간다. 이 단계가 성숙기이다. 이 단계에 이르면, 지역을 구성하는 건물들은 안정단계에 들게 된다. 부동산의 가격이나 지역 기능은 절정에 이르며 지역 주민의 사회적·경제적 수준은 최고로 높고, 경쟁은 지양된다.

이 기간은 지역을 구성하는 건물의 구조, 내용연수, 지역의 규모, 주민의 사회적·경제적 지위 등에 따른 차이가 있지만, 대체로 20년 내지 25년 정도로 본다. 지가는 안정되거나 가벼운 상승을 나타낸다.

③ 쇠퇴기

지역이 쇠퇴하는 시기로 시간이 흐름에 따라 건물은 정도의 차이를 전제로 점차 노후화되어 간다. 개발기나 성숙기에 이 지역으로 이사한 지위가 높은 계층의 주민들은, 그들의 주택을 팔고 다른 지역으로 이동하는 현상이 나타날 수 있다. 이 시기의 이동 패턴은 시대나 도시에 따라 언제나 같을 수는 없다. 여건에 따라서는 보다 쾌적한 교외로 이동할 수도 있고, 보다 교통이 편리한 도심 또는 도심에 가까운 곳으로 이동할 수도 있다. 그러한 이동이 용이하지 않은 경우는 종래의 지역을 재개발 할 수밖에 없는 경우도 있을 수 있다.

쇠퇴기의 지가현상은 과거에 비해 대체로 불리하다. 지가 수준은 대체로 하락할 수밖에는 없겠지만, 인플레이션 등의 작용으로 하락을 면한 경우라도 그 지역이 지니는 실질적인 가치는 상승하지 않는 것이 통상이다. 초기의 지위가 높은 주민이 이동해 간 다음에는 사회적·경제적 지위가 보다 낮은 주민들이 이동하여 오며, 지역의 사회적·경제적 지위도 그와 함께 저하되기 시작한다(filtering 현상). 이 쇠퇴기는 30~60년 정도에 걸쳐 3단계로 나타난다.

④ 천이기

쇠퇴기와 어떻게 구별되는가에 대하여는 세밀한 관찰이 있어야 하겠으나, 대체로 filtering 현상이 보다 활발해지는 것을 지적하면 될 것으로 생각된다. 따라서 이 단계가 오면 쇠퇴기와는 달리 보다 낮은 소득 수준의 주민들이 활발하게 이동하여 오며, 이로 인한 수요가 자극되어 부동산의 가격은 일시적이나마 다시 가벼운 상승현상을 나타내기도 한다.

⑤ 악화기

쇠퇴기와 천이기의 기간은 재개발 등의 지역 개선을 위한 노력의 유무나 그 정도에 따라 차이가 있는 것은 당연하다. 아무런 개선 노력이 없다면 지역은 계속적으로 악화되어 악화기가 온다. 이는 슬럼(slum)기 직전의 단계인데 이러한 다섯 단계에 약 100여 년이 소요된다.

〈표 3-1〉 인근지역의 사이클 단계별 성쇠현상

성장기	성숙기	쇠퇴기	천이기	악화기
• 약 15~20년 • 지역기능 급변 • 지가의 상승 높음 • 투기현상이 개재됨 • 입지경쟁 치열 • 입주민 : 젊고 교육수준이 높음 • 성숙기에 비해 주민들의 유동이 많음	• 약 20~25년 • 지역기능 최고 • 지가수준 최고 • 지가안정 또는 가벼운 상승 • 입지경쟁 안정 • 입주민 : 사회적·경제적 수준 최고 • 주민의 유동이 적음	• 약 40~50년 • 건물의 경제적 내용 연수 경과 • 중고부동산이 거래의 중심 • 하향여과현상 시작 • 관리비와 유지비가 급격히 증가 • 지가는 하락 • 재개발 시작 • 입주민 : 사회적·경제적 수준 낮음	• 하향여과현상 활발 • 입주민 : 소득층의 활발한 유입 • 가벼운 지가상승 • 재개발 활발	• 슬럼화 직전 • 지가 최저수준 • 재개발 마지막

2) 유사지역

유사지역이란 대상부동산이 속하지 아니하는 지역으로서 인근지역과 유사한 특성을 갖는 지역을 말한다. 인근지역의 지역적 특성과 유사한 지역적 특성을 갖는 다른 지역을 유사지역이라 한다. 지리적으로 위치는 다르나 물리적·경제적 및 인구상태로 보아 용도적·기능적으로 유사하여 지역구성요소를 동질적인 것으로 볼 수 있기 때문에 이는 거리가 멀고 가까움으로써가 아니라 용도적 관점과 지가형성의 일반적 제요인이 인근지역과 유사하여 인근지역과 대체성이 있으므로 감정평가에 있어서 인근지역 내에서 사례자료가 없을 때에는 동일수급권 내의 유사지역의 사례자료도 활용하게 된다. 감정평가에 있어서 유사지역의 사례자료를 활용할 때에는 개별분석과 개별요인의 비교에 앞서 인근지역과 유사지역의 지역분석과 지역요인을 비교·검토하여야 한다.

3) 동일수급권

(1) 동일수급권의 개념

동일수급권(同一需給圈)이란 대상부동산과 대체·경쟁 관계가 성립하고 가치 형성에 서로 영향을 미치는 관계에 있는 다른 부동산이 존재하는 권역(圈域)을 말하며, 인근지역과 유사지역을 포함한다.

〈그림 3-2〉 동일수급권

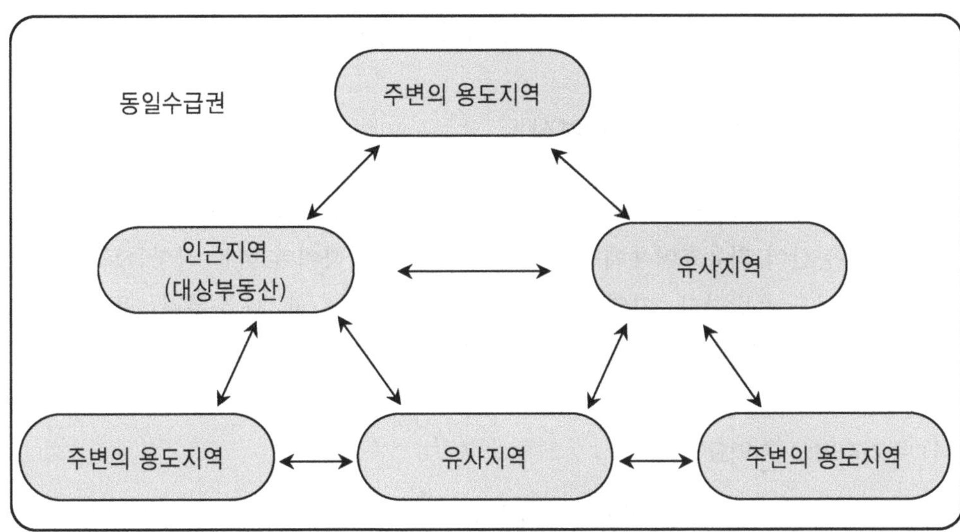

(2) 동일수급권파악의 필요성

지역분석은 주로 인근지역을 대상으로 하나 동일수급권까지 파악해야할 필요성이 있다. 이것은 지역분석시 수요·공급이 가능한 지역 내에서 유사지역과 비교·검토할 필요가 있기 때문이다. 또한 인근지역에서 사례자료를 수집할 수 없거나, 있더라도 평가의 정도를 높이기 위해 유사지역의 자료를 활용해 지역격차를 수정할 수 있다.

다음은 종별 동일수급권을 설명한 것이다.

① 주거지에 있어서 동일수급권은 도시의 도심지로 통근이 가능한 지역범위와 비슷한 경향이 있으나, 출생·성장 등 지연적 선호에 따라서 대체관계가 성립되어 범

위가 좁아지기도 한다.

② 상업지에 있어서는 배후지를 가지고 상업활동을 하여 상업수익을 올리는 상업지가 성립되는 지역적 범위가 동일수급권이다.

③ 공업지에 있어서는 제품생산과 판매활동을 하는데 경제성의 문제가 공업지의 대체성의 초점이 된다.

④ 농지에 있어서도 당해 농지에 대하여 통상적 형태로 농업경영이 가능한 거리와 일치하며 그 범위는 통근경작이 가능한 거리의 약 2배를 반경으로 하는 원 내의 지역이다.

⑤ 산지의 동일수급권은 농지의 그것과 유사하나 임업경영의 주체는 농업과 다른 점을 고려한다.

⑥ 후보지·이행지의 동일수급권은 대상토지가 전환 또는 이행되어 가는 토지의 종별에 따라서 동일수급권의 범위가 같아지는 경향이 있다.

4) 용도지역의 지역요인과 그 분석

용도지역의 지역요인은 지역의 용도에 따라 나타나며 용도에 따른 토지이용이 적합하고 대상부동산이 최유효이용에서 평가를 위하여 분석하여야 하는 사항들로서 입지조건으로 보아도 무방하다. 지역요인을 비교하는 때에는 〈표 3-2〉부터 〈표 3-7〉에서 정한 용도지대별 비교항목(조건·항목·세항목)을 기준으로 한다.[11)]

(1) 주거지역의 지역요인분석

주거의 쾌적성과 편리성을 비롯하여 부동산의 가격수준을 파악하는데 도움을 주는 일반적 제 요인 및 그 지역의 자연적 제 요인을 말한다.

- 일조·온도·습도·통풍 등의 기상조건
- 거주자의 직업, 연령, 학군 등 사회적 환경의 조건
- 가로의 폭·구조 등의 상태
- 도심과의 거리 및 교통시설의 상태
- 상가 배치의 상태
- 상·하수도, 가스 등의 공급 및 처리시설의 상태

---

11) 용도지대란 토지의 실제 용도에 따른 「국토의 계획 및 이용에 관한 법률」상의 용도지역에도 불구하고 토지의 지역특성이 같거나 비슷한 지역의 일단을 말한다.

- 학교·공원·병원 등의 공공시설 및 편익시설의 배치상태
- 변전소·오수처리장 또는 위험 및 혐오시설 등의 유무
- 홍수·사태 등 재해발생의 위험성
- 소음·진동, 대기오염 등 공해발생의 정도
- 각 획지의 면적과 배치 및 이용의 상태
- 조망·경관 등 자연환경의 조건
- 토지이용에 관한 공법상의 규제상태
- 지역의 규모 등

(2) 상업지역의 지역요인분석

상업지역의 수익성을 좌우하는 일반적 제 조건과 자연적 제 요인을 말한다.

- 배후지 및 고객의 양과 질
- 고객의 교통수단의 상태
- 영업의 종별 및 경쟁의 상태
- 당해 지역 경영자의 창의와 자력
- 번영성의 정도 및 성쇠의 상태
- 토지이용에 관한 공법상 규제의 정도

(3) 공업지역의 지역요인분석

제품의 생산 및 판매에 대한 비용의 저렴성, 생산효율의 고저에 영향을 미치는 일반적 제 요인과 자연적 제 요인을 말한다.

- 제품의 판매시장 및 원재료 구입시장과의 위치관계
- 간선도로·항만·철도 등 수송시설의 정비상태
- 동력자원 및 용·배수에 관한 비용
- 노동력 확보의 난이
- 관계산업과의 위치관계
- 온도·습도·풍설 등 공해발생의 위험성
- 수질의 오탁·대기오염 등 공해발생의 위험성
- 행정상의 조장 및 규제의 정도

(4) 농업지역의 지역요인분석

토지의 농업생산성을 좌우하는 일반적 제 요인과 자연적 제 요인을 말한다.

- 기복·고저 등 지세의 상태
- 일조·온도·습도·풍우 등 기상의 상태
- 토양의 양부
- 수리 및 수질의 상태
- 소비지와의 거리 및 수송시설의 상태
- 출하의 집하지와 시장과의 관계
- 홍수·사태 등 재해발생의 위험성
- 취락과의 위치관계
- 행정상의 조장 및 규제의 정도

(5) 임업지역의 지역요인분석

토지의 임업생산을 좌우하는 일반적 제 요인과 자연적 제 요인을 말한다.

- 임도 등의 정비상태
- 일조·온도·습도·우량 등의 상태
- 표고·지세 등의 상태
- 토층의 상태
- 노동력 확보의 난이
- 행정상의 조장 및 규제의 정도

(6) 후보지지역 및 이행지지역의 지역요인분석

후보지나 이행지지역의 지역요인 분석은 전환 후 또는 이행 후 용도적 지역을 중시해야 한다. 그러나 전환이나 이행의 정도가 낮거나 미성숙지는 전환 전 또는 이행 전의 용도적 지역에 대한 지역요인을 중시해야 한다.

〈표 3-2〉 주택지대의 지역요인 및 개별요인

지 역 요 인		
조건	항 목	세 항 목
가로 조건	가로의 폭, 구조 등의 상태	폭, 포장, 보도, 계통 및 연속성
접근 조건	도심과의 거리 및 교통시설의 상태	인근교통시설의 편의성 및 인근교통시설의 도시중심 접근성
	상가의 배치상태	인근상가의 편의성 및 품격
	공공 및 편익시설의 배치상태	유치원, 초등학교, 공원, 병원, 관공서 등
환경 조건	기상조건	일조, 습도, 온도, 통풍 등
	자연환경	조망, 경관, 지반, 지질 등
	사회환경	거주자의 직업, 연령, 학군 등
	획지의 상태	획지의 표준적인 면적, 획지의 정연성, 건물의 소밀도, 주변의 이용상황
	공급 및 처리시설의 상태	상수도, 하수도, 도시가스 등
	위험 및 혐오시설	변전소, 가스탱크, 오수처리장 등의 유무, 특별고압선 등의 통과 유무
	재해발생의 위험성	홍수, 사태, 절벽붕괴 등
	공해발생의 정도	소음, 진동, 대기오염 등
행정적 조건	행정상의 규제정도	용도지역, 지구, 구역 등 및 기타규제
기타 조건	기타	장래의 동향 및 기타

개 별 요 인		
조건	항 목	세 항 목
가로 조건	가로의 폭, 구조 등의 상태	폭, 포장, 보도, 계통 및 연속성
접근 조건	교통시설과의 접근성	인근대중교통시설과의 거리 및 편의성
	상가와의 접근성	인근상가와의 거리 및 편의성
	공공 및 편익시설과의 접근성	유치원, 초등학교, 공원, 병원, 관공서 등과의 거리 및 편의성
환경 조건	일조 등	일조, 통풍 등
	자연환경	조망, 경관, 지반, 지질 등
	인근환경	인근토지의 이용상황 및 적합성
	공급시설 및 처리시설의 상태	상수도, 하수도, 도시가스
	위험 및 혐오시설 등	변전소, 가스탱크, 오수처리장 등의 유무, 특별고압선 등과의 거리
획지 조건	면적, 접면너비, 깊이, 형상 등	면적, 접면너비, 깊이, 부정형지, 삼각지, 자루형 획지, 맹지
	방위, 고저 등	방위, 고저, 경사지
	접면도로 상태	각지, 2면획지, 3면획지
행정적 조건	행정상의 규제정도	용도지역, 지구, 구역 등 및 기타규제 (입체이용제한 등)
기타 조건	기타	장래의 동향 및 기타

〈표 3-3〉 상업지지대의 지역요인 및 개별요인

지 역 요 인		
조건	항 목	세 항 목
가로 조건	가로의 폭, 구조 등의 상태	폭, 포장, 보도, 계통 및 연속성
	가구(block)의 상태	가구의 정연성 및 가구시설의 상태
접근 조건	교통수단 및 공공시설과의 접근성	인근교통시설의 편의성, 인근교통시설의 이용 승객수, 주차시설의 정비, 교통규제의 정도(일방통행, 주정차금지 등), 관공서 등 공공시설과의 접근성
환경 조건	상업 및 업무 시설의 배치 상태	백화점, 대형상가의 수와 연면적, 전국규모의 상가 및 사무소의 수와 연면적, 관람집회시설의 상태, 부적합한 시설의 상태(공장, 창고, 주택 등), 기타 고객유인시설 등, 배후지의 인구, 배후지의 범위, 고객의 구매력 등
	경쟁의 정도 및 경영자의 능력	상가의 전문화와 집단화 및 고층화 이용정도
	번화성의 정도	고객의 통행량, 상가의 연립성, 영업시간의 장단, 범죄의 발생정도
	자연환경	지반, 지질 등
행정적 조건	행정상의 규제정도	용도지역, 지구·구역 등 용적제한, 고도제한, 기타 규제
기타 조건	기타	장래의 동향 및 기타

개 별 요 인		
조건	항 목	세 항 목
가로 조건	가로의 폭, 구조 등의 상태	폭, 포장, 보도계통 및 연속성
접근 조건	상업지역중심 및 교통시설과의 편의성	상업지역중심과의 접근성, 인근교통시설과의 거리 및 편의성
환경 조건	고객의 유동성과의 적합성	고객의 유동성과의 적합성
	인근환경	인근토지의 이용상황 및 적합성
	자연환경	지반, 지질 등
획지 조건	면적, 접면너비, 깊이, 형상 등	면적, 접면너비, 깊이, 부정형지
	면적, 접면너비, 깊이, 형상 등	삼각지, 자루형획지, 맹지
	방위, 고저 등	방위, 고저, 경사지
	접면도로상태	각지, 2면획지, 3면획지
행정적 조건	행정상의 규제정도	용도지역, 지구·구역 등 용적제한, 고도제한, 기타 규제(입체이용제한 등)
기타 조건	기타	장래의 동향 및 기타

〈표 3-4〉 공업지대의 지역요인 및 개별요인

지 역 요 인		
조건	항 목	세 항 목
가로조건	가로의 폭, 구조 등의 상태	폭, 포장, 계통 및 연속성
접근조건	판매 및 원료 구입시장과의 위치관계	도심과의 접근성 및 항만, 공항, 철도, 고속도로, 산업도로 등과의 접근성
	노동력확보의 난이	인근교통시설과의 접근성
	관련산업과의 관계	관련산업 및 협력 업체간의 위치관계
환경조건	공공 및 처리 시설의 상태	동력자원, 공업용수, 공장배수
	공해발생의 위험성	수질, 대기오염 등
	자연환경	지반, 지질 등
행정적조건	행정상의 조장 및 규제정도	조장의 정도, 규제의 정도, 기타규제
기타조건	기타	공장진출의 동향, 장래의 동향 및 기타

개 별 요 인		
조건	항 목	세 항 목
가로조건	가로의 폭, 구조 등의상태	폭, 포장, 계통의 연속성
접근조건	교통시설과의 거리	인근교통시설과의 거리 및 접근성, 철도전용인입선, 전용부두
환경조건	공급 및 처리 시설의 상태	동력자원, 공업용수, 공장배수
	자연환경	지반, 지질 등
획지조건	면적, 형상 등	면적, 형상, 고저
행정적조건	행정상의 조장 및 규제정도	조장의 정도, 규제의 정도, 기타규제
기타조건	기타	장래의 동향 및 기타

〈표 3-5〉 농경지대의 지역요인 및 개별요인

지 역 요 인			개 별 요 인		
조건	항 목	세 항 목	조건	항 목	세 항 목
접근 조건	교통의 편부	취락과의 접근성, 출하집적지와의접근성, 농로의 상태	접근 조건	교통의 편부	취락과의 접근성 및 농로의 상태
자연 조건	기상조건	일조, 습도, 온도, 통풍, 강우량 등	자연 조건	일조 등	일조, 통풍 등
				토양, 토질	토양, 토질의 양부
	지세	경사의 방향 및 경사도		관개, 배수	관개 및 배수의 양부
	토양, 토질	토양, 토질의 양부		재해의 위험성	수해의 위험성 및 기타 재해의 위험성
	관개, 배수	관개 및 배수의 양부			
	재해의 위험성	수해의 위험성 및 기타 재해의 위험성	획지 조건	면적, 경사 등	면적, 경사도, 경사의 방향
				경작의 편부	형상부정 및 장애물에 의한 장애의 정도
행정적 조건	행정상의 조장 및 규제정도	보조금, 융자금 등 조장의 정도 및 규제의 정도	행정적 조건	행정상의 조장 및 규제정도	보조금, 융자금 등 조장의 정도 및 규제의 정도
기타 조건	기타	장래의 동향 및 기타	기타 조건	기타	장래의 동향 및 기타

〈표 3-6〉 임야지대의 지역요인 및 개별요인

지 역 요 인			개 별 요 인		
조건	항 목	세 항 목	조건	항 목	세 항 목
접근 조건	교통의 편부 등	인근역과의 접근성, 인근취락과의 접근성, 인도의 배치, 폭, 구조 등 인근시장과의 접근성	접근 조건	교통의 편부 등	인근역과의 접근성, 인근취락과의 접근성, 인도의 배치, 폭, 구조 등 반출지점까지의 거리, 반출지점에서 시장까지의 거리
자연 조건	기상조건	일조, 기온, 강우량, 안개, 적설량 등	자연 조건	일조 등	일조, 통풍 등
	지세 등	표고, 경사도, 경사의 굴곡		지세, 방위 등	표고, 방위, 경사, 경사면의 위치, 경사의 굴곡
	토양, 토질	토양, 토질의 양부		토양, 토질	토양, 토질의 양부
행정적 조건	행정상의 조장 및 규제정도	행정상의 조장의 정도, 국·도립공원, 보안림, 사방지지정 등의 규제, 기타규제	행정적 조건	행정상의 조장 및 규제정도	조장의 정도, 국·도립공원, 보안림, 사방지지정 등의 규제, 기타규제
기타 조건	기타	장래의 동향 및 기타	기타 조건	기타	장래의 동향 및 기타

〈표 3-7〉 후보지대의 지역요인 및 개별요인

지 역 요 인		
조건	항 목	세 항 목
접근조건	도심과의 거리 및 교통시설의 상태	인근교통시설과의 접근성, 인근교통시설의 성격, 인근교통시설의 도시중심 접근성
	상가의 배치 상태	인근상가와의 접근성, 인근상가의 품격
	공공 및 편익시설의 배치 상태	유치원, 초등학교, 공원, 병원, 관공서 등
	주변가로의 상태	주변간선도로와의 접근성 및 가로의 종류 등
환경조건	기상조건	일조, 습도, 온도, 통풍 등
	자연환경	조망, 경관, 지반, 지질 등
	공공 및 처리시설의 상태	상하수도, 가스, 전기 등 설치의 난이
	인근환경	주변기존지역의 성격 및 규모
	시가화 정도	시가화 진행의 정도
	도시의 규모 및 성격 등	도시의 인구, 재정, 사회, 복지, 문화, 교육시설 등
	위험 및 혐오시설	변전소, 가스탱크, 오수처리장 등의 유무, 특별고압선 등의 통과유무
	재해발생의 위험성	홍수, 사태, 절벽붕괴 등
	공해발생의 정도	소음, 진동, 대기오염 등
택지조성조건	택지조성의 난이 및 유용성	택지조성의 난이 및 필요정도, 택지로서의 유효 이용도
행정적 조건	행정상의 조장 및 규제정도	조장의 정도, 용도지역, 지구, 구역 등 기타규제
기타 조건	기타	장래의 동향 및 기타

개 별 요 인		
조건	항 목	세 항 목
접근조건	교통시설과의 접근성	인근상가와의 거리 및 편의성, 인근교통시설과의 거리 및 편의성
	공공 및 편익시설과의 접근성	유치원, 초등학교, 공원, 병원, 관공서 등과의 거리 및 편의성
	주변가로의 상태	주변간선도로와의 거리 및 가로의 종류 등
환경조건	일조 등	일조, 통풍 등
	자연환경	조망, 경관, 지반, 지질 등
	공급 및 처리시설의 상태	상하수도, 가스, 전기 등 설치의 난이
	위험 및 혐오시설	변전소, 가스탱크, 오수처리장 등의 유무, 특별고압선 등과의 거리
획지조건	면적, 형상 등	면적, 형상
	면적, 형상 등	접면도로상태
	방위, 고저 등	방위, 경사, 고저
택지조성조건	택지조성의 난이 및 유용성	택지조성의 난이 및 필요정도, 택지로서의 유효 이용도
행정적 조건	행정상의 조장 및 규제정도	조장의 정도, 용도지역, 지구, 구역 등 기타규제
기타 조건	기타	장래의 동향 및 기타

제2절 개별분석

1. 개별분석의 개념

부동산의 가격은 최유효이용상태를 전제로 표준적인 가격이 설정되기 때문에 대상부동산의 최유효이용을 판정하는 작업이 개별분석이다. 개별분석은 대상부동산의 개별적 요인을 분석하여 대상부동산의 가격을 판정하는 작업으로 최유효이용의 판정은 대상부동산이 속한 인근지역의 표준적 이용과의 관계에서 결정되므로 지역분석에서 최유효이용의 판정자료를 제시하게 된다. 따라서 개별분석은 지역분석 후에 행하여 진다.

1) 토지의 개별적 요인

(1) 주거지

- 획지의 면적·형상·일조 및 건습
- 교통시설과의 거리
- 공급·처리시설의 상태
- 획지의 고저·각지·기타 접면가로와의 관계
- 접면가로의 계통·구조 등의 상태
- 인접부동산 등 주변의 상태
- 공공시설 등과의 접근 정도
- 상점가와의 접근 정도

(2) 상업지

- 접면너비·획지의 형상·지적·지반 등
- 접면가로의 계통·구조 등의 상태 및 위치
- 획지의 고저·각 획지·기타 접면가로와의 관계
- 고객의 통행패턴 및 적합성
- 인접부동산 등 주변의 상점·부동산 등의 상태

- 번화가(중심지)에의 접근성

(3) 공업지

- 획지의 면적·형상 및 지반
- 항만·철도·간선도로 등 수송시설과의 위치관계
- 용·배수 등의 공급, 처리시설 정비의 필요성

(4) 농 지

- 토양 및 일조
- 경작의 난이
- 관개·배수의 상태
- 농도의 상태
- 촌락과의 접근 정도
- 출하지역과의 접근 정도
- 재해위험성의 정도

(5) 산 지

- 임목의 반출·운반 등의 난이
- 일조·건습·우량 등의 상태
- 표고·지세 등의 상태
- 토층의 상태
- 공법상의 규제
- 관리의 난이

2. 개별분석과 지역분석의 관계

(1) 개별부동산의 최유효이용 판정은 인근지역의 지역적 특성의 제약하에 있으므로 개별분석에 있어서는 인근지역의 표준적 이용과의 상관관계를 명백히 하여야 한다.

(2) 개별분석은 고립적인 분석이 아니며, 작업의 선후 관계로는 지역분석이 선행되고 그 결과에 따라 개별분석이 행해진다.

(3) 부동산의 감정평가액을 구할 때에는 먼저 지역분석을 통하여 인근지역의 가격수준을 파악하고 그 가격수준 중에 있는 개개 부동산의 가치를 판단하여야 한다.

(4) 지역분석은 표준적 이용의 현상과 장래의 동향을 명확히 하고, 개별분석은 대상부동산의 개별요인을 분석하여 최유효이용을 판정하는 것이다.

(5) 지역분석은 대상지역의 전체적·광역적인 개념인데 비하여 개별분석은 대상부동산의 부분적·국지적인 개념이다.

(6) 지역분석은 적합의 원칙과 관련이 있고, 개별분석은 균형의 원칙과 관련이 있다.

(7) 수집·정리된 거래사례 등의 토지가 표준지의 인근지역에 있는 경우에는 개별요인만을 비교하고, 동일수급권 안의 유사지역에 있는 경우에는 지역요인 및 개별요인을 비교한다.

〈표 3-8〉 지역분석과 개별분석의 비교

구 분	지역분석	개별분석
필 요 성	지역성, 인접성, 부동성	개별성
분석 순서	선행분석	후행분석
분석 내용	가치형성의 지역요인을 분석	가치형성의 개별적 요인을 분석
분석 범위	대상지역 (대상지역에 대한 전체적·광역적·거시적 분석)	대상부동산 (대상부동산에 대한 부분적·국지적·구체적·미시적 분석)
분석 방법	전체적 분석	부분적 분석
분석 기준	표준적 이용	최유효 이용
가격 관련	가격 수준을 판정	가격을 판정
가격 원칙	적합의 원칙	균형의 원칙

Chapter 4

감정평가의 방법

제1절 감정평가 3방식

1. 3방식의 접근원리

지역분석과 개별분석에 의하여 부동산의 가치형성과정을 분석하고 그 결과를 기초로 현실적인 가액에 접근하게 되는데 이를 위해서는 감정평가방식을 적용하여야 한다.

감정평가방식에는 가액을 보는 세가지 즉, 시장성, 비용성, 수익성 측면에 따라 비교방식, 원가방식, 수익방식의 3방식이 있으며 각 방식은 가액을 구하는 방법과 임대료를 구하는 방법으로 나누어진다. 여기에서 (1) 시장성, (2) 비용성, (3) 수익성의 사고방식을 부동산의 감정평가에 있어 접근원리로 하고 있다.

1) 부동산 가치의 3면성

일반적으로 재화의 경제가치 판단기준은 다음과 같다.

- 어느 정도의 가치로 시장에서 거래되고 있는가? (시장성)
- 어느 정도의 비용이 투입되어 만들어진 재화인가? (비용성)
- 그 재화를 이용함으로써 어느 정도의 수익 또는 편익을 얻을 수 있는가? (수익성)

이 세 가지의 측면을 경제가치의 척도에서 가치의 3면성이라 한다. 그리고 3측면은 감정평가의 3방식에 응용되는데 시장성의 원리에 기초한 비교방식, 비용성의 원리에 기초한 원가방식, 수익성의 원리에 기초한 수익방식이 바로 그것이다.

2) 감정평가의 3방식과 6방법

(1) 감정평가의 3방식

부동산가격의 3면성 중 시장성의 원리에 기초하여 대상부동산이 어느 정도의 가격으로 시장에서 거래가 이루어지고 있는가 하는 부동산의 거래사례에 착안하여 부동산의 가액이나 임대료를 구하는 방법을 비교방식(market data approach)이라 하고, 비용성의 원리에 기초하여 대상부동산의 재조달원가에 주목하여 부동산의 가액이나 임대료를 구하는 방법을 원가방식(cost approach)이라 하며, 수익성의 측면에서 그 부동산을 이용함으로써 어느 정도의 수익이나 편익을 얻을 수 있는가 하는 데에 착안하여 부동산의 가액이나 임대료를 구하는 방법을 수익방식(income approach)이라 하고, 이 셋을 감정평가의 3방식이라 한다.

(2) 감정평가의 6방법

3방식은 각각 가액을 구하는 방법과 임대료를 구하는 방법이 있는데 비교방식에는 가액을 구하는 거래사례비교법과 임대료를 구하는 임대사례비교법이 있고, 원가방식에는 가액을 구하는 원가법과 임대료를 구하는 적산법이 있으며, 수익방식에는 가액을 구하는 수익환원법과 임대료를 구하는 수익분석법이 있다. 이 여섯가지 방법을 6방법이라 한다.

3면성에 의한 부동산의 가액은 광의의 가액과 협의의 가액으로 구분되며. 광의의 가액을 구하는 것을 '방식'이라 표현하고, 협의의 가액을 구하는 것을 '방법'이라 표현하고 있다.

2. 감정평가방법의 적용 및 시산가액의 조정

1) 감정평가방법의 적용

(1) 「감정평가에 관한 규칙」제12조에 의하면 "감정평가업자는 이 규정에서 대상물건별로 정한 감정평가방법(주된 방법)을 적용하여 감정평가하여야 한다. 다만, 주된 방법을 적용하는 것이 곤란하거나 부적절한 경우에는 다른 감정평가방법을 적용할 수 있다."고 되어 있어서 대상물건을 감정평가할 때에는 「감정평가에 관한 규칙」에 규정된 주된 방법을 적용하도록 하고 있다.

(2) 「토지보상법 시행규칙」제18조에서는 "대상물건의 평가는 이 규칙에서 정하는 방법에 의하되, 그 방법으로 구한 가격 또는 사용료를 다른 방법으로 구한 가격 등과 비교하여 그 합리성을 검토하여야 한다."고 규정하고 있다.

2) 시산가액의 조정

(1) 시산가액

시산가액이란 대상물건의 감정평가액을 결정하기 위하여 적용된 각각의 감정평가 방법에 따라 산정한 가액을 말한다. 이 시산가액은 감정평가액을 산출하는 중간과정으로서 감정평가의 각 방식을 적용하여 구하여진 가액을 시산가액이라 하고, 임대료를 시산임료라 하며, 각 방법에 의해 추계된 결과치를 말한다.

(2) 시산가액의 조정

시장구조가 완전경쟁하에서는 시장성·비용성·수익성측면의 가액은 일치하게 되나 부동산의 특성 외에도 현실에서 일어나는 여러 가지 상황은 세가지 가액이 일치할 수 없도록 전개되고 있다. 따라서 실제의 평가액을 구하기 위해서는 시장성, 비용성, 수익성 이 세가지 측면이 갖는 장·단점, 자료수집의 난이 등을 참작하여 조화있는 상태로 감정평가액을 결정하는 절차를 갖는데 이를 시산가액의 조정(reconciliation of value indication)이라 한다.

따라서 어느 하나의 감정평가방법을 적용하여 산정한 시산가액은 감정평가 3방식 중 다른 감정평가방식에 속하는 하나 이상의 감정평가방법(이 경우 공시지가기준법과 그 밖의 비교방식에 속한 감정평가방법은 서로 다른 감정평가방식에 속한 것으로 본다)으로 산정한 시산가액과 비교하여 합리성을 검토하여야 한다. 다만, 대상물건의 특성 등으로 인하여 다른 감정평가방법을 적용하는 것이 곤란하거나 불필요한 경우에는 그러하지 아니하다.

(3) 시산가액 조정의 필요성

알프레드 마샬(Alfred Marshall)은 가치추계이론에 관심을 가진 최초의 학자로서, 완전경쟁시장에서는 가격, 비용, 가치가 결국 같아진다고 생각했다. 따라서 3방식에 의한 가치추계치는 정적인 균형하에서는 일치될 수 있다는 '3면등가의 법칙'이 제기되었다.

그러나 현실적인 부동산 시장은 동적인 시장으로 3면등가의 법칙이 성립되지 않을 뿐 아니라 현실적으로 3방식을 같은 부동산에 적용시켰을 경우 그 결과치는 서로 다르게 나타나기 때문에 시산가액의 조정이 필요하게 된다.

따라서 3방식 중 하나의 방식으로 적정한 감정평가액을 얻지 못하는 경우 또는 대상부동산의 종류·소재지의 실정·자료의 신뢰도 등에 의해 3방식의 병용이 곤란한 경우에도, 부동산 가격이 비용성·수익성·시장조건의 상호연관하에 형성되고 3방식은 유기적 관련성이 있는 것이므로 감정평가액의 기준은 하나의 방식을 적용하는 것보다 다른 방식을 참작하도록 노력하여야 할 것이다.

〈표 4-1〉 감정평가의 3방식과 6방법

3면성 (접근방향)	3방식 (계산원리)	6방법 (계산방법)	평가 조건	시산가액 및 시산임료	가격의 성격
시장성	비교방식 (시장접근법)	거래사례비교법	가액	비준가액	균형가격* (수요·공급가격)
		임대사례비교법	임대료	비준임료	
비용성	원가방식 (비용접근법)	원가법	가액	적산가액	공급가격
		적산법	임대료	적산임료	
수익성	수익방식 (소득접근법)	수익환원법	가액	수익가액	수요가격
		수익분석법	임대료	수익임료	

* 수요가격의 성격으로 주장하는 설도 있음

제2절 감정평가를 위한 부동산 수학

1. 개 요

부동산에 관련된 여러 현상을 분석하는 도구로는 여러 가지가 쓰일 수 있지만 그중에서도 가장 기본적인 것은 현금흐름(cash flow)을 계산하는 기법이다.

부동산은 고가의 상품으로서 거래시 100% 현금으로만 거래되는 경우는 극히 드물다. 부동산의 고가성과 은행 등 금융기관의 저당대부제도의 발달로 인하여 부동산의 거래는 저당금융이 포함되는 것이 일반화되어 가고 있다. 그러나 저당대부는 그 금액, 대부기간, 이자율 등이 모두 다르기 때문에 그 거래가격을 저당대부액과 현금지급액의 명목가액을 단순합산액으로 파악하는 것은 불합리하다. 따라서 부동산의 거래가격을 파악하고 그 가치를 평가하기 위해서는 하나의 잣대를 기준으로 하는 것이 필요한데 이때 사용되는 것이 화폐의 시간가치 계산이다.

2. 화폐의 시간가치 계산

1) 계산공식

(1) 미래가치의 계산공식

미래가치의 계산이란 이자율이 주어 졌을 때 현재의 금액이 일정기간 후에 얼마가 될 것인가를 계산하는 공식이다.

① 일시불의 미래가치 ② 연금의 미래가치 ③ 감채기금계수(상환기금률) 등

(2) 현재가치의 계산공식

현재가치의 계산이란 미래의 금액이 현재 얼마만한 가치가 있는가를 계산하는 공식이다.

① 일시불의 현재가치 ② 연금의 현재가치 ③ 저당상수(연부상환율) 등

(3) 미래가치와 현재가치, 현재가치와 미래가치가 서로 일치하도록 조정역할을 하는 것이 이자율이다.

현재가치를 미래가치로 환산하기 위해서는 적절한 이자율로 환산해야 하며, 미래가치를 현재가치로 환원하기 위해서는 마찬가지로 적절한 이자율로 할인해야 한다.

2) 미래가치의 계산

(1) 일시불의 미래가치(복리종가율)

어떤 부동산의 가치가 매년 일정비율로 상승한다면 일정기간 후의 부동산의 가치를 계산해야 한다. 즉, 매년 복리의 계산으로 산정되는 것이다.

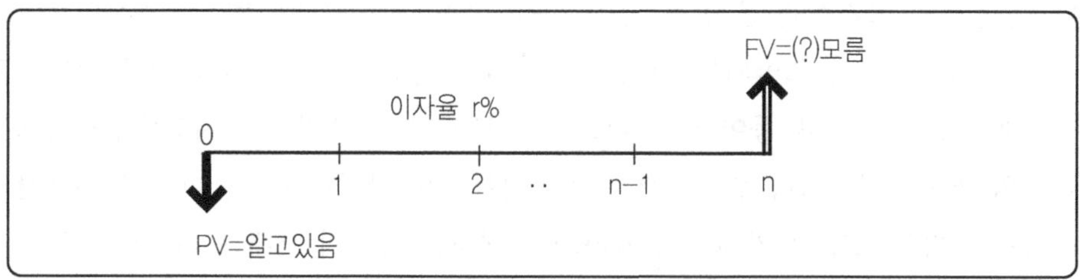

① 일시불의 미래가치 계산 : 일정금액에 대해 매년 일정률의 이자가 발생한다면 일정기간 후의 미래가치는 다음과 같다.

$$FV_{r,n} = PV(1+r)^n \quad \text{(식 4-1)}$$

여기서 r은 이자율이고 n은 기간이다. $FV_{r,n}$은 이자율이 r이고, 기간이 n일 때의 미래가치(Future Value)이며, PV는 그것의 현재가치(Present Value)이다.

② 일시불의 미래가치계수(일시불의 내가계수) : 1원을 이자율 r로 저금 했을 때 n년 후에 찾게 되는 금액을 의미한다. 위 (식 4-1)의 $(1+r)^n$을 일시불의 미래가치계수 또는 일시불의 내가계수(Future Value of lump sum Factor)라 하며 일시불의 현가계수와 역수이다.

■ 일시불의 내가(來價)계수=$(1+r)^n$

예제 1

현재가치가 1억 원인 어떤 부동산이 매년 10%씩 상승할 경우 3년 후의 미래가치는 얼마인가?

해설 일시불의 내가계수 = $(1+r)^n = (1+0.1)^3 = 1.331$
3년 후의 미래가치 = $PV(1+r)^n$ = 1억 원 × 1.331 = 133,100,000원

(2) 연금의 미래가치(복리연금종가율)

매년 일정액을 받는 연금이 있다고 한다면 동일한 이자율로 일정기간 동안 계속하여 적립한다면 기간말의 가치는 얼마가 되는가? 이때 기간 말에 달성되는 적립액을 '연금의 미래가치'라고 하며, 이처럼 일정기간 동안 계속해서 정기적으로 지불받는 동일액을 연금(annuity)이라 한다.

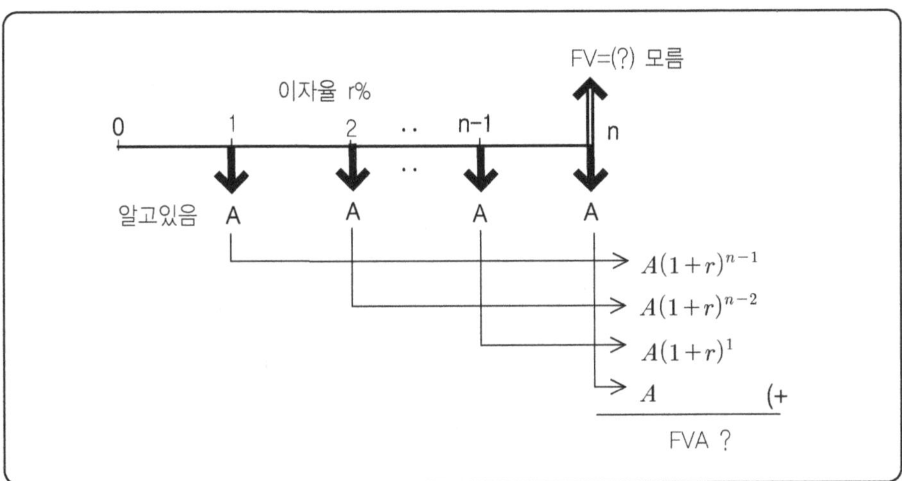

① 연금의 미래가치 계산 : 매 기간마다 일정액을 일정한 이자율로 적립했을 때 기간말에 달성되는 연금의 미래가치는 다음과 같다.

$$FVA_{r,n} = ANN \times \frac{(1+r)^n - 1}{r} \qquad \text{(식 4-2)}$$

여기서 ANN은 매년 말에 불입하는 연금액이며, $FVA_{r,n}$은 이자율 r일 때 n년 후에 달성되는 연금의 미래가치(Future Value of an Annuity)이다.

② 연금의 미래가치계수(연금의 내가계수) : 매년 1원씩 받게 되는 연금을 이자율 r로 계속해서 적립했을 때 n년 후에 달성되는 금액을 말하며 감채기금계수의 역수관계 이다. 위 (식 4-2)에서 $\frac{(1+r)^n - 1}{r}$을 연금의 미래가치계수 또는 연금의 내가계수(Future Value of an Annuity Factor)라 한다.

■ 연금의 내가계수= $\frac{(1+r)^n - 1}{r}$

예제 2

매년 100만 원의 연금을 수령하는 경우 10%의 이자율로 10년 동안 계속해서 적립한다면 기간말에 이 연금은 얼마가 되겠는가? $((1+0.1)^{10} = 2.5937)$

해설 연금의 내가계수 = $\frac{(1+r)^n - 1}{r} = \frac{(1+0.1)^{10} - 1}{0.1}$ =15.937

연금의 미래가치 = ANN × $\frac{(1+r)^n - 1}{r}$ = 100만 원 × 15.9374=15,937,000원

(3) 감채기금률(상환기금률)

주택자금을 마련하기 위해서 일정기간을 만기로 하는 적금을 들었다면 매년 얼마씩 불입하여야 할까? 이때 매년 불입해야 하는 연금을 상환기금률이라 하고, 기간말의 적금은 연금의 미래가치가 된다.

• 연금의 미래가치=매 기간 연금 불입액×연금의 내가계수

∴ 매 기간 연금 불입액=연금의 미래가치×$\frac{1}{\text{연금의 내가계수}}$

=연금의 미래가치×감채기금계수

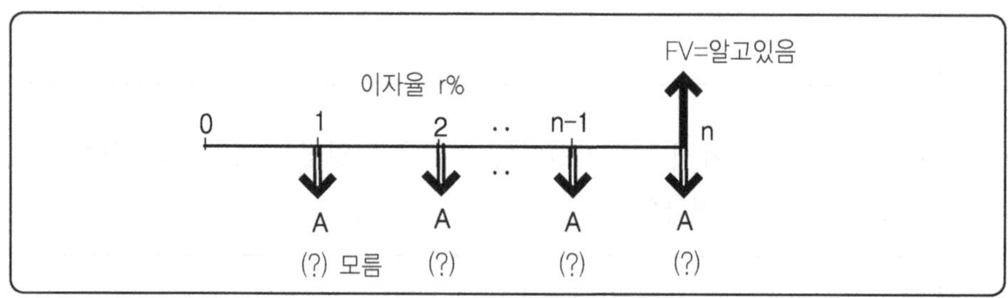

① 상환기금률의 계산 : 일정 누적액을 기간말에 만들기 위해서 매 기간마다 적립해야할 상환기금률은 다음과 같다.

$$ANN_{r,n} = FVA \times \frac{r}{(1+r)^n - 1} \qquad \text{(식 4-3)}$$

② 감채기금계수 : n년 후에 1원을 만들기 위해서 매 기간마다 적립해야할 액수를 나타내는 자본환원계수로서, 연금의 내가계수와 역수관계 이다. 위 (식 4-3)에서 $\frac{r}{(1+r)^n - 1}$을 감채기금계수(Sinking Fund Factor : SFF) 또는 상환기금계수(Amortization Fund Factor)라 한다.

■ 감채기금계수=$\frac{r}{(1+r)^n - 1}$

예제 3

5년 만기 1,000만 원의 적금을 만들기 위해 매년(매월) 불입하는 적금액은 얼마인가? (단, 이자율은 10%라고 한다.) $((1+0.1)^5 = 1.6105)$

해설 감채기금계수 $= \dfrac{r}{(1+r)^n - 1} = \dfrac{0.1}{(1+0.1)^5 - 1} = 0.1638$

매년 적금불입액=FVA × $\dfrac{r}{(1+r)^n - 1} = 10,000,000 \times 0.1638$

$= 1,638,000$원

매월 적금불입액=FVA × $\dfrac{\frac{r}{12}}{(1+\frac{r}{12})^{n\times 12} - 1}$

3) 현재가치의 계산

(1) 일시불의 현재가치(복리현가율)

이것은 일시불의 내가계수의 역수로서 그 반대의 개념이다. n년 후의 일정액은 현재 얼마의 가치가 있는가의 문제이다. 사람들은 현재의 유동성(liquidity)을 더 선호하므로 미래의 1,000만 원은 현재의 1,000만 원 보다 가치가 떨어진다. 즉, 적절한 값으로 할인이 필요하다.

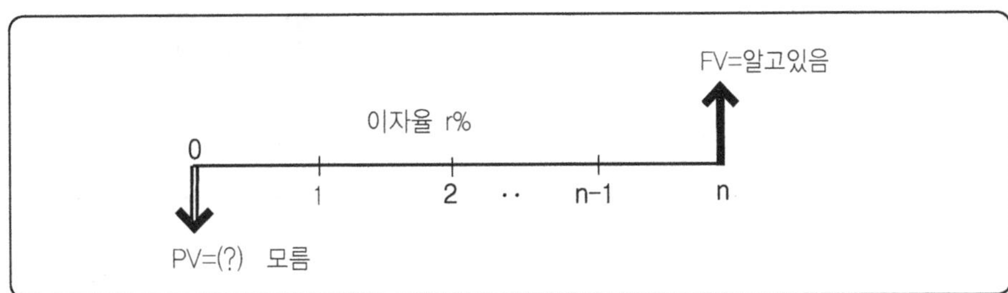

① 일시불의 현재가치의 계산

$$PV_{r,n} = FV \times \frac{1}{(1+r)^n} = FV(1+r)^{-n} \quad \text{(식 4-4)}$$

② 일시불의 현재가치계수(일시불의 현가계수) : 1년 후의 1원을 할인율 r로 할인하면 현재의 금액은 얼마인가를 나타내는 금액이다. 위 (식 4-4)에서

$\frac{1}{(1+r)^n}=(1+r)^{-n}$을 일시불의 현재가치계수 또는 일시불의 현가(現價)계수(Present Value of lumpsum Factor)라하며 일시불의 내가계수와 역수이다..

■ 일시불의 현가계수= $\frac{1}{(1+r)^n}=(1+r)^{-n}$

예제 4

시장 이자율이 10%일 때, 3년 후 1,000만 원으로 예상되는 부동산의 현재가치는 얼마인가?

해설 현재가치=FV $\frac{1}{(1+r)^n}$=10,000,000× $\frac{1}{(1+0.1)^3}$

=10,000,000×0.7513148=7,513,148원

(2) 연금의 현재가치(복리연금현가율)

일정기간 동안에 매 기간마다 받게 될 연금의 현재가치를 구하는 것으로 저당대부자가 일정액의 저당원리금을 일정기간 동안 매년 상환한다고 할 때, 그 저당원리금의 현재가치를 말한다.

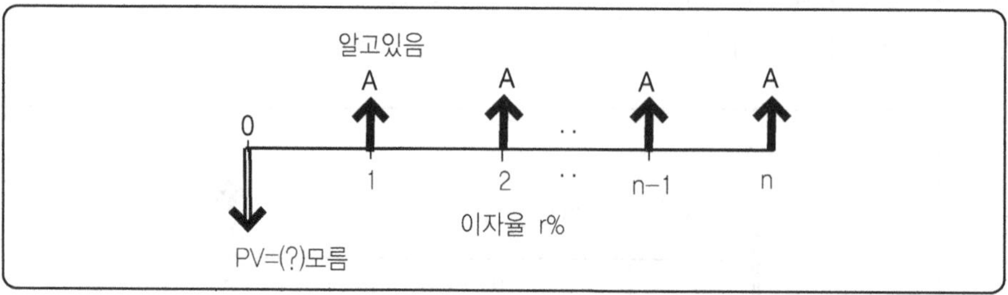

① 연금의 현재가치의 계산

$$PVA_{r,n}=ANN\times\frac{1-(1+r)^{-n}}{r}=ANN\times\frac{(1+r)^n-1}{r\times(1+r)^n} \quad \text{(식 4-5)}$$

여기서 $PVA_{r,n}$은 이자율이 r이고 기간이 n일 때의 연금의 현재가치(Present Value of an Annuity)이다.

② 연금의 현재가치계수(연금의 현가계수) : 이자율이 r이고 기간이 n년일 때, 매년 1원씩 n년동안 받게 될 연금을 일시불로 환원한 액수이다. 위 (식 4-5)에서

$\frac{1-(1+r)^{-n}}{r}$, $\frac{(1+r)^n-1}{r\times(1+r)^n}$을 연금의 현가계수(Present Value of Annuity Factor)라 하며 저당상수의 역수이다.

■ 연금의 현가계수= $\frac{1-(1+r)^{-n}}{r}=\frac{(1+r)^n-1}{r\times(1+r)^n}$

예제 5

A는 부동산자금을 마련하기 위하여 20×1년 1월 1일 현재, 2년 동안 매년 연말 2,000원씩을 불입하는 투자 상품에 가입했다. 투자 상품의 이자율이 연 10%라면, 이 상품의 현재가치는?

(22회 공인중개사 기출문제)

해설 상품의 현재가치= $Ann\times\frac{1-(1+r)^{-n}}{r}=2,000\times\frac{1-(1+0.1)^{-2}}{0.1}$

$$=2,000\times\frac{1-\frac{1}{(1+0.1)^2}}{0.1}=3,471\text{원}$$

(3) 저당상수(연부상환율)

연금의 현재가치를 기준으로 매 기당 수령액 또는 지불액을 결정하고자 할 경우 사용되는 비율을 연부상환율이라고 한다. 즉, 원리금 균등상환방법이므로 일정액을 빌렸을 때 매 기간마다 갚아야할 원금과 이자의 합계를 구한다. 부동산 매입시 담보 대출한 저당대부액에 대하여 매년 상환하여야 하는 저당상환액(Mortgage Payment) 등을 구하는 것이다.

- 연금의 현재가치=매기간 연금액(상환액)×연금의 현가계수

∴ 매기간 상환액=연금의 현재가치× $\frac{1}{\text{연금의 현가계수}}$

=연금의 현재가치×저당상수

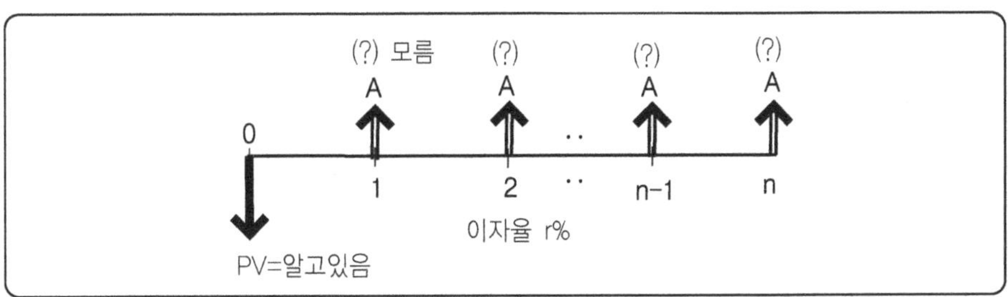

① 저당상환액의 계산(연부상환율)

$$MP_{r,n} = PVA \times \frac{r}{1-(1+r)^{-n}} = PVA \times \frac{r \times (1+r)^n}{(1+r)^n - 1} \quad \text{(식 4-6)}$$

② 저당상수(저당승수) : 연금의 현가계수와 역수관계이며 위 (식 4-6)에서 $\frac{r}{1-(1+r)^{-n}}$, $\frac{r \times (1+r)^n}{(1+r)^n - 1}$을 저당상수(Mortgage Constant) 또는 저당승수(Mortgage Multiplier)라 한다.

■ 저당상수= $\frac{r}{1-(1+r)^{-n}} = \frac{r \times (1+r)^n}{(1+r)^n - 1}$

예제 6

홍 길동씨는 주택융자금이 5,000만 원이 들어있는 아파트를 매입하였다. 융자기간은 10년이고, 연이율이 10%라고 할 때 매월 원리금 균등상환으로 매월 상환해야하는 금액은 얼마인가?

해설

연금의 현재가치계수= $\frac{1-(1+r)^{-n}}{r}$

저당상수 = 연금의 현가계수의 역수= $\frac{r}{1-(1+r)^{-n}}$

매월 상환액

$$= PVA \times \frac{\frac{r}{12}}{1-(1+\frac{r}{12})^{-n \times 12}}$$

$$= 50,000,000 \times \frac{\frac{0.1}{12}}{1-(1+\frac{0.1}{12})^{-10 \times 12}} = 660,700\text{원}$$

〈표 4-2〉 화폐의 시간가치 계산

구 분		용 도	수식 및 계수
미래가치의 계산	일시불의 미래가치 (일시불의 내가계수)	기간 초에 불입된 일시불에 대해서 일정기간 후 원리금의 합계를 산정	$FV = PV(1+r)^n$
	연금의 미래가치 (연금의 내가계수)	매 기간마다 일정액을 불입했을 때 기간 말에 달성되는 누적액을 산정	$FVA = ANN \times \frac{(1+r)^n - 1}{r}$
	감채기금계수 (상환기금률)	일정 누적액을 기간 말에 만들기 위해 매기간의 적립금을 산정	$ANN = FVA \times \frac{r}{(1+r)^n - 1}$
현재가치의 계산	일시불의 현재가치 (일시불의 현가계수)	일정기간 후의 일시불에 대한 현재가치를 산정	$PV = FV \times \frac{1}{(1+r)^n}$
	연금의 현재가치 (연금의 현가계수)	매 기간 일정액을 지불받을 경우 그 금액의 현재가치를 산정	$PVA = ANN \times \frac{(1+r)^n - 1}{r \times (1+r)^n}$ $= ANN \times \frac{1-(1+r)^{-n}}{r}$
	저당상수 (연부상환율)	일정액을 빌렸을 때 매 기간마다 상환해야할 원리금의 합계액을 산정	$MP = PVA \times \frac{r \times (1+r)^n}{(1+r)^n - 1}$ $= PVA \times \frac{r}{1-(1+r)^{-n}}$

※ 서로 역수관계인 것

1. 일시불의 내가계수와 일시불의 현가계수
2. 연금의 내가계수와 감채기금계수
3. 연금의 현가계수와 저당상수

제3절 비교방식

1. 거래사례비교법

1) 거래사례비교법의 개념

거래사례비교법(sales data approach)이란 대상물건과 가치형성요인이 같거나 비슷한 물건의 거래사례와 비교하여 대상물건의 현황에 맞게 사정보정(事情補正), 시점수정, 가치형성요인 비교 등의 과정을 거쳐 대상물건의 가액을 산정하는 감정평가방법을 말한다. 이 방법에 의해 산정된 시산가액을 '비준가액 또는 유추가액'이라 한다.

비준가액	=	거래사례가격	×	사정보정치	×	시점수정치	×	지역요인	×	개별요인	×	면적비교
P	=	S	×	C	×	T	×	Z	×	I	×	A

2) 성립근거 및 기능

(1) 가치이론적 측면

- 수요 · 공급 균형이론

  신고전학파는 단기에는 수요가 가치를 결정하고, 장기에는 공급이 가치를 결정한다고 보았다. 즉 장기에 있어서는 수요·공급이 균형을 이루어 가치를 결정한다는 것이다.

(2) 시장성의 원리

부동산 시장은 여러 개의 부분시장으로 구분되어 있으며 그 가격은 유사성이 있는 물건의 거래사례가격과 상호 경쟁·접근하면서 균형을 이루어 간다.

(3) 대체의 원칙

부동산 시장에서 같은 유용성을 갖는 상품의 가격은 서로 접근·견인작용을 하는 대체의 원칙에 성립근거를 둔다.

3) 거래사례의 수집

(1) 거래사례의 수집기준

① 위치적 유사성(지역요인의 비교가능성)

대상부동산과 위치가 유사하여 대체의 원칙이 적용될 수 있고 비교성이 있어야 한다. 따라서 인근지역이나 동일수급권내의 유사지역에서 사례를 구한다.

② 물적 유사성(개별요인의 비교가능성)

부동산가격은 개별요인에 의해 구체화되므로 개별요인이 같거나 개별요인의 비교가 가능해야 한다. 토지는 종별과 유형, 건물은 구조·용도·면적·경과 연수 등의 유사성이 있어야 한다. 그리고 복합부동산의 경우에는 대상부동산과 동일한 유형의 배분이 가능해야 한다.

③ 시점수정의 가능성

시간의 변동에 따라 지역요인이나 부동산의 상태도 변화해 가기 때문에 시점수정이 가능한 사례자료를 선택해야 한다. 사례자료는 기준시점에 가까울수록 유용하다. 시간적 범위가 너무 길면 시점수정을 한다고 해도 정확한 가격파악이 어렵게 되고, 시간적 범위가 너무 짧으면 분석에 포함되는 사례 수가 적어 통계치의 신뢰성에 문제가 생길 수 있다.

④ 사정보정의 가능성

부동산의 거래동기는 다양하기 때문에 시장 사정에 정통하지 못한 거래와 특수한 사정이 개재될 수 있다. 이는 거래가격에 큰 영향을 미치는 것이므로 사정 및 동기를 시장가치로 보정할 수 있는 가능성이 있어야 한다.

⑤ 기타 수집기준

부동산의 권리, 융자조건, 거래조건, 수익성 등에서 유사한 사례이거나 대상 부동산과 비교가 가능한 거래사례이어야 한다.

(2) 사례수집의 유의사항

① 거래사례비교법에서는 대표성이 있는 거래사례를 선택하는 일이 중요하다. 따라서 급매매나 조건부 거래 등 왜곡된 거래사례는 비교거래사례로서 채택되어서는 안 된다. 이러한 경우 사정보정 등 정상화 작업을 어렵게 하기 때문이다.

② 비정상적인 동기에 의한 거래사례는 비교거래사례로서 채택되어서는 안 된다. 다수의 실제 거래사례가 된 시장을 대표할 수 있는 사례이어야 한다. 부당한 압력에 의한 것, 당사자간의 편의에 의한 것, 투기적 거래에 의한 것 등은 아무리 사례자료의 정상화 작업을 잘한다고 할지라도 정확한 시장가치를 산정할 수가 없기 때문이다.

③ 부동산은 고가에 거래되는 것으로 저당대부를 갖고 있는 부동산이 대부분이다. 이러한 저당대부의 조건을 분석하는 것도 부동산 평가에 있어서 중요하다.

④ 다음은 시장을 대표할 수 없는 '대표성이 없는 사례'의 유형들이다.

㉠ 정부에 의한 매매사례

거래당사자가 모두 정부기관이거나, 당사자 중 일방이 정부기관인 경우를 말한다. 정부에 의한 매매사례는 그 성격상 강제성이나 위협의 요소가 내포되어 있는 경우가 많다.

- 세금체납으로 인한 매매사례
- 법원의 공매처분
- 수용에 의한 매매사례
- 국공유부동산의 불하
- 부분권익의 매매사례 : 지역권, 임차권 등 부분권익의 거래가 수반된 매매사례

㉡ 관련 당사자 간의 매매사례

- 가족구성원 간의 매매사례
- 상호관련이 있는 기업들 간의 매매사례
- 관련 당사자 간의 부분권익의 거래가 수반된 매매사례

㉢ 편의에 의한 매매사례

- 유언 당시 당사자에 의한 자발적 매매사례
- 유언집행자에 의한 매매사례
- 자선단체가 당사자인 매매사례

(3) 사례의 수집방법

거래사례는 징구법(徵求法), 실사법, 탐문법, 열람법 등을 통해 거래당사자 또는 중개업소 등에서 수집할 수 있다. 그리고 가능한 한 동일한 유형의 사례를 수집하여야 하며, 이것이 어려운 경우에는 배분법을 사용한다.

4) 사례자료의 정상화

(1) 사정보정

사정보정이란 거래사례에 특수한 사정이나 개별적 동기가 반영되어 있거나 거래당사자가 시장에 정통하지 않은 등 수집된 거래사례의 가격이 적절하지 못한 경우에는 사정보정을 통해 그러한 사정이 없었을 경우의 적절한 가격수준으로 정상화하는 작업이다. 거례사례에 적절하지 못한 요인을 제거하기 위하여 사례가격을 증감시키는 작업으로 일정한 법칙이나 기준이 있는 것은 아니기 때문에 그 사정에 따라 개별적으로 처리되어야 한다.

〈표 4-3〉 사정보정의 유형별 예시

구 분	예 시
감액 보정해야할 사항	• 극단적인 공급부족, 장래의 급격한 가격상승예상, 투기목적 등 특이한 시장조건 하에서의 거래 • 업자 또는 계열사간 중간이익의 취득을 목적으로 한 거래 • 업자의 택지조성 필요성 등에 의해 매도인이 부당하게 높게 한 거래 • 매수인이 부동산에 대한 명확한 지식과 정보가 부족한 상태에서 과다한 가격으로 거래한 경우
증액 보정해야할 사항	• 매도인의 지식, 정보부족으로 낮은 가격으로 한 거래 • 급매에 의한 거래 • 타인의 이용관계를 고려한 거래
감액 또는 증액 보정해야할 사항	• 금융핍박, 도산시 법인간의 은혜적 거래 • 지인, 친족간 등 인간관계에 의한 은혜적인 거래 • 부당한 조성비, 수선비 등을 고려한 거래 • 조정, 청산, 경매, 공매 등으로 성립된 거래

• 사정보정은 대상부동산만의 보정을 요하는 경우와 사례부동산만의 보정을 요하는 경우 그리고 대상부동산과 사례부동산 모두가 보정을 요하는 경우가 있으며,

사정을 요하는 부동산에 사정의 개입정도(α%)를 가감하여 적용한다.

• 사정보정치 $= \dfrac{\text{대상부동산}}{\text{사례부동산}} = \dfrac{100 \pm \alpha(\%)}{100(\%)}$, $= \dfrac{100(\%)}{100 \pm \alpha(\%)}$, $= \dfrac{100 \pm \alpha(\%)}{100 \pm \alpha(\%)}$

α: 사정개입의 정도(%)

예제 1

매수자 갑은 택지후보지를 1㎡당 50,000원에 매입하였다. 그러나 인근 시세조사결과 10%정도 고가매입한 것으로 판명되었다. 적정매입가격은 얼마인가?

해설

사정보정치 $= \dfrac{100}{100+10} = \dfrac{100}{110}$

적정매입가격 $= 50{,}000 \times \dfrac{100}{110} = 45{,}454$원/㎡

(2) 시점수정

시점수정이란 거래사례의 거래시점과 대상부동산의 기준시점이 시간적으로 불일치하여 가격수준에 변동이 있을 경우에는 거래사례가격을 기준시점에서의 가격으로 정상화하는 작업을 말한다. 거래사례는 최근(기준시점으로부터 2년 이내)의 것을 선택하되, 사례의 거래시점과 기준시점간에 차이가 있거나 양시점간에 가격수준의 변동이 있는 때에는 시점수정을 하여야 한다. 여기서 기준시점이란 대상부동산을 실제로 조사한 날을 의미한다. 시점수정은 사례부동산의 가격변동률로 하며, 이론상 지수법 및 지가변동률을 이용한 변동률적용법이 있다. 일반적으로 감정평가실무에서는 토지는 지가변동률을, 임대료는 임료지수를 이용한다. 그리고 시점수정은 사정보정을 하고 난 다음에 이루어진다.

① 지수법

$$\text{시점수정치} = \frac{\text{기준시점의 지수}}{\text{거래시점의 지수}}$$

② 지가변동률 적용법

시점수정치=$(1 \pm R)^n$(R: 1전화기간의 가격변동률, n: 가격변동의 전화횟수)

1전화기간(轉化期間) : 원래의 거래가격에 가격변동이 가산되는 기간

가격변동의 전화횟수 : 원래의 거래가격에 가격변동이 가산되는 횟수

〈참고자료〉 지가변동률이 조사 · 발표되지 않은 경우의 추정

지가변동률의 산정은 기준시점 직전 월까지의 지가변동률 누계에 기준시점 해당 월의 경과일수(해당 월의 첫날과 기준시점일을 포함) 상당의 지가변동률을 곱하는 방법으로 구한다.
기준시점 당시에 해당 월의 지가변동률이 조사·발표되지 아니한 경우에는 조사발표된 월별 지가변동률 중 기준시점에서 가장 가까운 월의 지가변동률을 기준으로 하되, 월 단위로 구분하지 아니하고 일괄 추정방식에 따른다. 직전 월의 추정이 적절하지 아니한 경우에는 조사·발표된 최근 3개월의 지가변동률을 기준으로 추정한다. 이 때 분모는 조사발표된 직전 월의 총일수를 기준으로 하고, 분자는 추정의 기준이 되는 미고시된 월의 총일수를 기준으로 한다(제8장 예제 1 참조).

예제 2

2003년 5월에 1억 원을 투자하여 택지를 구입하였다. 기준시점인 2008년 5월에 있어서 이 택지의 시점수정치와 가격은 얼마인가? (단, 2003년 택지 지가지수는 100, 2008년 5월의 택지 지가지수는 150이다.)

해설 지수법

- 사정수정률(r)= $\dfrac{\text{기준시점의 지수}}{\text{거래시점의 지수}} = \dfrac{150}{100} = 1.5$
- 기준시점가격 = 거래시점가격 × r = 1억 원 × 1.5 = 1억 5,000만 원

예제 3

3년 전에 5,000만 원을 주고 구입한 대상토지의 시점수정치는 얼마인가? (단, 인근지역에 적용할 지가는 3년 동안 매년 10%씩 상승하였다.)

해설 시점수정치=$(1+0.1)^3$=1.331

(3) 지역요인 및 개별요인의 비교

사정보정 및 시점수정이 완료되면 사례부동산과 대상부동산의 가치형성에 전반적인 영향을 미치는 지역요인과 물적 격차를 비교하는 개별요인의 비교가 행해지며 이때에는 부동산 가치원칙이 고려되어야 한다. 지역요인의 비교는 적합의 원칙, 예측의 원칙 등에 의하여 표준적 사용과 가격수준을 파악하고, 개별요인 비교는 최유효이용의 원칙, 균형의 원칙, 기여의 원칙 등을 기준으로 한다. 그리고 사례부동산이 동일수급권 내 유사지역에 속하는 경우에는 지역요인 및 개별요인을 모두 비교하나 인근지

역에 속한다면 지역요인은 동일하므로 개별요인만을 비교한다. 그리고 지역요인 및 개별 요인의 비교방법은 종합적 비교법과 평점법이 있다.

① 종합적 비교법

거래사례가격을 형성하고 있는 사례부동산의 개별적인 제 요인과 지역요인 및 부동산의 유형(맹지, 자루형획지 등) 등에 대한 분석을 거쳐 대상부동산의 그것과 비교하여 얻은 비율을 거래사례가격에 곱하여 비준가액을 구하는 방법이다. 이 방법은 사례부동산과 대상부동산을 포괄적으로 직접 비교하는 방법이므로, 평가자의 경험과 능력이 풍부한 경우에는 대체로 정확하고 간편한 장점이 있으나, 포괄적으로 비교하는 탓으로 자칫하면 안이한 결과가 초래될 가능성이 있다.

예제 4

사례부동산이 소재하는 지역은 대상부동산이 소재하는 지역보다 10% 열세일 경우 지역요인의 비교치는 얼마인가?

해설 지역요인 비교치= $\frac{\text{대상지역}}{\text{사례지역}} = \frac{100}{100-10} = \frac{100}{90}$

예제 5

대상부동산이 거래사례 부동산보다 개별요인에서 10% 우세하다고 할 경우의 개별요인비교치는?

해설 개별요인비교치= $\frac{100+10}{100} = \frac{110}{100}$

예제 6

사례부동산(A)의 개별적 제 요인의 평점합계가 100이고, 대상부동산(B)의 평점합계가 90으로 평점되었을 경우에 거래사례부동산의 단위당 가격이 1,500,000원 이라면 대상부동산의 비준가액은 얼마인가?

해설 개별요인 비교치= $\frac{\text{대상부동산(B)}}{\text{사례부동산(A)}} = \frac{90}{100}$

비준가격=1,500,000× $\frac{90}{100}$ = 1,350,000원 (감정평가액)

∴ 대상부동산(B)는 1,350,000원

② **평점법**

사례부동산과 대상부동산의 지역 및 개별적 제 요인 등의 몇 가지 항목을 설정하여 항목별로 사례부동산과 대상부동산을 비교·검토하는 방법이다. 그러나 개별적 제 요인 등은 그 수가 너무 많아 보통 획지조건, 환경조건, 가로조건, 접근조건, 행정적 조건 및 기타조건 등 6개 항목 정도로 줄이는 것이 능률적이다. 그리고 이 방법을 적용하려면 항목별로 평점을 정확히 하여야 하며, 이 평점법의 성패는 바로 평점의 적부에 달려 있다. 평점법에는 비교항목에 동일한 비중을 주는 방법(무가중치법)과 대상 부동산에 따라서 비교항목에 비중을 달리하는 방법의 두 가지가 있는데 비교치 계산은 대상부동산 평점을 거래사례부동산 평점으로 나누어 계산하며, 계산방법에 따라 상승식과 총화식이 있다. 상승식은 항목별 격차율을 서로 곱하여 비교치를 결정하는 방법이고 총화식은 항목별 격차율 차이를 합한 값을 비교치로 결정하는 방법이다. 이를 예시하면 다음과 같다.

㉠ 비교항목에 동일한 비중을 주는 방법

비교항목	사 유	거래사례부동산(B)	대상부동산(A)
획지조건	생략	100	110
환경조건		100	90
가로조건		100	90
접근조건		100	90
행정적조건 및 기타조건		100	100
계		500	480

이때 거래사례가격이 1㎡(평)당 800만 원이라면 대상부동산의 시산가액은 얼마인가?

·상승식에 의한 대상토지가액

$$P=8\text{백만원}\times\frac{110}{100}\times\frac{90}{100}\times\frac{90}{100}\times\frac{90}{100}\times\frac{100}{100}==6,415,200\text{원}$$

·총화식에 의한 대상토지가액

$$P=8\text{백만 원}\times(\frac{110+90+90+90+100}{100+100+100+100+100})=8\text{백만 원}\times\frac{480}{500}=7,680,000\text{원}$$

㉡ 비교항목의 비중을 달리하는 방법

비교항목	사 유	거래사례부동산	대상부동산(A)	
		(100)대비	비 교	평 점
획지조건	생략	110	30%	33
환경조건		90	30%	27
가로조건		90	10%	9
접근조건		90	20%	18
행정적조건 및 기타조건		100	10%	10
계		480	100%	97

거래사례가격이 500만 원이면 대상부동산의 시산가액은 얼마인가?

$5,000,000 \times \frac{97}{100} = 4,850,000$원(감정평가가액)

∴ 대상부동산평가액은 4,850,000원

예제 7

다음 표준지 공시지가를 기준으로 주어진 조건에 따라 기준시점 현재의 대상토지 가격을 구하시오. (제16회 공인중개사 기출문제)

- 표준지공시지가 : 10,000원/㎡
- 공시지가 공시기준일 이후 기준시점까지 지가변동률 : 10%
- 대상토지는 표준지의 인근지역에 소재함
- 개별요인분석표

구 분	표 준 지	대상토지
가로조건	100	80
접근조건	100	100
획지조건	100	110
환경조건	100	100
행정적조건	100	100
기타조건	100	100

해설
- 대상토지가액=표준지공시지가×시점수정×지역요인비교×개별요인비교×기타요인비교
- 시점수정=110/100
- 대상토지는 표준지의 인근지역에 소재하므로 지역요인은 비교할 필요가 없으며 개별요인만 비교하면 된다.

  ∴ 상승식에 의한 대상토지가액=10,000×110/100×80/100×110/100=9,680원/㎡

※ 총화식에 의한 대상토지가액$=10{,}000\times(\frac{80+100+110+100+100+100}{100+100+100+100+100+100})$

$=10{,}000\times\frac{590}{600}\fallingdotseq 9{,}800$원/㎡

예제 8

평가대상부동산이 속한 지역과 사례부동산이 속한 지역이 다음과 같은 격차를 보이는 경우, 상승식으로 산정한 지역요인 비교치는?(단, 격차내역은 사례부동산이 속한 지역을 100으로 사정할 경우의 비준치이며, 결과값은 소수점 넷째자리에서 반올림함)

(제23회 공인중개사 기출문제)

비교 항목	격차내역
기타조건	−2
환경조건	+3
가로조건	−1
접근조건	+4
행정적 조건	0

해설 ·상승식에 의한 비교치이므로 각 조건 단위의 격차율을 서로 곱하여 구한다.

∴ 지역요인$=\frac{98}{100}\times\frac{103}{100}\times\frac{99}{100}\times\frac{104}{100}=0.98\times1.03\times0.99\times1.04=1.0392\fallingdotseq 1.039$

(4) 면적 비교

면적비교 과정은 이론적으로는 개별요인의 하나이나 실무편의상 구분하여 행하고 있다. 면적비교는 사례부동산의 가격이 총액으로 표시된 경우에만 필요하며, 사례부동산의 가격이 단가(예 : 원/m^2)로 표시된 경우에는 대상부동산의 면적을 보정된 단가에 직접 곱하면 된다.

• 면적 비교치$=\frac{\text{대상부동산의 면적}}{\text{사례부동산의 면적}}$

5) 배분법

(1) 의의

① 사례자료가 대상부동산과 동일한 유형을 포함한 복합부동산으로 구성되어 있는 경우에 사례가격에서 대상부동산과 다른 부분의 가격을 공제하거나(공제방식), 동일유형의 가격구성비를 곱하여(비율방식) 대상부동산과 동일한 유형의 부분만을 사례자료로 채택하는 것을 말한다.

② 배분법을 사용함으로써 거래사례비교법의 적용범위가 넓어지며, 특히 대도시 등

에서 복합부동산의 거래가 일반화되고 나지사례가 없는 경우 배분법을 사용하여 나지가격을 구할 수 있다.

(2) 배분방법

① 공제방식 : 복합부동산의 거래사례의 가격에서 대상부동산과 다른 유형에 해당하는 부분의 가격을 공제하여 대상부동산과 같은 유형만을 활용하는 방식이다.
② 비율방식 : 복합부동산에 대하여 각 구성부분의 가격의 비율이 거래가격, 신규투자액 등에 의하여 판명되어 있을 경우에 당해 사례의 거래가격에 대상부동산과 같은 유형부분의 구성비율을 곱하여 대상부동산과 같은 유형의 사례자료를 구하는 방식이다.

6) 거래사례비교법의 장 · 단점

(1) 장 점

① 토지의 평가에 주로 적용되며, 건물·동산 등 거의 모든 자산의 평가에 적용이 가능하다.
② 현실성이 있고 실증적이며 객관적이고 설득력이 강하다.
③ 평가방법이 간편하며, 이해하기 쉽다.
④ 비수익성 부동산, 노후된 부동산에 적용이 가능하다.
⑤ 인플레상황에서 보다 직접적인 시장가치를 구할 수 있다.
⑥ 3방식 중 중추적 역할을 하며 실무에 많이 사용된다.

(2) 단 점

① 사례자료의 수집이 어렵다.
② 시장성이 없거나 거래사례가 희소한 경우 수익성 부동산에는 적용이 곤란하다.
③ 사례정상화 등에 평가자의 주관이 개입되기 쉬워 경우에 따라 편차가 크기 때문에 비과학적이다.
④ 당사자 간의 협상에 따라 매매가격이 왜곡될 수 있다.
⑤ 거래사례가격은 어디까지나 과거의 역사적 가격이다.

2. 임대사례비교법

1) 임대사례비교법의 개념

임대사례비교법이란 대상물건과 가치형성요인이 같거나 비슷한 물건의 임대사례와 비교하여 대상물건의 현황에 맞게 사정보정, 시점수정, 가치형성요인 비교 등의 과정을 거쳐 대상물건의 임대료를 산정하는 감정평가방법을 말한다.

비준임료=사례임료×사정보정치×시점수정치×지역요인비교치×개별요인비교치

2) 임대사례의 수집

임대사례도 거래사례비교법과 마찬가지로 ① 위치의 유사성, ② 물적 유사성, ③ 시점수정 가능성, ④ 사정보정 가능성이 있어야 하며, ⑤ 임대차기간이나 임료의 지불방법 등 계약내용의 동일성 내지 유사성, ⑥ 가장 최근에 체결된 신규계약으로 임대가 개시된 초회에 지급되는 실제실질임료일 것 등이 추가적 기준이다.

3) 사례의 정상화

(1) 사정보정

임대사례에 특수한 사정이나 개별적 동기가 반영되어 있거나 임대차 당사자가 시장에 정통하지 않은 등 수집된 임대사례의 임료가 적절하지 못한 경우에는 사정보정을 통해 그러한 사정이 없었을 경우의 적절한 임료수준으로 정상화하여야 한다.

(2) 시점수정

임대사례의 임대시점과 대상부동산의 기준시점이 불일치하여 임료수준의 변동이 있을 경우에는 임대사례의 임료를 기준시점의 임료 수준으로 시점수정하여야 한다.

(3) 지역요인 및 개별요인의 비교

임대사례가 유사지역 내의 것인 경우에는 인근지역과 유사지역의 지역요인을 비교

하여 지역격차를 판정하고 개별적인 임료수준의 격차를 판단한다. 임대사례가 인근지역인 경우에는 개별요인만 비교하고, 특히 개별요인의 비교에 있어서는 층별·호별 비교에 유의하여야 한다. 비교방법은 거래사례비교법과 마찬가지로 종합적 비교법과 평점법이 있으며, 임대사례가 복합부동산일 경우에는 배분법이 적용된다.

(4) 실질임료의 파악

실질적인 임료의 가치를 산정하기 위해서는 각 지불시기에 실제 지불하는 실제실질임료만이 아니라 계약에 따라 수수된 일시금의 상각액 및 운용익과 부가사용료, 공익비 중 실질적으로 임료에 해당하는 부분까지도 포함하여 임대인에게 지불되는 실질임료를 파악하여야 한다.

4) 임료의 종류

임료는 용익의 대가로 원본에 대한 과실의 관계가 된다. 즉, 임료란 부동산의 소유권을 이전하지 않고 일정기간의 사용·수익을 약정한 대가로 받는 것을 말한다.

(1) 임료의 기준시점

임료의 기준시점은 임대개시시점으로 임료산정기간 내의 수익의 시초시점을 기점으로 하는 것으로 그 기간의 초일이 된다.

(2) 실질임료

실질임료란 임대차계약에 있어서 임료의 종류 여하를 불문하고 임대인에게 지불되는 임료산정기간 중의 모든 경제적 대가를 말한다. 임료의 산정에는 이 실질임료가 기준이 되며 순임료와 필요제경비로 구성된다.

(3) 임료의 예금적 · 선불적 성격을 갖는 일시금

① 예금적 성격을 갖는 일시금

부동산의 임대차계약에 있어서 임차인이 임대인에게 지불하는 보증금, 건설협력금 등 임차인이 채무불이행 등의 사유가 없는 한 임대기간 만료 후 반환되는 일시금을 말하며 이의 운용액은 매회 지불되는 지불임료와 함께 실질임료를 구성한다.

② 선불적 성격을 갖는 일시금

임대기간 중 임료의 지불시기에 지불할 지불임료의 일부 또는 전부를 임대차계약시 선불하고 실제의 임료지급 시기에 상각시키는 금액으로 지급시기가 매회 경과함에 따라 상각 후 잔액은 점차 감소한다. 계약기간이 만료되어도 반환하지 않는 일시금이다.

(4) 지불임료

지불임료란 부동산의 임대차계약 등에 있어 임차인이 임대인에게 예금적 또는 선불적 성격을 갖는 일시금의 지급조건이 있는 경우에 이러한 지급조건을 감안하여 각 지불시기에 지불되는 임료를 말한다.(지불임료=실질임료-일시금의 운용익 및 상각액)

(5) 순임료

순임료란 실질임료에서 필요제경비를 공제하여 산정되는 금액을 말한다.

(6) 신규임료

신규임료란 임대차계약의 개시시점에 있어서 대상부동산의 사용수익에 수반되는 경제적 이익에 부응하는 임료이며 정상임료의 개념이다.

(7) 계속임료

계속임료란 과거에 체결된 계약을 바탕으로 계속하여 사용·수익하고 있는 부동산 용역의 대가로 특정임료이다. 한번 계약을 맺으면 계약의 해제가 곤란하고 시장이 제한되므로 한정임료의 성격을 지니는 경우가 많다. 계속임료의 평가방법으로는 차액배분법, 이율법, 슬라이드법, 임대사례비교법, 소득(또는 수익)분석법 등이 있다.

① 차액배분법 : 차액배분법이란 기준시점에 있어 대상부동산의 원본가격에 적응하는 적정한 임료, 즉 정상지불임료와 실제지불임료와의 차액에 대해 계약의 내용·계약체결경위 등을 종합적으로 감안해서, 당해 차액 중 임대인에게 귀속하는 부분을 적정하게 판정하여 산출된 금액을 실제지불임료에 가감해서 계속임료를 구하는 방법이다.

② 이율법 : 기초가격에 계속임료이율을 곱하여 구한 기대이익과 임대차를 계속하

는데 필요한 제 경비를 합하여 구한 금액을 적정한 임료로 산정하는 방법이다.

③ 슬라이드법 : 슬라이드(slide)법은 임대부동산의 필요제경비의 변동, 부동산가격의 변동, 임료수준의 변동 등이 유기적 실체를 이루어 변동한다고 보고, 이들의 적정한 변동률을 파악하여 현행임료에 곱하여 타당한 계속임료를 산출하는 방법이다.

④ 임대사례비교법 : 임대사례비교법은 인근 또는 동일수급권 내의 유사지역에 소재하는 동유형의 계속임료의 사례자료를 기초로 하여 시점수정·사정보정·지역요인 및 개별요인의 비교와 임대차 계약내용을 비교하여 계속임료를 산정하는 방법이다.

⑤ 소득(수익)분석법 : 임차인의 소득에 따라 임료를 결정하는 방법이다.

〈그림 4-1〉 임료의 구성

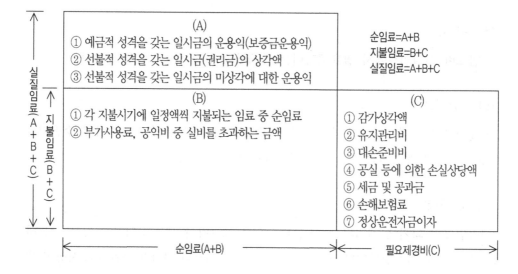

		순임료(A+B)	필요제경비(C)
실질임료(A+B+C)		(A) ① 예금적 성격을 갖는 일시금의 운용익(보증금운용익) ② 선불적 성격을 갖는 일시금(권리금)의 상각액 ③ 선불적 성격을 갖는 일시금의 미상각에 대한 운용익	순임료=A+B 지불임료=B+C 실질임료=A+B+C
	지불임료(B+C)	(B) ① 각 지불시기에 일정액씩 지불되는 임료 중 순임료 ② 부가사용료, 공익비 중 실비를 초과하는 금액	(C) ① 감가상각액 ② 유지관리비 ③ 대손준비비 ④ 공실 등에 의한 손실상당액 ⑤ 세금 및 공과금 ⑥ 손해보험료 ⑦ 정상운전자금이자

5) 임대사례비교법의 장 · 단점

임대사례비교법의 장점과 단점은 거래사례비교법과 유사하다.

3. 공시지가기준법

1) 공시지가기준법의 개념

공시지가기준법이란 감정평가의 대상이 된 토지(대상토지)와 가치형성요인이 같거나 비슷하여 유사한 이용가치를 지닌다고 인정되는 표준지(비교표준지)의 공시지가를 기준으로 대상토지의 현황에 맞게 시점수정, 지역요인 및 개별요인 비교, 그 밖의 요인의 보정(補正)을 거쳐 대상토지의 가액을 산정하는 감정평가방법을 말한다.(「감정평가에 관한 규칙」제2조)

2) 평가방법

감정평가업자는 공시지가기준법에 따라 토지를 감정평가할 때에 다음 각 호의 순서에 따라야 한다. 상세한 평가방법은 제8장 "토지의 감정평가"편을 참조 한다.

(1) 비교표준지 선정 : 인근지역에 있는 표준지 중에서 대상토지와 용도지역·이용상황·주변환경 등이 같거나 비슷한 표준지를 선정할 것. 다만, 인근지역에 적절한 표준지가 없는 경우에는 인근지역과 유사한 지역적 특성을 갖는 동일수급권 안의 유사지역에 있는 표준지를 선정할 수 있다.

(2) 시점수정 : 국토교통부장관이 조사·발표하는 비교표준지가 있는 시·군·구의 같은 용도지역 지가변동률을 적용할 것. 다만, 다음 각 목의 경우에는 그러하지 아니하다.

① 같은 용도지역의 지가변동률을 적용하는 것이 불가능하거나 적절하지 아니하다고 판단되는 경우에는 공법상 제한이 같거나 비슷한 용도지역의 지가변동률, 이용상황별 지가변동률 또는 해당 시·군·구의 평균지가변동률을 적용할 것

② 지가변동률을 적용하는 것이 불가능하거나 적절하지 아니한 경우에는 한국은행이 조사·발표하는 생산자물가지수에 따라 산정된 생산자물가상승률을 적용할 것

(3) 지역요인 비교

(4) 개별요인 비교

(5) 그 밖의 요인 보정

〈그림 4-2〉 비교방식의 구성

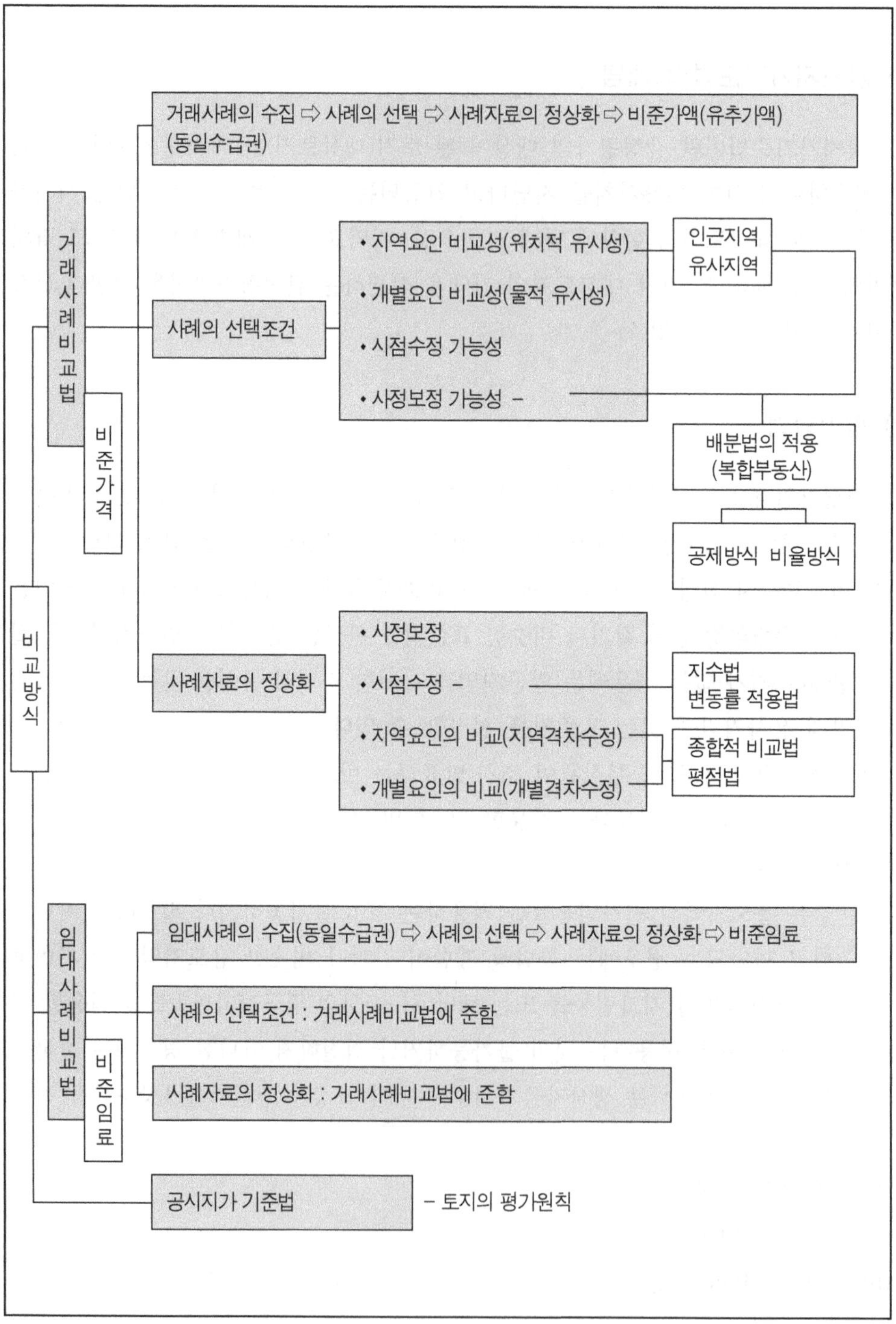

- 비교방식
  - 거래사례비교법 (비준가격)
    - 거래사례의 수집 ⇨ 사례의 선택 ⇨ 사례자료의 정상화 ⇨ 비준가액(유추가액) (동일수급권)
    - 사례의 선택조건
      - 지역요인 비교성(위치적 유사성) — 인근지역, 유사지역
      - 개별요인 비교성(물적 유사성)
      - 시점수정 가능성
      - 사정보정 가능성 — 배분법의 적용(복합부동산) — 공제방식, 비율방식
    - 사례자료의 정상화
      - 사정보정
      - 시점수정 — 지수법, 변동률 적용법
      - 지역요인의 비교(지역격차수정) — 종합적 비교법, 평점법
      - 개별요인의 비교(개별격차수정) — 종합적 비교법, 평점법
  - 임대사례비교법 (비준임료)
    - 임대사례의 수집(동일수급권) ⇨ 사례의 선택 ⇨ 사례자료의 정상화 ⇨ 비준임료
    - 사례의 선택조건 : 거래사례비교법에 준함
    - 사례자료의 정상화 : 거래사례비교법에 준함
  - 공시지가 기준법 – 토지의 평가원칙

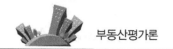

제4절 원가방식

1. 원가법

1) 원가법의 개념

원가법이란[12] 기준시점에서 대상물건의 재조달원가에 감가수정을 하여 대상물건의 가액을 산정하는 감정평가방법을 말한다. 이 방법에 의해 구해진 시산가액을 적산가액이라 한다.

적산가액=재조달원가-감가누계액

2) 성립근거

(1) 가치이론적 측면

고전학파의 생산비가치론과 알프레드·마샬에 의한 장기적인 시장가격은 정상적인 생산비에 일치한다는 가치이론에서 근거를 찾을 수 있다.

(2) 비용성의 원리

장기적인 균형상태에서 재화의 가격은 정상적인 생산비에서 일치하게 된다. 즉 생산비 이상으로 가격이 형성되면 새로운 공급자의 시장진입경쟁으로 결국 생산비와 일치하게 된다.

(3) 대체의 원칙

대상부동산과 동일한 수준의 효용을 갖는 부동산을 신규로 조달할 수 있는 경우 기존의 것을 구매할 것인지, 신규로 조달할 것인지의 문제에 있어 기존 부동산의 가

12) 원가법에서 원가란 기업이 생산하는 일정한 제품 또는 제공하는 각종 서비스에 필요한 여러 가지 재료 및 노동력 등 생산목적을 위하여 소요된 물질 모두를 화폐가치로 환산한 것을 말한다.

액은 동등한 효용과 기능을 제공하는 대체부동산의 재조달원가를 상한으로 하여 형성된다.

3) 재조달원가

(1) 개 념

재조달원가란 현존하는 물건을 기준시점에 있어서 신축 또는 조성함으로써 원시적으로 취득하는 것을 상정하는 경우에 소요되는 적정원가의 총액을 말하며, 표준적인 건설비와 통상의 부대비용을 포함하는 도급건설을 기준으로 한다.

(2) 복제원가와 대치원가

① 복제원가(reproduction cost)

재생산원가라고도 하며, 기준시점 현재 대상부동산과 동일하거나 동등한 자재를 사용하여 신규의 복제부동산을 재조달 또는 재생산하는데 소요되는 물리적 측면의 재조달원가이다.

② 대치원가(replacement cost)

기준시점 현재의 노임, 자재비 등을 기초로 하고 표준적인 자재, 설계 및 공법에 따라 대상부동산과 동등한 효용을 갖는 부동산을 신규로 대치하는데 소요되는 효용적 측면에서의 재조달원가이다. 건설공법, 자재 등의 변천에 따라 대상부동산의 재조달원가를 구하는 것이 곤란한 경우에는 대치원가를 재조달원가로 본다.

③ 재조달원가

이론적으로 복제원가보다 대치원가를 사용하여야 한다. 왜냐하면 대치원가는 대상부동산을 효용의 측면에서 분석한 것인데 현대의 수요가 물리적 구조의 동일성 보다는 효용과 현대적 감각 등에 더 큰 비중을 두기 때문이다. 그러나 대치원가는 서로 다른 품목끼리 비교하므로 물리적 감가가 어렵고 대치원가의 효용은 간접적으로만 구해지기 때문에 감정평가실무에서는 복제원가가 더 많이 사용된다.

(3) 재조달원가의 구성

재조달원가는 표준적인 건설비(직접공사비, 간접공사비, 수급인의 적정이윤)와 통상의 부대비용(등기비용, 건설이자)을 합하여 구하는데, 물건마다 약간의 차이가 있을 수 있다.

〈그림 4-3〉 재조달원가의 구성

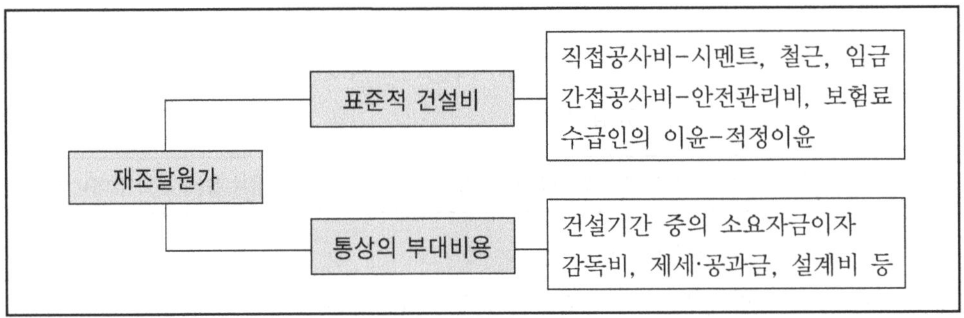

① 건물, 구축물, 기계장치설비의 재조달원가

• 표준적인 도급건설, 제작비+통상의 부대비용

② 토지(조성지 및 매립지)의 재조달원가

• 표준취득가격(토지매입비)+조성 또는 매립시 소요되는 표준적인 건설비 +통상의 부대비용

③ 복합부동산의 재조달원가

• 토지재조달원가(구입비용)+건물재조달원가

(4) 재조달원가의 산정

산정 방법에는 직접법과 간접법이 있으며, 필요에 따라 두 방법을 병용한다.

① 직접법

대상부동산의 구성부분별 또는 전체에 대한 사용자재의 종별·품등·수량 및 소요노동 등에 관한 자료를 활용하는 방법이다.

㉠ 총가격적산법

대상부동산의 설계도면 등에 의하여 대상부동산을 구성하는 자재량과 소요되는 노동량을 조사하여 그 단가를 곱하여 얻은 가격을 적산한 후, 여기에 부대비용을 가산함으로써 재조달원가를 구할 수 있다. 이는 원가계산상 가장 정확한 작업이 될 수 있는 장점이 있는 반면, 시간과 노력이 많이 소요되어 특수한 감정평가에만 적용한다.

재조달원가=(자재량×자재의 단가)+(투하노동량×단위 시간당 노무비)+부대비용

㉡ 부분별 단가적용법(단위단가적용법)

대상부동산의 구성부분(지붕, 벽, 기둥, 바닥 등)에 대한 표준단가를 먼저 구하여 이를 집계하는 방법이다.

재조달원가=구성부분별 표준단가를 집계한 단위수량가격×총수량(면적)+부대비용

㉢ 변동률적용법(비용지수법)

변동률적용법에 의해서 재조달원가를 구하는 경우, 과거 대상물건의 건설 또는 제작에 실제로 지불한 직접공사비, 간접공사비, 수급인의 이윤 및 발주자가 직접 부담한 부대비용 등의 명세가 명확한 경우에 이 명세를 분석하여 적정하게 보정하고 시점수정을 가하여 기준시점의 대상물건의 재조달원가를 구하는 방법이다.

재조달원가=대상물건의 재조달원가×(1+가격변동률)

② 간접법

대상물건과 유사한 다른 물건의 재조달원가에서 대상물건의 재조달원가를 간접적으로 구하는 방법으로서 유사물건의 건설 또는 제작에 소요된 직접공사비, 간접공사비, 수급인의 이윤, 발주자가 직접 부담한 부대비용에 대한 명세가 파악되는 경우에는 이 명세를 분석하여 대상물건의 현황에 맞게 보정하고 필요에 따라 시점수정과 개별요인을 비교하여 대상물건의 재조달원가를 구하는 방법이다.

재조달원가=사례재조달원가×사정보정×시점수정(건축비지수)×개별요인×면적비교

예제 1

다음 자료를 활용하여 산정한 A건물의 ㎡당 재조달원가는? (제20회 공인중개사 기출문제)

- A건물은 10년 전에 준공된 4층 건물이다(대지면적 400㎡, 연면적 1,250㎡)
- A건물의 준공 당시 공사비 내역(단위 : 천원)

직접공사비	270,000
간접공사비	30,000
공사비 계	300,000
개발사업자의 이윤	60,000
총 계	360,000

- 10년 전 건축비 지수 100, 기준시점 현재 135

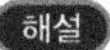

- 10년 전 재조달원가=(직접공사비+간접공사비+이윤)+부대비용
  =(270,000+30,000+60,000)+0=360,000천원
- 기준시점 현재 재조달원가=360,000천원×135/100=486,000천원

∴ ㎡당 재조달원가=486,000천원/1,250㎡=388,800원/㎡

4) 감가수정

(1) 감가수정의 의의

감가수정이란 대상물건에 대한 재조달원가를 감액하여야 할 요인(가치하락 요인)이 있는 경우에 물리적 감가, 기능적 감가 또는 경제적 감가를 고려하여 그에 해당하는 금액을 재조달원가에서 공제하여 기준시점에 있어서의 대상물건의 가액을 적정화하는 작업을 말한다. 즉, 대상물건의 상한가격으로서의 재조달원가에서 감가요인에 의한 감가액을 공제함으로써 대상물건의 적정한 현재의 가격(적산가액)을 구하는 것이다. 적산가액의 정도(精度)는 재조달원가와 감가상당액파악의 정확도에 절대적으로 달려 있으며, 그 중에서도 기술적으로 중요한 문제가 바로 감가수정의 정확도에 있다.

(2) 감정평가상의 감가수정과 기업회계상의 감가상각과의 차이

① 기업회계 상각자산의 가격은 취득가격이고 감가수정 대상의 가격은 기준시점에 있어서의 재조달원가로 대상부동산의 취득가격과 반드시 일치하지 않는다.

② 감가상각은 기간적 손익계산을 정확히 하기 위하여 취득가격을 적정히 배분하는

데 목적이 있으나 감가수정은 감가요인에 의한 감가상당액을 재조달원가로부터 공제하여 적산가액(경제적 가치)을 구하는데 목적이 있다.

③ 감가상각에서는 관찰감가법을 인정하지 않으나 감가수정에서는 이를 활용한다.

④ 감가상각에서는 법정내용연수를 기준으로 경과연수에 중점을 두나 감가수정은 경제적 내용연수를 기준으로 장래 보존연수에 중점을 둔다.

〈표 4-4〉 감가수정과 감가상각의 비교

구 분	감가수정	감가상각
적 용	감정평가	기업회계
목 적	대상물건의 경제적 가치의 적정화	취득원가의 배분과정
기 준	재조달원가	취득원가
관찰감가의 인정여부	인정	불인정
내용연수	경제적 내용연수를 기준으로 단축, 연장이 가능하여 장래 보존내용연수를 중시	각 물건별 법정내용연수를 기초로 경과연수에 중점
물건의 존재 여부	현존하는 물건만 대상으로 감가수정	자산으로 계상되면 멸실해도 감가상각
시장성	경제적 내용연수를 고려하므로 시장성 고려	고려하지 않음
토지감가	건부감가 가능	불인정
잔가율	내용연수 경과시 잔가율을 개별적으로 판단	규정에 일정률 명시

(3) 감가요인

감가요인(가치하락 요인)은 일반적으로 물리적·기능적·경제적 요인의 3가지로 구분할 수 있는데, 이러한 요인은 각각 독립적으로 작용하는 것이 아니라 물리적 감가는 기능적 감가를 가져오고 다시 경제적 감가에 반영되는 상호 인과관계 및 복합적인 작용을 하는 것이다.

① 물리적 감가요인

- 시간의 경과나 자연적 작용으로 인한 노후화
- 사용으로 인한 마멸·파손
- 재해(지진, 화재, 풍수해) 등 우발적 사고로 인한 손상 등
- 기타 물리적인 하자

② 기능적 감가요인

- 설계의 불량
- 형식의 구식화
- 능률의 저하
- 설비의 부족
- 신축된 건물과 부지의 부적합

③ 경제적 감가요인

- 인근지역의 쇠퇴
- 대상물건의 주변환경과의 부적합
- 인근의 다른 물건에 비하여 시장성의 감퇴

④ 법률적 감가요인

부동산을 복합개념으로 볼 때 부동산의 감가요인을 물리적·기능적·경제적 측면만 인정한다면 이론에 모순이 생기므로, 소유권이나 등기에 대한 하자 여부 등 부동산의 이용이나 거래활동에 제약을 받는 경우에는 감가하여야 한다.

- 소유권 등의 하자
- 지역지구제의 위반
- 법률적 개량에 의한 소요비용(공·사법적 규제를 위반한 부동산)

5) 부동산의 내용연수

(1) 내용연수의 종류

내용연수는 감가상각자산의 수명을 의미하며, 일반적으로 물리적 내용연수와 경제적 내용연수로 구분한다.

① 물리적 내용연수란 정상적인 관리하에서 물리적으로 존속가능할 것으로 기대되는 기간을 말하며, 노후가 최대로 진행하여 건축물 및 부재의 수명이 더 이상 수선이 불가능하여 사용할 수 없을 때까지의 경과한 기간을 말한다.

② 경제적 내용연수는 부동산의 유용성이 지속되어 경제적 수익의 발생이 예상되는 사용가능한 기간으로 물리적 내용연수보다는 그 기간이 짧게 되고 물리적 내용연수 범위 내에서 판단되어야 한다. 감정평가에서는 경과연수나 물리적 내용연수보다는 경제적 잔존내용연수가 중요하고 일반적으로 내용연수라 하면 경제적 내용연수를 뜻한다.

(2) 경과연수와 장래보존내용연수

부동산은 같은 내용연수를 가지고도 건축의 질·유지보수·관리의 상태에 따라 경과연수가 현저히 단축될 수도 있고 연장될 수도 있다. 발생된 감가액의 추정을 기초로 경과연수를 결정하기 위해서는 건물의 구조가 유용성을 가지고 있는 동안에 잔존내용연수를 추정한 후 건물의 전체 내용연수에서 공제하여 산출한다.

- 전 내용연수 50년
- 추정잔존내용연수 35년(신고의 정도에 기초하여 70%로 판단)
- 경과연수(15년)=전내용연수(50년)-추정잔존내용연수(35년)

구조에 관한 실제적, 또는 물리적 내용연수는 적산가액을 구하는데 매우 중요하다. 만약, 경과연수가 15년인데 물리적으로 사실상 30년이 지났음이 알려졌다면 그 차이는 밝혀져야 한다. 이 경우, 구조에 대한 추가투자로 대보수가 있었을 것이다. 따라서 대상부동산의 내용연수가 감가를 일률적으로 처리하는 것은 현실적 타당성을 결여하는 경우가 있게 되므로 내용연수의 조정이 요구되는 경우가 많으며 내용연수의 개념은 여러 가지로 나누어 생각할 수 있다.

① 실제경과연수와 유효경과연수

- 실제경과연수는 유효경과연수와 상대되는 개념으로 실제적·역사적 경과연수를 말한다.
- 유효경과연수는 실제적인 경과연수가 아니고 기준시점에서 대상물건의 상태와 효용에 의해 나타나는 연수이다. 유효경과연수는 기준시점까지 대상물건의 유지·관리상태에 크게 좌우되는 것으로 실제경과연수와 동등한 경우도 있는 반면 길거나 짧은 경우도 있다. 즉, 신축후부터 기준시점까지의 상실된 감가의 척도이기도 하다.

② 실제잔존연수와 유효잔존연수

- 실제잔존연수는 유효잔존연수와 상대되는 개념으로 실제적·역사적 잔존연수를 말한다.
- 유효잔존연수는 경제적 잔존내용연수로 기준시점에서 경제적 내용연수 종기(終期)까지의 기간이다. 즉, 대상부동산의 적정한 활용을 예상한 합리적인 구매자가 대상물건을 구입하는 경우에 고려하는 기간이며 통상의 경제적 잔존내용연수는 보수, 수선, 리모델링 등에 의해 연장되는 경우가 있을 수도 있으므로 유의해야 한다.

(3) 내용연수의 조정방법

내용연수의 경과연수와 장래보존내용연수의 관계를 조정하는 것은 실제경과연수가 어떠하든 간에 장래에 어떠한 이익이 있을 것인가가 중요하기 때문이다.

① 실제경과연수와 유효경과연수가 동일한 경우

표준적 축조물은 정상적인 물리적 상태에 있고, 감가는 실제경과연수와 장래보존연수에 비례한다고 볼 때, 표준적·경제적 내용연수 40년, 실제경과연수와 추정유효경과연수 10년, 추정경제적 장래보존연수 30년이라면, 감가율은 다음과 같다.

$$감가율 = \frac{실제경과연수(유효경과연수)}{실제경과연수+장래보존연수} = \frac{10}{10+30} = 25\%$$

② 실제경과연수가 추정유효경과연수보다 큰 경우

축조물이 평균 물리적 상태보다 좋은 상태에 있고 감가는 실제경과연수와 장래보존연수 배율보다 적게 발생한다고 볼 때, 표준적·경제적 내용연수 40년, 실제경과연수 10년, 조사결과 유효경과연수 6년, 추정경제적 장래보존연수 34년이라면, 감가율은 다음과 같다.

$$감가율 = \frac{유효경과연수}{유효경과연수+장래보존연수} = \frac{6}{6+34} = 15\%$$

③ 유효경과연수가 실제경과연수보다 큰 경우

위 ②에서 축조물이 평균적·물리적 상태가 나쁜 상태에 있으면 감가는 실제경과연수와 장래보존연수의 비율보다 크게 발생한다고 볼 때 추정유효경과연수는 14년, 추정경제적 장래보존연수는 26년이라면, 감가율은 다음과 같다.

$$감가율 = \frac{유효경과연수}{실제경과연수+장래보존연수} = \frac{14}{14+26} = 35\%$$

④ 전체내용연수가 연장되는 경우

계속하여 위치의 적합성이 좋고 축조물의 유지관리가 양호하며, 설계가 시장선호 및 유용성의 측면에서 감가도가 크지 않은 경우에 표준적·경제적 내용연수

50년, 실제경과연수 50년, 추정경제적 장래보존연수는 10년이라고 하면, 감가율은 다음과 같다.

$$\text{감가율} = \frac{\text{실제경과연수}}{\text{실제경과연수+장래보존연수}} = \frac{50}{50+10} = 83.3\%$$

6) 감가수정의 방법

감가수정은 경제적 내용연수를 기준으로 하는 정액법·정률법 또는 상환기금법 중에서 대상물건에 적정한 방법에 따라 적용하여야 하며 경제적 내용연수법에 의한 감가수정이 적정하지 아니한 경우에는 관찰감가법등으로 조정하거나 다른 방법을 적용할 수 있다(감평규칙 제15조).

(1) 경제적내용연수를 기준으로 하는 감가수정

이 방법은 부동산가격의 추정을 위하여 경제적 수명에 기한 경과연수의 비율에 의하여 특정된 감가와 관련하여 부동산의 수명연한의 개념에 이론적 근거를 두고 있다.

① 정액법(균등상각법, 직선법)

정액법(straight line method, 定額法)은 부동산 가격의 총가액(100%)을 단순한 경제적 내용연수로 나누어 매년의 감가액으로 추정하는 방법으로 계산이 간편하여 가장 널리 이용되고, 특히 재산세무회계에서 많이 채용되고 있다. 이 방법의 경우에는 경과기간의 감가상각누계액이 경과연수에 정비례되기 때문에 균등상각법 또는 직선법이라고도 한다. 정액법은 건물·구조물 기타 존속기간이 한정된 무형자산(특허권 등) 등에 주로 이용된다. 정액법의 공식은 다음과 같다.

$$\text{매년 감가액} = \frac{\text{재조달원가} - \text{잔존가격}}{\text{경제적 내용연수}}$$

감가 누계액=매년 감가액×경과연수

$$P_n = \text{재조달원가} - \text{감가누계액} = C \times \{1-(1-R) \times \frac{n}{N}\}$$

P_n : 적산가액 C : 재조달원가 R : 잔가율 N : 내용연수 n : 경과연수

예제 2

경과연수 20년, 총경제적 내용연수 50년, 재조달원가 200,000원이라면 정액법에 의한 감가액은? (잔존가격은 0이라 한다.)

해설 ① 매년감가액 = 200,000원 ÷ 50년 = 4,000원
감가누계액 = 4,000원 × 20년 = 80,000원
② 100% ÷ 50년 = 2%(매년 감가율)
2% × 20년 = 40%(감가누계율)
200,000원 × 40% = 80,000원(감가누계액)
③ 또는 200,000원 × 2%=4,000원(매년감가액)
4,000원 × 20년=80,000원(감가누계액)
(적산가액 = 재도달원가 − 감가누계액 = 2000,000 − 80,000 = 120,000원

예제 3

준공 후 10년이 경과한 건평 400㎡의 주택이 있다. 기준시점 현재 ㎡당 재조달원가는 100만 원, 잔존 경제적 내용연수는 40년이며, 내용연수가 만료할 때 잔가율은 0%이다. 정액법에 의한 적산가격은? (제14회 공인중개사 기출문제)

- 재조달원가=400㎡×100만 원=4억 원
- 매년의 감가액=4억 원/50년=800만 원
- 감가누계액=800×10년(경과연수)=8,000만 원

∴ 적산가액=4억 원−8,000만 원=3억 2,000만 원

② 정률법(체감상각법, 잔고점감법)

정액법에서는 감가율이 전 경제적 내용연수를 통하여 균등하게 발생하였으나, 정률법(equal percentage method, 定率法)에서는 자산의 가치가 매년 일정한 비율로 감가된다는 가정하에 매년 말의 잔존가격에 일정한 상각률을 곱하여 매년의 상각액을 구하는 방법이다. 정률법의 공식은 다음과 같다.

매년 감가액=전년말 가격×정률(감가율)
매년 감가율=$1-\sqrt[N]{\text{잔존가격} \div \text{재조달원가}}$
감가 누계액=재조달원가×$\{1-(1-\text{감가율})^n\}$
(단, N은 경제적 내용연수, n은 경과연수)
P_n=재조달원가−감가누계액
=재조달원가×$(1-\text{매년감가율})^n$=재조달원가×전년대비잔가율^n
=$C\times(\sqrt[N]{\frac{S}{C}})^n$
P_n :적산가액 C : 재조달원가 S : 잔존가격 N : 내용연수 n : 경과연수

정률법에서의 상각액은 첫해가 가장 크고 가치가 감소됨에 따라 상각액이 줄어든다. 따라서 잔고점감법 또는 체감상각법이라고도 한다. 그리고 잔존가치와 관련하여 감가의 배분은 균등하지만 이 방법은 감가액이 체감하므로 시간이 경과할수록 수익이 감소하고 유지관리비 등의 증가에 대비할 수 있어 수요와 공급의 시장작용에 따라 영향을 받는 부동산의 감가특성의 반영보다도 오히려 특정의 부동산 투자에 적용하기가 적절하다. 정률법은 기계, 기구, 선박 등 동산의 평가에 유용하며 능률이 높은 초기에 많이 감가하여 안전한 자본회수를 할 수 있으나 매년 감가액이 상이하여 표준감가액의 산정이 어렵다.

예제 4

재조달원가가 1,000만 원이고 연간 정률 감가율은 10%, 내용연수는 8년, 제작후 5년 경과된 기계의 적산가액은? (단 $0.9^5=0.590$, $0.9^8=0.430$)

해설 • 적산가격(P_n)=재조달원가−감가누계액=재조달원가×{1−매년감가율(정률)}^{n}

=10,000,000×(1−0.1)^5=590만 원

또는,

1차년도 감가액 : 10,000,000×0.1=1,000,000

2차년도 감가액 : (10,000,000−1,000,000)×0.1=9,000,000×0.1=900,000

3차년도 감가액 : (9,000,000−900,000)×0.1=810,000

4차년도 감가액 : (8,100,000−810,000)×0.1=729,000

5차년도 감가액 : (7,290,000−729,000)×0.1=656,100

감가누계액=1,000,000+900,000+810,000+729,000+656,100=4,095,100

∴ 적산가액(P_n)=재조달원가−감가누계액=10,000,000−4,095,100=5,904,900원

③ 상환기금법(감채기금법)

상환기금법(sinking fund method, 償還基金法)은 감가액에 해당하는 금액을 내부에 유보하지 않고 예금 등의 방식으로 외부에 투자운용 한다고 가정하고, 건물 등의 내용연수가 만료되는 때에 있어서의 감가누계상당액과 그에 대한 복리계산의 이자상당분을 포함하여 당해 내용연수로 상환하는 방법이다. 즉, 매년의 감가액이 복리로 이자를 발생한다는 것을 전제로 하여 계산한 원리금의 합계를 건물 등의 내용연수 만료시에 있어서의 총감가액과 일치시키려는 것으로 상각액은 복리이율에 의한 축적이자 탓으로 정액법의 경우보다 적고, 적산가격은 정액법의 경우보다 많아진다(예를 들면 정액법으로 50년에 걸쳐 1원을 축적하려면 매년 0.02원을 필요로 하나, 상환기금법에 의하면 복리율 3%로 축적하면 매년

0.00887원이면 된다). 광산, 산림 등 고갈성 자산의 평가에 적절한 방법이며, 경제이론에 기초하여 시간·비용·이자 기능에 따른 것으로 논리적이나, 외부에 재투자 한다는 가정이 비현실적이고 감가상각액이 적어 기업의 세부담이 높으며, 대상부동산의 가액상승시에 대체가 불가능하다.

> 매년 감가액=(재조달원가−잔존가격)×매년 감가율
>
> 매년 감가율= $\frac{\text{축적이율}}{(1+\text{축적이율})^N-1}$ (단, N은 경제적 내용연수)
>
> 감가누계액=매년 감가액×경과연수
>
> P_n=재조달원가−감가누계액=C×{1−n(1−R)× $\frac{i}{(1+i)^N-1}$}
>
> P_n : 적산가액 C : 재조달원가 R : 잔가율 N : 내용연수 n : 경과연수
>
> i : 복리적용이율(축적이율)

예제 5

현재 재조달원가가 300,000,000원인 건물에 대하여 내용연수가 40년, 잔가율이 10%, 축적이율이 5%일 때 상환기금법에 의한 적산가액을 구하시오(준공 후 10년이 경과됨). $(1+0.05)^{40}=7.04$)

해설

1. 매년 감가액=(300,000,000−30,000,000) × $\frac{0.05}{(1+0.05)^{40}-1}$ ≒ 2,235,000원
2. 감가누계액=매년감가액×경과연수=2,235,000×10년=22,350,000원
3. 적산가액=재조달원가−감가누계액=300,000,000−22,350,000=277,650,000원

〈표 4−5〉 내용연수에 의한 감가수정식 요약

감가수정식	연간감가율(액)	감가누계액
정액법	$\frac{\text{재조달원가}\times(1-\text{잔가율})}{N}$	재조달원가×(1−잔가율)× $\frac{n}{N}$
정률법	$1-\sqrt[N]{\text{잔존가격}\div\text{재조달원가}}$	재조달원가×{1−(1−감가율)^n}
상환기금법	$\frac{\text{축적이율}}{(1+\text{축적이율})^N-1}$	n×재조달원가×(1−잔가율)×감가율

(N : 내용연수, n : 경과연수)

〈표 4-6〉 정액법 · 정률법 · 상환기금법의 비교

구 분	정액법	정률법	상환기금법
정 의	대상물건의 감가총액을 단순한 내용연수로 평분하여 매년의 감가액으로 하는 방법이다.	대상물건의 매년 말(전년도)의 잔존가격에 일정한 감가율(정률)을 곱하여 매년의 감가액으로 하는 방법이다.	대상물건의 내용연수 만료시 감가누계상당액과 그에 대한 복리계산의 이자상당액을 포함하여 당해 내용연수로 상환하는 방법이다.
감가액	매년 일정하다(정액).	감가액은 매년 변하여 초년도가 가장 크고 갈수록 체감한다.	매년 일정하다. 정액법보다 이자상당액만큼 적다.
감가 누계액 및 감가율	감가누계액이 경과연수에 정비례하여 증가한다.	감가누계액은 경과연수에 따라 증가하나 정비례하지 않는다. 다만, 감가율이 매년 일정하다.	감가누계액은 경과연수에 따라 증가하나 정비례하지 않는다.
적 용 대 상	건물·건축물 등의 평가에 적용	기계·도구 등 동산 평가에 적용	광산평가에 적용
장 점	계산이 간편하다.	• 능률이 높은 초기에 많이 감가하여 안전하게 자본이 회수 된다. • 기계·기구는 내용연수 이전에 발명이나 새로운 고안으로 무용화될 염려가 있으므로 정률법의 적용이 합리적이다.	연간감가액은 아주 적고, 평가액은 타 방법보다 아주 높다.
단 점	감가액이 일정하여 현실의 감가와 일치하지 않는다.	• 매년의 감가액이 상이하여 계산이 복잡(잔존가격이 0인 경우 적용할 수 없다.)	계산이 복잡하다.
비 고	• 감가누계액이 큰 순서 : 정률법 >정액법 > 상환기금법 • 적산가액(평가액)이 큰 순서 : 상환기금법 > 정액법 > 정률법		

〈그림 4-4〉 내용(최종)연수에 따른 감가도 및 적산가격도

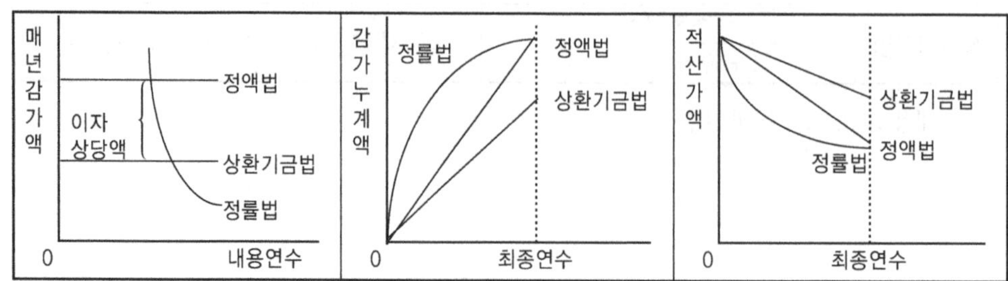

(2) 관찰감가법

관찰감가법(觀察減價法)이란 대상부동산의 전체 또는 구성부분의 현상을 관찰하여 최유효이용상태에 있는 부동산과의 차이를 비교함으로써 감가액을 구하는 방법이다. 이 방법은 개별적인 상태가 면밀히 관찰되어 감가수정에 반영될 수 있는 장점이 있는 반면, 평가주체의 개별적 능력이나 주관에 좌우되기 쉽고 외부에서 관찰할 수 있는 기술적 하자를 발견하기 어려운 단점이 있다. 대상부동산의 현장조사와 관찰을 통하여 감가에 관한 자료를 수집하며, 이 방법에 의한 감가요인의 파악을 위해서는 다음과 같이 분석한다.

① 회복가능한 물리적 감가
회복가능한 물리적 감가는 결함의 회복비용을 감가수정액으로 한다.

② 회복불가능한 물리적 감가
전체 재조달원가에서 회복가능 물리적 감가상각분을 제외한 나머지 부분에 대하여 경제적 내용연수법으로 감가수정액을 구한다.

③ 회복가능한 기능적 감가
예를 들어 설비가 부족하면, 기준시점 현재 기존의 건물에 부족시설을 추가 설치하는데 소요되는 설치비가, 처음의 그 건물 신축을 가정한 경우에 그 부족시설을 설치하는데 소요되는 비용을 초과할 때 그 초과분을 감가액으로 한다.

④ 회복불가능한 기능적 감가
설비의 구식화 등으로 인하여 발생하는 손실이나 가치감소를 감가액으로 한다.

⑤ 회복불가능한 경제적 감가
경제적 감가는 모두 회복불가능한 감가로 처리한다. 예를 들어 감소된 순이익을 자본환원하거나, 불리한 영향에 있는 부동산과 그렇지 않은 부동산의 매매가격 차이를 감가액으로 한다.

(3) 시장추출법(market extraction method)

비교가능성 있는 유사매매사례의 건물가격과 재조달원가를 비교한 감가율을 대상부동산에 비교 수정하여 감가액을 구하는 방법이다.

시장에서 구한 유사부동산의 사례이므로 설득력이 높으나, 적절하고 신뢰성 있는 사례자료가 충분하지 않으면 적용이 곤란하거나 신뢰성이 떨어진다.

(4) 분해법(breakdown method)

분해법이란 대상부동산에 대한 감가요인을 물리적·기능적·외부적 요인으로 세분한 후 각 감가요인별 경제적 타당성을 기초로 치유가능, 치유불능으로 항목화하여, 이에 대한 감가액을 산정하고 이 감가액을 전부 합산하여 대상부동산의 총감가액을 구하는 방법을 말한다.

① 물리적 감가

시간의 경과, 사용으로 인한 마모, 재해 등에 의한 건물의 물리적 측면에서의 가치의 손실을 말한다. 물리적 타당성과 비용·편익분석에 근거한 경제적 타당성분석에 의해 치유가능, 치유불가능 항목으로 구별하여 파악한다. 치유가능한 항목은 치유비용으로, 치유불능인 항목은 경제적 내용연수 기준으로 감가액을 산정한다. 손상과 반달리즘(Vandalism)이 있다면 치유비용 기준으로 계산하여 감가 총액에 더해져야 한다.

② 기능적 감가

건물의 기능적 효용이 변화함으로써 발생하는 가치의 손실이며 그 원인으로는 건물과 그 부지의 부적합, 설계의 부족, 형식의 구식화, 능률의 저하 등이 있다. 물리적·경제적 타당성 분석에 의해 회복가능, 회복불가능 항목으로 구별하여 파악한다. 그러나 대치원가로 적산가액을 구하는 경우에는 기능적 감가를 행하지 않는다. 왜냐하면 대치원가에는 이미 기능적 감가가 반영되어 있기 때문에 기능적 감가를 행하면 감가가 이중으로 되기 때문이다. 그러나 기능적 결함에 따른 사실적인 비용지출이 있는 경우 이를 기능적 감가액으로 처리한다.

③ 외부적 감가

대상부동산과 관계없이 어떤 외부적 힘에 의해 생기는 가치 손실분이며, 인근지역의 쇠퇴, 인근환경에의 부적합, 시장성의 감퇴 등의 요인에 기인한다. 이는 임대료 손실을 자본환원하는 방법과 부정적 영향이 없는 거래매매사례와 비교하여 가치 차이를 구하는 방법이 있으며, 대체로 토지, 건물에 공히 작용하는 경우가 많다.

(5) 감가수정시 유의점

① 감가요인은 독립하여 작용하는 것이 아니라 상호관련하여 복합적으로 작용한다.

② 감가수정시에는 내용연수법과 관찰감가법을 병용하여 적용한다.
③ 내용연수는 경과연수보다는 경제적 잔존내용연수를 중시한다.
④ 물리적·기능적 감가요인은 회복가능 여부, 그 비용과 경제성 여부, 회복불가능의 경우는 잔존내용연수 만료시까지의 교체, 보수가능성과 보수비용 등을 고려하여야 한다.

7) 원가법의 장 · 단점

(1) 장 점

① 현실적으로 보험가치, 과세가치 등의 추계를 위해 필요하다.
② 재생산이 가능한 상각자산에 적용이 가능하다.
③ 시장성·수익성이 없는 공공용·공익용 부동산 및 시장가치 외의 가치 평가시 유용하다.
④ 조성지, 매립지 등의 토지평가에 유용하다.
⑤ 신축건물의 경우 감가수정은 할 필요가 없으므로 유용하다.

(2) 단 점

① 재생산이 불가능한 토지의 평가에는 사용할 수 없다(조성지·매립지 예외). 특히 기성시가지 내 토지 등의 평가는 불가능하다.
② 표준비용과 건축업자의 효율성, 건축의 질적 차이 등으로 건축비 추계시 주관의 배제가 곤란하다.
③ 금융비용, 법적 수수료 등 간접비용의 추계상 한계점이 있다.
④ 재조달원가의 산정과 감가수정은 매우 어려운 작업이다. 또한 감가수정시 주관의 개입은 필연적이다.

2. 적산법

1) 적산법의 개념

적산법(積算法)이란 기준시점에 있어서의 대상물건의 기초가액에 기대이율을 곱하여 산정된 기대수익에 대상물건을 계속하여 임대하는데 필요한 경비를 더하여 대상물건의 임대료(사용료 포함)를 산정하는 감정평가방법을 말하며, 이 방법에 의하여 산정된 시산임료를 적산임료라고 한다.

적산임료=기초가액×기대이율+필요 제경비

2) 기초가액

기초가액이란 기준시점에서 적산법을 적용하여 적산임료를 구하는데 기초가 되는 대상물건의 원본가치를 말하며, 거래사례비교법이나 원가법으로 산정한다. 기초가액도 시장임료를 구하기 위한 것으로 시장가치이어야 한다. 그러나 계약내용에 따른 제한에 의해 최유효이용이 불가능할 수가 있으므로 그러한 제약조건이 있는 상태대로 적정한 경제가치를 판단해야 하므로 다음과 같은 차이가 있다.

(1) 개념상의 차이

① 기초가액은 적산법을 적용하여 적산임료를 구하는데 기초가 되는 가액이다.
② 시장가치는 통상적인 시장에서 형성되는 시장가치를 적정하게 표시하는 가액이다.

(2) 구하는 방법상의 차이

① 기초가액은 적산가액으로 구하는 것이 원칙이며, 비준가액도 하나의 취득원가로 볼 수 있으므로 기초가액으로 삼을 수 있다. 그러나 수익환원법에서의 수익은 적산법에서 구하는 수익 자체이므로 수익가액을 기초가액으로 삼으면 임료에서 임료를 다시 구하는 결과가 되므로 수익환원법으로 기초가액을 구하는 것은 불합리하다.
② 시장가치는 적산가액, 비준가액, 수익가액을 비교·조정하여 구하므로 양자는 차이가 있다.

3) 기대이율

기대이율이란 임대차에 제공되는 대상물건을 재취득하는 데에 투입된 자본에 대하여 기대되는 임대수익의 비율을 말한다. 기대이율은 대상부동산의 임대차계약의 내용이나 조건에 알맞은 사용을 전제로 한 이율이며, 대상물건의 용도, 실제 이용상황, 임대사례, 금리 등을 고려하여 산정한다. 기대이율은 투자에 대한 보수이율이라고 할 수 있는 일반 정기예금을 기준으로 투자의 대상이 갖는 위험성·비유동성·관리의 난이성·자금의 안정성 등을 가산하여 구하므로 금융시장의 이자율과 밀접한 관련을 갖는다. 따라서 기대이율은 수익환원법에서 환원이율과 유사한 성격으로 기대이율을 구하는 방법도 환원이율을 구하는 방법과 유사하나 성격면에서 엄격히 구별된다.

$$\text{기대이율} = \frac{\text{임대수익}}{\text{투입자본}} = \frac{\text{임대차료} - \text{필요제경비}}{\text{기초가액}}$$

4) 필요제경비

필요제경비란 임차인이 사용·수익할 수 있도록 임대인이 대상물건을 적절하게 유지·관리하는 데에 필요한 비용을 말한다. 필요제경비는 임대인이 부담하게 되므로 임대인은 이것을 임대료에 포함시켜 임차인에게 전가시킴으로써 투자순수익을 확보하게 된다.

필요제경비에는 감가상각비, 유지관리비, 조세공과금, 손해보험료, 대손준비금, 공실손실상당액, 정상운영자금이자 등이 포함된다.

(1) 감가상각비

대상물건이 건물 등과 같은 구축물의 상각자산인 경우 투자자본의 회수방법으로 감가상각비를 계산해야 하는데 산정방법으로는 정액법, 정률법, 상환기금법 등이 대상물건에 따라 각각 적용된다.

(2) 유지관리비

대상물건의 유용성을 유지 또는 회복시키는데 필요한 유지비, 수선비, 관리비 등의 수익적 지출에 해당하는 비용을 말한다. 대수선비와 같은 자본적 지출과 수익자(사용자)부담인 공익비, 부가사용료는 제외된다. 다만, 공익비, 부가사용료 중 실비초과부분은 실질임료에 포함시켜야 한다. 여기서 공익비란 공용부분에 소요되는 비용으로 수도광열비, 위생비, 공공설치비, 안전관리비 등이며 부가사용료는 전유부분에 관계되는 가스, 전기, 수도료, 냉·난방비 등을 말한다.

(3) 세금 및 공과금

대상물건에 직접 부과되는 세금 및 공과금을 말하는데 고정자산세, 수익자부담금 등이다. 그러나 임대인의 영업수익에 부과되는 소득세, 법인세, 종합부동산세 등은 제외되며 다만, 종합부동산세 중 대상부동산에만 부과되는 세금은 포함시키는 것은 타당하다.

(4) 손해보험료

건물 등의 구축물에 대한 화재보험료·손해보험료를 말한다. 보험료는 다시 소멸성과 비소멸성 보험료로 구분되는데 각각의 경우 계상하는 방법이 달라진다. 소멸성 보험료이면 연간불입액을 계상하면 되나, 비소멸성 보험료인 경우는 실제 지출된 금액에서 보험계약기간 만료 후 지급되는 금액을 기준시점 현재 시중이자율로 할인하여 얻어진 금액을 공제한 후 연간보험료를 계상한다.

(5) 대손준비금(결손준비비)

임차인이 약정한 임료를 지불하지 않아서 발생한 대손위험을 보전하기 위하여 표준적으로 일정액을 계상하나 보증금 등의 일시금을 받는 것과 같은 대손에 대한 충분한 조치가 행해진 경우에는 별도로 계상하지 않는다.

(6) 공실손실상당액

건물이 신축되어 임대될 때까지 공실 또는 중도해약이나 기타 계약기간이 끝남으로써 생기는 공실·공가의 손실을 보전하는 비용이다.

(7) 정상운전자금이자

임대업을 영위하기 위한 정상적인 운전자금에 대한 이자를 말하며, 고정자산세의 일시납입, 종업원에 대한 일시상여금지급 등이 포함 된다.

5) 적산법의 장 · 단점

(1) 장 점

① 임대사례가 없는 부동산의 임료산정에 유용하다.
② 기초가액과 기대이율에 착안하므로 논리적이다.

(2) 단 점

① 기성시가지의 수익성 물건이나 경기변동이 심한 경우의 임료 등은 현실적인 임료가 반영되지 않는다.

② 시장성의 반영이 어려워 수익을 목적으로 하는 물건에는 활용될 수 없다.

③ 적정한 기대이율과 기초가액의 산정이 용이하지 않다.

〈그림 4-5〉 원가방식의 구성

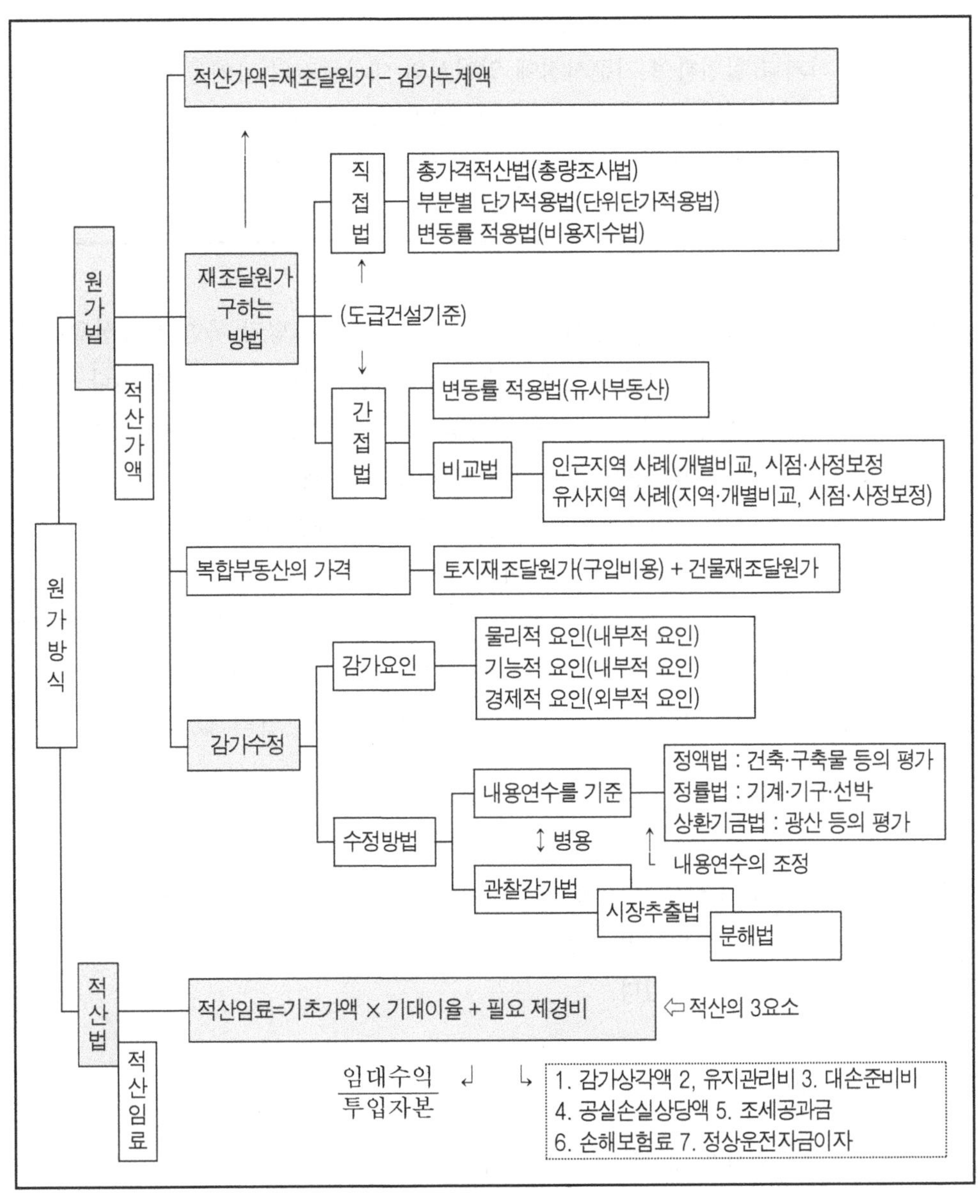

제5절 수익방식

1. 수익환원법

1) 수익환원법의 개념

수익환원법이란 대상물건이 장래 산출할 것으로 기대되는 순수익이나 미래의 현금흐름을 환원 하거나 할인하여 기준시점에 있어서의 대상물건의 가액을 산정하는 감정평가방법을 말하며, 이 방법으로 산정된 평가액을 수익가액이라 한다.

$$\text{수익가액} = \frac{\text{순수익}}{\text{환원이율}} = \frac{\text{총수익}-\text{총비용}}{\text{환원이율}}$$

이는 수익을 많이 창출하는 부동산일수록 가치가 크고, 그렇지 못한 부동산일수록 가치가 작다는 수익성 사고의 논리하에 부동산의 가치를 구하는 평가방법이다. 따라서 수익성이 없는 교육용·주거용·종교용·공공용 부동산의 평가에는 적용할 수 없다. 수익환원법은 장기에 걸쳐(내용연수가 다할 때까지) 계속해서 발생하는 다른 시점의 수익을 기준시점 현재의 수익으로 환산하는 이른바 자본환원의 방법으로 대상물건의 원본가액을 구한다는 논리에 입각한 것이다.

수익가액을 산정하기 위해서는 ① 순수익, ② 환원이율, ③ 수익환원방법을 알아야 한다. 이를 수익환원법의 3요소라 하며 수익가액의 정도는 기대순이익에 대한 추산의 합리성, 연간 순수익의 지속성, 자본환원율, 환원방법 등에 달려 있다.

2) 성립근거

수익환원법은 장래 수익을 현가화하여 현재가치를 구하는 방법으로 이자이론에서 본질적인 근원을 찾을 수 있으며 부동산가치를 효용에서 찾는 한계효용학파의 이론에서 영향을 받았다고 할 수 있다.

3) 순수익의 산정

순수익이란 경제주체가 대상물건을 통하여 획득할 총 수익에서 그 수익을 발생시키는 데 소요될 비용 등을 공제한 금액을 말한다. 일반적으로 손익계산이 연간단위로 행해지고 있으므로 순수익도 통상 1년을 단위로 산정한다. 그리고 물건의 평가는 물건의 정상적인 가액을 구하는 것이고, 순수익을 구하는 목적도 정상적인 수익가액을 구하기 위한 수단이기 때문에 순수익은 일반적 타당성을 갖는 것이라야 하며, 그러기 위해서는 주관적 요소가 배제되고 누구에게나 적용될 수 있는 표준적이고 객관적 수익이라야 한다.

(1) 순수익의 요건

순수익은 객관적 수익의 기준으로서 다음과 같은 조건이 있다.

① 계속적·규칙적으로 수익이 발생할 것
② 통상의 이용방법으로 얻어지는 중용적인 수익으로 최유효이용을 전제로 할 것
③ 안전하고 확실한 수익일 것
④ 합리적·합법적으로 발생하는 수익일 것

(2) 순수익의 종별

순수익은 임대용 부동산의 수입을 기초로 한 임대용 부동산의 순수익과 기업활동의 결과로서 얻어진 총수입에서 총비용을 공제하여 구하는 기업용 부동산의 순수익으로 분류되며, 그 세부적인 종별은 다음과 같다.

① 토지에서와 같이 순수익이 영속적인 것
② 건물에서와 같이 순수익이 반영속적인 것
③ 상각 전인 것(감가상각액을 포함한 순수익)
④ 상각 후인 것(감가상각액을 포함하지 않은 순수익)
⑤ 세공제 전인 것(법인세·소득세 등을 포함한 것)
⑥ 세공제 후인 것(법인세·소득세 등을 포함하지 않은 것)

(3) 순수익의 산정방법

대상부동산의 순수익을 산정하는 방법에는 직접법, 간접법 및 잔여법이 있다.

① 직접법

직접법이란 대상부동산의 임대사례나 수익사례로부터 직접 총수익을 구하고 이

에 필요한 총비용을 공제하여 순수익을 구하는 방법을 말한다.

② 간접법

간접법은 대상부동산의 인근지역이나 동일 수급권 내의 유사지역에서 대체성을 갖는 임대 사례부동산의 순수익에 적정한 사정보정, 시점수정 및 지역요인·개별요인 등을 비교하여 대상부동산의 순수익을 구하는 것이다.

③ 잔여법

잔여법이란 건물과 부지로 구성된 복합부동산의 경우 건물과 부지의 전체 순수익에서 건물(또는 부지)에 귀속되는 순수익을 공제함으로써 다른 자산인 대상부지(또는 건물)의 순수익을 구하는 방법이다.

㉠ 토지잔여법

복합 부동산의 순수익에서 건물에 귀속되는 순수익을 공제하고 토지에 귀속되는 순수익을 토지환원이율로 환원하여 토지의 가액을 구하는 방법이다. 건축비용을 정확히 추계할 수 있는 신규건물, 감가상각이 거의 없는 물건, 토지가치를 독립적으로 추계할 수 없는 부동산, 건물이 최유효이용상태하에 있는 부동산, 건물가치가 토지가치에 비해 상대적으로 적은 부동산인 주차장, 자동차 운전교습장, 간단한 건물이 있는 공장부지에 적용이 가능하다.

토지 순수익=토지·건물순수익-건물가액×(건물환원이율+상각률)

㉡ 건물잔여법

복합부동산의 순수익에서 토지에 귀속되는 순수익을 공제하고 건물에 귀속되는 순수익을 건물환원이율로 환원하여 건물의 가치를 구하는 방법이다. 감가의 정도가 심한 부동산, 토지가치를 정확히 추계할 수 있는 부동산, 상대적으로 토지가치 비율이 적게 차지하는 부동산, 추가투자의 적정성 판단이 요구되는 경우에 적용할 수 있다.

건물 순수익=토지·건물순수익-토지가액×토지환원이율

㉢ 부동산잔여법

토지·건물잔여법이 수익과 환원이율을 분리하여 적용하는 것에 비해 부동산잔여법에서는 수익은 토지·건물이 복합적으로 작용하여 창출하는 것으로 보고 부동산의 가액을 구한다. 부동산잔여법에서는 수익이 건물의 경제적 잔존내용연수 동안 전체부동산으로부터 나오는 것으로 간주하고 기간말 건물의 가치는 없다고 보며, 토지가치는 일정하다고 전제한다.

이러한 개념위에서 부동산의 전체 순수익을 잔존내용연수 동안 현가화하고 여기에 기간말 토지가치를 현재가치로 단순 현가하여 더한 값으로 대상부동산의 가치를 결정하는 것이다. 토지가치의 추계가 상대적으로 용이한 부동산, 토지의 가치비율이 높은 부동산, 건물가치만을 주로 평가하는 경우, 적용할 순수익이 연금성격을 강하게 가지는 부동산에 적용이 가능하다.

$$\text{대상부동산가액} = \text{토지·건물의 순수익} \times \frac{(1+r)^n - 1}{r(1+r)^n} + \frac{\text{기간말토지가치}}{(1+r)^n}$$

(4) 순수익산정의 유의사항

수익가액의 기초가 되는 순수익은 대상부동산이 수익한 과거의 순수익을 기준으로 하는 것이 아니고, 장래에 발생될 순수익을 기초로 하여야 한다. 따라서 과거의 추이와 장래의 동향을 예측하여 정확히 판단하여 산정하여야 한다. 장래동향에 대해서는 인근지역의 변화나 도시형성, 공공시설의 정비상태 등 사용·수익에 미치는 변화도 충분히 분석하여야 한다.

4) 환원이율

(1) 환원이율의 개념

환원이율이란 순수익을 자본환원하는 이율로서 순수익의 부동산가액에 대한 비율을 말하는데, 이것은 대상부동산의 최유효이용을 전제로 한 이율이다.

그리고 환원이율은 자본수익률과 자본회수율을 합친 개념이다.

$$\text{환원이율} = \frac{\text{순수익}}{\text{부동산가액}} \times 100$$

(2) 환원이율의 종류

환원이율은 물건의 종류에 따라 토지환원이율, 건물환원이율과 같은 개별환원이율과 토지·건물의 복합부동산에 적용되는 종합환원이율이 있다. 그리고 순수익에 감가상각비 포함 여부에 따라 상각 전·후 환원이율로 구분된다.

환원이율에 대한 아무런 언급이 없으면 통상적으로 상각후·세공제 전의 이율을 의미한다.

① 개별환원이율과 종합환원이율

개별환원이율은 토지와 건물의 환원이율이 서로 다른 경우에 각각의 환원이율을 말하고, 종합환원이율이란 복합부동산의 경우 토지와 건물의 가격구성비율과 개별환원이율을 곱하여 산출한 가중산술평균치를 말한다.

② 상각 전 환원이율과 상각 후 환원이율

감가상각비(상각률)를 포함한 환원이율을 상각 전 환원이율(=상각 후 환원이율+상각률)이라 하고, 감가상각비(상각률)를 포함하지 아니한 환원이율을 상각 후 환원이율이라 한다.

③ 세 공제 전 환원이율과 세 공제 후 환원이율

세(稅)란 일반적인 조세공과를 말하는 것이 아니고 임대사업소득의 법인세·소득세를 의미한다. 이러한 세금을 포함한 환원이율을 세 공제 전 환원이율이라 하고, 세금을 포함하지 아니한 환원이율을 세 공제 후 환원이율이라 한다.

〈표 4-7〉 환원이율과 기대이율의 비교

환원이율	기대이율
① 수익환원법과의 관계 ② 대상물건의 가격에 대한 순수익의 비율 ③ 대상물건의 내용연수 만료시까지 적용되는 장기적인 비율 ④ 물건의 최유효이용률을 전제로 하며 물건의 종별에 따라 차이가 있다. ⑤ 순수이율에 위험률을 가산한 이율이다. ⑥ 상각 전·후, 세 공제 전·후의 구별이 있다. ⑦ 2개 이상의 물건에 대한 종합환원이율이 있다.	① 적산법과 관계 ② 투하자본에 대한 수익의 비율 ③ 대상물건의 임대기간에 적용되는 단기적인 이율 ④ 당해 계약조건을 전제로 하며 물건의 종별에 따라 차이가 거의 없다. ⑤ 금융기관의 정기예금 등이 산정의 기초가 된다. ⑥ 항상 상각 후, 세 공제 전이다. ⑦ 종합환원이율의 개념이 없다.

(3) 환원이율을 구하는 방법

① 시장비교방식(시장추출법)

대상부동산과 시장환경, 개별적·지역적 요인이 비슷하고, 경쟁관계에 있는 최근의 거래사례부동산에 대한 순수익·거래가격·감가상각비와 내용연수 등의 분석을 통하여 자본환원이율을 직접 구하는 방법으로 시장추출법 이라고도 한다. 이 방식은 직접시장비교법과 투자시장의 질적 비교법, 총임료승수법으로 나눌 수 있다.

㉠ 직접시장비교법

대상부동산과 유사한 시장상태하에서 거래된 대상부동산과 유사하고, 대체·경쟁적인 최근 거래사례로부터 직접 환원이율을 구하는 방법이다.

㉡ 투자시장의 질적 비교법

부동산투자시장의 제반 환경요소 중에서 예상수익의 확실성·경쟁건물의 건축가능성·경비비율·관리비 부담정도·부동산의 시장성과 가격의 안정성 등은 부동산 투자의 성공 여부의 척도가 된다. 따라서 이들 요소를 수익과 관련시켜, 대상부동산과 유사한 부동산의 거래사례를 구하여 여기에 일정한 평점을 부여하고, 사례부동산의 환원이율에 곱하여 가중평균 또는 산술평균하여 대상부동산의 환원이율을 구하는 방법이다.

㉢ 총임료승수법

부동산 투자시장에서 수집한 다수의 수익용 부동산의 거래사례에 근거하여 연간의 총(임료)수익에 대한 표준적인 유효총임료승수를 결정하여 이의 역수에 순수익비율(순임료비율)을 곱하여 환원이율을 구하는 방법이다.

여기에서 총임료승수(GRM)란 거래가격에 대한 총임료의 배수(거래가격/총임료)이며, 영업경비비율(OER)이란 유효총수익 중에서 필요한 제 경비의 비율을 말한다.

$$\text{종합환원이율} = \frac{\text{순운영 소득}}{\text{부동산 가액}} = \frac{GR \times (1-\text{영업경비비율})}{GR \times GRM}$$

$$= \frac{1-\text{영업경비비율}}{GRM} = \frac{1-OER}{GRM}$$

(GR : 총임료, GRM : 총임료 승수, OER : 영업경비비율)

② **요소구성방식(조성법)**

대상부동산에 관한 위험을 여러가지 구성요소로 분해하는 방법으로 자본환원이율의 구조에 관한 학설 중에서 부동산의 자본환원이율은 순수이율과 위험할증률에 상당하는 위험률이 복합되어 이루어지는 복합이율이라는 이론의 기초에서 성립되고 있다. 여기서 순수이율은 안전성이 보장된 국공채와 같은 일률적인 크기의 이율을 말하는데, 무위험률이다.

즉, 가장 일반적인 투자이율을 표준으로 하여 대상부동산의 개별성과 투자 대상의 위험성, 비유동성, 관리의 난이성, 자산으로서의 안전성 등 위험할증률을 가산하여 환원이율을 구하는 방식이다.

환원이율=순수이율±위험률
- (+)위험성(투자대상으로서의 위험성)
- (−)비유동성(환급의 곤란성)
- (−)자금의 안전성(도난 · 분실 · 화재 · 인플레이션에 의한 가치하락 등)
- (+)관리의 난이성(임료의 수치 · 유지 · 수선 및 계약관리)

③ 물리적 투자결합법(이자율합성법)

대상부동산에 대한 투자자본과 그것의 구성비율을 결합하여 환원이율을 구하는 방법으로 순수익을 발생하는 부동산의 능력은 토지와 건물이 서로 다르며, 분리될 수 있다는 가정에 근거를 두고 있다.

종합환원이율=(토지가치×토지환원이율)+(건물가치×건물환원이율)

④ 금융적 투자결합법

이 방법은 저당투자자의 요구수익률과 지분투자자의 요구수익률이 다르다는 것에 착안하여 투자자본을 금융적 측면에서 구분한다.

환원이율=(자기자본비율×자기자본환원율)+(타인자본비율×저당상수)

⑤ 엘우드법(Ellwood : 저당지분환원법)

부동산은 투자대상으로 취득되는 것이 통상이기 때문에, 투자자는 100% 자기자금이 아니고, 어느 정도 저당대부를 이용하면서 자기자금을 증식하려는 것이 일반적이다. 따라서 투자자본구성의 측면에서 수익용 부동산을 차입자금(저당 : mortgage)과 자기자본(지분 : equity)으로 구분하여 분석하는 것은 시장에서 투자자의 행동을 가장 잘 반영하는 것이다.

엘우드법은 다음과 같은 가정을 전제로 하고 있다.

㉠ 투자자들은 타인자본과 혼합해서 부동산을 매수한다.

㉡ 투자자는 대상부동산을 경제적 수명 동안 보유하는 것이 아니라, 비교적 짧은 일정기간 보유한다.

㉢ 시장에서 투자자는 부동산의 가치증감을 예측하고 대상부동산은 지불가치를 결정한다.

㉣ 투자자는 전체수익률보다는 지분수익률에 관심이 높기 때문에 세전 현금 수지를 환원한다.

환원이율=지분수익률-(대부비율×엘우드저당계수)±보유기간동안 가치상승률(-) 또는 하락률(+)×감채기금계수

⑥ **부채감당법(Gettel법)**

부채감당법은 저당투자자(대출자)의 입장에서 부채감당률(Debt coverage ratio)을 이용하여 환원이율을 산정하는 방법이다. 부채감당률은 순수익이 매 기간 원금과 이자를 지불할 수 있느냐 하는 저당차입자의 지불능력을 나타내는 지표로서 다음과 같이 표시한다. 부채서비스액이란 저당지불액(원금+이자)을 의미하며, 대부비율은 $\frac{\text{저당액}}{\text{저당액}+\text{지분액}}$을 의미한다.

$$\bullet\ \text{부채감당률} = \frac{\text{순영업소득(순수익)}}{\text{부채서비스액(저당지불액)}} = \frac{\text{순영업소득}}{\text{저당대부액} \times \text{저당상수}}$$

$$= \frac{\text{순영업소득}}{\text{부동산의 가치} \times \text{대부비율} \times \text{저당상수}}$$

환원이율=부채감당률×대부비율×저당상수

부채감당률이 1에 가깝다는 것은 순영업소득과 부채서비스액이 같아진다는 것을 의미하며, 이는 대출자나 차입자는 모두 위험해진다는 것을 의미한다. 따라서 부채감당률이 1보다 작다는 것은 부채서비스액이 더 커서 순영업소득으로 부채를 감당할 수 없다는 것을 의미하며, 만일 충당하지 못하면 차입자는 채무불이행의 의무를 지게된다.

예제 1

대출기관에서 부동산의 담보평가시 자산가치와 현금수지를 기준으로 최대 담보대출가능금액을 산정하는 경우, 다음 조건이 명시된 대상부동산의 각각의 최대 담보대출가능금액과 환원이율은 얼마인가?(다만, 다른 조건은 동일함) (제21회 공인중개사 기출문제 일부변형)

- 대상부동산의 자산가치 : 20억 원
- 순영업소득 : 1.2억 원
- 대부비율 : 60%
- 저당상수 : 0.1
- 부채감당률 : 1.5

해설 1. 최대 담보대출가능금액

① 자산가치기준 : 저당대부액=자산가치×대부비율=20억 원×0.6=12억 원

② 현금수지기준 : 저당대부액=$\frac{\text{순영업소득}}{\text{부채감당률} \times \text{저당상수}} = \frac{1.2\text{억 원}}{1.5 \times 0.1} = 8\text{억 원}$

2. 환원이율=부채감당률×대부비율×저당상수=1.5×0.6×0.1=0.09(9%)

예제 2

다음 〈보기〉의 자료를 이용해 환원이율(capitalization rate)은 얼마인가?

(제18회 공인중개사 기출문제)

- 총투자액 : 200,000,000원
- 연간 가능총소득(potential gross income) : 19,500,000원
- 연간 기타소득 : 1,000,000원
- 연간 공실에 따른 손실 : 500,000원
- 연간 영업경비(operating expenses) : 연간 유효총소득(effective gross income)의 40%

- 환원이율=$\frac{\text{순수익}}{\text{부동산가액}}$이므로 부동산가액은 200,000천원이다.
- 순수익(순영업소득)을 구하면

가능 총소득	19,500,000원
− 공실손실	500,000원
+ 기타소득	1,000,000원
유효총소득	20,000,000원
− 영업경비	8,000,000원 (20,000,000×0.4)
순영업소득	12,000,000원

∴ 환원이율=$\frac{\text{순수익}}{\text{부동산가액}} \times 100 = \frac{12,000,000}{200,000,000} \times 100 = 0.06 \times 100 = 6\%$

5) 수익환원방법

① 수익환원법에 의한 수익가액은 직접환원법이나 할인현금흐름분석법 중에서 감정평가목적이나 대상물건에 가장 적절한 방법을 선택하여, 순수익 또는 미래의 현금흐름을 적정한 율로 환원 또는 할인하여 결정한다.

② 직접환원방법은 단일기간의 순수익을 적절한 환원율로 환원하여 대상물건의 가액을 산정하는 방법을 말한다. 이 환원율은 시장추출법으로 구하는 것을 원칙으로 하며, 직접법, 직선법, 연금법, 상환기금법 등이 있다.

③ 환원방법은 대상물건의 종류, 순수익의 성질(상각 전·후, 세공제 전·후), 수익의 계속성, 수익추세 등을 고려하여 가장 적절한 방법을 선택하여 적용하며 기본산식은 다음과 같다. 또한 직접법을 제외하고는 상각 후 환원이율을 적용한다.

$$P=\frac{a}{r+d}$$

(P: 수익가액, a : 상각전 순수익, r : 상각후 환원이율), d : 상각률

(1) 직접법

순수익을 환원이율로 직접환원하여 수익가액을 구하는 방법이다. 토지와 같이 내용연수가 무한하여 순수익이 영속적으로 발생하는 경우에 적용되는 방법으로 상각률을 고려하지 않으므로 상각 전·후의 구별이 필요하지 않고 대지·농지 등과 같이 내용연수가 무한한 물건에 적용하므로 투하자본의 회수가 불필요한 자산에 적용할 수 있다.

• 수익가액 $=\frac{\text{순수익}}{\text{환원이율}}$ $P=\frac{a}{r}$

(a: 순수익, r: 환원이율)

(2) 직선법

상각 전 순수익을 상각 후 환원이율에 상각률을 가산한 율로 환원하여 수익가액을 구하는 방법이다. 순수익이 상각전인 경우에는 상각비가 순수익에 포함되어 있으므로 환원이율에 건물등의 상각률을 가산하여야 하나 순수익이 상각후인 경우는 상각비가 순수익에 포함되어 있지 않으므로 환원이율에 건물등의 상각률을 가산해서는 안된다. 왜냐하면 이중으로 상각되기 때문이다. 직선법은 건물·구축물·기계장치 등과 같

은 상각자산에 적용하며, 내용연수가 유한하여 수익발생물건이 감가 또는 소멸되어 투하자본회수가 고려되어야 하는 경우에 적용하며 회수율을 경제적 수명을 고려한 n 을 사용하여 $\frac{1}{n}$로 평분한다.

> • 수익가액=$\frac{순수익}{환원이율+상각률}$
>
> • 상각률=$\frac{1}{잔존내용연수}$
>
> $P=\frac{a}{r+\frac{1}{n}}$
>
> 여기서 $\frac{1}{n}$은 상각률 또는 투하자본 회수율이라 한다.
>
> (a : 상각전 순수익, r : 상각후 환원이율, n : 잔존내용연수(경제적수명))

(3) 연금법(Inwood법)

연금법은 대상물건이 토지와 건물 기타 상각자산으로 구성되어 있는 복합부동산인 경우 상각 전 순수익에 상각 후 종합환원이율과 잔존내용연수를 기초로 한 복리연금현가율을 곱하여 수익가액을 구하는 방법이다.

이 방식은 매 기간의 건물소득에서 건물에 대한 자본소득을 제한 나머지를 동일한 이자율로 건물의 내용연수까지 복리로 적립하게 되면, 투하된 자본은 기간 말에 모두 회수할 수 있다는 것으로 내용연수 만료 후에도 재투자하여 수익의 연장이 가능한 어장, 슈퍼마켓 등에 유용하고 매년의 수익이 상대적으로 안정적이거나 일정할 것이라고 생각되는 부동산에 적용된다.

> • 수익가액=순수익×복리연금현가율
>
> • 복리연금현가율=$\frac{(1+환원이율)^n-1}{환원이율(1+환원이율)^n}$
>
> $P=a\times\frac{(1+r)^n-1}{r(1+r)^n}$ 또는 $a\times\frac{1}{r+\frac{r}{(1+r)^n-1}}$
>
> 여기서 $\frac{r}{(1+r)^n-1}$ 은 상각률 또는 투하자본회수율이라 한다.
>
> (α : 상각전 순수익(상각후 순수익+상각률), r : 종합환원이율,
> n : 잔존내용연수(투하자본회수기간))

연금법은 다음과 같은 특징(상환기금법과의 차이점)이 있다.

① 축적이율 : 자본회수율이 복리연금현가율에 포함되어 있어 환원이율과 동일한 축적이율로 하는 1종의 이자율을 사용한다.

② 적용대상 : 매년의 순수익이 상대적으로 안정적이거나 일정한 것이라고 생각되는 부동산, 내용연수 만료시 재투자로 수익성을 연장시킬 수 있는 부동산 즉, 슈퍼마켓이나 어업권 등이 적용대상이 된다.

③ 산정기준연수 : 감가액의 재투자로 동일한 수익성이 계속될 수 있다고 보아 임대부동산의 경제적 내용연수를 적용한다.

④ 수익가액 : 축적이율이 안전성을 고려한 이율로 환원이율보다 작기 때문에 연금법에 의한 수익가액이 상환기금법에 의한 수익가액보다 크다.

(4) 상환기금법(Hoskold법)

대상물건이 토지와 건물 기타 상각자산으로 구성되어 있는 경우, 상각 전 순수익에 상각 후 종합환원이율과 축적이율[13] 및 잔존내용연수를 기초로 한 수익현가율을 곱하여 수익가액을 구하는 방식이다.

- 수익가액=순수익×수익현가율
- 수익현가율= $\dfrac{1}{\text{환원이율}+\dfrac{\text{축적이율}}{(1+\text{축적이율})^n-1}}$

$$P=a\times\frac{1}{r+\dfrac{i}{(1+i)^n-1}}$$

여기서 $\dfrac{i}{(1+i)^n-1}$ 은 상환기금률, 상각률 또는 투하자본회수율이라 한다.

(α : 상각전 순수익(상각후 순수익+상각률), i : 축적이율, r : 종합환원이율, n : 잔존내용연수(투하자본회수기간))

이 방식은 매 기간의 일정한 자본회수액을 무위험률(안전율)로 재투자한다고 할 때, 기간의 원리금의 합계가 건물가치와 동일하다고 하면 건물에 투자된 전체금액은 안전

13) 내용연수가 도래할 때까지 축적된 상각액과 그 이자의 합계액으로 수익을 계속적으로 환원시키려는 것이다. 이와 같이 매년의 상각액에 대하여 종합환원이율과 따로 별도의 이율로 이자를 낳게 하려는 이율을 축적이율이라 한다. 매기간의 자본회수액은 원금을 안전하게 회수할 수 있는 곳에 투자해야 한다고 가정하므로 이러한 회수율을 적용하는데 사용하는 축적이율은 안전율이라고도 한다. 축적이율을 결정하는 경우에는 채무불이행의 위험이 없는 국공채수익률 등을 참작할 수 있을 것이다.
투하된 자본총액을 확실하게 회수하는 것이 목적이기 때문에 안정성이 높은 이율, 즉 정기예금 이율과 같은 것을 채택하는 것이 합리적이다.

하게 회수된다는 기본적인 개념을 가지고 있다. 즉, 이 방식은 현재가치의 총화를 구하는 것이 아니고 매년 감가액의 내용연수 만료시까지의 원리합계를 수익가액으로 하는 것이며, 내용연수 만료시 재투자로서 대상부동산의 수익을 연장시킬 수 없는 광산, 산림 등의 소모성 자산이나 건물을 고정임대료로 장기임대차에 공여하고 있을 경우에 유용하다.

연금법과 상환기금법의 차이점은 연금법에서는 감가상각액을 환원이율로 자기사업에 재투자한다고 가정하고 있고 상환기금법에서는 자기사업에 재투자하지 못하고 외부에 예금 등의 형태로 축적한다고 가정하고 있는 것이다. 또한 다음과 같은 특징(연금법과의 차이점)이 있다.

① 축적이율 : 매 기간의 자본회수액을 본래의 투자사업에 투자하지 않고 원금을 안전하게 회수할 수 있는 곳에 투자하는 것을 가정하고 있으므로 안전율을 적용한 축적이율과 환원이율 2종의 이율을 사용한다.

② 적용대상 : 순수익의 흐름이 기간 말까지 일정할 것으로 판단되는, 주로 소모성 자산의 평가에 한정적으로 사용될 수 있다. 즉, 건물을 고정임대료로 장기임대차에 공여하는 경우, 그리고 채굴 가능한 매장량까지 매년 일정량을 생산할 수 있는 광산의 경우에 적용된다.

③ 산정기준연수 : 수익이 유한하고 급격히 체감하는 감모자산의 수익성·사업성의 지속가능연수를 적용한다.

④ 수익가액 : 상환기금법에 의한 수익가액이 연금법에 의한 수익가액보다 낮다.

〈표 4-8〉 연금법과 상환기금법의 비교

<table>
<tr><th>구 분</th><th>연금법(Inwood)</th><th>상환기금법(Hoskold)</th></tr>
<tr><td>유사점</td><td colspan="2">• 복합부동산평가에 사용
• 매년 감가액이 일정한 이자를 발생한다는 것을 전제로 함
• 적용되는 순수익은 상각전 순수익, 환원이율은 상각후 환원이율을 사용
• 수익가액의 크기 : 연금법 > 상환기금법 > 직선법</td></tr>
<tr><td>차이점</td><td>• 환원이율과 축적이율이 동일한 1종 이율사용
• 재투자로 수익성을 연장 시킬 수 있는 임대용부동산, 슈퍼마켓, 어업권 등에 적용
• 복리연금 현가율 사용
• 슈퍼마켓, 어장의 평가</td><td>• 환원이율과 축적이율이 각각 다른 2종 이율사용
• 안전성이 높은 이율(은행이자율)채택
• 재투자로 수익성을 연장할 수 없는 광산이나, 광업권 등에 적용
• 수익현가율 사용
• 광산, 산림의 평가</td></tr>
</table>

〈표 4-9〉 수익환원방법의 비교

구 분	직접법	직선법	연금법	상환기금법
적 용	비상각자산	상각자산		
적 용 대 상	대지, 농지, 염전 등	건물, 구축물, 기계장치	슈퍼마켓, 어업권, 임대용부동산	광산, 광업권, 산림
수식	$P=\frac{a}{r}$	$P=\frac{a}{r+\frac{1}{n}}$	$P=a\times\frac{1}{r+\frac{r}{(1+r)^n-1}}$	$P=a\times\frac{1}{r+\frac{i}{(1+i)^n-1}}$
자 본 회 수 방 법	자본회수 불필요	자본회수 필요(상각률 적용)		
		정액법(1/n)으로 상각	환원이율만 사용	환원이율과 축적이율 사용
		회수하는 상각액이 이자를 발생시키지 않음	환원이율로 이자발생	축적이율로 이자발생
부동산 가 액	직접법 〉 연금법 〉 상환기금법 〉 직선법			

(5) 할인현금흐름분석법(Discounted Cash Flow method, DCF법)

① 할인현금흐름(수지)분석법은 대상물건의 보유기간에 발생하는 복수기간의 순수익(현금흐름, cash flow)과 보유기간 말의 복귀가액에 적절한 할인율을 적용하여 현재가치로 할인한 후 더하여 대상물건의 가액을 산정하는 방법으로 세전 모형과 세후 모형이 있으며 일반적으로 할인현금흐름분석법이라 하면 세후 모형을 말한다.

② 여기서 현금흐름(수지)이란 부동산권익에서 발생하는 장기적인 소득을 말한다. DCF법은 대상부동산이 요구수익률을 달성하는지를 위해 할인율을 예상소득 및 복귀액에 적용하는 절차이다. 따라서 수익률이 주어지면 부동산가치를 산정할 수 있고, 부동산의 구매가격이 주어지면 수익률을 산정하기 위해 적용할 수 있다. 즉, DCF법은 현재가치를 추계하거나 거래사례로부터 할인율을 추출하는데 사용할 수 있는데, 분석에 있어 현금흐름의 크기, 변동가능성, 시기, 현금흐름의 기간이 정해져야 한다. 이 방법은 규칙적, 불규칙적인 모든 소득 유형에도 적절하여 투자자들이 선호하는 방법이다. 특히 컴퓨터기법으로 인해 일상적인 평가작업에서 유용한 도구로 사용되고 있다.

• 대상부동산의 시장가치 =지분가치+저당가치
=(매기간 세후현금흐름의 현가합+지분복귀액의 현가합)+저당대부액

③ 대상부동산의 가치산정절차

할인현금흐름분석법으로 대상부동산의 가치를 구하는 경우 대상부동산의 가치는 지분가치와 저당가치를 각각 산정하여 이를 합산하여 구한다.

㉠ 지분가치의 산정

지분가치는 매기 현금흐름의 현가합과 기말지분복귀액의 현가합으로 구한다.

• **매기 현금흐름(ATCF)의 현가합** (단위: 원)

구분 \ 기간	1	2	3	4	5
가능총소득(PGI)	임대단위수×실당 임대료				
(−)공실 및 부채충당금	현재점유율이 100%라 하더라도 전형적인 공실률을 고려				
(+)기타소득(OI)	주차장 임대료, 유료세탁기, 자판기 수입 등				
유효총소득(EGI)	가능총소득−공실 및 부채충당금+기타소득				
(−)영업경비(OE)	재산세, 유지비, 관리비, 수선비, 광고비, 보험료 등				
순영업소득(NOI)	유효총소득−영업경비				
(−)저당지불액(DS)	V(부동산가치)×L/V(부채비율)×MC(저당상수)				
세전현금흐름(BTCF)	순영업소득−저당지불액(부채서비스액)				
(−)영업소득세(TO)	부동산 운영으로부터 오는 영업소득에 대한 세금				
세후현금흐름(ATCF)	세전현금흐름−영업소득세				

ⓐ 가능총소득(可能粗所得, Potential Gross Income) : 대상부동산으로부터 기대되는 연간총소득을 말하며, 조소득(gross income)이라고도 한다. 가능총소득이란 가능한 연간 최대소득으로서, 임대단위수에다 임대료를 곱하여 구한다.

ⓑ 공실 및 부채충당금(Vacancy and bad debt allowance) : 공실이나 임대료 회수가 불가능한 금액 등으로 인해 발생하는 손실액을 의미한다. 공실 및 대손충당금이라고도 한다.

ⓒ 기타소득(Miscellaneous income) : 주차장 임대료나 유료세탁기, 자판기수입 등에 의한 기타수입을 말한다.

ⓓ 유효총소득(Effective Gross Income) : 가능총소득에서 공실 및 부채충당금을 공제하고 기타소득을 가산한 것을 말한다.

ⓔ 영업경비(Operating Expenses) : 대상부동산을 운영하는데 들어가는 재산세, 보험료, 정착물이나 비품에 대한 감가상각, 유지비, 관리비, 수선비, 광고비 등을 포함한다. 부동산 자체에 대한 감가상각은 영업경비로 취급되지 않는다.

ⓕ 순영업소득(Net Operating Income) : 유효총소득에서 영업경비를 공제한 것을

말한다.

ⓖ 저당지불액(Debt Service) : 저당대부에 대한 매년의 원금상환액과 이자지급분으로 매 기간 갚아야할 전체가치에 저당비율을 곱하고 여기에 저당상수(MC)를 곱해서 구한다. 부채서비스액이라고도 한다.

ⓗ 세전 현금흐름(Before-Tax Cash Flow) : 순영업소득에서 저당지불액을 공제한 것을 말한다. 세공제 전 현금수지라고도 한다.

ⓘ 영업소득세(Taxes from Operating) : 당해 임대부동산으로부터 발생하는 수익에 대한 세금으로서, 저당지불액 중 이자지급분 및 감가상각비는 과세표준액에서 공제한다.

방법 1	방법 2
순영업소득(NOI) + 대체충당금 - 이자지급분 - 감가상각비	세전 현금흐름(BTCF) + 대체충당금 - 원금상환분 - 감가상각비
과세표준액 × 세율	과세표준액 × 세율
영업소득세	영업소득세

ⓙ 세후 현금흐름(After-Tax Cash Flow) : 세전 현금흐름에서 영업소득세를 공제한 것을 말한다. 세공제 후 현금수지라고도 한다.

ⓚ 복귀액(reversion) : 복귀액(지분복귀액, 복귀적수익)이란 투자자가 부동산에 대한 투자종료시 대상부동산을 재매각할 때에 발생하는 기대소득이다.

• 지분복귀액의 현가산정

재매도가치(Selling Price) - 매도경비(Selling Expense)-중개수수료 등
순매도가치(Net Sales Proceed) - 미상환저당잔금(Unpaid Mortgage Balance)
세전 지분복귀액(Before-Tax Equity Reversion) - 자본이득세[(매도이익-세제상 공제액)×세율
세후 지분복귀액(After-Tax Equity Reversion)

상기와 같이 세후 지분복귀액을 구한 후 이를 현가화하여 이를 산정한다.

ⓐ 재매도가치의 추계방법은 기간말이나 기간말 그 다음해의 순영업소득을 환원하

여 산정하는 내부추계법과 과거의 성장률이나 각종 변수를 통해 외부적으로 구하는 외부추계법이 있다.

ⓑ 미상환저당잔금은 상환조견표를 통하여 구하나, 저당금액×잔금비율을 통하여 구한다.

ⓒ 자본이득세(양도소득세)의 계산은 순매도액에서 순장부가치를 공제한 매도이익에서 세제상 공제액이 있는 경우 이를 공제하고 여기에 세율을 곱하여 구한다.

㉡ 저당가치의 산정

저당가치는 매기의 소득에서 부채서비스액과 기말의 미상환저당잔금으로 구성된다. 그러므로 매기의 부채서비스액의 타인자본할인율(이자율)로 소득의 예측기간동안 현재가치의 합과 기말 미상환저당잔금의 현재가치를 합한 것이 타인자본가치이며, 이는 기초의 저당대부와 동일하다.

㉢ 부동산 가치

자기지분가치와 저당가치를 합하여 부동산의 가치를 산정한다.

예제 3

다음 자료에 의거 복합부동산의 상각전 연간 순이익 4,800,000원을 발생하는 임대용 부동산의 수익가액을 ① 직접법 ② 직선법 ③ 연금법 ④ 상환기금법으로 각각 구하시오.

- 환원이율 : 12%
- 축적이율 : 10%
- 잔존내용연수 : 25년 (단, $1.12^{25}=17$, $1.1^{25}=11$이다.)

해설 ① 직접법

$$P=\frac{a}{r}=\frac{4,800,000}{0.12}=40,000,000\text{원}$$

② 직선법

$$P=\frac{a}{r+\frac{1}{n}}=\frac{4,800,000}{0.12+\frac{1}{25}}=30,000,000\text{원}$$

③ 연금법

$$P=a\times\frac{(1+r)^n-1}{r\times(1+r)^n}=4,800,000\times\frac{(1+0.12)^{25}-1}{0.12\times(1+0.12)^{25}}\fallingdotseq 37,647,000\text{원}$$

④ 상환기금법

$$P=a\times\frac{1}{r+\frac{i}{(1+i)^n-1}}=4,800,000\times\frac{1}{0.12+\frac{0.1}{(1+0.1)^{25}-1}}\fallingdotseq 36,923,000\text{원}$$

예제 4

다음의 자료로 평가한 부동산의 가치는? (제22회 공인중개사 기출문제)

- ◦ 임대단위 : 원룸 20개실
- ◦ 실당 예상 임대료 : 600,000원/년
- ◦ 공실 및 대손손실 : 가능총소득의 5%
- ◦ 재산세 : 200,000원/년
- ◦ 개인 업무비 : 300,000원/년
- ◦ 수선비 : 600,000원/년
- ◦ 관리비 : 600,000원/년
- ◦ 소유자 급여 : 800,000원/년
- ◦ 5년 후 복귀가치 : 800,000,000원
- ◦ 5년 간 연금의 현가계수 : 4.2
- ◦ 5년 후 일시불의 현가계수 : 0.75

해설 • 부동산 가치=지분가치+저당가치
=(운영시 소득이득+처분시 발생하는 자본이득)+저당가치

◦ 가능총소득 : 20×60만원=1,200만원
 − 공실, 부채서비스 60만원 (1,200만원×0.05)
◦ 유효총소득 1,140만원
 − 영업경비 140만원(재산세, 수선비, 관리비)
◦ 순영업소득 1,000만원/년
◦ 운영시 소득이득 = 순영업소득×연금의 현가계수=1,000만원×4.2=4,200만원
◦ 처분시 발생하는 자본이득 = 순영업소득×일시불의 현가계수=8억원×0.75=6억원
∴ 부동산가치= 지분가치+저당가치=(4,200만원+6억원)+0=6억 4,200만원

6) 수익환원법의 장 · 단점

(1) 장 점

① 임대용 부동산이나 기업용 부동산 등 수익성 부동산의 평가에 유용하다.
② 장래 발생할 것으로 기대되는 순수익의 기준시점에 있어서의 현재가치을 구하는 것이므로 이론적이며 논리적이다.

(2) 단 점

① 수익을 파악하기 곤란한 비수익성 부동산인 주거용·교육용·종교용·공공용 부동산 등에는 적용하기 어렵다.
② 불안정한 부동산시장에서는 적정한 순수익, 환원이율을 적정하게 파악하는 것이 곤란하다.

2. 수익분석법

1) 수익분석법의 개념

수익분석법란 일반기업 경영에 의하여 산출된 총수익을 분석하여 대상물건이 일정한 기간에 산출 할 것으로 기대되는 순수익에 대상물건을 계속하여 임대하는데에 필요한 경비를 더하여 대상물건의 임대료를 산정하는 감정평가방법을 말하며, 이 방법에 의하여 산정된 시산임료를 수익임료라 한다. 수익분석법은 수익성의 사고방식에 기초하며, 대상부동산에 귀속되는 순수익은 각 생산요소의 유기적 결합에 의해 발생되는 것이므로 그 기여도에 따라 이자, 임금, 지대 등으로 수익이 배분되므로 수익배분의 원칙에 근거를 두고 있다.

수익임료=순수익임료+필요제경비

2) 수익임료

수익임료 중 부동산에 귀속된 순수익부분을 순수익임료라 한다. 그 순수익임료에 적산법에서와 같은 필요제경비를 가산하여 수익임료를 구한다. 수익임료는 ① 당기순수익을 산출하여 부동산잔여법에 의하여 대상물건이 일정기간에 발생한다고 기대되는 상각 후 세공제 전 순수익을 구하고 필요제경비를 가산하는 방법과 ② 일반기업경영에 의한 총수익을 분석하여 수익순임료와 필요제경비가 포함된 임료 상당액을 직접 산출하여 구하는 방법으로 구한다.

(1) 순수익

순수익은 대상물건의 총수익에서 그 수익을 발생시키는 데에 드는 경비(매출원가, 판매비 및 일반관리비, 정상운전자금이자, 그 밖에 생산요소귀속 수익 등을 포함)를 공제하여 산정한 금액을 말한다. 순수익은 임대차에 기한 경우와 기업경영에 기한 경우의 두가지 방법이 있으나 수익분석법에 적용되는 순수익은 일반기업경영에 기한 경우에만 적용된다. 그 이유는 부동산임대차에 기한 순수익으로부터 임대료를 구함은 임대료에서 다시 임대료를 구하는 오류에 빠지게 되기 때문이다.

기업용 부동산의 순수익=판매수입-(매입원가·판매비·일반관리비)

(2) 필요제경비

필요제경비는 대상물건에 귀속될 부분만을 산출하며, 그 내용은 적산임료의 산정시 사용되는 필요제경비와 같다. 즉, 필요제경비에는 감가상각비, 유지관리비(수선비, 유지비, 인건비), 조세공과금, 손해보험료, 대손준비금, 공실손실상당액, 정상운전자금이자상당액 등이 포함된다.

3) 수익분석법의 적용범위

일반기업 경영에 의한 기업용 부동산에만 적용되며, 주거용 부동산 또는 임대용 부동산은 수익분석법의 적용대상이 아니다.

4) 수익분석법의 장 · 단점

(1) 장 점

① 일반기업 경영의 수익분석을 행한 것으로 수익배분의 원칙을 근거로 하여 논리적이다.
② 대상부동산에 귀속하는 순수익을 적정하게 구하는 경우에 유효한 방법이다.

(2) 단 점

① 기업용 부동산이 아닌 경우에 적용이 불가능하다.
② 순수익의 파악이 곤란한 경우에는 수익임료를 신뢰할 수 없다.
③ 순수익의 귀속기간, 부동산 입지조건에 따른 순수익의 차이 등으로 실제 회계상 처리가 곤란하다.

〈표 4-10〉 수익방식의 구성

- 수익방식
  - 수익환원법
    - 수익가액: $수익가액=\frac{순수익}{환원이율}=\frac{총수익-총비용}{환원이율}$
    - 3요소
      - 순수익=총수익 – 총비용
        - 임대용 부동산 : 순수익=임대수입 – 제 경비
        - 기업용 부동산 : 순수익=매상수입 – 제 비용
      - 환원이율
        - 개별환원이율 / 종합환원이율
        - 상각전·후의 환원이율 / 세공제전·후의 환원이율
      - 환원방법
        - 직접법: 수익가액=순수익/환원이율 P=a/r a : 순수익
        - 직선법: $수익가액=\frac{상각전\ 순수익}{환원이율+상각률}$ $P=\frac{a'}{r+1/n}$
        - 연금법: 수익가액=상각전순수익×복리연금현가율, $P=a'\times\frac{(1+r)^n-1}{r(1+r)^n}$ r : 환원이율, n : 잔존내용연수
        - 상환기금법: 수익가액=상각전순수익×수익현가율, $P=a'\times\frac{1}{r+\frac{i}{(1+i)^n-1}}$ a' : 상각전순수익, i : 축적이율
        - DCF법
    - 순수익산정방법
      - 직접법 ⇨ 대상부동산에서 직접구함
      - 간접법 ⇨ 인근지역 및 유사지역의 수익부동산에서 구함 – 시점수정·사정보정·지역 및 개별요인 비교
      - 잔여법 ⇨ 토지잔여법/건물잔여법
        - 토지잔여법 ⇨ 토지순수익=토지건물순수익 – 건물가액 × (환원이율+상각률)
        - 건물잔여법 ⇨ 건물순수익=토지건물순수익 – 토지가액 × 환원이율
  - 수익분석법
    - 수익임료=수익순임료 + 필요제경비
      - <필요 제경비>
        1. 감가상각액
        2, 유지관리비
        3. 대손준비금
        4. 공실손실상당액
        5. 조세공과금
        6. 손해보험료
        7. 정상운전자금이자
    - 수익임료
      - 순수익=매출액 – 매출원가·판매비·일반관리비·정상운영자금이자상당액·기타 영업비용
      - ⇨ 기업용 부동산에만 적용 (주거용, 임대용부동산에는 적용대상이 아님)

제6절 기타 감정평가방법

1. 노선가식 감정평가법

1) 노선가식 감정평가의 개념

노선가식(路線價式) 감정평가는 도시화에 따른 시가지 노선(路線)을 중심으로 획지(劃地)의 깊이에 따라 가로(街路)에서 멀어질수록 가격이 체감한다는 데서 개발된 감정평가방법이다. 특정한 가로에 연접한 접근성이 같은 1단지를 선정하여 표준단위획지와 노선가를 정하고 이를 기초로 가로에 연해있는 당해 획지에 속한 다른 획지의 가격을 깊이, 토지의 형태 등에 따른 보정을 가하여 수학적으로 산출하는 방법을 말한다.

(1) 적용대상

이 감정평가방법은 토지구획정리사업, 재개발사업, 토지수용에 따른 보상 및 토지과세에 따른 감정평가에 있어서 통일성을 기하고 노선에 연접하고 있는 택지를 계량적으로 공평하게 감정평가하는데 주로 활용된다. 그러나 시장가치와 괴리되는 경우가 있으므로 구체적인 시장자료를 비교 분석하여 대량평가시 활용되어야 한다.

(2) 노선가의 의의

노선가란 가로에 연접한 표준획지의 단가를 말한다. 시가지에서 각 획지에 면하는 가로의 상업지, 주택지, 공업지 등 지역성격에 따라 표준깊이를 산정하고 여기에 해당하는 각 획지의 평균단가를 구해 인접노선에 부여하는 단가라고도 하고, 접면너비(앞기장)단위로 환산하여 표시한 부동산가격이라고도 한다. 이러한 노선가는 노선에 따라 전면획지에 가격을 표시하는 것으로 금액으로 하는 경우와 지수[14]로 표시하는 경우가 있다.

이 노선가를 기초로 하여 매획지(필지)를 평가하는 방법을 노선가식 감정평가법이

14) 평가대상의 1단지 중 노선에 접한 최고가 토지를 100 또는 1,000과 같이 어떤 기준으로 정한 후 다른 부분의 가격은 이에 대한 비교수치로 나타낸 지수를 말한다.

라고 한다.

(3) 이론적 근거

이러한 노선가식 감정평가법의 이론적 근거는 어떤 획지가 가로에 평행할 때 가로면에 가까운 만큼 사회활동 및 상업활동에 대한 접근성과 봉사성이 크다는데 있다. 즉, 표준깊이(안기장)보다 깊이가 지나치게 깊거나 낮은 획지는 가격이 낮고, 가로에 면하지 않은 획지나 뒷면 도로에 면하는 획지 또한 가격이 낮다는데 근거하여 가로에 면하는 표준획지를 선정하여 그 단위면적당 가격을 정해 이를 기준으로 각 획지의 가격을 구하는 감정평가방법인 것이다.

한편 노선가는 타획지 가격의 기준이 됨으로 표준적인 접면너비(Frontage)와 깊이(Depth)를 갖는 표준적인 획지에 붙여지는 것이 통상이다. 그리고 노선가는 보통 가구별(街區別, block unit)로 구분하여 붙이나, 특수한 경우에는 동일노선에 2개의 노선가가 설정되는 경우도 있고, 수개가구에 걸쳐 붙이는 경우도 있다. 일반적으로 번화가의 경우는 같은 가로가 세분화 된다. 위치에 따른 영향도가 크기 때문이다. 이를 노선의 절단이라고 하며, 가격변화가 급격한 경우에는 이의 적정화가 특히 중요하다.

일본의 삼본정 행씨는 이의 근거를 동질성과 접근성이라는 말을 들어 이론적 설명을 하고 있다. 즉, 도시계획으로 구획정리가 된 가구의 가로에 접한 일련의 획지는 스스로 유사성(동질성)의 접근성을 발휘한다는 것이다.

노선가식 감정평가법은 접근성이 유사한 가로에 대하여 표준지를 선정하여 그에 단위면적당 가격을 붙이고, 이것을 기초로 깊이 체감률이나 각종 가산과 보정률을 적용하여 개별획지의 가격을 산정해 내는 방법이다. 따라서 노선가식 평가법은 ① 접근성이 유사한 가로, ② 노선가의 붙이기, ③ 각종 가산과 보정률의 적용이라는 세 가지 요건을 충족하여 성립되는 감정평가방법인 것이다.

(4) 노선가의 구성요소

① 가로계수 : 인접도로의 폭, 구조와 같은 가로의 상황
② 접근계수 : 상가, 역, 공공시설 등에 대한 접근정도
③ 택지계수 : 지반의 고저, 일조, 급배수, 주위환경 등 택지 자체의 현황

노선가의 감정평가방법의 특징으로는 모든 택지의 획지는 가로에서 멀어짐에 따라

가격이 체감되고, 가로에 면하는 표준깊이의 택지라도 획지의 이용상황, 가로조건(가로의 폭, 포장 등), 접근조건(획지와 공공시설 등에의 접근성), 건물의 주밀도, 기타 교통량 등에 의한 격차가 있다는 것 등을 들 수 있다.

(5) 외국의 적용사례

노선가식 평가법은 영국, 미국에서 개발·사용된 것으로 영국에서는 과세평가(Rating Valuation)를 위하여 토지평가사협회에서 이 방법을 이용하고 있으며, 미국에서도 1860년대 경부터 이용하고 있는데 그 대표적인 것으로서 '4-3-2-1 깊이 체감법(American rule)', '데이비스법(Davies rule)', '밀워키법(Milwaukee)', '호프만법(Hoffmans rule)'과 '토마스법(Thomas rule)'등을 들 수 있다.

일본에서는 대정(大正)12년 동경, 요코하마 등지의 진재부흥도시계획(震災復興都市計劃)에 의한 토지구획정리사업의 환지평가에서 이 방법이 쓰였으며, 현재는 상속세의 평가기준으로 쓰고 있다.

2) 노선가의 설정방법

노선가를 설정하는 방법에는 몇 사람의 전문가가 가로상황·대상획지와 공공시설 등에의 접근조건·거래사례 등을 감안하여 달관적으로 결정하는 방법과 토지가격을 형성하는 제 요인을 몇 가지 항목(가로계수, 접근계수, 택지계수)등으로 분류하여 채점한 합계로서 결정하는 방법 등이 있다.

노선가의 설정에 있어서 중요한 것은 제요인의 구분 및 개별적 경향도를 정확하게 판정하여 노선가의 설정에 반영하는 것이다. 즉, 감정평가 대상지가 기존의 도시토지인 경우에는 노선(가로)을 주요가로와 기타의 가로로 나누어 그 가격을 결정한다. 주요가로에 있어서는 당해 주요가로에 접한 표준획지의 단위당 적정시가에 기초하여 노선가를 설정한다. 이 때 표준획지 평가의 균형화(표준획지란 최고의 노선가가 설정된 가로에 면하는 것에서 선정한 표준지를 말함. 표준택지라고도 함) 및 표준지 상호간의 평가의 균형화에 대한 종합적인 배려가 필요하다. 기타 가로에 있어서는 주요가로의 노선가를 기준으로 하고, 주요 가로에 접한 표준획지와 가로에 접한 기타 획지 사이의 도로상황·대상획지와 공공시설 등에의 접근상황·건물의 주밀도 기타 택지 이용상의 편부 등을 종합적으로 감안하여 결정하여야 한다.

이러한 노선가에는 지가공시, 소득세, 고정자산세(일본) 등의 평가기준에 의해 비준되어 형성되는 노선가와 토지구획정리와 같이 일정의 평가계산식을 가지고, 지구의 실정에 맞는 계수치를 부여하여 계산하는 노선가가 있다.

(1) 달관식

노선가에 있어서 달관식(達觀式)은 현지에서 매 단위 획지(또는 필지)마다 가치형성 요인이 미치는 영향의 우열을 보아 경험에 비추어 능숙하게 감정평가하는 방법이다. 이 때 평가주체는 노선의 매획지를 전체적으로 균형을 보면서 등급을 매기거나 가격을 붙인다. 이 방법은 감정평가에 경험이 많고 숙련된 주체가 이용할 때는 능률적이며 비교적 가격이 설득력이 있다. 그러나 필지수가 많으면 적용이 어려우며, 또 주관적 요소가 강하게 작용하기 때문에 이런 경우에는 설득력이 약해지는 결점도 있다. 따라서 일반적으로 거래사례비교법에 의해 여러 지가자료를 참작하여 노선가를 평정하게 된다.

(2) 채점식

노선가에 있어서 채점식은 가치형성요인에 점수를 부여하여 그 채점의 합계액으로 평가하는 방법이며, 용도별로 가격형성요인에 미리 비중을 두는 경우와 두지 않는 경우의 두 가지가 있다. 용도별로 미리 가치형성요인에 비중을 부여하는 경우는 노선가를 설정하기 전에 가치형성요인에 대해 채점을 행하고, 그 총합계를 구하는 것으로 각 요소에 대해 미리 용도지역별로 그 비중도를 확정하여 두고 평가하는 방법이다. 다음으로 용도별로 비중을 두지 않는 경우는 달관식을 개량한 것으로, 토지가격을 형성하는 요인을 배열한 채점표를 만들고 각 항목별로 채점하고 각 요인의 비중점수를 산출하여 그 합계점수로 환산치를 곱하여 평가액을 구한다. 각 필지마다 숙련자가 경험에 의해 평가하는 점에서는 달관식에 준하는 방법에 가깝다고 볼 수 있다. 이 때 비중도는 상업용지의 경우에는 접근관계의 요인이 크며, 주거지의 경우는 유용성이 쾌적성에 있으므로 택지관계의 요인에 대한 비중도가 높게 책정되는 것이 일반적이다.

(3) 노선가의 평정산식

노선가의 감정평가방법은 일본에서 발달된 방법으로서 토지구획정리지구를 감정평가하면서 개발한 방법이다. '가로에 면하는 표준깊이의 택지라도 획지의 이용 상황, 가로조건, 건물의 밀도 기타 교통량에 의한 격차가 있다'는 사고에서 창안 되었다. 따라서 이 방법은 가치형성요인을 가로계수·접근계수·택지계수로 분석하여 계산하는 방법으로 노선가는 이 세 가지의 계수를 합하여 산출하는데, 이들 계수를 노선가의 3요소라 한다. 이 방법은 과학적이고 설득력이 있으나 당해 지역에 적용할 계수치가 없으면 적용이 곤란한 점도 있다.

① 가로계수

노선가를 구성하는 요소의 하나로 가치형성요인 중 도로의 기능·성질에 의한 택지의 이용가치·유용성을 나타낸 계수를 가로계수라 한다. 구체적으로는 시가지의 가로망에 있어서 당해가로의 교통상의 성격(계통성, 연속성에 의한 가로의 등급) 계수(t)를 가로폭(w)의 함수(F(w))로 수정하고, 가로의 교통기능에 의한 택지의 이용가치, 유용성을 계량화하고, 가로의 공간기능에 기초를 둔 택지의 이용가치, 유용성과 정비수준을 나타내는 계수를 산출할 수 있으며, 가로계수를 S라 하면 다음 식과 같이 나타낼 수 있다.

$$S = t \cdot F(w) + \sum X$$

가로계수는 도로의 계통성·폭·구조 등으로 구성된다. 계통성은 도로의 연결성을 표현하고 있으며, 일반적으로 기점과 종점의 거리가 긴 것, 역전과 타간선도로의 접속도로 등에 높은 값이 주어진다. 표준도로에 1.0의 값을 붙이고, 이 1.0을 기준으로 하여 계수에 변화를 준다. 폭의 계수를 일본 부동산 감정평가업계에서는 $\mathrm{F(w)} = \dfrac{w}{w+3}$로 함수를 표시하고 있으나, 신개발지의 농경지와 산림지에서는 폭이 3m 이하의 도로에 대해 일정률로 하는 등 계수의 변화를 고려하고 있다. 구조에 의한 계수는 보차도의 분리, 보도포장, 차도포장, 구배, 가로수의 유무와 질 등에 따라 각종 도로간에 차이를 둔다.

② 접근계수

노선가를 구성하는 요소의 하나로 시설에의 접근성에 의한 택지의 이익 또는 손해가치를 나타내는 계수를 접근계수라 한다. 이는 역과 택지와의 거리, 상업시설과 택지와의 거리, 공공기관과 택지와의 거리, 혐오시설과 택지와의 거리 등을 택지의 평가치, 가격차로 표시하는 것으로 시설이 택지에 미치는 영향의 정도를 이용한 것이다. 이러한 접근계수는 다음 식에 의해 산출된다.

$$\text{접근계수} = \sum m \cdot F(s)$$
$$= \sum m\left(\frac{S-s}{S-R}\right)^n \text{ 혹은 } \sum m\left(\frac{S-s}{S}\right)^n$$

m : 대상시설에 의해 받는 손익가치의 크기를 나타내는 계수

S : 대상시설로부터의 거리

n : 영향력의 체감률

R : 정립거리(m이 체감되지 않고 같은 수준으로 유지된 거리)

s : 시설의 영향 거리한도

③ 택지계수

노선가의 평정공식에서 택지계수는 택지자체가 갖는 기초적인 가치를 말한다. 이는 노선가를 구성하는 요소의 하나로서 택지의 이용상태, 문화성, 보전성, 자연환경 등에 대한 가치를 나타내는 계수이다. 이를 공식으로 나타내면 다음과 같다.

$$\text{택지계수} = V \cdot F(P \cdot Q) + \sum Y = V\left\{1 + \sqrt{\left(\frac{P}{P0}\right) \times \frac{Q}{Q0}}\right\} \sum Y$$

여기서 V는 택지의 용적률 정도와 획지분할에 의한 건축밀도를 고려한 택지이용성의 등급을 나타내는 계수이다. F(P·Q)는 방화에 대한 보안성을 나타내는 계수(공공공지율, 공공공지의 배치밀도, 도로연장 등에 따라 다른 값을 붙인다)로서 여기서 P는 공공공지율, Q는 도로연장밀도(도로밀도)이다. ΣY는 도시의 필요공급시설(상하수도, 전기, 가스)과 환경조건(일조, 통풍지형)을 나타내는 계수의 합계이다. 그리고 택지계수 중에는 가로계수의 가치와 접근계수의 가치가 포함되어 있다고 보기 때문에 3요소 중 택지계수의 비율이 가장 높게 인정된다.

3) 획지계산

(1) 노선가식 평가법

노선가식 평가법의 핵심은 획지계산이다. 이것은 주어진 노선가에 미리 정해진 깊이 체감률을 곱하고, 이어 각획지·2면노선·3면 또는 4면노선·지형부정(地形不整)·깊이 및 접면너비의 과소·맹지·자루형획지·언덕획지 등의 획지조건에 따른 가산 및 증·감보정률을 곱하여 가액을 구하는 것으로 획지의 구체적인 가액을 산정하는 절차를

말하는 것이다.

- 3요소에 의한 노선가식 산정방법
  노선가=가로계수+접근계수+택지계수 등
- 기본단가=노선가×깊이가격 체감률×보정률(접면너비협소보정률, 깊이장대 보정률 등)
- 측면가로 가산단가=측면 노선가 깊이가격×체감률×측면영향가산율
- 이면가로 가산단가=이면 노선가 깊이가격×체감률×이면영향가산율
- ■ 대상획지의 가액={기본단가+가산단가(측면가로 가산단가+이면가로 가산단가)} ×대상획지 면적

① 깊이 가격체감률

깊이(안기장) 가격체감이란 획지의 형태가 접면노선에서 깊어질수록 가격은 체감한다는 것을 말한다. 깊이 가격체감률이란 가격에 영향을 주는 깊이의 장단으로 인한 가격의 변화를 비율화한 것이다.

② 3각 획지의 보정

3각획지는 통상적으로 같은 면적의 정방형 또는 장방형 토지에 비해 이용도가 저하 된다. 이때 그 불리한 정도는 일반적으로 최소각의 크기에 의하며, 최소각이 노선에서 대각(對角)인 경우와 저각(底角)인 경우에 따라 3각획지가 가로에 접하는 상태가 달라지고, 대각보다는 저각쪽이 접면너비의 이용도가 넓다.
동일한 최소각의 경우에서는 보다 큰 면적의 획지가 보다 작은 면적의 획지보다 유리하게 적용된다.
최소각의 각도보정률과 면적보정률 중 큰 것을 적용하며, 역삼각지의 경우에는 최소각을 항상 대각으로 보며, 간구협소보정률을 추가로 적용한다.

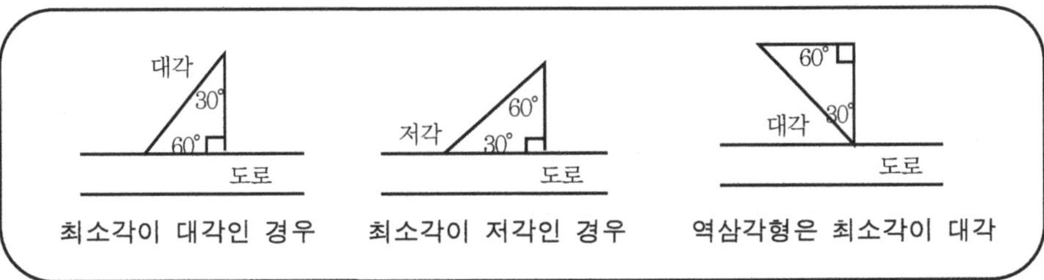

※ 대각은 도로선과 십자를 이루는 각을 말하며, 저각은 도로선과 일직선상에 있는 각(수평을 이루는 각)을 말한다.

③ 접면너비(앞기장, 간구)협소의 보정

획지는 접면너비의 대소에 따라서도 그 이용도에 차이가 온다. 접면너비의 협소를 보정하는 간구협소보정률(間口狹小補正率)은 획지가 가로에 면한 너비가 과소한 경우에 이용가치가 체감하는 비율이다.

일본에서 사용하고 있는 보정률을 사용하여 몇가지 예를 들어보면 다음과 같다.

〈표 4-11〉 깊이 가격체감률표

지구지분 / 거리(m)	번화가 고도상업지구	보통상업지구 병용주택지구	보통주택지구 가내공업지구	중소공장 지구	대공장 지구
16.36미만	1.00	1.00	1.00	1.00	1.00
16.36이상 18.18미만	0.99	1.00			
18.18이상 20.00미만	0.98	0.99			
20.00이상 21.81미만	0.97	0.99			
21.81이상 23.63미만	0.96	0.98			
23.63이상 25.45미만	0.95	0.97	0.99		
25.45이상 27.27미만	0.93	0.96	0.99		
27.27이상 29.09미만	0.92	0.95	0.98		
29.09이상 30.90미만	0.90	0.93	0.97		
30.90이상 32.72미만	0.89	0.92			
32.72이상 34.54미만	0.87	0.91	0.96		
34.54이상 36.36미만	0.86	0.90	0.95		
36.36이상 38.18미만	0.84	0.89	0.94		
38.18이상 40.00미만	0.83	0.88	0.93		
40.00이상 41.81미만	0.81	0.87	0.93		
41.81이상 43.63미만	0.80	0.86	0.92		
43.63이상 45.45미만	0.79	0.85	0.91		
45.45이상 47.27미만	0.78	0.84	0.91	0.98	
47.27이상 49.09미만	0.77	0.83	0.90		
49.09이상 50.90미만	0.76	0.82			
50.90이상 52.72미만	0.75	0.81	0.89		
52.72이상 54.54미만	0.74	0.80			

〈표 4-12〉 측면노선영향가산율표

지구구분	가산율	
	각 지	준각지
번 화 가 고도상업지구	0.150	0.075
보통상업지구 병용주택지구	0.100	0.050
보통주택지구 가내공업지구	0.070	0.035
중소공장지구 대공장 지구	0.050	0.025

〈표 4-13〉 이면노선영향가산율표

지구구분	가산율
번 화 가 고도상업지구	0.07
보통상업지구 병용주택지구	0.05
보통주택지구 가내공업지구	0.03
중소공장지구 대공장 지구	0.03

〈표 4-14〉 삼각지보정률표

① 각도보정률표

최 소 각	10도미만	10도이상 15도미만	15도이상 20도미만	20도이상 30도미만	30도이상 45도미만	45도이상 70도미만
저각(底角)	0.80	0.85	0.89	0.92	0.95	0.97
대각(對角)	0.75	0.81	0.86	0.90	0.93	0.95

주) 역삼각지 및 맹지의 삼각지보정은 최소각이 저각인 경우라도 대각의 경우의 보정률을 적용한다.

② 면적보정률표

면적 최소각	99.17㎡ 미만	99.17㎡이상 132.23㎡미만	132.23㎡이상 165.28㎡미만	165.28㎡이상 330.57㎡미만	330.57㎡이상 991.73㎡미만	991.73㎡이상 3,305.78㎡미만	3,305.78 ㎡이상
30도미만	0.75	0.75	0.80	0.85	0.90	0.95	0.98
30도이상	0.80	0.85	0.85	0.90	0.95	0.98	0.98

〈표 4-15〉 깊이 장대(長大) 보정률표(깊이/간구)

길이 (m)	4이상 5미만	5이상 6미만	6이상 7미만	7이상 8미만	8이상 9미만	9이상
보정률	0.99	0.98	0.97	0.95	0.92	0.90

〈표 4-16〉 간구협소보정률표(間口狹小補正率表)(역삼각지포함)

지구지분 / 거리(m)	번 화 가 고도상업지구	보통상업지구 병용주택지구	보통주택지구 가내공업지구	중소공장 지구	대공장 지구
1.81미만	0.80	0.80	0.80	0.80	0.80
1.81이상 3.63미만	0.90	0.90	0.86	0.84	0.82
3.63이상 5.45미만	1.00	0.97	0.95	0.92	0.84
5.45이상 7.27미만		1.00	0.99	0.96	0.90
7.27이상 9.09미만			1.00	0.99	0.95
9.09이상 10.90미만				1.00	0.97
10.90이상 14.54미만					0.98
14.54이상 18.18미만					0.99
18.18이상					1.00

예제 1

보통상업지구에 있어 정면노선가 3,000,000원, 측면노선가 2,400,000원의 준각지(일계통(一系統)의 노선의 굴곡부 내측에 위치한 다음 그림과 같은 획지의 계산 예

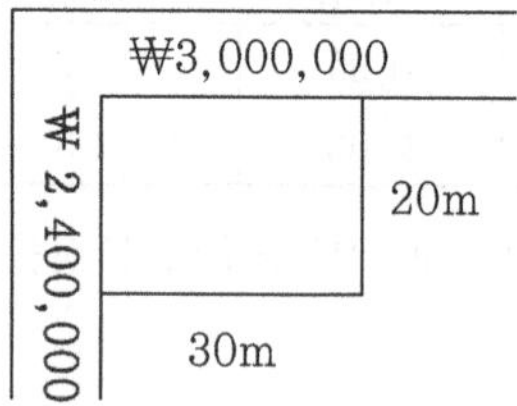

해설 ① 기본 1㎡당 가격=노선가×20m의 깊이 가격체감률=3,000,000원×0.99=2,970,000원

② 측면노선가산 1㎡당 가격=노선가×30m의 깊이 가격체감률×측면노선가산율
=2,400,000원×0.93×0.05=111,600원

③ 1㎡당 가격=①+②=2,970,000+111,600=3,081,600원/㎡

④ 평가액=3,081,600원/㎡×(30m×20m)=1,848,960,000원

예제 2

보통상업지구에 있는 정면노선가 6,000,000원, 측면노선가 5,400,000원, 4,800,000원, 이면노선가 5,100,000원인 경우의 계산 예

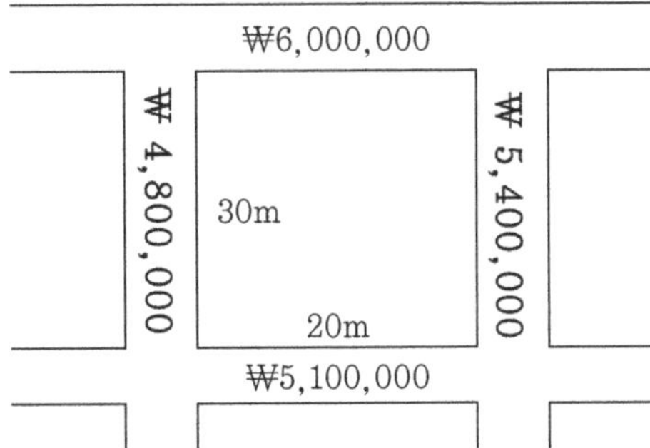

해설 ① 기본 1㎡당 가격=정면노선가×30m의 깊이 가격체감률=6,000,000×0.93=5,580,000원
② 측면노선가산 1㎡당 가격=5,400,000원×0.99×0.1=534,600원
③ 측면노선가산 1㎡당 가격=4,800,000원×0.99×0.1=475,200원
④ 이면노선가산 1㎡당 가격=5,100,000원×0.93×0.05=237,150원
⑤ 1㎡당 가격=①+②+③+④=5,580,000원+534,600원+475,200원+237,150원=6,826,950원
⑥ 평가액=6,826,950원/㎡×(20m×30m)=4,096,170,000원

예제 3

보통상업지에 있어서의 노선가 6,000,000원인 경우의 계산 예
본 그림의 경우에 있어서는 최소각은 저각이기 때문에 각도보정률쪽은 95%이다. 또 면적은 1,200㎡이기 때문에 면적보정률은 98%이다. 면적보정률쪽이 각도보정률보다 크기 때문에 이 경우는 면적보정률을 적용한다.

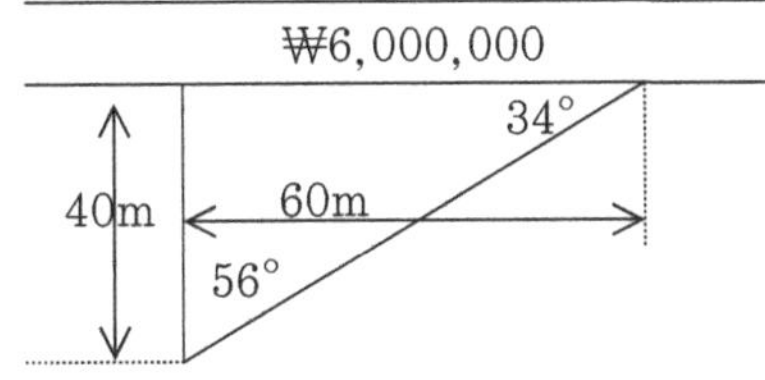

해설 ① 1㎡당 가격=노선가×깊이 가격체감률×각도 또는 면적보정률 중 큰 율=6,000,000원×0.87×0.98 ≒5,115,000원
② 평가액=5,115,000원/㎡×(60m×40m×1/2)=6,138,000,000원

예제 4

보통상업지구에 있어 노선가 6,000,000원인 역삼각형의 경우 계산 예

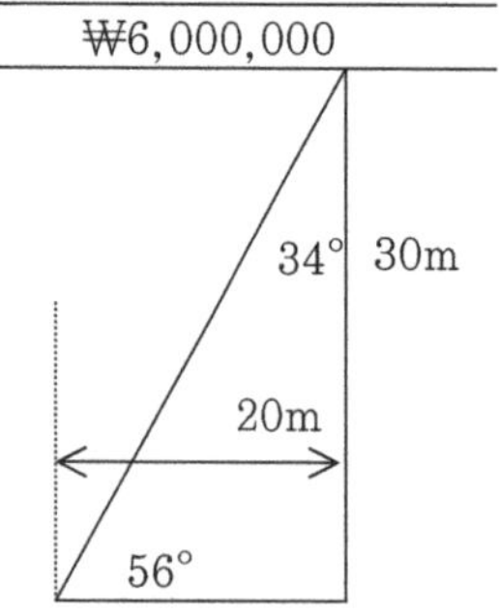

해설 위 그림과 같이 정점이 노선에 접하고 있는 삼각형을 역삼각형이라 하며 역삼각형의 계산시 주의해야 할 사항은 첫째, 최소각이 항상 대각인 경우로 보정하며 둘째, 〈예제 3〉에서의 보정외에도 접면폭 협소보정(역삼각형보정)을 행하여야 한다는 점이다.

① 1㎡당 가격=노선가×깊이 가격체감률×각도보정×역삼각지보정
=6,000,000원×0.93×0.93×0.8≒4,151,000원

② 평가액=4,151,000원/㎡×(30m×20m×1/2)=1,245,300,000원

예제 5

보통상업지구에서 노선가 6,000,000원인 대지의 경우 계산 예
접면 넓이가 협소한 대지에 대하여는 노선가에 깊이 가격체감률, 접면 협소보정률, 깊이 장대(長大)보정률을 감안하여 평가액을 결정한다.

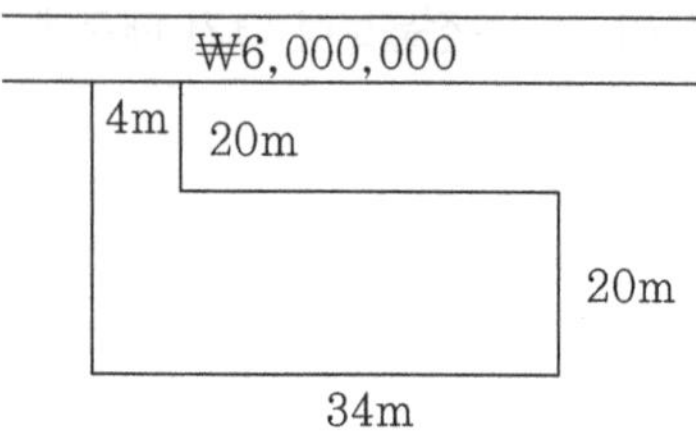

해설 ① 1㎡당 가격=노선가×깊이보정×접면넓이 협소보정×길이장대(깊이/간구)보정
=6,000,000×0.87×0.97×0.9≒4,557,000원/㎡

② 평가액=(4m×20m+20m×34m)×4,557,000원/㎡=3,463,320,000원

(2) 1/3 • 2/3 법칙(one–third/two–third rule)

이 방법은 전체토지를 3등분한 후 도로에 가장 근접한 전면의 1/3부분에 50%의 비율을 주고, 나머지 2/3부분에 50%의 비율을 주는 계산방법을 말한다.

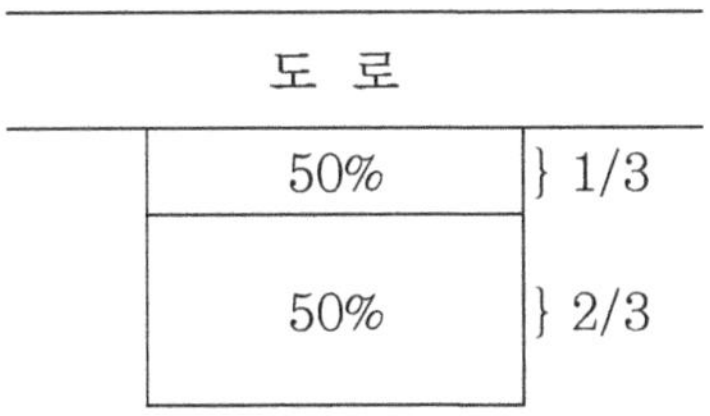

도 로	
50%	} 1/3
50%	} 2/3

(3) Jerrett법칙(jerrett rule)

제렛법칙은 1960년대 뉴질랜드에서 사용하던 것으로 수학적 개념에 근거한 것으로 그 산식은 다음과 같다.

$$P=\frac{2D}{D+S}$$ (P : 비율, D : 후면깊이, S : 표준깊이)

이 방법은 주로 안정되어 있는 부동산시장에서 주거지역이나 공업지역의 평가에 적합한 방법이며 부동산 붐(boom)이 일고 있는 지역이나 상업지역에서는 시가와 괴리된 가격이 산출되기 때문에 적용해서는 안 된다.

(4) 4–3–2–1 깊이 가격체감법칙(American rule)

이 법칙은 미국에서 널리 활용되어 왔기 때문에 American rule이라고도 한다. 이 법칙은 전체토지를 4등분하여 도로에서 가장 근접한 처음 1/4부분에는 40%, 두 번째 1/4부분은 30%, 세 번째 1/4부분은 20%, 마지막 1/4부분에는 10%의 비율을 주는 방식이다.

또한 표준획지의 깊이를 넘어서 추가된 획지에 대하여는 표준획지의 1/4을 초과할 때마다 마지막 1/4의 가격에서 1%씩 감소한다. 따라서 표준깊이 100피트를 넘는 다음 25%는 가격의 9%가 추가된다.

도 로	
40%	} 25피트
30%	} 25피트
20%	} 25피트
10%	} 25피트

(5) 뉴욕 플레이델 법칙(New-York Pleydell rule)

이 방법은 전면 가격에다 15%를 우선 가산시키고 측면 노선가격에다 50%를 가산시키는 방법이다.

각 획지가액=간선도로 전면노선가+(간선도로 전면노선가×0.15)+(측면노선가×0.5)

한 예를 들면 100피트 간선도로 전면 노선가를 6,000,00원이라 하고 측면 노선가를 2,000,000원이라 할 경우 전체가격은 다음과 같다.

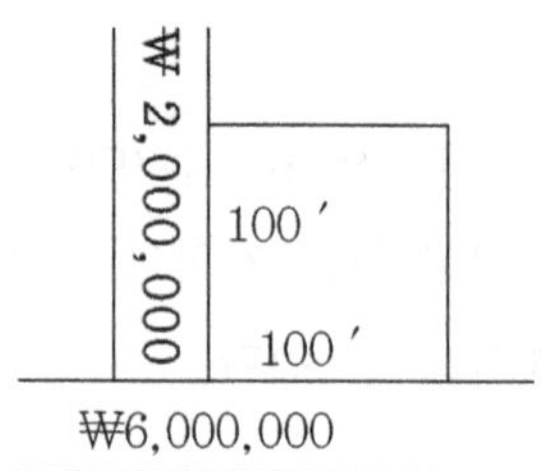

전체가액=6,000,000+(6,000,000×0.15)+2,000,000×0.5)
=6,000,000+900,000+1,000,000
=7,900,000원/피트당

이 방법은 각지평가에만 적용시켜야 한다. 특히 전면깊이를 100피트로 한정해서 적용하여야 하며 시가지 부동산 중 상업지역과 업무지역에 적용시키는 것이 이상적이다.

(6) 호프만 법칙(Hoffman rule)

미국의 Hoffman 판사가 1866년경 만들어낸 법칙으로 뉴욕시 당국이 사용하였던 방법이다. 이 법칙은 100피트 깊이를 갖는 획지 중 전면부분 50피트(1/2 해당)에 해당하는 지가는 전체지가의 2/3에 해당하는 것이다. 그 후 이 법칙은 네일(Neil)씨에 의해 수정 보완되었다.

(7) 하아퍼 에드가 법칙(Harper-Edgar rule)

이 법칙은 수학적 공식에 근거를 둔 것으로 미국과 영국에서 한 때 사용한 적이 있다. 표준단위를 평방피트로 고정시켜서 산정하는 것으로 산식은 아래와 같다.

$P = \frac{\sqrt{D}}{\sqrt{S}} \times 100\%$ (P : 비율, D : 후면깊이, S : 표준깊이)

4) 노선가식 평가법의 장 · 단점

(1) 장 점

① 토지구획정리사업, 재개발사업, 토지수용에 따른 보상 및 토지 과세에 따른 감정평가에 있어서 통일성을 기할 수 있다.
② 노선에 연접하고 있는 택지를 계량적으로 공평하게 감정평가할 수 있다.
③ 평가방법이 공식화되어 있으므로 평가자의 주관이 개입될 여지가 적어 가격편차가 적다.
④ 단기간에 대량으로 평가할 수 있다.

(2) 단 점

① 나지와 건부지 등과 같이 이용상황이 다른 경우에도 같은 가격으로 평가될 우려가 있다.
② 각 획지의 가로조건 및 형상 등이 서로 다르므로 각 조건에 따른 보정률의 산정이 어렵다.
③ 시장성의 반영이 어려워 시장가치와 괴리가 발생할 수 있다.

2. 회귀분석법

1) 회귀분석의 개념

최근의 그 연구활동에서는 통계적 방법을 사용하여 여러 가지 변수들 사이의 관련성을 알아내는데 유용하게 사용되는 회귀분석을 부동산감정평가에 활용하는 연구가 미국이나 일본에서 상당한 진전을 보이고 있다.

부동산가치도 주위를 통행하는 인구수 또는 인근의 대체성을 갖는 매매가능 토지면적 등과 상호 관련이 있을 것이다. 여기서 부동산가치를 종속변수라 하며 이 종속변수에 영향을 미치는 통행인구, 토지면적 등을 독립변수라 하는데 한 개의 독립변수와 종속변수와의 관계를 분석하는 것을 선형회귀분석(Linear Regression Analysis)이라 하며 실무상으로는 컴퓨터에 의해 처리되는 다중회귀분석이 연구의 대상이 된다.

이 방법은 거래사례비교법 과학화의 일환으로 평가방식의 공정성과 합리성을 제고시키기 위하여 등장하였으며, 시가지나 농경지의 평가에 주로 사용된다.

2) 회귀분석의 목적

회귀분석의 목적은 ① 정해진 어떤 독립변수의 값에 대하여 종속변수가 대체로 어떤 추정치를 갖게 될 것인가에 대한 정보를 제공해 준다. 즉, 독립변수와 종속변수간에 상호관련성(상관관계) 여부를 알려준다. 그리고 ② 관련성이 있다면 회귀선을 사용하여 종속변수의 값을 추정할 때 이 추정에 관련된 오차의 크기에 대한 정보를 제공해 주며, ③ 두 변수 사이에 존재하는 관련도를 측정할 수 있는 정보를 제공해 주는데 있다.

3) 회귀분석의 모형

독립변수가 하나인 경우에는 단순회귀분석(simple regression) 또는 선형회귀분석이라 하며, 독립변수가 두개 이상인 경우에는 다중회귀분석(multiple regression) 또는 중회귀분석 이라 한다.

(1) 회귀모형에 대한 기본가정

변수 x와 y사이에 존재하는 관련성은 선형함수관계로 적절히 표현될 수 있으며, 주어진 x의 값에서 y의 관측된 표준편차는 x의 값에 관계없이 일정하다. 그리고 변수 x는 오차없이 관측할 수 있는 수학변수이며 확률변수는 아니다. 그러나 y는 확률변수이다. 위의 가정들을 수식으로 표현하면 다음과 같다.

$y=a+bx+\varepsilon$

$E(\varepsilon)=0$(오차항 ε는 0이다)

$Var(\varepsilon)=\sigma^2$(오차항 ε는 모두 동일한 분산을 갖는다. $Var(\varepsilon)=E(\varepsilon)^2=\sigma^2$)

$Var(y)=\sigma^2$

$E(y)=a+bx$

(2) 회귀선과 최소자승법

위와 같은 가정을 만족하는 절편과 기울기를 구하는 방법중의 대표적인 것이 최소자승법으로 이 방법이 갖는 의미는 오차를 최소로 하되 부호의 문제를 해결하기 위해 오차의 제곱의 합이 최소가 되도록 직선을 정하는 것으로 회귀계수를 구하는 대표적인 방법이다. 즉, Minimize $\sum\varepsilon^2$을 만족하여야 한다. 이 때 $\varepsilon=y-a-bx$가 되며 이를 구하는 방법은 최소화 문제이므로 일차 미분치가 0 일 때를 구하는 것이 된다.

따라서 $S=\sum\varepsilon^2=\sum(y-a-bx)^2$로 표시되므로 이를 a와 b로 미분하여 정리하면

$\sum y=n\cdot a+b\sum x$ ………… ①

$\sum xy=a\sum x+b\sum x^2$ ………… ②

으로 표시되며 이 ①, ②식을 정규방정식이라 한다. 이때 $\sum y$, n, $\sum x$, $\sum xy$, $\sum x^2$은 알고 있는 값으로 a와 b에 대한 이원연립방정식이므로 절편 a와 회귀계수 b는 다음과 같이 구해진다.

$a=(\sum y\cdot\sum x^2-\sum x\sum xy)/\{n\sum x^2-(\sum x)^2\}$

$b=(n\sum x\cdot y-\sum x\sum y)/\{n\sum x^2-(\sum x)^2\}$

(3) 단순회귀분석(선형회귀분석)

이러한 회귀선의 모형을 보면 정확한 회귀모형의 표현은 실측된 종속변수의 값이 독립변수에 의하여 설명되는 이론적인 값과 설명되지 않는 오차부분이 있어 다음과 같이 표시한다.

$y=a+bx+\varepsilon$

y : 종속변수

x : 독립변수(설명변수)

a : 회귀상수

b : 회귀계수

또한 위 식에서 ε은 오차를 표시하므로 오차가 없는 부분이 이론치가 되며 이는 y=a+bx로 표시된다.

(4) 다중회귀분석(중회귀분석)

부동산의 가치는 여러 가지 요인이 복합되어 형성되는 것으로 이의 산정에는 다중회귀분석이 사용된다. 다중회귀분석은 독립변수(설명변수)가 여러 가지 사용되어 계산이 복잡함으로 이의 해를 구함에 있어서는 실무적으로 컴퓨터를 활용해야 한다는 것을 제외하고는 선형회귀분석과 동일하며 그 산식은 다음과 같이 표시된다.

$y = a + b_1x_1 + b_2x_2 + b_3x_3 \cdots b_nx_n + \epsilon$

y : 종속변수(토지 또는 부동산의 가격)

α : 회귀상수

b : 회귀계수

x : 독립변수(설명변수)

일본에서 회귀분석에 대해 발표한 논문을 보면 일반적으로 독립변수의 3배에 해당하는 사례자료가 포착되어야 회귀분석이 의미를 갖는다고 한다.

회귀분석에 의한 부동산의 가치를 산정하는데 사용되는 독립변수(설명변수)의 종류를 살펴보면 대체로 다음과 같다.

① 가장 가까운 역까지의 거리

② 버스정류장까지의 거리

③ 가장 가까운 상점가와의 거리

④ 초등학교까지의 거리

⑤ 중학교까지의 거리

⑥ 유치원까지의 거리

⑦ 공원까지의 거리

⑧ 전면도로의 폭

⑨ 전면도로의 포장상황

⑩ 전면도로의 성격(구획가로, 준간선, 간선)

⑪ 간선도로와의 계통연속성(우량, 보통, 열등)

⑫ 접면도로와의 방위 및 일조의 량부

⑬ 주변에 있는 표준적인 획지의 규모
⑭ 주변에 있는 녹지의 다소
⑮ 50m 거리 이내에 아파트의 유무
⑯ 혐악적 시설에 의한 소음, 진동, 취기유무
⑰ 버스통행빈도
⑱ 지형의 상황(평지, 급경사, 저지)

4) 회귀분석활용시의 장 · 단점

객관적이고 설득력이 있으며 대량·공평하게 처리할 수 있으나 이의 활용에는 여러 가지 자료가 사용되므로 자료의 수집, 채택과정 등에서 세심한 주의를 하지 않으면 오차가 큰 결과를 얻을 수 있으며 컴퓨터에 의해 산출된다고 하나 프로그램 과정에서 감정평가사의 판단과 경험 등을 완전히 배제할 수는 없을 것이다.

3. 총임료승수분석법(G.R.M)과 총수익승수분석법(G.I.M)

GRM(Gross Rent Multiplier) 및 GIM(Gross Income Multiplier)은 공히 부동산이 장래 산출하리라는 수익에 기초를 두고 있는 것이나 GRM(GIM)분석법은 수익환원법의 하나의 방법은 아니며, 또한 다음과 같은 점에서 다르다. 수익환원법은 총수익에서 필요 제경비 등을 공제한 부동산의 순수익에 착안하는 것임에 반하여, GRM(GIM)분석법은 부동산의 총임료(총수익)에 착안하는 것이다. 따라서 총임료승수분석법 또는 총수익분석법은 시장자료비교법의 비교단위의 하나이다. 총임료승수 및 총수익승수는 단순히 부동산의 매매가격과 부동산의 총임료 또는 총수익의 비율을 표시하는 수치(지수)이며 다음과 같은 공식으로 요약설명 된다.

GRM과 GIM의 차이는 GIM은 총임료 이외에 부동산에 귀속하는 수익, 아파트의 코인란드리(coin laundry)의 수익, 기타를 포함한 수익을 가산하여 구한 승수이며 GRM은 GIM의 일부로서 총임료에서 구한 승수이다. 단, 주택 등에 있어서는 총임료 이외에 다른 수익을 산출하는 일은 거의 없으므로 일반적으로 쾌적성 부동산에는 총임료승수를, 수익성 부동산에는 총수익승수를 채용하나 그 채용방법은 그렇게 명백하지 않고 GRM을 채용하는 경우가 많다.

$$\frac{\text{사례부동산의 시장가치}(SP)}{\text{사례부동산의 총임료}(GR)} = \text{총임료승수}(GRM)$$

■ 대상부동산의 시장가치(MV)=
대상부동산의 시장임료(MR)×총임료승수(GRM)

$$\frac{\text{사례부동산의 시장가치}(SP)}{\text{사례부동산의 총수익}(GI)} = \text{총수익승수}(GIM)$$

■ 대상부동산의 시장가치(MV)=
대상부동산의 총수익(MI)×총수익승수(GIM)

SP/GR=GRM	SP : 매매가격
MR×GRM=MV	GR : 총임료
	GI : 총수익
SP/GI=GIM	MR : 시장임료
GI×GIM=MV	MV : 시장가치

1) 총임료(총수익)승수분석법의 전제

GRM(GIM)분석법을 채용하는데는 다음 전제가 필요하다.

① 부동산의 매매가격과 총임료 또는 총수익은 동일시장의 저력 및 월세에 의존하고 있으며, 시장의 변화에 대응하여 양자는 공히 동일한 방향으로 동등한 비율로 변동한다.

② 대상부동산 및 비교가능 부동산의 필요제경비의 비율은 일정하다.

③ 비교가능부동산의 매매가격과 임료는 대상부동산과 경쟁, 대체의 관계에 있다.

④ 평가대상부동산, 비교대상부동산의 사정총임료(총수익)는 가까운 장래에 있어서 변동이 없다.

2) 총임료(수익)승수분석법의 절차

① 평가대상 부동산의 총임료(총수익)를 다수의 비교가능 부동산의 사례를 비교수정하여 결정한다.

② 매매시점에 있어 임대되고 있던 혹은 임대된 비교부동산에서 GRM(GIM)을 산정한다. 원칙적으로 총임료(총수익)와 매매가격을 각각 다른 부동산에서 도출하여

GRM(GIM)을 합성하여서는 아니된다고 되어 있으나 매매사례=임대사례라는 자료가 부족한 경우 GRM(GIM)을 합성하는 것도 부득이하다고 생각된다. 적절한 GRM(GIM)을 사정하기 위해서는 부동산의 거래시점, 부동산의 종류, 지역, 규모 및 방수, 부동산의 상태 등이 활용된다.

③ 대상부동산의 총임료(총수익)에 적절한 GRM(GIM)을 곱해 시산가액을 구한다.

3) 잠재적 총수익(총임료)과 유효총수익(총임료)

잠재적 총수익이란 공실률이 영(zero), 즉 100% 임대하고 있는 경우의 임대료 또는 총수익이다. 유효총수익이란 잠재적 총수익에서 공실손실상당액 및 대손준비금을 공제하고 거기에다 코인 란드리의 수익, 주차장 수익 등 임대료 이외에 부동산에 귀속하는 기타의 수익을 가산한 것이다. 다시 말하면 유효총수익에서 필요 제경비를 공제한 것이 수익환원법에서의 '순수익'에 해당되는 것이다.

4) 총임료(총수익)승수분석법의 장 · 단점

(1) 장 점

① 대상부동산과 극히 유사한 부동산의 임대료 및 매매가격에 관한 신뢰할 수 있는 매매, 임대사례가 풍부하게 수집될 수 있는 경우에는 설득력이 있고 객관성 있는 가격이 산출되고 평가자의 주관의 개입을 최소화 할 수 있다.

② 적절한 사례가 풍부히 있는 경우에는 거래사례비교법과 같은 각 부동산간의 격차 수정의 필요성을 배제 또는 최소한으로 줄일 수 있다.

③ 임료수익이 가격에 직접적으로 반영된다.

④ 다른 평가방법의 보조·검증수단이 될 수 있다.

(2) 단 점

① 부동산시장은 불완전하므로 총임료(총수익)가 각 부동산간의 모든 격차를 항상 일관해서 반영하고 있는 것은 아니며, 따라서 총임료와 매매가격과의 관계는 항상 부동산의 시장성을 완전히 반영하고 있다고 볼 수 없다. 즉, 지가, 건축비의 상승과 임대료의 상승과는 정확하게 일치한다고 볼 수 없다.

② 임대료통제나 투기가 있는 경우에는 임대료와 매매가격이 동률로 추이하지 않는

다. 또한 부동산의 세액의 대소는 매매가격에는 영향을 미치나 임료수준에는 그 다지 큰 영향을 미치지 않는다.

③ 임대부동산의 거래가 활발하지 않고 신뢰할 수 있는 매매사례와 임대사례가 충분하지 않으면 이 방법의 채용은 불가능하다.

④ 수익성부동산이 갖는 다양한 위험이나 영업경비 등을 고려하지 않는다.

Chapter 5

부동산 가격공시제도

제1절 부동산 가격공시제도의 개요

1. 부동산 가격공시제도의 도입배경

1) 공시지가제도의 도입배경

종전의 지가제도는 국토교통부(구 건설부)의 「국토이용관리법」에 따른 기준지가, 행정안전부(구 내무부)의 「지방세법」에 따른 과세시가표준액, 국세청의 기준시가, 기획재정부(구 재무부)의 「감정평가에 관한 법률」에 따른 감정시가 등으로 각 부처의 사용목적과 기능에 따라 다양한 형태로 운영되었다.

이와 같이 전국의 지가가 각각 다른 기준에 의하여 조사·평가됨으로써 상호간에 연계성이 결여되어 객관적인 가격수준을 제시하지 못함에 따라 정부기관에서 사용하는 지가에 대한 국민의 불신이 높았으며, 또한 사용목적에 따라 각 부처별로 지가조사평가를 시행함에 따라 소요인력 및 예산이 중복적으로 집행되어 행·재정적인 낭비를 초래하였다.

따라서 낭비적 요인을 제거하고 지가체계의 공신력을 제고하기 위해 지가체계의 단일화를 통한 공개념 관련제도 시행의 확고한 기반을 구축해야 할 필요성이 대두되었다.[15)]

토지의 예를 들면, 기존의 지가 및 평가체계는 평가목적과 기관에 따라 토지의 공공취득 및 보상의 근거로 사용되고 있는 '기준지가'와 취득세, 등록면허세, 재산세 등 지방세의 부과기준이 되고 있는 '과세시가표준액', 그리고 특정지역 내의 국세부과를

15) 국토교통부, 2012년도 부동산가격공시에 관한 연차보고서, 2012. 8. pp.49~50

위한 '기준시가'로 대별할 수 있었으나 현실가격과 격차가 커 실효성이 문제되고 있었다.

이와 같이 다원화되어 있는 부동산 평가제도를 체계화하고 토지정책의 기초가 되는 지가의 관리체계를 합리적으로 개선하기 위하여 1989년 4월 1일 「지가공시 및 토지 등의 평가에 관한 법률(법률 제4120호)」을 제정하여 공적 지가체계를 공시지가로 일원화하였다. 또한 주택가격공시를 포함한 「부동산 가격공시 및 감정평가에 관한 법률」로 전면 개정하였으나 부동산의 적정가격을 공시하여 부동산 가격을 평가하고 산정하는데 기준이 되고 있는 부동산 가격공시 업무영역과 감정평가 및 감정평가사의 업무에 관한 사항이 함께 규정되어 있어 부동산 가격공시가 감정평가업자의 업무로 인식되고 있는 실정으로 2016. 1. 19. 「부동산 가격공시에 관한 법률(2016. 9. 1. 시행)」과 「감정평가 및 감정평가사에 관한 법률」로 분리하여 각각 별도의 법률로 제정하였다.

2) 주택가격 공시제도의 도입배경

1989년 「지가공시 및 토지 등의 평가에 관한 법률」의 제정을 계기로 토지에 대한 모든 공적평가는 '공시지가'로 일원화되었으나 건물평가는 활용목적과 담당기관에 따라 다르게 조사산정되었다. 즉 국세청은 양도소득세 부과를 목적으로 건물신축단가에 기초하여 '기준시가'를 산정하였고, 행정안전부에서는 건물분 재산세 부과를 위해 기준시가와 비슷한 방식으로 '시가표준액'을 산정하였다.

이와 같이 행정기관별로 목적에 따라 가격 산정방식 및 과세기준이 달라 보유세 부과시에 혼란을 초래함은 물론 예산의 중복투자, 행정력 낭비, 공신력 저하 등의 문제가 발생하였다. 또한 평가된 과세가격(기준시가, 과세시가표준액)이 시장가격 수준과 큰 차이를 보였으며, 더불어 인근 부동산과의 가격균형도 이루어지지 않았고, 통상적으로 토지와 건물이 일체로 거래되는 시장상황에서 토지와 건물을 상이한 평가방식(거래사례 비교방식, 원가방식)에 따라 각각 평가함으로 인해 시장가격과 크게 괴리된 별도의 평가가격들이 도출되었고, 이는 궁극적으로 과세 불평등을 초래하는 원인이 되었다.

이에 따라 2005년 1월 14일 세 부담의 형평성을 제고하기 위하여 주택에 대한 토지·건물 통합 과세를 내용으로 하는 부동산 보유세제 개편과 부동산 실거래가신고제의 시행에 대비하여 현행 공시지가제도 외에 토지와 건물의 적정가격을 통합 평가하여 공시하는 주택가격공시제도를 도입하고, 각 중앙행정기관별로 분산되어 있는 부동산 가격의 평가체계를 일원화하고자 「지가공시 및 토지 등의 평가에 관한 법률」을 전면 개정하여 「부동산 가격공시 및 감정평가에 관한 법률」(법률 제7335호, 2005. 1. 14.)이 공포·시행되었으며, 체계개편에 따른 부작용을 최소화하기 위하여 비주거용 건물은 유보한 채 그 대상을 주택(단독주택, 공동주택)으로 한정하였다.[16] 2016. 1. 19. 「부동산 가격공시에 관한 법률(법률 제13796호, 2016. 9. 1. 시행)」이 제정되면서 그동안 유보되었던 비주거용 부동산에 대한 가격공시제도를 도입하였다.

2. 부동산 가격공시제도의 의의 및 목적

1) 부동산 가격공시제도의 의의

(1) 부동산은 단순한 상품가치를 지니는 재화가 아니라 사회성·공공성이 강조되는 국토의 일부로서 인간생활과 생산활동을 위한 불가결한 기반이다.
특히 토지는 일반재화와는 달리 자연적·인문적 특성으로 인하여 가치형성요인이 매우 복잡하여 일반국민이 시장가치을 판단하기 어렵다.
이와 같이 부동산 가격공시제도는 적정하게 형성되기 어려운 부동산가격으로 인한 문제점을 해소 또는 보완하기 위하여 정부가 객관적인 기준을 정하고 이에 따라 조사·평가된 적정가격[17]을 공시하여 일반적인 부동산거래의 가격정보와 국가나 지방자치단체 등의 행정목적을 위한 가격산정 또는 감정평가 등에 활용할 수 있도록 하는 제도이다.

(2) 「부동산 가격공시법」에서 "표준지공시지가는 토지시장에 지가정보를 제공하고 일반적인 토지거래의 지표가 되며, 국가·지방자치단체 등이 그 업무와 관련하여 지가를 산정하거나 감정평가업자가 개별적으로 토지를 감정평가하는 경우에 그 기준이 된다. 또한 표준주택가격과 공동주택가격 및 비주거용 부동산가격은 국가·지방자치단체 등이 그 업무와 관련하여 가격을 산정하는 경우에 그 기준이 된다."라고 규정함으로써 감정평가법규의 일반법인 동시에 기본법적 성격을 지

16) 상게서, pp.70~71

17) 적정가격이란 해당 토지, 주택 및 비주거용 부동산에 대하여 통상적인 시장에서 정상적인 거래가 이루어지는 경우 합리적으로 성립한다고 인정되는 가격을 말한다.

니고 있다.

2) 부동산 가격공시제도의 목적

「부동산 가격공시법」은 부동산의 적정가격(適正價格) 공시에 관한 기본적인 사항과 부동산 시장·동향의 조사·관리에 필요한 사항을 규정함으로써 부동산의 적정한 가격형성과 각종 조세·부담금 등의 형평성을 도모하고 국민경제의 발전에 이바지함을 목적으로 제정되었다(법 제1조).

3. 부동산 가격공시제의 요지

「부동산 가격공시법」의 주요내용은 다음과 같다.

첫째, 국토교통부장관은 토지이용상황·주변환경 그 밖의 자연적·사회적 조건이 유사한 토지 중에서 표준지를 선정, 매년 공시기준일 현재의 표준지공시지가를 조사·평가하여 공시하여야 한다(법 제3조).

둘째, 시장·군수·구청장은 매년 공시지가의 공시기준일 현재 관할 구역안의 개별공시지가를 결정·공시하여야 한다(법 제10조).

셋째, 국토교통부장관은 용도지역, 건물구조 등이 유사한 표준주택과 공동주택에 대하여 공시기준일 현재의 적정가격(표준주택가격, 공동주택가격)을 조사·산정하여 공시하여야 한다(법 제16, 18조).

넷째, 시장·군수·구청장은 매년 표준주택가격의 공시기준일 현재 관할 구역안의 개별주택가격을 결정·공시하여야 한다(법 제17조).

다섯째, 국토교통부장관은 용도지역, 이용상황, 건물구조 등이 유사한 비주거용 표준부동산과 비주거용 집합부동산에 대하여 매년 공시기준일 현재의 적정가격(비주거용 표준부동산가격, 비주거용 집합부동산가격)을 조사·산정하여 공시할 수 있다(법 제20, 22조).

여섯째, 국가·지방자치단체 등이 공공용지의 매수 및 토지수용에 대한 보상, 국·공유토지의 취득 또는 처분 등을 위하여 지가를 산정하는 경우에는 표준지의 공시지가를 기준으로 직접 산정하거나 의뢰하되, 특수목적에 따라 가감 조정하여 적용할 수 있다(법 제8조).

일곱째, 부동산 가격공시 관련 법령의 제·개정, 표준지 및 표준주택과 비주거용 표준부동산의 선정·관리, 표준지공시지가 및 표준주택가격의 조정, 이의신청 등에 관한 사항을 심의하기 위하여 국토교통부에 중앙부동산가격공시위원회를 두고 개별공시지가 및 개별주택가격과 비주거용 개별부동산가격을 심의하기 위하여 각 지방에 시·군·구 부동산가격공시위원회를 둔다(법 제24, 25조).

여덟째, 국토교통부장관은 토지, 주택 및 비주거용 부동산의 공시가격과 관련된 정보를 효율적이고 체계적으로 관리하기 위하여 공시가격정보체계를 구축·운영할 수 있다(법 제27조).

제2절 표준지공시지가의 공시

1. 표준지의 선정기준

1) 표준지의 개요

표준지란 토지이용 상황이나 주변환경 그 밖의 자연적·사회적 조건이 일반적으로 유사하다고 인정되는 일단의 토지 중에서 해당 일단의 토지를 대표할 수 있는 필지의 토지를 말한다.

표준지공시지가를 공시하기 위해서는 우선 표준지를 선정해야 한다. 구체적인 표준지의 선정은 중앙부동산가격공시위원회의 심의를 거친 표준지의 선정 및 관리지침에 따라야 한다(영 제3조).

2) 표준지 선정기준

전국의 표준지는 1990년~1994년까지는 30만 필지, 1995년 이후에는 45만 필지, 2003년에는 50만 필지, 2006년에는 481,000필지를 선정하였으나 2007년부터는 50만 필지가 선정되고 있으며, 그 중 일부가 행정구역개편이나 개발사업에 따른 용도변경 등의 사유로 교체 선정되고 있다.

(1) 일반적인 기준

① 지가의 대표성 : 표준지선정단위구역[18]내에서 지가수준을 대표할 수 있는 토지 중 인근지역내 가격의 층화를 반영할 수 있는 표준적인 토지

② 토지특성의 중용성 : 표준지선정단위구역내에서 개별토지의 토지이용상황·면적·지형지세·도로조건·주위환경 및 공적규제 등이 동일 또는 유사한 토지중 토지특성빈도가 가장 높은 표준적인 토지

③ 토지용도의 안정성 : 표준지선정단위구역내에서 개별토지의 주변이용상황으로 보아 그 이용상황이 안정적이고 장래 상당기간 동일 용도로 활용될 수 있는 표준적인 토지

④ 토지구별의 확정성 : 표준지선정단위구역내에서 다른 토지와 구분이 용이하고 위치를 쉽게 확인할 수 있는 표준적인 토지

(2) 특수토지 등

특수토지 또는 용도상 불가분의 관계를 형성하고 있는 비교적 대규모의 필지를 일단지로 평가할 필요가 있는 경우에는 표준지로 선정하여 개별공시지가의 산정기준으로 활용될 수 있도록 하되, 토지형상, 위치 등이 표준적인 토지를 선정한다.

(3) 과세대상필지

국가 및 지방자치단체에서 행정목적상 필요하여 표준지를 선정하여 줄 것을 요청한 특정지역이나 토지에 대해서는 지역특성을 고려하여 타당하다고 인정하는 경우에는 표준지를 선정할 수 있다(표준지의 선정 및 관리지침 제10조).

3) 표준지선정 제외대상

① 국공유의 토지는 표준지로 선정하지 아니한다. 다만, 「국유재산법」 상 일반재산인 경우와 국공유의 토지가 여러 필지로서 일단의 넓은 지역을 이루고 있어 그 지역의 지가수준을 대표할 표준지가 필요한 경우에는 표준지를 선정할 수 있다.

② 한 필지가 둘 이상의 용도로 이용되고 있는 토지는 표준지로 선정하지 아니한다.

---

18) "표준지선정단위구역"이란 동일한 용도지역내에서 가격수준 및 토지이용상황 등을 고려하여 표준지의 선정범위를 구획한 구역을 말한다.

다만, 부수적인 용도의 면적과 토지의 효용가치가 경미한 경우에는 비교표준지로의 활용목적을 고려하여 표준지로 선정할 수 있다(표준지의 선정 및 관리지침 제12조).

2. 표준지가격의 조사 · 평가

1) 표준지공시지가의 의의

표준지공시지가란 「부동산 가격공시법」에 따라 국토교통부장관이 조사·평가하여 공시한 표준지의 단위면적당 가격(원/m^2)을 말한다(법 제2조제5호).

※ 정부는 표준지공시지가, 표준주택가격 및 공동주택가격의 주요사항에 관한 보고서를 매년 정기국회의 개회 전까지 국회에 제출하여야 한다(법 제20조).[19]

2) 조사 · 평가의 기준

① 표준지공시지가는 인근 유사토지의 거래가격·임대료 및 해당 토지와 유사한 이용가치를 지닌다고 인정되는 토지의 조성에 필요한 비용추정액 등을 종합적으로 참작하여야 한다(법 제3조제4항).

㉠ 인근 유사토지의 거래가격 또는 임대료의 경우: 해당 거래 또는 임대차가 당사자의 특수한 사정에 의하여 이루어지거나 토지거래 또는 임대차에 대한 지식의 부족으로 인하여 이루어진 경우에는 그러한 사정이 없었을 때에 이루어졌을 거래가격 또는 임대료를 기준으로 할 것(영 제6조 제1항)

㉡ 해당 토지와 유사한 이용가치를 지닌다고 인정되는 토지의 조성에 필요한 비용추정액의 경우: 공시기준일(매년 1월 1일) 현재 해당 토지를 조성하기 위한 표준적인 조성비와 일반적인 부대비용으로 할 것

② 표준지에 건물 또는 그 밖의 정착물이 있거나 지상권 또는 그 밖의 토지의 사용·수익을 제한하는 권리가 설정되어 있을 때에는 그 정착물 또는 권리가 존재하지 아니하는 것으로 보고 표준지공시지가를 평가하여야 한다(영 제6조 제2항).

---

19) 「국회법」제4조에 따라 정기회는 매년 9월 1일에 집회한다. 그러나 그 날이 공휴일인 때에는 그 다음 날에 집회한다.

3) 조사 · 평가 방법

① 표준지의 평가는 거래사례비교법, 원가법 또는 수익환원법의 3방식 중에서 해당 표준지의 특성에 가장 적합한 평가방식 하나를 선택하여 행하되, 다른 평가방식에 의하여 산정한 가액과 비교하여 그 적정여부를 검토한 후 평가액을 결정한다.

② 일반적으로 시장성이 있는 토지는 거래사례비교법으로 평가한다. 다만, 새로이 조성 또는 매립된 토지는 원가법에 의할 수 있으며, 상업용지 등 수익성이 있는 토지는 수익환원법에 의할 수 있다.

③ 거래사례비교법 등에 의하여 표준지의 가액을 산정한 때에는 인근지역 또는 동일수급권 안의 유사지역에 있는 유사용도 표준지의 평가액과 비교하여 그 적정여부를 검토한 후 평가액을 결정하되, 유사용도 표준지의 평가액과 균형이 유지되도록 하여야 한다.

4) 조사 · 평가 의뢰

(1) 국토교통부장관이 표준지공시지가를 조사·평가할 때에는 둘 이상의 감정평가업자에게 이를 의뢰하여야 한다. 다만, 다음 각 호의 요건을 모두 갖춘 지역의 표준지는 하나의 감정평가업자에게 의뢰할 수 있다.

① 최근 1년간 읍·면·동별 지가변동률이 전국 평균 지가변동률 이하인 지역

② 개발사업이 시행되거나 용도지역 또는 용도지구가 변경되는 등의 사유가 없는 지역(법 제3조제5항, 영 제7조제5항).

(2) 표준지공시지가 의뢰 기준

국토교통부장관이 다음 각 호의 요건을 모두 갖춘 감정평가업자 중에서 표준지공시지가 조사평가를 의뢰할 자를 선정하여야 한다(영 제7조제1항).

① 표준지공시지가 조사·평가 의뢰일로부터 30일 이전이 되는 날(이하 "선정기준일"이라 한다)을 기준으로 하여 직전 1년간의 업무실적 및 소속 감정평가사 수가 표준지 적정가격 조사·평가업무를 수행하기에 적정한 수준일 것

② 회계감사 또는 감정평가서의 심사체계가 적정할 것

③ 업무정지처분, 과태료 또는 소속 감정평가사에 대한 징계처분 등이 다음 각 목의 기준 어느 하나에도 해당하지 아니할 것

㉠ 선정기준일부터 직전 2년간 업무정지 처분을 3회 이상 받은 경우

㉡ 선정기준일부터 직전 1년간 과태료 처분을 3회 이상 받은 경우

㉢ 선정기준일부터 직전 1년간 징계를 받은 소속 감정평가사의 비율이 선정 기준일 현재 소속 전체 감정평가사의 10% 이상인 경우

㉣ 선정기준일 현재 업무정지기간이 만료된 날부터 1년이 지나지 아니한 경우

5) 조사 · 평가 절차

① 표준지공시지가의 조사·평가를 의뢰받은 감정평가업자는 표준지공시지가 및 그 밖에 국토교통부령으로 정하는 사항을 조사·평가한 후 표준지공시지가 조사평가보고서를 작성하여 국토교통부장관에게 제출하여야 한다(영 제8조제1항).

② 감정평가업자는 표준지공시지가 조사평가보고서를 작성하는 경우에는 미리 해당 표준지를 관할하는 시장·군수 또는 구청장(자치구의 구청장)의 의견을 들어야 하며, 이 경우 시장·군수 또는 구청장은 미리 시·군·구부동산가격공시위원회의 심의를 거쳐 20일 이내에 의견을 제시하여야 한다(영 제8조제2,3항).

③ 표준지공시지가를 조사평가한 후에는 중앙부동산가격공시위원회의 심의 등 다단계의 검증과정을 거쳐 공시절차에 따라 최종 표준지공시지가를 공시한다.

④ 표준지공시지가는 감정평가업자가 제출한 조사·평가액의 산술평균치를 기준으로 한다.

⑤ 감정평가업자가 제출한 표준지공시지가 조사·평가보고서에 대하여 적정한 실거래신고가격 및 감정평가 정보체계 등을 활용하여 적정성 여부를 검토할 수 있으며, 검토한 결과 부적정하다고 판단되거나 조사평가액 중 최고평가액이 최저평가액의 1.3배를 초과하는 경우에는 해당 감정평가업자에게 보고서를 시정하여 다시 제출하게 할 수 있다(영 제8조제5,6항).

⑥ 국토교통부장관은 감정평가업자가 행한 표준지공시지가의 조사·평가가 관계법령에 위반하여 수행되었다고 인정되는 경우에는 해당 감정평가업자에게 그 사유를 통보하고, 다른 감정평가업자 2인에게 대상 표준지공시지가의 조사·평가를 다시 의뢰하여야 한다. 이 경우 표준지 적정가격은 다시 조사·평가한 가액의 산술평균치를 기준으로 한다.

〈그림 5-1〉 표준지공시지가의 공시절차

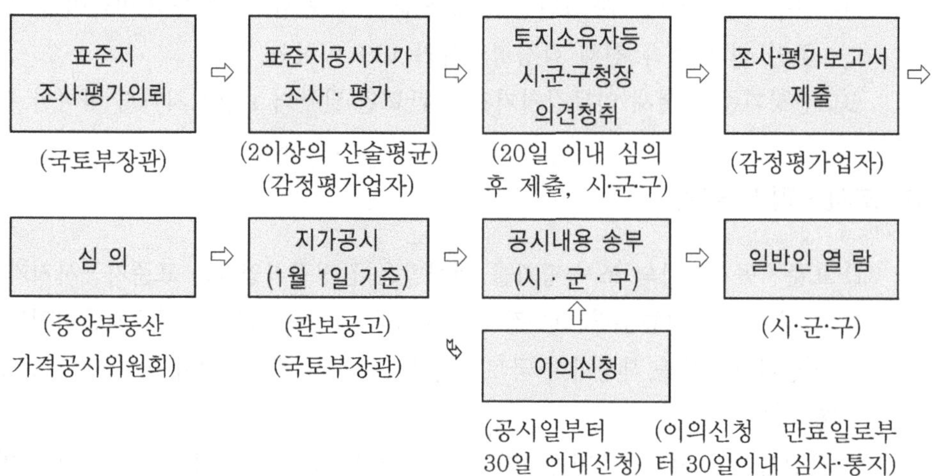

5) 지가공시

(1) 공시권자

국토교통부장관은 토지이용상황이나 주변환경, 그 밖의 자연적·사회적 조건이 일반적으로 유사하다고 인정되는 일단의 토지 중에서 선정한 표준지에 대하여 매년 공시기준일 현재의 단위 면적당 적정가격을 조사·평가하고, 중앙부동산가격공시위원회의 심의를 거쳐 이를 공시하여야 한다(법 제3조 제1항).

(2) 공시기준일

표준지공시지가의 공시기준일은 1월 1일로 한다. 다만, 표준지공시지가 조사·평가인력 등을 고려하여 부득이하다고 인정하는 경우에는 일부 지역을 지정하여 해당 지역에 대한 공시기준일을 따로 정할 수 있다(영 제3조).

(3) 공시사항(법 제5조, 영 제10조)

표준지공시지가의 공시사항은 〈표 5-1〉과 같다. 또한 관보에 공고할 때에는 표준지의 지번 등 공시사항의 개요, 열람방법, 이의신청의 기간·절차 및 방법 등을 포함하여야 한다.

〈표 5-1〉 표준지와 표준주택의 공시사항 비교

표준지 공시사항	표준주택 공시사항
① 표준지의 지번 ② 표준지의 단위면적(1㎡)당 가격 ③ 표준지의 면적 및 형상 ④ 표준지 및 주변토지의 이용상황	① 표준주택의 지번 ② 표준주택가격 ③ 표준주택의 대지면적 및 형상 ④ 표준주택의 용도, 연면적, 구조 및 사용승인일(임시사용승인일 포함)
⑤ 지 목 ⑥ 용도지역 ⑦ 도로상황 ⑧ 그 밖에 표준지공시지가 공시에 필요한 사항	⑤ 지 목 ⑥ 용도지역 ⑦ 도로상황 ⑧ 그 밖에 표준주택가격 공시에 필요한 사항

(4) 열람

국토교통부장관은 표준지공시지가를 공시한 때에는 그 내용을 특별시장·광역시장 또는 도지사를 거쳐 시장·군수 또는 구청장에게 송부하여 일반인이 열람할 수 있게 하고, 표준지공시지가 공시사항을 포함한 도서·도표 등을 작성하여 관계 행정기관 등에 공급하여야 한다(법 제6조).

6) 불복에 대한 이의신청

(1) 이의신청의 의의

① 표준지공시지가는 그 적용대상이 광범위하고 많은 이해관계인이 있으며, 표준지공시지가의 적용용도에 따라 이해관계도 상충된다. 공시지가는 이들 이해관계인의 의견을 수렴하고, 조사·평가과정에서 착오가 있거나 오류사항을 조사·확인하여 시정함으로써, 적정한 지가가 공시되도록 하기 위하여 이의신청제도를 두고 있다.

② 표준지공시지가를 행정처분으로 보게 되면, 이의신청은 행정심판에 해당된다. 다만, 일반 행정심판과 달리 행정심판위원회의 의결을 거치지 않고, 국토교통부장관은 이의신청을 심사하여 타당하다고 인정할 때에는 중앙부동산가격공시위원회의 심의를 거쳐 조정하여야 한다.

(2) 이의신청 기간 및 심사

① 표준지공시지가에 이의가 있는 자는 그 공시일부터 30일 이내에 서면(전자문서 포함)으로 국토교통부장관에게 이의를 신청할 수 있다(법 제7조제1항).

② 이의신청기간이 만료된 날부터 30일 이내에 이의신청을 심사하여 그 결과를 신청인에게 서면으로 통지하여야 한다. 이 경우 이의신청의 내용이 타당하다고 인정될 때에는 해당 표준지공시지가를 조정하여 다시 공시하여야 한다(법 제7조제2항).

3. 표준지공시지가의 적용 및 효력

1) 표준지공시지가의 적용

(1) ①의 지가 산정의 주체가 ②의 지가 산정 목적을 위하여 지가를 산정할 때에는 그 토지와 이용가치가 비슷하다고 인정되는 하나 또는 둘 이상의 표준지의 공시지가를 기준으로 하여 토지가격비준표를 사용하여 지가를 직접 산정하거나 감정평가업자에게 감정평가를 의뢰하여 산정할 수 있다(법 제8조).

① 지가산정의 주체

㉠ 국가 또는 지방자치단체,

㉡ 「공공기관의 운영에 관한 법률」에 따른 공공기관,

㉢ 그 밖에 대통령령으로 정하는 공공단체[20)]

② 지가 산정의 목적

㉠ 공공용지의 매수 및 토지의 수용·사용에 대한 보상,

㉡ 국유지·공유지의 취득 또는 처분,

㉢ 그 밖에 대통령령으로 정하는 지가의 산정[21)]

(2) 다만, 필요하다고 인정할 때에는 산정된 지가를 ②의 지가 산정 목적에 따라 가감(加

---

20) 대통령령으로 정하는 공공단체 : 산림조합 및 산림조합중앙회, 조합 및 농업협동조합중앙회, 수산업협동조합 및 수산업협동조합중앙회, 한국농어촌공사, 중소기업진흥공단, 산업단지관리공단

21) 1. 「국토의 계획 및 이용에 관한 법률」 그 밖의 법령에 의하여 조성된 공업용지 · 주거용지 · 관광용지 등의 공급 또는 분양

2. 「도시개발법」 에 따른 도시개발사업, 「도시 및 주거환경정비법」 에 따른 정비사업 또는 「농어촌정비법」 에 따른 농업생산기반 정비사업을 위한 환지 · 체비지의 매각 또는 환지신청

3. 토지의 관리 · 매입 · 매각 · 경매 · 재평가

減) 조정하여 적용할 수 있다.

(3) 그러나 일반 개인간의 토지의 매매나 금융기관의 담보대출을 위한 평가 등에서는 해당 지역에 표준지공시지가가 공시되어 있어도, 반드시 이를 따르지 않아도 된다.

(4) 국토교통부장관은 개별공시지가의 산정을 위하여 필요하다고 인정하는 경우에는 표준지와 산정대상 개별 토지의 가격형성요인에 관한 표준적인 비교표(토지가격비준표)를 작성하여 시장·군수 또는 구청장에게 제공하여야 한다(법 제3조제7항).

2) 표준지공시지가의 효력

표준지공시지가는 토지시장에 지가정보를 제공하고 일반적인 토지거래의 지표가 되며, 국가·지방자치단체 등이 그 업무와 관련하여 지가를 산정하거나 감정평가업자가 개별적으로 토지를 감정평가하는 경우에 그 기준이 되는 등 광범위한 효력을 가지고 있다(법 제9조). 즉, 표준지공시지가는 국가·지방자치단체 등이 조세부과, 공공용지의 매수 또는 수용·사용에 대한 보상 등을 위하여 지가를 별도로 산정할 필요가 있을 경우 그 기준이 되고, 또한 감정평가사가 타인의 의뢰를 받아 지가를 감정평가하는 경우 등에도 그 기준이 되고 있다.

(1) 토지시장의 지가정보 제공

표준지공시지가를 공시함으로써 토지시장의 지가정보를 제공할 뿐만 아니라 그 지가정보는 토지의 거래·이용 등과 관련된 정부·개인·기업이 의사결정시에 활용할 수 있다.

(2) 일반적인 토지거래의 지표

공시지가는 표준지의 적정가격, 즉 시장가치·평균적 가격을 공시하여 토지시장에 지가정보를 제공한 것으로서, 사인 간에 이루어지는 일반적인 토지거래에 있어서 토지가액 결정의 지표가[22] 된다(법 제9조).

(3) 행정목적을 위한 지가산정 기준

국가·지방자치단체·「공공기관의 운영에 관한 법률」에 의한 공공기관 및 기타 대통령령이 정하는 공공단체가 지가를 산정할 때에는 그 토지와 유사한 이용가치를 지닌

22) 지표란 거래에 있어 구속력을 갖는다는 것은 아니며 하나의 상징적 · 선언적 의미로서 이는 행정지도적 성격을 갖는다고 할 수 있다.

다고 인정되는 하나 또는 둘 이상의 표준지의 공시지가를 기준으로 하여야 한다(법 제8조).

(4) 개별토지의 평가기준

감정평가업자가 토지를 감정평가하는 경우에는 그 토지와 이용가치가 비슷하다고 인정되는 표준지공시지가를 기준으로 하여야 한다(감정평가법 제3조). 즉, 평가대상 토지의 가액과 표준지의 공시지가가 균형을 유지하도록 평가하여야 한다.

(5) 조세부과의 기준

국세·지방세 등 각종 세금의 부과, 농지보전부담금을 부과하기 위하여 개별공시지가를 산정하는 경우 표준지공시지가를 기준으로 토지가격비준표를 사용하여 지가를 산정하여야 한다. 따라서 부담금 등의 부과대상이 아닌 토지나 국세 또는 지방세의 부과대상이 아닌 토지는 공시지가를 공시하지 아니할 수 있다(법 제10조, 영 제15조).

〈표 5-2〉 표준지공시지가 적용현황

적용방법	적용지가
공시지가를기준으로 개별토지가격 평가	·공공용지의 매수 및 토지의 수용·사용에 대한 보상(「공익사업을 위한 토지등의 취득 및 보상에 관한 법률」) ·국공유 토지의 취득 또는 처분 ·기타 법령에 의하여 조성된 주거용·공업용 등 토지의 공급 또는 분양 등
공시지가와 토지가격비준표를 사용하여 개별토지 가격산정	·취득세·토지분재산세 과표(「지방세법」) ·국유재산(행정재산)사용·수익료(「국유재산법」) ·공유재산의 대부료·사용료(「지방재정법」) ·개발부담금산정을 위한 가격(「개발이익환수에 관한 법률」) ·선매협의가격(「국토의 계획 및 이용에 관한 법률」) ·양도소득세과표(「소득세법」) ·상속세 및 증여세 과표(「상속세법」) ·법인특별부가세과표(「법인세법」) ·개발제한구역의 훼손부담금 (「개발제한구역의 지정 및 관리에 관한 특별조치법」)

자료 : 국토교통부, 부동산가격공시에 관한 연차보고서, 2012. 8.

제3절 개별공시지가의 공시

1. 개별공시지가의 개념

1) 개별공시지가의 의의

(1) 개별공시지가란 국토교통부장관이 매년 공시하는 표준지공시지가를 기준으로 시장·군수·구청장이 '토지가격비준표'를 사용하여 지가를 산정한 후 시·군·구부동산가격공시위원회의 심의를 거쳐 매년 공시지가의 공시기준일 현재 시장·군수·구청장이 결정·공시하는 개별토지의 단위면적당 가격(원/㎡)을 말한다.

(2) 개별공시지가는 각종 토지 관련 제도에 쓰이는 공적지가로 관계기관이 합동으로 조사하여 활용함으로써 기관별 지가조사에 따른 업무의 중복을 막고, 예산 및 인력의 낭비를 줄일 수 있으며, 정부가 사용하는 지가를 일원화하여 공적지가에 대한 국민의 신뢰도를 제고하고, 정부 토지정책의 기준과 방향을 제시하기 위한 자료를 제공하기 위해서 도입되었다.

2) 개별공시지가(개별주택가격) 조사체계

개별공시지가는 토지 관련 세제 및 각종 부담금 부과의 기초가 되는 약 3,180만 필지(50만 표준지 제외)에 달하는 토지의 가액을 조사하는 방대한 작업이므로 관련기관 간의 긴밀한 협조가 이루어질 수 있는 합동조사체계가 요구된다.

따라서 국토교통부장관은 개별공시지가 및 개별주택가격의 결정·공시업무를 효율적으로 수행하기 위하여 국토교통부, 국세청, 지방자치단체 등 관계기관이 합동으로 조사하고 있으며, 국토교통부에 중앙통제부, 시·도에 통제반, 시·군·구에는 조사반을 편성·운영하여 개별공시지가 및 개별주택가격의 합동조사체계를 갖추고 있다.

3) 개별공시지가의 효력 및 활용

시장·군수·구청장이 결정·공시한 개별공시지가는 행정기관이 토지 관련 세제 등의 기초자료로 활용되며, 직접·간접적으로 적용하고 있는 제도는 다음과 같다.

① 재산세·취득세·등록면허세 등 지방세의 과세표준 결정자료로 활용
② 양도소득세, 증여세, 상속세, 종합부동산세 등의 기준시가로 사용
③ 「개발이익환수에 관한 법률」에 의한 개발부담금, 「개발제한구역의 지정 및 관리에 관한 특별조치법」에 규정된 개발제한구역 보전부담금, 국·공유 재산의 사용료(「국유재산법」 영 제29조), 지방세의 물납부동산의 평가(「지방세법」 영 제11조의4), 토지거래허가 위반으로 벌금부과시 그 산정의 기준(「국토의 계획 및 이용에 관한 법률」 제141조), 공직자 등록대상인 토지가격의 산정(「공직자 윤리법」 제4조), 농업진흥지역안의 농지불법전용시 벌금(「농지법」 제57조), 국유행정재산 계산(「국유재산법」 제32조), 농지의 매수가격산정(「농지법」 제11조), 산지전용제한지역안의 산지매수가격산정(「산지관리법」 제13조) 등에 활용하고 있다.

2. 개별공시지가의 조사 · 산정

1) 조사대상토지

(1) 조사대상토지

① 국세 또는 지방세의 부과대상 토지 단, 국·공유지의 경우 도로 등 공공용지 등은 제외할 수 있다.
② 개발부담금 등 각종 부담금의 부과대상 토지
③ 관계 법령에 따라 지가 산정 등에 개별공시지가를 적용하도록 규정되어 있는 토지와 시장·군수·구청장이 관계 행정기관의 장과 협의하여 개별공시지가를 결정·공시하기로 한 토지

(2) 조사대상 제외 토지

개별공시지가를 결정·공시하지 아니할 수 있는 토지는 조사대상에서 제외할 수 있으며, 다음 각 호와 같다.

① 표준지로 선정된 토지
② 농지보전부담금 또는 개발부담금 등의 부과대상이 아닌 토지
③ 국세 또는 지방세의 부과대상이 아닌 토지(국·공유지의 경우에는 공공용 토지만 해당한다)

이 경우 표준지로 선정된 토지에 대하여는 해당 토지의 표준지공시지가를 개별공시지가로 본다.

2) 개별공시지가 산정방법

(1) 산정방법

개별공시지가는 비교방식에 의하여 산정된다. 가격을 알고 있는 비교표준지를 기준으로 하여 지가를 산정하고자 하는 토지의 가격을 산정하는 비교방식이다.

이 비교방식에 의한 개별토지의 가격산정 절차는

① 산정의 기준이 되는 비교표준지를 선택하고,

② 비교표준지의 토지특성과 산정대상필지의 토지특성을 비교하여 서로 다른 특성을 찾아낸 다음

③ 토지가격비준표에서 서로 다른 토지특성에 대한 가격배율을 추출한 후

④ 비교표준지 가격(공시지가)에 가격배율을 곱하여 개별공시지가를 산정한다.

〈표 5-3〉 개별공시지가 산정방법

비교표준지선정		토지특성 비교 분석		개별토지가격산정 방법
공시지가(원/㎡)	×	비교표준지와 개별토지의 토지특성을 비교분석하여 가격배율을 산출	⇨	비교표준지공시지가×가격배율=개별토지가격(원/㎡)

(2) 비교표준지 선정

① 비교표준지란 개별공시지가를 산정하고자 하는 필지주변의 여러 표준지 중에서 직접 비교의 기준이 되는 표준지(행정구역 경계지역에서는 인접지역 비교표준지 선정가능)로서 해당 필지와 토지특성비교를 통하여 비준율을 적용하게 되는 표준지를 말한다.

② 비교표준지는 지가형성에 관한 지역요인과 개별요인이 같은 표준지를 선정하는 것이 가장 좋겠으나 하나의 표준지를 기준으로 지가를 산정하여야 할 개별필지의 비율이 전국평균 약 1：62가 되고, 선정자의 임의성이 개입될 수 있기 때문에 모든 조사대상토지마다 토지특성이 같은 표준지를 선정하기는 현실적으로 어렵다.

③ 따라서 가장 유사한 토지특성을 가진 표준지를 비교표준지로 선정할 수 있도록 조사대상토지와 동일 용도지역안에 있는 유사가격권[23]의 표준지 중에서 조사대상토지와 토지이용상황이 같은 표준지를 선정하도록 기준을 정하였다.

(3) 토지가격비준표

① 토지가격비준표는 표준지와 지가산정대상토지의 지가형성요인에 관한 표준적인 비교표를 말한다. 시장·군수·구청장은 표준지공시지가를 기준으로 '토지가격비준표'를 사용하여 개별공시지가를 산정하도록 하고 있다.

〈표 5-4〉 토지가격비준표의 예

• 주요 지목의 특성(서울특별시 ○○구 ○○동 주거지역)

표준지 \ 대상필지	전	답	과수원	목장	임야	대지	공장	학교	주차장	주유소	창고	…	잡종지
전	1.00	0.98	1.00	0.94	0.92	1.25	1.25	–	1.13	1.13	1.13		1.13
답	1.02	1.00	1.02	0.96	0.94	1.28	1.28	–	1.15	1.15	1.15		1.15
과수원	1.00	0.98	1.00	0.94	0.92	1.25	1.25	–	1.13	1.13	1.13		1.13
목장	1.06	1.04	1.06	1.00	0.98	1.33	1.33	–	1.20	1.20	1.20		1.20
임야	1.09	1.07	1.09	1.02	1.00	1.36	1.36	–	1.23	1.23	1.23		1.23
대지	0.80	0.78	0.80	0.75	0.74	1.00	1.00	–	0.90	0.90	0.90		0.90
공장	0.80	0.78	0.80	0.75	0.74	1.00	1.00	–	0.90	0.90	0.90		0.90
학교	–	–	–	–	–	–	–	–	–	–	–		–
주차장	0.88	0.87	0.88	0.83	0.81	1.11	1.11	–	1.00	1.00	1.00		1.00
주유소	0.88	0.87	0.88	0.83	0.81	1.11	1.11	–	1.00	1.00	1.00		1.00
창고	0.88	0.87	0.88	0.83	0.81	1.11	1.11	–	1.00	1.00	1.00		1.00
:													
잡종지	0.88	0.87	0.88	0.83	0.81	1.11	1.11	–	1.00	1.00	1.00		1.00

• **토지고저의 특성**

→대상필지의 토지특성

표준지 \ 대상필지	저지	평지	완경사	급경사	고지
저 지	1.00	1.03	0.93	0.90	0.81
평 지	0.97	1.00	0.90	0.87	0.79
완경사	1.08	1.11	1.00	0.97	0.87
급경사	1.11	1.15	1.03	1.00	0.90
고 지	1.24	1.27	1.15	1.11	1.00

→표준지의 토지특성

② 토지가격비준표는 공시지가 표준지의 특성을 다중회귀분석하여 추출된 토지특

23) 유사가격권이란 땅값의 형성요인(도로조건, 건축규제, 주변여건 등)이 비슷하여 유사한 가격대를 형성하는 지역적 범위를 말한다.

성별 배율을 행렬표(matrix)형태로 재구성한 것으로 세로방향에 표준지의 토지특성 배율을, 가로방향에 지가산정 대상필지의 토지특성 배율을 나열한 것이다. 이 비준표에서 비교표준지의 토지특성과 개별필지(대상필지)의 토지특성이 만나는 부분의 가격배율이 개별공시지가 산정에 이용되는 가격배율이다.

③ 토지가격비준표 작성에 활용된 공시지가 표준지 자료는 지목, 토지면적(㎡), 용도지역, 용도지구, 기타제한구역, 도시·군계획시설, 농지구분, 비옥도, 경지정리, 임야, 토지이용상황, 토지의 고저, 토지의 형상, 방위, 도로접면, 도로거리 등 도로조건, 철도·고속도로 등과의 거리, 폐기물처리·수질오염방지시설 등과의 거리, 대규모 개발사업방식, 대규모 개발사업단계, 기타특성 등 개별공시지가 조사항목과 동일한 23개의 토지특성으로 구성되어 있다.

④ 토지가격비준표는 전국의 시·군·구(비자치구 포함)를 대상으로 하여 읍·면·동(법정동 기준) 용도지역별로 작성한다.

(4) 가격배율 추출방법

① 토지가격비준표에 제시된 가격배율의 의미는 토지특성의 변화에 대한 지가수준 차이를 나타내는 것이다. 즉, 토지특성이 서로 다른데 대한 상대적인 지가수준을 의미한다.

※ 예를 들면, 〈표 5-4〉의 토지고저의 특성 비준표에서 대상필지의 지가는 표준지 평지의 지가에 비하여 저지는 0.97배, 완경사는 0.90배, 급경사는 0.87배, 고지는 0.79배 수준이라는 것을 의미한다.

② 왼쪽상단과 오른쪽하단 대각선을 기준으로 대칭되는 가격배율은 서로 역의 관계가 성립하므로 곱하면 1.00(정확하게 1.00이 되지 않을 경우가 있는데 그 이유는 계산과정에서 반올림하였기 때문임)이 된다.

③ 비교표준지와 산정(조사)대상필지의 토지특성이 같으면 가격배율은 1.00이며, 토지특성이 서로 다른 토지특성항목에 대해서 토지가격비준표를 이용하여 가격배율을 추출한다.

• 가격배율 추출 예

표준지의 토지특성	저지	평지	완경사
대상필지의 토지특성	평지	완경사	급경사
가격배율	1.03	0.90	0.97

3) 지가 공시절차

① 개별공시지가는 먼저 조사대상토지의 지가형성에 영향을 주는 21개 항목의 토지 특성을 조사하고 비교표준지를 선정한다.

② 토지가격비준표를 사용하여 지가를 산정하였어도 토지가격비준표에 반영되지 아니한 토지특성 때문에 지가산정에 일부 착오가 있을 수 있는 점을 고려하여 감정평가사의 검증을 받아 토지소유자 등의 열람과 의견을 수렴한 후 시·군·구 부동산가격공시위원회 심의를 거쳐 시장·군수·구청장이 결정·공시한다.

개별공시지가의 공시절차는 다음과 같다

〈그림 5-2〉 개별공시지가의 공시절차

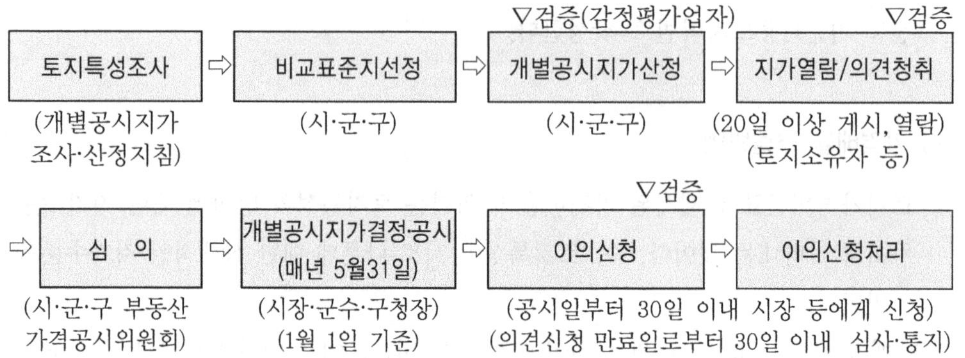

4) 개별공시지가의 검증

(1) 감정평가업자의 검증

① 검증이란 시장·군수 또는 구청장이 개별토지의 가격을 산정할 때에 표준지공시지가를 기준으로 토지가격비준표를 사용하여 산정한 지가에 대하여 검증의뢰를 받은 감정평가업자가 비교표준지의 선정의 적정성, 개별토지가격 산정의 적정성, 산정한 개별토지가격과 표준지 공시지가의 균형 유지, 산정한 개별토지가격과 인근토지의 지가 및 전년도 지가와의 균형 유지 및 그 밖에 시장 등이 검토를 의뢰한 사항에 대하여 검토·확인하고 의견을 제시하는 것을 말한다(영 제18조제2항).

② 시장·군수 또는 구청장이 검증을 받으려는 때에는 해당 지역의 표준지의 공시지가를 조사·평가한 감정평가업자 또는 「부동산 가격공시법 시행령」 제7조제1항의 요건(표준지공시지가 조사·평가 의뢰 기준)을 모두 갖춘 감정평가실적 등이 우수한 감

정평가업자에게 의뢰하여야 한다(법 제10조제6항, 영 제20조).

(2) 검증의 구분

이러한 검증에는 ① 산정한 지가에 대한 산정지가 검증, ② 산정지가에 대하여 토지소유자 기타 이해관계인(토지소유자 등)이 지가열람 및 의견제출기간 중에 의견을 제출한 경우에 실시하는 의견제출지가 검증, ③ 개별공시지가를 결정·공시한 후 토지소유자 등이 이의신청을 제기한 경우에 실시하는 이의신청 지가 검증이 있다.

(3) 검증의 생략

시장·군수 또는 구청장은 감정평가업자의 검증을 생략할 때에는 개별토지의 지가변동률과 국토교통부장관이 조사·공표하는 해당 토지가 있는 읍·면·동의 연평균 지가변동률 간의 차이가 작은 순으로 대상토지를 선정하여야 한다. 다만, 개발사업이 시행되거나 용도지역·지구가 변경되는 등의 사유가 있는 토지는 검증을 실시하여야 한다(영 제18조제3항).

5) 개별공시지가의 정정

① 시장·군수 또는 구청장은 이미 결정 공시한 개별공시지가에 틀린 계산(違算), 오기, 표준지 선정의 착오 기타 다음 각호와 같은 명백한 오류가 있음을 발견한 때에는 지체없이 이를 정정하여야 한다(법 제12조, 영 제23조).
   ㉠ 토지소유자의 의견청취 등 공시절차를 완전하게 이행하지 아니한 경우
   ㉡ 「국토의 계획 및 이용에 관한 법률」에 의한 용도지역·용도지구 등 토지가격에 영향을 미치는 주요 요인의 조사를 잘못한 경우
   ㉢ 토지가격비준표(土地價格比準表)의 적용에 오류가 있는 경우

② 시장·군수 또는 구청장이 오류를 정정하려는 경우에는 시·군·구부동산가격공시위원회의 심의를 거쳐 정정사항을 결정·공시하여야 한다. 다만, 틀린 계산이나 오기가 있는 경우에는 시·군·구부동산가격공시위원회의 심의를 거치지 아니하고 직권으로 정정하여 결정·공시할 수 있다.

6) 토지소유자 등의 의견수렴

① 시장·군수 또는 구청장은 개별토지가격의 산정에 대하여 토지소유자 및 그 밖의 이해관계인(토지소유자등)의 의견을 들으려는 경우에는 개별토지가격 열람부를 갖추어 놓고 해당 시·군 또는 구의 게시판 또는 홈페이지에 열람기간 및 열람장소, 의견제출기간 및 제출방법을 20일 이상 게시하여 토지소유자등이 개별토지가격을 열람할 수 있도록 하여야 한다(영 제19조).

② 토지소유자등으로부터 의견제출기간내에 의견을 제출받은 시장·군수 또는 구청장은 의견제출기간 만료일부터 30일 이내에 심사하여 그 결과를 의견제출인에게 통지하여야 한다.

③ 의견제출에 대한 개별토지가격 심사를 할 때에는 현지조사와 검증을 할 수 있다.

7) 개별공시지가의 결정 · 공시

(1) 개별공시지가의 공시기준일

① 개별공시지가의 공시기준일은 1월 1일이다.

② 개별공시지가를 공시할 때에는 지번, 개별공시지가, 그 밖에 개별공시지가 공시에 관하여 필요한 사항이 포함되어야 한다.

(2) 개별공시지가의 공시일자

① 시장·군수 또는 구청장은 매년 공시지가의 공시기준일(1월 1일) 현재 관할구역 안의 개별공시지가를 매년 5월 31일까지 결정·공시하여야 한다(영 제21조 제1항).

② 시장·군수 또는 구청장은 공시기준일 이후에 분할 또는 합병된 토지, 공유수면매립 등으로 신규등록된 토지, 토지의 형질변경 또는 용도변경으로 지목변경이 된 토지, 국유·공유지에서 매각 등에 따라 사유(私有)로 된 토지로서 개별공시지가가 없는 토지에 대하여는 다음 각 호의 구분에 따라 개별공시지가를 결정·공시하여야 한다(영 제16,21조).

㉠ 1월 1일부터 6월 30일까지의 사이에 위의 사유가 발생한 토지: 그 해 7월 1일을 기준일로 하여 10월 31일까지 결정·공시

㉡ 7월 1일부터 12월 31일까지의 사이에 위의 사유가 발생한 토지: 다음 해 1월 1일을 기준일로 하여 다음 해 5월 31일까지 결정·공시

(3) 이의신청

개별공시지가는 행정기관이 과세자료 등 토지관련 행정자료로 사용하기 때문에 국민의 재산권에 미치는 영향이 크다. 따라서 지가산정과정에서 20일간 의견수렴과정을 거쳤으나 다시 한번 청구할 수 있도록 하고 있다.

① 개별공시지가에 이의가 있는 자는 개별공시지가의 결정·공시일부터 30일 이내에 서면으로 시장·군수 또는 구청장에게 이의를 신청할 수 있다(법 제11조).
② 이의신청기간이 만료된 날부터 30일 이내에 이의신청을 심사하여 그 결과를 신청인에게 서면으로 통지하여야 한다. 이 경우 이의신청의 내용이 타당하다고 인정될 때에는 해당 개별공시지가를 조정하여 다시 결정·공시하여야 한다.
③ 시장·군수 또는 구청장은 이의신청을 심사하기 위하여 필요할 때에는 감정평가업자에게 검증을 의뢰할 수 있다.

8) 타인토지에의 출입 등

① 관계 공무원 또는 부동산가격공시업무를 의뢰 받은 자(관계공무원등)는 표준지가격의 조사·평가 또는 토지가격의 산정을 위하여 필요한 때에는 타인의 토지에 출입할 수 있다(법 제13조).
② 관계 공무원등이 택지 또는 담장이나 울타리로 둘러싸인 타인의 토지에 출입하고자 할 때에는 시장·군수 또는 구청장의 허가(감정평가업자에 한한다)를 받아 출입할 날의 3일 전에 그 점유자에게 일시와 장소를 통지하여야 한다. 다만, 점유자를 알 수 없거나 부득이한 사유가 있는 경우에는 그러하지 아니하다.
③ 일출 전·일몰 후에는 그 토지의 점유자의 승인 없이 택지 또는 담장이나 울타리로 둘러싸인 타인의 토지에 출입할 수 없다.
④ 타인의 토지에 출입을 하고자 하는 자는 그 권한을 표시하는 증표와 허가증을 지니고 이를 관계인에게 내보여야 한다.
⑤ 증표와 허가증에 관하여 필요한 사항은 국토교통부령으로 정한다.

9) 표준지공시지가와 개별공시지가의 비교

(1) 개념상의 비교

① 표준지공시지가란 「부동산 가격공시법」이 정한 절차에 따라 국토교통부장관이

조사·평가하여 공시한 표준지의 단위면적당 가격이다. 표준지는 표준지의 선정 기준에 적합한 표준적인 토지로서 지가의 대표성, 토지특성의 중용성, 토지용도의 안정성, 토지구별의 확정성을 가지고 있어야 한다.

② 개별공시지가는 표준지처럼 대표성, 중용성, 안정성, 확정성이 요구되지 않지만 표준지와 토지가격비준표를 근거로 시장·군수·구청장이 조사·산정하여 결정·공시하는 개별토지의 단위면적당 가격으로 국세·지방세의 과세기준, 개발부담금 등의 부과기준이 되고 있다.

(2) 조사방법상의 비교

① 표준지 공시지가 : 지가의 대표성이 있는 50만 필지를 선정하여 표준지공시지가 조사·평가 선정기준을 모두 갖춘 둘 이상의 감정평가업자가 조사·평가하고, 이 조사·평가액의 산술평균치를 기준으로 국토교통부장관이 통상 매년 2월말까지 결정한다.

② 개별공시지가 : 표준지공시지가를 기준으로, 전국 약 3,180만 필지를 251개 시장·군수·구청장이 토지가격비준표를 적용하여 반드시 매년 5월 31일까지 개별공시지가를 결정·공시하여야 한다. 다만, 표준지로 선정된 토지 등에 대하여는 개별공시지가를 공시하지 아니할 수 있으며, 해당 토지의 표준지공시지가를 개별공시지가로 본다. 또한 이 기간이 경과하도록 개별공시지가의 공시가 없을 때에는 표준지공시지가에 의하여야 할 것이다.

(3) 양 가격의 평가 · 산정상의 비교

① 표준지공시지가 : 표준지공시지가는 인근 유사토지의 거래가격·임대료 및 해당 토지와 유사한 이용가치를 지닌다고 인정되는 토지의 조성에 필요한 비용추정액 등을 종합적으로 참작하여 평가한다. 국토교통부장관은 상기 기준에 의하여 조사·평가한 표준지의 적정가격을 중앙부동산가격공시위원회의 심의를 거쳐 공시한다.

② 개별공시지가 : 개별공시지가는 시장·군수 또는 구청장이 개별토지와 유사한 이용가치를 지닌다고 인정하는 비교표준지와, 대상 개별토지의 토지특성을 비교한 토지가격비준표를 활용하여 지가를 산정한다. 개별공시지가는 시장·군수·구청장이 산정하여 표준지공시지가 조사·평가 기준을 모두 갖춘 감정평가업자의 검증

과 시·군·구부동산가격공시위원회의 심의, 의견청취, 재조정 및 확인을 거쳐 공시한다.

〈표 5-5〉 표준지공시지가와 개별공시지가의 비교

구 분	표준지공시지가	개별공시지가
개 념	① 국토교통부장관이 조사·평가하여 공시한 단위면적당(㎡)당 가격 ② 선정기준 : 지가의 대표성, 토지특성의 중용성, 토지용도의 안정성, 토지구별의 확정성	① 시장·군수·구청장이 조사·산정하여 결정·공시 ② 대표성, 중용성, 안정성, 확정성이 요구되지 않음
공시기준일	1월 1일	1월 1일
조사 및 평가대상토지	대표성이 있는 50만 필지를 선정	약 3,180만 필지를 선정
평가·산정 방법	① 인근유사토지의 거래가격·임대료 및 해당 토지와 유사한 이용가치를 지닌다고 인정되는 토지의 조성에 필요한 비용추정액 등을 종합적으로 참작하여 평가 ② 중앙부동산가격공시위원회의 심의 ③ 3방식 종합참작	① 개별토지와 유사한 이용가치를 지닌다고 인정하는 비교표준지와 대상 개별토지의 토지특성을 비교한 토지가격비준표를 활용 ② 시·군·구부동산가격공시위원회의 심의 ③ 비교방식 적용
효 력	① 토지시장의 지가정보제공 ② 일반적인 토지거래의 지표 ③ 행정목적을 위한 지가산정 기준 ④ 개별토지의 평가기준	① 각종 세금 및 부담금의 기준 ② 국·공유재산의 대부·사용료 산정
주관부서	국토교통부	시·군·구
평가주체	감정평가사	담당공무원

(4) 효력의 비교

표준지공시지가는 토지시장의 지가정보를 제공하고, 일반적인 토지거래의 지표가 되며, 국가·지방자치단체 등의 기관이 그 업무와 관련하여 지가를 산정하거나 감정평가업자가 개별토지를 평가하는 경우에 그 기준이 되나, 개별공시지가는 각종 국세·지방세의 과세기준, 농지보전부담금 및 개발부담금 등 각종 행정목적의 지가기준이 된다.

제4절 주택가격의 공시

1. 주택가격공시제도의 개요

1) 주택가격공시제도의 도입성과

주택가격공시제도는 공시지가제도와는 달리 단독주택 및 공동주택의 건물과 부속토지를 일체로 통합 조사평가하여 그 적정가격을 공시하는 제도이다. 그러나 우리나라는 전통적으로 토지와 건물을 별개의 객체로 규정하고 그에 따른 사회제도를 발전시켜왔다. 토지와 건물로 구성된 복합부동산은 거래관행상 일체로 거래되고 있음에도 불구하고, 이러한 토지와 건물의 구분은 공적인 부동산 평가체계에도 그대로 반영되어 토지와 건물의 가격을 개별로 평가하고 각각 그 가격을 공시하는 체계로 발전하였으며 부동산 관련조세의 경우도 토지와 건물에 대해서 각각 별도로 과세표준을 산정하고 세금을 부과하였다. 이에 따라 정확한 부동산 가격을 파악하는데 많은 한계점을 노출하였으며 정책당국은 각 부처별로 필요에 따라 토지와 건물가격을 별도로 산출하였다.[24] 이러한 문제점들에 대한 주택가격 공시제도 도입의 주요성과를 보면 다음과 같다.

(1) 세부담의 형평성 제고

2005년부터 「종합부동산세법」(2005년 1월 5일 공포)을 제정·공포하여 시행하고, 「공인중개사의 업무 및 부동산거래신고에 관한 법률」(2005년 7월 29일 개정 공포, 현행 부동산 거래 신고 등에 관한 법률)에 의한 부동산 실거래가 신고의무는 2006년부터 시행함에 따라 종합부동산세와 부동산실거래가 신고제도는 실제 주택 거래시에 토지와 주택을 구분하지 않고 일괄하여 통합 거래하던 관행과는 부합하나 그 간 조세부과를 위하여 토지와 건물가격을 각각 구분하여 평가하던 제도와는 이론적으로는 가능하나 현실은 불합리한 제도였다. 또한 재산세를 부과하는 주택가격은 건물의 신축원가와 면적을 기준으로 평가하여 옴으로써 실제 고가로 거래되는 일부의 주택을 신축

24) 토지와 건물을 통합 과세하는 국가로는 영국, 캐나다, 미국, 네덜란드, 스웨덴, 스위스 등의 국가가 있고, 건물 보유과세 제도를 유지하는 국가로는 일본, 대만, 프랑스, 덴마크 등의 국가가 있다.

원가에 감가상각 등을 감안하여 평가하여 현실의 거래가격보다 낮은 조세를 부담하여 온 반면, 거래가격은 비교적 낮으나 신축가격을 적용하는 경우 높게 평가되는 일부의 주택들은 조세부담이 오히려 높게 되어 논란의 대상이 되어온 것이다.[25]

이러한 현실에 따라 그간의 토지와 건물을 구분하여 평가하던 과표산정방식은 실제 가격과 많은 괴리현상이 발생하였으나, 주택가격 공시제도의 도입으로 이러한 괴리 현상을 크게 개선하였으며, 이로 인해 납세자들의 세부담 형평성을 제고시킬 수 있게 되었다.

(2) 부동산 공시가격의 신뢰성 향상

그간의 건물에 대한 과표산정시 적용되었던 항목과 적용지수의 타당성에 대한 문제점들이 주택가격 공시제도의 도입을 계기로 종합적으로 검토되고, 계량적인 분석방법을 통하여 보다 객관적으로 적정가격을 산정할 수 있게 되었다. 이에 따라 주택 과표의 정확성을 제고시켜 주택공시가격에 대한 국민들의 신뢰성이 향상되었다.

(3) 과표산정시스템의 효율화 도모

주택가격 공시제도의 도입을 계기로 다원화되어 있던 부동산 과표산정시스템을 통합함으로써 제도운용의 효율화를 도모하였다.

2) 주택가격 공시제도의 주요내용

기존 지가공시와 별도로 단독주택 및 공동주택의 적정가격을 공시하는 주택가격공시제도를 신설하여 표준주택, 개별주택 및 공동주택가격을 공시하도록 하였다.[26]

① 국토교통부장관은 용도지역, 건물구조 등이 유사하다고 인정되는 일단의 단독주택 중에서 선정한 표준주택과 공동주택에 대하여 매년 공시기준일 현재의 적정가격을 조사·산정하고, 국토교통부장관 소속하에 설치된 중앙부동산가격공시위원회의 심의를 거쳐 이를 공시하도록 하였다.

---

25) 강교식 · 임호정, 부동산가격공시 및 감정평가(서울 : 부연사, 2007. 9), p. 238.

26) 국토교통부는 주택가격공시제도 도입 이후부터 사무실·빌딩 등의 비주거용건물도 공시가격제도를 도입하여 통합평가, 통합과세 기준가액을 산정하는 방안을 검토 하고 있다. 지금까지는 비주거용 건물의 경우 토지 부분은 공시지가로 평가하고 건물부분은 시가표준액 방식으로 산정하여 실거래가액을 제대로 반영하지 못하여 상가건물의 1층과 중간층의 경우 시세나 권리금, 매출액 등에서 큰 차이가 있음에도 재산세는 차이가 없다는 불평등한 적용이 지적되어 왔다.

② 시장·군수 또는 구청장은 시·군·구부동산가격공시위원회의 심의를 거쳐 매년 표준주택가격의 공시기준일 현재 관할 구역안의 개별주택의 가격을 결정·공시하도록 하였다.

2. 표준주택가격

1) 표준주택가격의 개요

(1) 단독주택의 정의

단독주택이란 가정어린이집·공동생활가정·지역아동센터 및 노인복지시설(노인복지주택 제외)을 포함하며 공동주택을 제외한 주택을 말하며, 그 분류는 다음과 같다(「건축법」영 제3조의5).

① 단독주택
② 다중주택 : 다음의 요건 모두를 갖춘 주택을 말한다.
  ㉠ 학생 또는 직장인 등 다수인이 장기간 거주할 수 있는 구조로 되어 있는 것
  ㉡ 독립된 주거의 형태를 갖추지 아니한 것(각 실별로 욕실은 설치할 수 있으나, 취사시설은 설치하지 아니한 것)
  ㉢ 바닥면적이 330㎡ 이하이고 층수가 3개층 이하일 것
③ 다가구주택 : 다음의 요건 모두를 갖춘 주택으로서 공동주택에 해당하지 아니하는 것을 말한다.
  ㉠ 주택으로 쓰는 층수(지하층을 제외)가 3개층 이하일 것. 다만, 1층의 전부 또는 일부를 필로티 구조로 하여 주차장으로 사용하고 나머지 부분을 주택 외의 용도로 Tm는 경우에는 해당 층을 주택의 층수에서 제외한다.
  ㉡ 1개동의 주택으로 쓰이는 바닥면적(지하주차장 면적을 제외)의 합계가 660㎡ 이하일 것
  ㉢ 19세대 이하가 거주할 수 있을 것
④ 공 관

(2) 표준주택의 의의

표준주택이란 용도지역, 건물구조 등이 일반적으로 유사하다고 인정되는 일단의 단독주택 중에서 해당 일단의 단독주택을 대표할 수 있는 주택을 말한다.

국토교통부장관은 표준주택을 선정할 때에는 일반적으로 유사하다고 인정되는 일단의 단독주택 중에서 해당 일단의 단독주택을 대표할 수 있는 주택을 선정하여야 하며, 표준주택의 선정은 「표준주택의 선정 및 관리지침」에 따라야 한다(영 제26조).

(3) 표준주택의 선정기준

전국의 표준주택은 2005년 13만 5천호, 2006년부터 20만호로 확대한 이후 2011년부터는 19만호를 표준주택으로 선정하여 공시하고 있으며, 다음의 일반적인 기준을 종합적으로 반영하여 선정하여야 한다.

① 표준주택의 토지는 대표성·중용성·안정성·확정성이 있는 토지를 선정한다.

㉠ 지가의 대표성 : 표준주택선정단위구역[27]내에서 지가수준을 대표할 수 있는 토지중 인근지역내 가격의 층화를 반영할 수 있는 표준적인 토지

㉡ 토지특성의 중용성 : 표준주택선정단위구역내에서 개별토지의 토지이용상황·대지면적·지형지세·도로조건·주위환경 및 공적규제 등이 동일 또는 유사한 토지중 토지특성빈도가 가장 높은 표준적인 토지

㉢ 토지용도의 안정성 : 표준주택선정단위구역내에서 개별토지의 주변이용상황으로 보아 그 이용상황이 안정적이고 장래 상당기간 동일 용도로 활용될 수 있는 표준적인 토지

㉣ 토지구별의 확정성 : 표준주택선정단위구역내에서 다른 토지와 구분이 용이하고 위치를 쉽게 확인할 수 있는 표준적인 토지

② 표준주택의 건물은 대표성·중용성·안정성·확정성이 있는 건물를 선정한다.

㉠ 건물가격의 대표성 : 표준주택선정단위구역내에서 건물가격수준을 대표할 수 있는 건물중 인근지역내 가격의 층화를 반영할 수 있는 표준적인 건물

㉡ 건물특성의 중용성 : 표준주택선정단위구역내에서 개별건물의 구조·용도·연면적 등이 동일 또는 유사한 건물중 건물특성빈도가 가장 높은 표준적인 건물

㉢ 건물용도의 안정성 : 표준주택선정단위구역내에서 개별건물의 주변이용상황으로 보아 건물로서의 용도가 안정적이고 장래 상당기간 동일 용도로 활용될 수 있는 표준적인 건물

㉣ 외관구별의 확정성 : 표준주택선정단위구역내에서 다른 건물과 외관구분이 용이하고 위치를 쉽게 확인할 수 있는 표준적인 건물

27) 표준주택선정단위구역이란 동일한 용도지역내에서 주택가격수준 및 건물구조 등을 고려하여 표준주택의 선정범위를 구획한 구역을 말한다.

③ 이 외에도 국가 및 지방자치단체에서 행정목적상 필요하여 표준주택을 선정하여 줄 것을 요청한 특정지역이나 단독주택에 대해서는 지역특성을 고려하여 타당하다고 인정하는 경우에는 표준주택을 선정할 수 있다(표준주택의 선정 및 관리지침 제10조).

2) 표준주택가격의 조사 · 산정

(1) 표준주택가격의 의의

표준주택가격이란 용도지역, 건물구조 등이 일반적으로 유사하다고 인정되는 일단의 단독주택 중에서 선정한 표준주택에 대하여 국토교통부장관이 매년 공시기준일(1월 1일) 현재의 가격을 조사·산정하여 공시한 적정가격을 말한다(법 제16조 제1항).

(2) 표준주택가격의 조사 · 산정기준

① 국토교통부장관이 표준주택가격을 조사·산정하는 경우에는 인근 유사 단독주택의 거래가격·임대료 및 해당 단독주택과 유사한 이용가치를 지닌다고 인정되는 단독주택의 건설에 필요한 비용추정액 등을 종합적으로 참작하여야 한다(법 제16조 제5항).

㉠ 인근 유사 단독주택의 거래가격 또는 임대료의 경우: 해당 거래 또는 임대차가 당사자의 특수한 사정에 의하여 이루어지거나 단독주택거래 또는 임대차에 대한 지식의 부족으로 인하여 이루어진 경우에는 그러한 사정이 없었을 때에 이루어졌을 거래가격 또는 임대료를 기준으로 할 것(영 제31조)

㉡ 해당 단독주택과 유사한 이용가치를 지닌다고 인정되는 단독주택의 건축에 필요한 비용추정액의 경우: 공시기준일 현재 해당 단독주택을 건설하기 위한 표준적인 건축비와 일반적인 부대비용으로 할 것

② 표준주택에 전세권 또는 그 밖의 주택의 사용·수익을 제한하는 권리가 설정되어 있을 때에는 그 권리가 존재하지 아니하는 것으로 보고 적정가격을 산정하여야 한다.

(3) 조사 · 산정방법

① 표준주택의 평가는 거래사례비교법, 원가법 또는 수익환원법 가운데 가장 적합한 평가방식 중 하나를 선택하여 행하되, 다른 평가방식에 의하여 산정한 가격과 비교하여 그 적정여부를 검토한 후 평가액을 결정한다.

② 시장성이 있는 주택은 거래사례비교법을 적용하여 평가하여야 하며, 이 때 〈표 5-6〉의 거래유형에 따른 인근 유사단독주택의 거래가격 등을 고려하여야 한다.

③ 시장성이 없거나 주택의 용도 등이 특수하여 거래사례비교법을 적용하기가 곤란한 주택은 원가법 또는 수익환원법을 적용하여 평가하거나 해당주택을 인근지역의 주된 용도의 주택으로 보고 거래사례비교법에 따라 평가한 가격에 그 용도적 제한이나 거래제한의 상태 등을 고려한 가격으로 평가한다.

④ 원가법을 적용하여 표준주택을 평가할 때에는 해당 단독주택을 건축하기 위한 표준적인 건축비와 일반적인 부대비용 등을 고려하여야 하며, 수익환원법을 적용하여 표준주택을 평가할 때에는 임대료 등을 고려하여야 한다.

〈표 5-6〉 거래 유형

구 분	내 용
(토지면적×거래단가)+(건물연면적×거래단가)	주택부지가격과 건물가격을 별도로 합산하여 거래되는 유형
토지면적×거래단가(건물가격을 포함)	신축 후 일정기간 경과 등의 사유로 건물가격을 별도로 산정하지 아니하고 주택부지 면적만을 기준으로 거래된 유형
(토지면적+건물면적)×거래단가	주택부지면적과 건물면적을 합산한 면적에 거래단가를 곱하여 거래되는 유형
기 타	위 거래유형 이외에 관행에 의하여 거래되는 유형

(4) 조사 · 산정절차

① 국토교통부장관은 표준주택의 적정가격을 조사·산정하고자 할 때에는 한국감정원에 의뢰한다(법 제16조제4항).

② 표준주택가격 조사산정을 의뢰받은 한국감정원은 표준주택가격 및 그 밖에 국토교통부령으로 정하는 사항을 조사산정한 후 표준주택가격 조사산정보고서를 작성하여 국토교통부장관에게 제출하여야 한다(영 제30조).

③ 감정원은 조사산정보고서를 작성하는 경우에는 미리 해당 표준주택 소재지를 관할하는 시장·군수 또는 구청장(자치구의 구청장)의 의견을 들어야 하며, 이 경우 시장·군수 또는 구청장은 미리 시·군·구부동산가격공시위원회의 심의를 거쳐 20일 이내에 의견을 제시하여야 한다(영 제30조제2,3항).

④ 표준주택 적정가격을 조사산정한 후에는 중앙부동산가격공시위원회의 심의 등 다단계의 검증과정을 거쳐 공시절차에 따라 최종 표준주택 적정가격을 공시한다.

⑤ 국토교통부장관은 감정원이 제출한 보고서에 대하여 실거래신고가격 및 감정평

가 정보체계 등을 활용하여 그 적정성 여부를 검토할 수 있으며, 검토한 결과 부적정하다고 판단되거나 표준주택가격의 조사·산정이 관계 법령을 위반하여 수행되었다고 인정되는 경우에는 감정원에게 보고서를 시정하여 다시 제출하게 할 수 있다.

〈그림 5-3〉 표준주택가격 산정 · 공시 절차

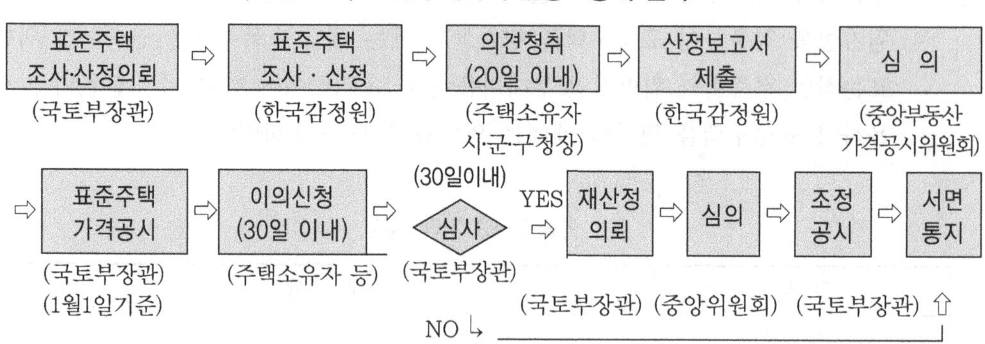

(5) 표준주택가격의 공시

① 표준주택가격의 공시기준일은 1월 1일로 한다. 다만, 조사·산정 인력 및 표준주택 수 등을 고려하여 부득이하다고 인정하는 경우에는 일부 지역을 지정하여 해당 지역에 대한 공시기준일을 따로 정할 수 있다(영 제27조).

② 표준주택가격을 공시할 때에는 〈표 5-1〉과 같이 표준주택의 지번, 표준주택가격, 표준주택의 대지면적 및 형상, 표준주택의 용도, 연면적, 구조 및 사용승인일(임시사용승인일을 포함), 지목, 용도지역, 도로상황 등의 토지특성과 표준주택가격의 열람방법 및 표준주택가격의 이의신청의 기간·절차 및 방법을 관보에 공고하고, 표준주택가격을 부동산공시가격스템에 게시하여야 한다(법 제16조제2항, 영 제28조).

3) 지가공시에 관한 규정의 준용

표준주택소유자의 의견청취, 조사·협조, 표준주택가격의 열람, 이의신청, 타인토지에의 출입 등에 관하여는 표준지공시지가에 관한 관련 규정을 준용한다(법 제16조 제7항).

① 표준주택소유자의 의견청취 : 토지소유자의 의견청취(법 제3조 제2항)
② 조사협조 : 표준지공시지가의 조사협조(법 제4조, 영 제9조)
③ 표준주택가격의 열람 : 표준지공시지가의 열람 등(법 제6조)
④ 이의신청 : 표준지공시지가에 대한 이의신청(법 제7조)
⑤ 타인토지에의 출입 : 타인토지에의 출입 등(법 제13조)

4) 표준주택가격공시의 효력 및 적용범위

(1) 주택가격공시의 효력

① 표준주택가격은 국가·지방자치단체 등이 그 업무와 관련하여 개별주택가격을 산정하는 경우에 그 기준이 된다(법 제19조).
② 개별주택 및 공동주택의 가격은 주택시장의 가격정보를 제공하고, 국가·지방자치단체 등이 과세 등의 업무와 관련하여 주택의 가격을 산정하는 경우에 그 기준으로 활용될 수 있다.

(2) 적용범위

표준주택가격은 개별주택가격 산정 시 기준가격으로 활용되며, 각 개별법에서 주택가격을 활용하도록 정하고 있는 경우 적용된다.

〈표 5-7〉 표준지공시지가와 표준주택가격의 비교

구 분	표준지공시지가	표준주택가격
평가대상	토지	주택(토지+건물)
효 력	거래지표, 지가산정, 평가기준 등	가격정보, 과세기준으로 한정
가격개념	적정가격	적정가격
상정조건	나지상정(정착물이 없는 상태)	현황평가(정착물이 있는 상태)
건부감가여부	최유효이용 상정	건부감가 반영
가격수준파악	정착물과 분리된 지가수준	토지·건물 일체의 거래가격 수준
평가방식	토지만의 거래사례비교법이 주방식	토지와 건물을 일체로 한 거래사례비교법(거래유형 다양)
평가·산정주체	감정평가업자	한국감정원

3. 개별주택가격

1) 개별주택가격의 공시개요

(1) 개별주택가격의 의의

① 개별주택가격이란 전국의 단독·다가구주택을 대상으로 국토교통부장관이 매년 공시하는 표준주택가격을 기준으로 시장·군수·구청장이 산정하여 공시한 주택가격이다.

② 시장·군수 또는 구청장은 시·군·구 부동산가격공시원회 심의를 거쳐 매년 표준주택가격의 공시기준일 현재 관할 구역 안의 개별주택가격을 결정·공시하고, 이를 관계 행정기관 등에 제공하여야 한다(법 제17조제1항)

(2) 개별주택가격의 조사체계

국토교통부, 행정안전부, 국세청, 한국감정평가사협회 및 한국 부동산연구원으로 구성한 중앙통제부, 시·도통제반, 시·군·구 조사반으로 편성·운영하여 개별공시지가 및 개별주택가격의 합동조사 체계를 갖추고 있다(전국 약 399만호의 주택가격을 조사).

2) 개별주택가격의 조사 · 산정

(1) 조사·산정 제외 대상

① 표준주택으로 선정된 단독주택
② 국세 또는 지방세의 부과대상이 아닌 단독주택
③ 그 밖에 국토교통부장관이 정하는 단독주택

이 경우 표준주택으로 선정된 주택에 대하여는 해당 표준주택가격을 개별주택가격으로 본다.

(2) 조사산정 대상

조사산정 제외 대상에도 불구하고 시장·군수 또는 구청장은 다음 각 호의 어느 하나에 해당하는 단독주택에 대해서는 개별주택가격을 결정·공시하여야 한다.

① 관계 법령에 따라 단독주택의 가격 산정 등에 개별주택가격을 적용하도록 규정되어 있는 단독주택
② 시장·군수 또는 구청장이 관계 행정기관의 장과 협의하여 개별주택가격을 결정·공시하기로 한 단독주택

(3) 개별주택가격 산정방법

① 시장·군수 또는 구청장이 개별주택가격을 결정·공시하는 경우에는 해당 주택과 유사한 이용가치를 지닌다고 인정되는 표준주택가격을 기준으로 주택가격비준표를 사용하여 가격을 산정하되, 해당 주택의 가격과 표준주택가격이 균형을 유지하도록 하여야 한다(법 제17조 제5항).

② 개별주택가격은 비교방식에 의해 산정하며, 공시된 표준주택가격을 기준으로 인근의 유사한 주택특성을 지닌 개별주택가격을 산정하는 방식으로, 산정방법은 건물부분에 대한 항목이 추가되었다는 것 외에 개별공시지가 산정방법과 동일하다.

㉠ 산정의 기준이 되는 비교표준주택을 선택하고,

㉡ 비교표준주택과 산정대상 개별주택의 토지·건물에 대한 주택특성을 비교하여 서로 다른 특성을 찾아낸 다음

㉢ 주택가격비준표에서 서로 다른 토지·건물특성(주택특성)에 대한 가격배율을 추출하여

㉣ 비교표준주택가격에 이 가격배율을 곱하여 개별주택가격을 산정한다.

〈표 5-8〉 개별주택가격 산정방법

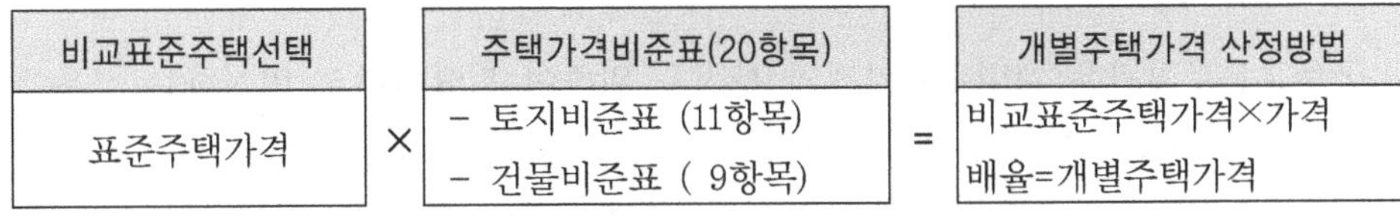

비교표준주택선택		주택가격비준표(20항목)		개별주택가격 산정방법
표준주택가격	×	- 토지비준표 (11항목) - 건물비준표 (9항목)	=	비교표준주택가격×가격배율=개별주택가격

〈그림 5-4〉 개별주택가격산정 흐름도

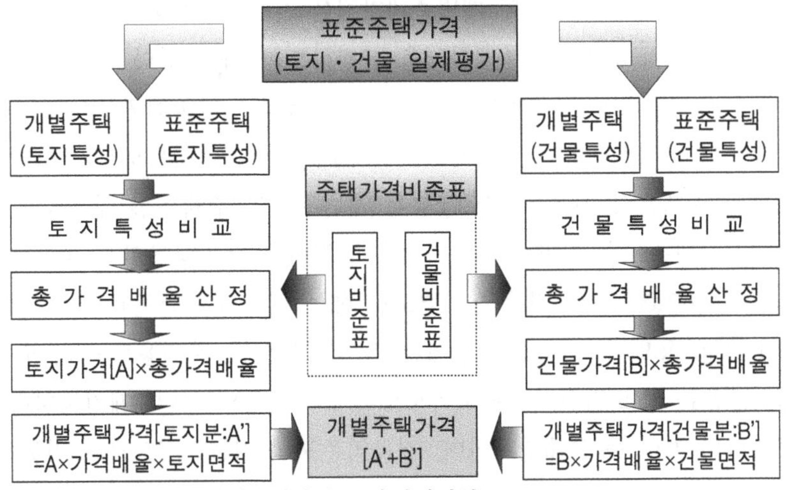

자료 : 국토교통부 개별주택가격 조사·산정지침

(4) 비교표준주택의 선정

① 비교표준주택이란 산정하고자하는 개별주택주변의 여러 표준주택 중에서 직접적인 비교기준이 되는 표준주택(행정구역 경계지역에서는 인접지역 비교표준주택 선정가능)을 의미하며, 조사 대상 개별주택과의 주택특성비교를 통하여 비준율을 적용하게 되는 표준주택을 말한다.

② 비교방식에 의한 주택가격 산정에는 정확한 개별주택가격이 산정되기 위해서는 주택특성조사가 제대로 이루어지는 것이 가장 중요하지만, 적정한 비교표준주택을 선정하는 것 또한 매우 중요하다.

③ 이상적인 비교표준주택 선정은 주택가격 형성에 관한 지역요인과 개별요인이 같은 표준주택을 선정하는 것이다. 하지만 하나의 표준주택을 기준으로 다수의 개별주택가격을 산정해야 하는 상황에서는 주택특성이 같은 표준주택을 선정하기는 현실적으로 어렵다.

④ 따라서 가급적 가장 유사한 주택특성을 가진 표준주택을 비교표준주택으로 선정하도록 하고 있다.

(5) 주택가격비준표

① 국토교통부장관은 개별주택가격의 산정을 위하여 필요하다고 인정하는 경우에는 표준주택과 산정대상 개별주택의 가격형성요인에 관한 표준적인 비교표(주택가격비준표)를 작성하여 시장·군수 또는 구청장에게 제공하여야 한다(법 제16조 제6항).

② 시장·군수 또는 구청장이 개별주택가격을 결정·공시하는 경우에는 주택가격비준표를 사용하여 개별주택가격을 산정하도록 하고 있다.

③ 주택가격비준표는 표준주택의 가격과 주택특성을 다중회귀분석하여 추출된 주택특성별 가격배율을 행렬(matrix)형태로 재구성한 것으로서 가로방향은 표준주택의 주택특성 배율을 세로방향은 개별주택의 주택특성 배율을 나타낸다.

④ 주택가격비준표는 개별주택의 가격을 결정하는 토지항목과 건물항목을 구분하여 토지비준표와 건물비준표를 별도로 작성한다. 토지비준표의 토지특성으로는 용도지역, 용도지구, 기타 이용제한, 도시계획시설, 토지용도구분, 토지의 고저, 형상, 방위, 도로접면, 철도·고속도로 등으로부터의 거리, 폐기물처리시설 등으로부터의 거리 등 11개항목이며, 건물비준표의 건물특성으로는 건물구조, 지붕

구조, 경과연수, 증·개축상황, 특수부대설비, 옥탑, 지하, 부속건물, 부속용도 등 9개 항목이 있다.

〈표 5-9〉 건물가격비준표의 예(건물구조)

표준주택 \ 개별주택	철콘	통나무	철근	연와벽돌	목조	블럭	경철	석회
철콘	1.00	1.18	0.88	0.78	0.66	0.56	0.55	0.35
통나무	0.85	1.00	0.75	0.66	0.56	0.47	0.47	0.30
철근	1.14	1.34	1.00	0.89	0.75	0.64	0.63	0.49
연와/벽돌	1.28	1.51	1.13	1.00	0.85	0.72	0.71	0.45
목조	1.52	1.79	1.33	1.18	1.00	0.85	0.83	0.53
블럭	1.79	2.11	1.57	1.39	1.18	1.00	0.98	0.63
경철	1.82	2.15	1.60	1.42	1.20	1.02	1.00	0.64
석회	2.86	3.37	2.51	2.23	1.89	1.60	1.57	1.00

(6) 개별주택 소유자등의 의견청취

개별주택 소유자 등의 의견청취에 관하여는 "개별토지 소유자 등의 의견청취(영 제19조)"를 준용한다.

(7) 개별주택가격의 검증

① 한국감정원의 검증 : 시장·군수 또는 구청장은 개별주택가격을 산정할 때에는 표준주택가격을 기준으로 주택가격비준표를 사용하여 산정한 개별주택가격에 대하여 한국감정원이 비교표준주택의 선정의 적정성, 개별주택가격 산정의 적정성, 산정한 개별주택가격과 표준주택가격의 균형 유지, 산정한 개별주택가격과 인근 주택의 개별주택가격 및 전년도 개별주택가격과의 균형 유지, 그 밖에 시장·군수 또는 구청장이 검토를 의뢰한 사항을 검토·확인하고 의견을 제시하여야 한다.

② 검증의 분류 : 이러한 검증에는 ㉠ 산정한 개별주택가격에 대한 산정가격검증, ㉡ 산정한 개별주택가격에 대하여 단독주택 소유자 그 밖의 이해관계인(주택소유자 등)이 주택가격열람 및 의견제출기간 중에 의견을 제출한 경우에 실시하는 의견제출가격검증, ㉢ 개별주택가격을 결정·공시한 후 주택소유자 등이 이의신청을 제기한 경우에 실시하는 이의신청가격검증이 있다.

③ 검증의 생략 : 시장·군수 또는 구청장은 한국감정원의 검증을 생략할 때에는 개별주택가격의 변동률과 국토교통부장관이 조사·공표하는 해당 단독주택이 있는 시·군 또는 구의 연평균 주택가격변동률 간의 차이가 작은 순으로 대상 주택을 선정하여야 한다. 다만, 개발사업이 시행되거나 용도지역·용도지구가 변경되는 등의 사유가 있는 단독주택에 대하여는 검증을 실시하여야 한다.

3) 개별주택가격의 결정 · 공시

(1) 공시기준일

① 개별주택가격의 공시기준일은 1월 1일로 한다.

② 개별주택가격을 공시할 때에는 조사기준일 및 개별주택가격의 열람방법 등 개별주택가격의 결정에 관한 사항, 이의신청의 기간·절차 및 방법을 해당 시·군 또는 구의 게시판 또는 인터넷 홈페이지에 게시하여야 한다.

(2) 개별주택가격의 공시사항

개별주택가격의 공시에는 ① 개별주택의 지번, ② 개별주택가격, ③ 개별주택의 용도 및 면적, ④ 그 밖에 개별주택가격 공시에 필요한 사항이 포함되어야 한다.

(3) 개별주택가격의 공시일자

① 시장·군수 또는 구청장은 매년 4월 30일(공시기준일 이후 사유발생시 정한 날)까지 개별주택가격을 결정·공시하여야 한다.

② 시장·군수 또는 구청장은 공시기준일 이후에 대지가 분할 또는 합병된 단독주택, 건축·대수선 또는 용도변경, 국유·공유에서 매각 등에 따라 사유(私有)로 된 단독주택으로서 개별주택가격이 없는 단독주택의 경우에는 다음 각 호의 구분에 따라 개별주택가격을 결정·공시하여야 한다.

㉠ 1월 1일부터 5월 31일까지 사이에 위의 사유가 발생한 단독주택: 그 해 6월 1일을 기준일로 하여 9월 30일까지 결정·공시

㉡ 6월 1일부터 12월 31일까지의 사이에 위의 사유가 발생한 단독주택: 다음 해 1월 1일을 기준일로 하여 다음 해 4월 30일까지 결정·공시

4) 개별공시지가의 규정 준용

개별주택가격에 대한 이의신청 및 정정에 대하여는 개별공시지가에 관한 규정을 준

용한다(법 제17조제8항).

① 개별주택가격에 대한 이의신청 : 개별공시지가에 대한 이의신청(법 제11조)

② 개별주택가격의 정정 : 개별공시지가의 정정(법 제12조)

〈그림 5-5〉 개별주택 및 공동주택가격의 산정 · 공시절차

〈개별주택가격〉

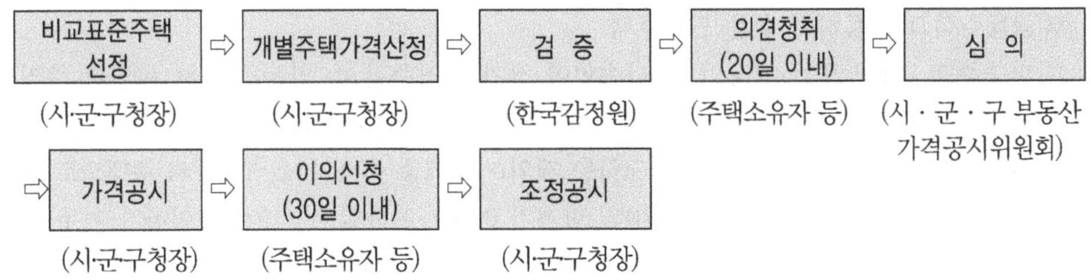

〈공동주택가격〉

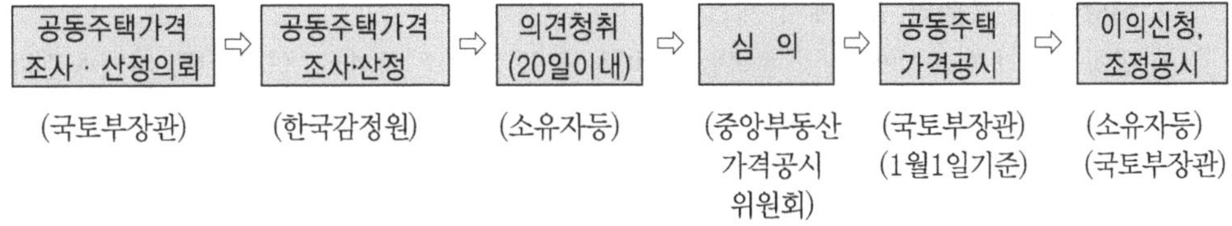

4. 공동주택가격

1) 공동주택가격의 공시개요

(1) 공동주택의 정의

공동주택이란 건축물의 벽·복도·계단이나 그 밖의 설비 등의 전부 또는 일부를 공동으로 사용하는 각 세대가 하나의 건축물 안에서 각각 독립된 주거생활을 할 수 있는 구조로 된 주택을 말한다(「주택법」 제2조제2호). 공동주택은 가정어린이집·공동생활가정·지역아동센터, 노인복지시설(노인복지주택 제외) 및 원룸형 주택을 포함하며, 그 종류와 범위는 다음과 같다.

구 분	내 용
아 파 트	주택으로 쓰는 층수가 5개층 이상인 주택
연립주택	주택으로 쓰는 1개 동의 바닥면적(지하주차장 면적을 제외) 660㎡를 초과하고, 층수가 4개층 이하인 주택
다세대주택	주택으로 쓰는 1개 동의 바닥면적(지하주차장 면적을 제외)합계가 660㎡ 이하 이고, 층수가 4개층 이하인 주택

※ 공동주택과 혼동하기 쉬운 단독주택

1. 다중주택 : 학생 또는 직장인 등 다수인이 장기간 거주할 수 있는 구조로 독립된 주거의 형태가 아니며, 바닥면적 합계가 330㎡ 이하이고 3개층 이하인 주택을 말한다.
2. 다가구주택 : 주택으로 쓰는 층수(지하층 제외)가 3개층 이하일 것. 1개동의 주택으로 쓰이는 바닥면적(지하주차장 면적 제외)의 합계가 660㎡ 이하일 것. 19세대 이하가 거주할 수 있을 것으로 상기요건을 갖춘 주택으로서 공동주택에 해당하지 아니하는 것을 말한다.
3. 아파트, 연립주택의 경우 1층 전부를 필로티 구조로 하여 주차장으로 사용하는 경우에는 필로티 부분을 층수에서 제외하고, 다가구주택, 다세대주택인 경우 1층의 전부 또는 일부 필로티 구조로 하여 주차장으로 사용하고 나머지 부분을 주택 외의 용도로 쓰는 경우에는 해당 층을 주택의 층수에서 제외한다.
4. 공동주택가격 공시제도는 「주택법」에 따른 공동주택 중 아파트, 연립주택, 다세대주택을 그 공시대상으로 하고 있다.

(2) 공시의 효력

① 공동주택가격은 주택시장의 가격정보를 제공하고, 국가지방자치단체 등이 과세 등의 업무와 관련하여 주택의 가격을 산정하는 경우에 그 기준으로 활용될 수 있다.

② 공동주택가격은 공동주택의 보유세·거래세 등의 세액 산출의 기초가 되는 과세표준의 기준으로 활용되며, 국세인 종합부동산세, 상속·증여세 등과 지방세인 재산세 등의 과세표준의 기준으로 활용된다.

(3) 공동주택가격 조사 체계

공동주택가격에 대한 조사업무는 전국을 대상으로 약 1,200만호(2016.1.1기준)에 달하는 공동주택의 가격을 조사하는 방대한 업무이므로 국토교통부 감독 하에 한국감정원 본점에 종합상황실을 두고 한국감정원 각 지점에 조사평가부를 편성·운영하도록 공동주택가격 조사체계를 갖추고 있다.

2) 공동주택의 조사 · 산정

(1) 조사 · 산정의 대상

집합건축물대장의 전유부분의 용도가 「주택법」에 따른 공동주택(아파트, 연립주택, 다세대주택)에 해당하고 실제용도가 공동주택인 경우를 조사·산정대상으로 한다(공동주택의 조사 및 산정지침 제4조).

※ 2016년 1,200만호를 공시하였으며, 아파트가 전체의 80.1%, 연립주택이 4.0%, 다세대주택은 15.9% 이며, 수도권이 52.5%를 차지하고 있다.

(2) 조사 · 산정 제외대상

공동주택가격을 조사산정하지 아니하는 경우는 다음 각 호와 같다.

① 집합건축물대장에 등재되지 아니한 경우
② 국공유재산인 경우
③ 물리적 멸실 또는 공부상 멸실이 이루어진 경우
④ 전유부분의 실제용도가 공동주택이 아닌 경우
⑤ 전유부분의 실제용도가 공동주택 외의 용도에 50%를 초과하여 겸용되는 경우

(3) 조사 · 산정 기준

① 공동주택가격은 해당 공동주택에 대하여 통상적인 시장에서 정상적인 거래가 이루어지는 경우 성립될 가능성이 가장 높다고 인정되는 가격, 즉 적정가격을 기준으로 조사산정한다.

② 공동주택가격은 인근 유사 공동주택의 거래가격·임대료 및 해당 공동주택과 유사한 이용가치를 지닌다고 인정되는 공동주택의 건설에 필요한 비용추정액 등을 종합적으로 참작하여야 한다(법 제18조제5항).

㉠ 인근 유사 공동주택의 거래가격 또는 임대료의 경우: 해당 거래 또는 임대차가 당사자의 특수한 사정에 의하여 이루어지거나 공동주택거래 또는 임대차에 대한 지식의 부족으로 인하여 이루어진 경우에는 그러한 사정이 없었을 때에 이루어졌을 거래가격 또는 임대료를 기준으로 할 것

㉡ 해당 공동주택과 유사한 이용가치를 지닌다고 인정되는 공동주택의 건설에 필요한 비용추정액의 경우: 공시기준일 현재 해당 공동주택을 건축하기 위한 표

준적인 건축비와 일반적인 부대비용으로 할 것

③ 공동주택에 전세권 또는 그 밖에 공동주택의 사용·수익을 제한하는 권리가 설정되어 있을 때에는 그 권리가 존재하지 아니하는 것으로 보고 적정가격을 산정하여야 한다(영 제45조).

④ 거래사례 등에 거래당사자의 특수한 사정 또는 개별적인 동기가 개재되어 있거나 평가선례 등에 특수한 평가조건 등이 반영되어 있는 경우에는 그러한 사정이나 조건 등이 없는 상태로 산정하여야 한다(공동주택의 조사 및 산정지침 제10조).

(4) 공동주택가격 산정방법

① 거래사례 등을 참작하여 공동주택가격을 산정한 때에는 공동주택단지별·공동주택단지내 동별·호별 공동주택가격의 적정성 및 균형이 유지되도록 산정하여야 한다(공동주택의 조사 및 산정지침 제12조).

② 공동주택가격의 산정은 유사공동주택의 가격자료를 기준으로 가치형성요인을 검토하여 「집합건물의 소유 및 관리에 관한 법률」 에 의한 구분소유권의 대상이 되는 건물부분과 그 대지사용권을 일괄하여 산정한다. (공동주택의 조사 및 산정지침 제16조, 전수조사 산정).

③ 임대주택의 가격은 인근 시·군구에 소재하는 유사 공동주택의 거래가액을 기준으로 산정한 가액에 거래제한 등을 고려한 가액으로 산정하거나 임대료 및 유사공동주택의 전세금 대비 가래가액의 비율을 종합적으로 고려하여 산정한다.

〈그림 5-6〉 공동주택가격 조사 · 산정 업무 흐름도

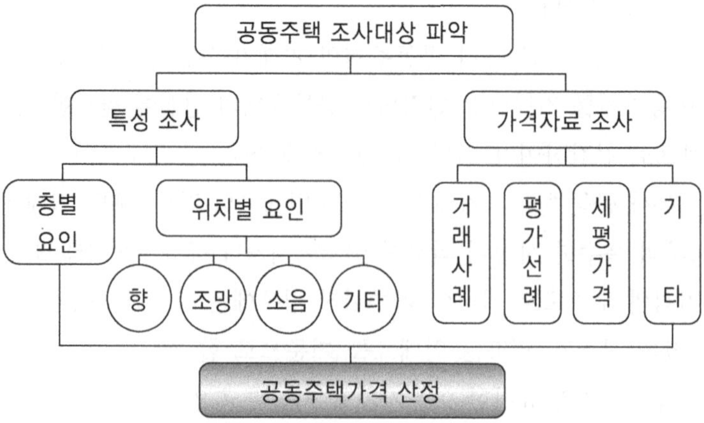

(5) 공동주택가격의 조사산정 절차

① 국토교통부장관은 공동주택에 대하여 매년 공시기준일 현재 적정가격을 조사·산정하고자 할 때에는 한국감정원에 의뢰한다(법 제18조제6항).

② 공동주택가격의 조사·산정을 의뢰받은 한국감정원은 공동주택가격 및 그 밖에 국토교통부장관이 정하는 사항을 조사·산정한 후 공동주택가격 조사산정보고서를 작성하여 국토교통부장관에게 제출하여야 한다(영 제46조).

③ 국토교통부장관은 해당 보고서를 행정안전부장관, 국세청장, 특별시장·광역시장·특별자치시장·도지사 또는 특별자치도지사(이하 "시·도지사"라 한다), 시장·군수 또는 구청장에게 제공하여야 한다.

④ 국토교통부장관은 감정원이 제출한 보고서에 대하여 실거래신고가격 및 감정평가 정보체계 등을 활용하여 그 적정성 여부를 검토할 수 있으며, 검토한 결과 부적정하다고 판단되거나 공동주택가격의 조사산정이 관계 법령을 위반하여 수행되었다고 인정되는 경우에는 감정원에게 보고서를 시정하여 다시 제출하게 할 수 있다.

⑤ 공동주택가격을 산정한 후에는 공동주택소유자 또는 그 밖의 이해관계인의 의견을 수렴하고, 중앙부동산가격공시위원회의 심의 등 다단계의 검증과정을 거쳐 최종가격을 결정하고 공시절차에 따라 공시한다.

(6) 공동주택가격의 정정

① 국토교통부장관은 공시한 가격에 틀린 계산, 오기 그 밖에 다음과 같은 명백한 오류가 있음을 발견한 때에는 지체 없이 이를 정정하여야 한다(법 제18조 제7항)

㉠ 공시절차를 완전하게 이행하지 아니한 경우

㉡ 공동주택가격에 영향을 미치는 동호수, 층의 표시 등 주요 요인의 조사를 잘못한 경우

② 국토교통부장관이 공동주택가격의 오류를 정정하려는 경우에는 중앙부동산가격공시위원회의 심의를 거쳐 정정사항을 결정·공시하여야 한다. 다만, 틀린 계산 또는 오기의 경우에는 중앙부동산가격공시위원회의 심의를 거치지 아니하고 직권으로 정정하여 결정·공시할 수 있다.

(7) 공동주택 소유자등의 의견청취

공동주택 소유자 등의 의견청취에 관하여는 "표준지소유자의 의견청취 절차(영 제5조)"를 준용한다.

3) 공동주택가격의 결정 · 공시

(1) 공시기준일

① 공동주택가격의 공시기준일은 1월 1일로 한다. 다만, 국토교통부장관은 공동주택가격 조사산정인력 및 공동주택의 수 등을 고려하여 부득이하다고 인정하는 경우에는 일부 지역을 지정하여 해당 지역에 대한 공시기준일을 따로 정할 수 있다(영 제40조).

② 공동주택가격의 공시에는 ㉠ 공동주택의 소재지, 명칭, 동·호수, ㉡ 공동주택가격, ㉢ 공동주택의 면적, ㉣ 그 밖에 공동주택가격 공시에 필요한 사항이 포함되어야 한다.

③ 국토교통부장관은 공동주택가격 공시사항을 공고일부터 10일 이내에 행정안전부장관, 국세청장, 시장·군수 또는 구청장에게 제공하여야 한다.

(2) 공시일자

① 국토교통부장관은 매년 공시기준일(1월 1일) 기준으로 매년 4월 30일까지 공동주택가격을 산정·공시하여야 한다(영 제43조).

② 공시기준일 이후에 대지가 분할 또는 합병된 공동주택, 건축·대수선 또는 용도변경, 국유·공유에서 매각 등에 따라 사유(私有)로 된 공동주택으로서 공동주택가격이 없는 경우에는 다음 각 호의 구분에 따라 공동주택가격을 결정·공시하여야 한다(영 제44조).

㉠ 1월 1일부터 5월 31일까지 사이에 위의 사유가 발생한 공동주택: 그 해 6월 1일을 기준일로 하여 9월 30일까지 결정·공시

㉡ 6월 1일부터 12월 31일까지의 사이에 위의 사유가 발생한 공동주택: 다음 해 1월 1일을 기준일로 하여 다음 해 4월 30일까지 결정·공시

4) 표준지공시지가의 규정 준용

공동주택가격을 조사·산정하여 공시하는 경우에 표준지공시지가의 다음 규정을 준

용한다(법 제18조제8항).

① 공동주택가격의 조사·협조 : 표준지공시지가의 조사협조(법 제4조)
② 공동주택가격의 열람 : 표준지공시지가의 열람(법 제6조)
③ 공동주택가격에 대한 이의신청 : 표준지공시지가에 대한 이의신청(법 제7조)
④ 타인 토지에의 출입 등(법 제13조)

5) 표준주택 · 개별주택 · 공동주택가격의 비교

(1) 개념상의 비교

표준지공시지가와 개별공시지가의 공시가격은 단위면적당 가격인데 비하여 주택가격은 전체 주택가격을 공시한다.

① 표준주택은 토지 및 건물 공히 지가 및 건물가격의 대표성, 토지 및 건물특성의 중용성, 용도의 안정성, 구별의 확정성을 가지고 있어야 한다.
② 개별주택이나 공동주택은 표준주택처럼 대표성, 중용성, 안정성, 확정성의 요건을 갖추지 않아도 된다.

(2) 조사방법상의 차이

① 표준주택가격 : 단독주택의 대표성이 있는 19만호를 선정하여 한국감정원이 조사·산정하고, 이 조사·산정액의 산술평균치를 기준으로 국토교통부장관이 통상 매년 1월말까지 결정한다.
② 개별주택가격 : 표준주택가격을 기준으로, 시장·군수·구청장이 주택가격비준표를 적용하여 반드시 매년 4월 30일까지 개별주택가격을 결정·공시하여야 한다. 다만, 표준주택으로 선정된 주택 등에 대하여는 개별주택가격을 공시하지 아니할 수 있으며, 해당 표준주택가격을 개별주택가격으로 본다.
③ 공동주택가격 : 공동주택은 부동산 가격의 조사·산정에 관한 전문성이 있는 기관(한국감정원)에 의뢰하여 결정·공시한다.

(3) 양 가격 평가 · 산정상의 비교

① 표준주택가격 : 표준주택가격은 인근유사주택의 거래가격·임대료 및 당해 주택과 유사한 이용가치를 지닌다고 인정되는 단독주택의 건축에 필요한 비용추정액 등을 종합적으로 참작하여 산정한다. 국토교통부장관은 상기 기준에 의하여 조사·산정한 표준주택의 적정가격을 중앙부동산가격공시위원회의 심의를 거쳐 공

시한다.

② 개별주택가격 : 개별주택가격은 시장·군수 또는 구청장이 개별주택과 유사한 이용가치를 지닌다고 인정하는 비교표준주택과, 표준주택 및 개별주택특성을 비교한 주택가격비준표를 활용하여 가격을 산정한다. 개별주택가격은 시장·군수·구청장이 산정하여 검증과 시·군·구부동산가격공시위원회의 심의, 의견청취, 재조정 및 확인을 거쳐 공시한다.

③ 공동주택가격 : 공동주택가격은 인근 유사공동주택의 거래가격·임대료 및 당해 공동주택과 유사한 이용가치를 지닌다고 인정되는 공동주택의 건설에 필요한 비용추정액 등을 종합적으로 참작하여 산정한다. 국토교통부장관은 상기 기준에 의하여 조사·산정한 공동주택의 적정가격을 중앙부동산가격공시위원회의 심의를 거쳐 공시한다. 또한 조사·평가하지 아니하고 조사·산정한다는 점이 다르다. 이는 가치형성요인이 비교적 단순하여 국세청, 한국감정원이 기존부터 전수조사해온 전문성을 그대로 유지하려는 의도라고 본다.

〈표 5-10〉 부동산가격 공시 비교

구 분	지가의 공시		단독주택가격공시		공동주택가격
	표준지공시지가	개별공시지가	표준주택가격	개별주택가격	
공시주체	국토부장관	시·군·구청장	국토부장관	시·군·구청장	국토부장관
공시기준일 (추가공시)	1월1일	1월1일 (7월1일)	1월1일	1월1일 (6월1일)	1월1일 (6월1일)
공시시한 (추가공시)	2월 말	5월31일 (10월31일)	1월31일	4월30일 (9월30일)	4월30일 (9월30일)
공시대상	50만 필지	약 3,180만 필지	약 19만호	400만호	1,200만호
조사·평가, 산정방법	감정평가업자가 3방식(거래사례비교법, 원가법, 수익환원법)으로 감정평가	시·군·구 공무원이 토지가격비준표를 이용하여 산정, 21개 토지특성비교	한국감정원이 3방식(거래사례비교법, 원가법, 수익환원법)으로 감정평가	시·군·구 공무원이 주택가격비준표를 이용 산정, 11개 토지특성과 9개 건물특성비교	층별, 위치별, 향별, 효용, 조망, 소음, 기타가치형성요인을 고려하여 한국감정원이 전수조사 산정
비 고	조사·평가, 공시	조사·산정, 결정·공시	조사·산정, 결정·공시	조사·산정, 결정·공시	조사·산정, 결정·공시

(4) 효력의 비교

① 표준주택 가격은 국가·지방자치단체 등의 기관이 그 업무와 관련하여 개별주택 가격을 산정하는 경우에 그 기준이 된다(법 제19조).

② 개별주택 및 공동주택의 가격은 주택시장의 가격정보를 제공하고, 국가·지방자치단체 등의 기관이 과세 등의 업무와 관련하여 주택의 가격을 산정하는 경우에는 그 기준으로 활용될 수 있다.

제5절 비주거용 부동산가격의 공시

1. 비주거용 표준부동산가격

1) 비주거용 표준부동산가격의 공시개요

(1) 비주거용 부동산의 정의

비주거용 부동산이란 주택을 제외한 건축물이나 건축물과 그 토지의 전부 또는 일부를 말하며 다음과 같이 구분한다(법 제2조).

① 비주거용 집합부동산 : 「집합건물의 소유 및 관리에 관한 법률」에 따라 구분소유되는 비주거용 부동산

② 비주거용 일반부동산 : ①항을 제외한 비주거용 부동산

(2) 비주거용 표준부동산 선정

국토교통부장관은 비주거용 표준부동산을 선정할 때에는 일단의 비주거용 일반부동산 중에서 해당 일단의 비주거용 일반부동산을 대표할 수 있는 부동산을 선정하여야 한다. 이 경우 미리 해당 비주거용 표준부동산이 소재하는 시·도지사 및 시장·군수·구청장의 의견을 들어야 한다(영 제48조).

(3) 비주거용 표준부동산가격

국토교통부장관은 용도지역, 이용상황, 건물구조 등이 일반적으로 유사하다고 인정되는 일단의 비주거용 일반부동산 중에서 선정한 비주거용 표준부동산에 대하여 매년 공시기준일 현재의 적정가격(이하 "비주거용 표준부동산가격"이라 한다)을 조사·산정하고, 중앙부동산가격공시위원회의 심의를 거쳐 이를 공시할 수 있다(법 제20조제1항).

(3) 비주거용 부동산가격비준표 제공

국토교통부장관은 비주거용 개별부동산가격의 산정을 위하여 필요하다고 인정하는 경우에는 비주거용 표준부동산과 산정대상 비주거용 개별부동산의 가격형성요인에 관한 표준적인 비교표(이하 "비주거용 부동산가격비준표"라 한다)를 작성하여 시장·군수 또는 구청장에게 제공하여야 한다(법 제20조제6항).

2) 비주거용 표준부동산가격의 조사·산정

(1) 조사산정 의뢰

국토교통부장관은 비주거용 표준부동산가격을 조사·산정하려는 경우 감정평가업자 또는 감정원에게 의뢰한다.

(2) 조사산정 기준

① 국토교통부장관이 비주거용 표준부동산가격을 조사·산정하는 경우에는 인근 유사 비주거용 일반부동산의 거래가격·임대료 및 해당 비주거용 일반부동산과 유사한 이용가치를 지닌다고 인정되는 비주거용 일반부동산의 건설에 필요한 비용추정액 등을 종합적으로 참작하여야 한다(법 제20조제5항, 영 제54조).

㉠ 인근 유사 비주거용 일반부동산의 거래가격 또는 임대료의 경우: 해당 거래 또는 임대차가 당사자의 특수한 사정에 의하여 이루어지거나 비주거용 일반부동산 거래 또는 임대차에 대한 지식의 부족으로 인하여 이루어진 경우에는 그러한 사정이 없었을 때에 이루어졌을 거래가격 또는 임대료를 기준으로 할 것

㉡ 해당 비주거용 일반부동산과 유사한 이용가치를 지닌다고 인정되는 비주거용 일반부동산의 건설에 필요한 비용추정액의 경우: 공시기준일 현재 해당 비주

거용 일반부동산을 건설하기 위한 표준적인 건설비와 일반적인 부대비용으로 할 것

② 비주거용 표준부동산에 전세권 또는 그 밖의 비주거용 일반부동산의 사용·수익을 제한하는 권리가 설정되어 있을 때에는 그 권리가 존재하지 아니하는 것으로 보고 적정가격을 조사·산정하여야 한다.

(3) 조사산정 절차

① 비주거용 표준부동산가격의 조사·산정을 의뢰받은 기관은 비주거용 표준부동산가격 및 그 밖에 국토교통부령으로 정하는 사항을 조사·산정한 후 비주거용 표준부동산가격 조사·산정보고서를 작성하여 국토교통부장관에게 제출하여야 한다(영 제53조).

② 비주거용 표준부동산가격의 조사·산정 기관은 비주거용 표준부동산가격 조사·산정보고서를 작성하는 경우에는 미리 해당 부동산 소재지를 관할하는 시장·군수 또는 구청장의 의견을 들어야 한다.

③ 시장·군수 또는 구청장은 제②항에 따라 의견제시 요청을 받은 경우에는 20일 이내에 의견을 제시하여야 한다. 이 경우 시장·군수 또는 구청장은 미리 시·군·구 부동산가격공시위원회의 심의를 거쳐 의견을 제시하여야 한다.

④ 국토교통부장관은 비주거용 표준부동산가격 조사·산정보고서에 대하여 실거래 신고가격 및 감정평가 정보체계 등을 활용하여 그 적정성 여부를 검토할 수 있으며, 검토한 결과 부적정하다고 판단되거나 비주거용 표준부동산가격의 조사산정이 관계 법령을 위반하여 수행되었다고 인정되는 경우에는 감정원에 보고서를 시정하여 다시 제출하게 할 수 있다.

3) 비주거용 표준부동산가격의 공시

(1) 공시기준일

비주거용 표준부동산가격의 공시기준일은 1월 1일로 한다. 다만, 국토교통부장관은 비주거용 표준부동산가격 조사산정인력 및 비주거용 표준부동산의 수 등을 고려하여 부득이하다고 인정하는 경우에는 일부 지역을 지정하여 해당 지역에 대한 공시기준일을 따로 정하여 고시할 수 있다(영 제49조).

(2) 공시사항

국토교통부장관은 비주거용 표준부동산가격을 공시할 때에는 공시사항의 개요, 비주거용 표준부동산가격의 열람방법, 이의신청의 기간·절차 및 방법을 관보에 공고 하고, 비주거용 표준부동산가격을 부동산공시가격시스템에 게시하여야 한다(법 제20조제2항, 영 제50,51조).

① 비주거용 표준부동산의 지번
② 비주거용 표준부동산가격
③ 비주거용 표준부동산의 대지면적 및 형상
④ 비주거용 표준부동산의 용도, 연면적, 구조 및 사용승인일(임시사용승인일을 포함)
⑤ 지목
⑥ 용도제한
⑦ 도로상황
⑧ 그 밖에 비주거용 표준부동산가격 공시에 필요한 사항

4) 표준지공시지가 공시 규정의 준용

비주거용 표준부동산가격의 공시에 대하여는 표준지공시지가 공시에 관한 다음 규정을 준용한다(법 제20조제7항).

① 비주거용 표준부동산 소유자의 의견 청취 : 토지소유자 의견(법 제3조제2항)
② 비주거용 표준부동산가격의 조사협조 : 표준지공시지가의 조사·협조(법 제4조)
③ 비주거용 표준부동산가격의 열람 등 : 표준지공시지가의 열람(법 제6조)
④ 비주거용 표준부동산가격에 대한 이의신청 : 표준지공시지가에 대한 이의신청(법 제7조)
⑤ 타인토지에의 출입 등(법 제13조)

5) 비주거용 부동산가격공시의 효력

① 비주거용 표준부동산가격은 국가·지방자치단체 등이 그 업무와 관련하여 비주거용 개별부동산가격을 산정하는 경우에 그 기준이 된다.
② 비주거용 개별부동산가격 및 비주거용 집합부동산가격은 비주거용 부동산시장

에 가격정보를 제공하고, 국가·지방자치단체 등이 과세 등의 업무와 관련하여 비주거용 부동산의 가격을 산정하는 경우에 그 기준으로 활용될 수 있다.

2. 비주거용 개별부동산가격

1) 비주거용 개별부동산가격의 공시개요

(1) 비주거용 개별부동산가격

시장·군수 또는 구청장은 시·군·구부동산가격공시위원회의 심의를 거쳐 매년 비주거용 표준부동산가격의 공시기준일 현재 관할 구역 안의 비주거용 개별부동산의 가격(이하 "비주거용 개별부동산가격"이라 한다)을 결정·공시할 수 있다.

(2) 비주거용 개별부동산가격의 결정·공시 제외대상

① 행정안전부장관 또는 국세청장이 국토교통부장관과 협의하여 비주거용 개별부동산의 가격을 별도로 결정·고시하는 경우는 제외한다(법 제21조제1항).

② 비주거용 개별부동산가격의 결정·공시 대상에서 제외하기 위해서는 행정안전부장관 또는 국세청장이 비주거용 개별부동산의 가격을 별도로 결정·고시하는 경우는 행정안전부장관 또는 국세청장이 그 대상·시기 등에 대하여 미리 국토부장관 협의하여야 한다(영 제56조).

③ 비주거용 개별부동산가격을 결정·공시하지 아니할 수 있는 비주거용 일반부동산은 다음 각 호와 같다.

㉠ 비주거용 표준부동산으로 선정된 비주거용 일반부동산

㉡ 국세 또는 지방세의 부과대상이 아닌 비주거용 일반부동산

㉢ 그 밖에 국토교통부장관이 정하는 비주거용 일반부동산

④ 다만, 시장·군수 또는 구청장은 관계 법령에 따라 비주거용 일반부동산의 가격산정 등에 비주거용 개별부동산가격을 적용하도록 규정되어 있는 비주거용 일반부동산과 시장·군수 또는 구청장이 관계 행정기관의 장과 협의하여 비주거용 개별부동산가격을 결정·공시하기로 한 비주거용 일반부동산에 대해서는 비주거용 개별부동산가격을 공시한다(영 제56조).

⑤ 비주거용 표준부동산으로 선정된 비주거용 일반부동산에 대하여는 해당 비주거

용 표준부동산가격을 비주거용 개별부동산가격으로 본다(법 제21조제2항).

2) 비주거용 개별부동산가격의 조사·산정

(1) 조사산정 기준

① 국토교통부장관은 비주거용 개별부동산가격 조사·산정의 기준을 정하여 시장·군수 또는 구청장에게 통보하여야 하며, 시장·군수 또는 구청장은 그 기준에 따라 비주거용 개별부동산가격을 조사·산정하여야 한다(영 제59조).

② 비주거용 개별부동산가격의 조사·산정기준에는 다음 각 호의 사항이 포함되어야 한다.

㉠ 비주거용 일반부동산 가격의 형성에 영향을 미치는 비주거용 일반부동산 특성조사에 관한 사항

㉡ 비주거용 개별부동산가격의 산정기준이 되는 비주거용 표준부동산(이하 "비주거용 비교표준부동산"이라 한다)의 선정에 관한 사항

㉢ 비주거용 부동산가격비준표의 사용에 관한 사항

㉣ 그 밖에 비주거용 개별부동산가격의 조사·산정에 필요한 사항

(2) 조사산정 절차

① 시장·군수 또는 구청장이 비주거용 개별부동산가격을 결정·공시하는 경우에는 해당 비주거용 일반부동산과 유사한 이용가치를 지닌다고 인정되는 비주거용 표준부동산가격을 기준으로 비주거용 부동산가격비준표를 사용하여 가격을 산정하되, 해당 비주거용 일반부동산의 가격과 비주거용 표준부동산가격이 균형을 유지하도록 하여야 한다(법 제21조제5항).

② 국토교통부장관은 공시행정의 합리적인 발전을 도모하고 비주거용 표준부동산가격과 비주거용 개별부동산가격과의 균형유지 등 적정한 가격형성을 위하여 필요하다고 인정하는 경우에는 비주거용 개별부동산가격의 결정·공시 등에 관하여 시장·군수 또는 구청장을 지도·감독할 수 있다.

(3) 비주거용 개별부동산 소유자 등의 의견청취

비주거용 개별부동산 소유자 및 그 밖의 이해관계인의 의견을 들으려는 경우에는

"개별토지 소유자 등의 의견청취(영 제19조)"를 준용한다.

(4) 비주거용 개별부동산가격의 검증

① 시장·군수 또는 구청장은 비주거용 개별부동산가격을 결정·공시하기 위하여 비주거용 일반부동산의 가격을 산정할 때에는 비주거용 표준부동산가격과의 균형 등 그 타당성에 대하여 비주거용 표준부동산가격의 조사·산정을 의뢰받은 자(감정평가업자 또는 한국감정원)의 검증을 받고 비주거용 일반부동산의 소유자와 그 밖의 이해관계인의 의견을 들어야 한다. 다만, 시장·군수 또는 구청장은 비주거용 개별부동산가격에 대한 검증이 필요 없다고 인정하는 때에는 비주거용 부동산가격의 변동상황 등 대통령령으로 정하는 사항을 고려하여 검증을 생략할 수 있다(법 제21조제6항).

② 시장·군수 또는 구청장으로부터 검증의뢰를 받은 자는 비주거용 비교표준부동산의 선정의 적정성, 비주거용 개별부동산가격 산정의 적정성, 산정한 비주거용 개별부동산가격과 비주거용 표준부동산가격의 균형 유지, 산정한 비주거용 개별부동산가격과 인근 비주거용 일반부동산의 비주거용 개별부동산가격 및 전년도 비주거용 개별부동산가격과의 균형 유지에 관한 사항과 그 밖에 시장·군수 또는 구청장이 검토를 의뢰한 사항을 검토·확인하고 의견을 제시하여야 한다(영 제60조제3항).

③ 시장·군수 또는 구청장은 검증을 생략하고자 할 때에는 비주거용 개별부동산가격의 변동률과 국토교통부장관이 조사·공표하는 해당 비주거용 개별부동산이 있는 시·군 또는 구의 연평균 비주거용 개별부동산가격변동률 간의 차이가 작은 순으로 대상 비주거용 일반부동산을 선정하여야 한다. 다만, 개발사업이 시행되거나 용도지역·용도지구가 변경되는 등의 사유가 있는 비주거용 일반부동산에 대하여는 검증을 실시하여야 한다(영 제60조제4항).

3) 비주거용 개별부동산가격의 결정·공시

(1) 비주거용 개별부동산가격의 공시일

① 시장·군수 또는 구청장은 비주거용 개별부동산가격을 결정·공시하려는 경우에는 매년 4월 30일까지 비주거용 개별부동산가격을 결정·공시하여야 한다(영 제62조).

② 시장·군수 또는 구청장은 공시기준일 이후에 대지가 분할 또는 합병된 비주거용 일반부동산, 건축·대수선 또는 용도변경, 국유·공유에서 매각 등에 따라 사유(私有)로 된 비주거용 일반부동산으로서 비주거용 일반부동산가격이 없는 비주거용 일반부동산의 경우에는 다음 각 호에서 정하는 날을 기준으로 하여 비주거용 개별부동산가격을 결정·공시하여야 한다(영 제58, 62조).

㉠ 1월 1일부터 5월 31일까지 사이에 위의 사유가 발생한 비주거용 일반부동산: 그 해 6월 1일을 기준일로 하여 9월 30일까지 결정·공시

㉡ 6월 1일부터 12월 31일까지의 사이에 위의 사유가 발생한 비주거용 일반부동산: 다음 해 1월 1일을 기준일로 하여 다음 해 4월 30일까지 결정·공시

(2) 비주거용 개별부동산가격의 공시사항

비주거용 개별부동산가격을 공시하는 시장·군수 또는 구청장은 해당 시·군 또는 구의 게시판에 비주거용 개별부동산가격의 결정에 관한 사항, 이의신청에 관한 사항을 게시하여야 한다. 이 경우 필요하다고 인정하는 때에는 비주거용 개별부동산 소유자에게 개별통지할 수 있다(법 제21조제3항, 영 제57조).

① 비주거용 부동산의 지번
② 비주거용 부동산가격
③ 비주거용 개별부동산의 용도 및 면적
④ 그 밖에 비주거용 개별부동산가격 공시에 필요한 사항

4) 개별공시지가 규정의 준용

비주거용 개별부동산가격에 대한 이의신청 및 정정에 대하여는 법 제11조(개별공시지가에 대한 이의신청) 및 법 제12조(개별공시지가의 정정)를 각각 준용한다.

3. 비주거용 집합부동산가격

1) 비주거용 집합부동산가격의 공시개요

(1) 비주거용 집합부동산가격

국토교통부장관은 비주거용 집합부동산에 대하여 매년 공시기준일 현재의 적정가격(이하 "비주거용 집합부동산가격"이라 한다)을 조사·산정하여 중앙부동산가격공시위원회의 심의를 거쳐 공시할 수 있다. 이 경우 시장·군수 또는 구청장은 비주거용 집합부동산가격을 결정·공시한 경우에는 이를 관계 행정기관 등에 제공하여야 한다(법 제22조 제1항).

(2) 결정·공시 제외 대상

① 행정안전부장관 또는 국세청장이 국토교통부장관과 협의하여 비주거용 집합부동산의 가격을 별도로 결정·고시하는 경우에는 해당 비주거용 집합부동산의 비주거용 개별부동산가격을 결정·공시하지 아니한다(법 제22조제2항).

② 비주거용 집합부동산가격의 결정·공시 대상에서 제외하기 위해서는 행정안전부장관 또는 국세청장이 비주거용 집합부동산의 가격을 별도로 결정·고시하는 경우는 행정안전부장관 또는 국세청장이 그 대상·시기 등에 관하여 미리 국토부장관 협의하여야 한다(영 제65조).

2) 비주거용 집합부동산가격의 조사·산정

(1) 비주거용 개별부동산가격의 조사산정 의뢰

국토교통부장관은 비주거용 집합부동산가격을 조사·산정할 때에는 감정원 또는 대통령령으로 정하는 부동산 가격의 조사·산정에 관한 전문성이 있는 자에게 의뢰한다.

(2) 조사산정 기준

① 국토교통부장관이 비주거용 집합부동산가격을 조사·산정하는 경우에는 인근 유사 비주거용 집합부동산의 거래가격·임대료 및 해당 비주거용 집합부동산과 유사한 이용가치를 지닌다고 인정되는 비주거용 집합부동산의 건설에 필요한 비용추정액 등을 종합적으로 참작하여야 한다(법 제22조제6항).

② 국토교통부장관은 비주거용 집합부동산가격을 조사·산정할 때 그 비주거용 집합부동산에 전세권 또는 그 밖에 비주거용 집합부동산의 사용·수익을 제한하는 권리가 설정되어 있는 경우에는 그 권리가 존재하지 아니하는 것으로 보고 적정가격을 산정하여야 한다(영 제68조).

(3) 조사산정 절차

① 비주거용 집합부동산가격 조사·산정을 의뢰받은 기관(한국감정원 또는 감정평가업자)은 비주거용 집합부동산가격 및 그 밖에 국토교통부장관이 정하는 사항을 조사·산정한 후 비주거용 집합부동산가격 조사·산정보고서를 작성하여 국토교통부장관에게 제출하여야 한다(영 제69조).

② 국토부교통부장관은 제출받은 해당 보고서를 행정안전부장관, 국세청장, 시·도지사, 시장·군수 또는 구청장에게 제공하여야 한다.

③ 국토교통부장관은 비주거용 집합부동산가격 조사·산정보고서에 대하여 실거래신고가격 및 감정평가 정보체계 등을 활용하여 그 적정성 여부를 검토할 수 있다.

㉠ 적정성 여부 검토를 위하여 필요하다고 인정하는 경우에는 해당 비주거용 집합부동산가격 조사산정기관 외에 부동산 가격의 조사산정에 관한 전문성이 있는 자를 별도로 지정하여 의견을 들을 수 있다.

㉡ 검토한 결과 부적정하다고 판단되거나 비주거용 집합부동산가격 조사산정이 관계 법령을 위반하여 수행되었다고 인정되는 경우에는 해당 비주거용 집합부동산가격 조사산정을 수행한 기관에 보고서를 시정하여 다시 제출하게 할 수 있다.

3) 비주거용 집합부동산가격의 결정·공시

(1) 공시기준일

① 비주거용 집합부동산가격의 공시기준일은 1월 1일로 한다.

② 다만, 국토교통부장관은 조사산정인력 및 비주거용 집합부동산의 수 등을 고려하여 부득이하다고 인정하는 경우에는 일부지역을 지정하여 해당 지역에 대한 공시기준일을 따로 정할 수 있다(영 제63항).

③ 국토교통부장관은 비주거용 집합부동산가격 공시사항을 공고일부터 10일 이내에 행정안전부장관, 국세청장, 시장·군수 또는 구청장에게 제공하여야 한다.

(2) 비주거용 집합부동산가격의 공시일자

① 국토교통부장관은 비주거용 집합부동산가격을 산정·공시하려는 경우에는 매년 4

월 30일까지 비주거용 집합부동산가격을 산정·공시하여야 한다.

② 국토교통부장관은 공시기준일 이후에 대지가 분할 또는 합병된 비주거용 집합부동산, 건축·대수선 또는 용도변경, 국유·공유에서 매각 등에 따라 사유(私有)로 된 비주거용 집합부동산으로서 비주거용 집합부동산가격이 없는 비주거용 집합부동산의 경우에는 다음 각 호에서 정하는 날을 기준으로 하여 비주거용 집합부동산가격을 결정·공시하여야 한다(영 제64, 67조).

㉠ 1월 1일부터 5월 31일까지 사이에 위의 사유가 발생한 비주거용 집합부동산: 그 해 6월 1일을 기준일로 하여 9월 30일까지 결정·공시

㉡ 6월 1일부터 12월 31일까지의 사이에 위의 사유가 발생한 비주거용 집합부동산: 다음 해 1월 1일을 기준일로 하여 다음 해 4월 30일까지 결정·공시

(3) 공시사항

국토교통부장관은 비주거용 집합부동산가격을 공시할 때에는 공시사항의 개요, 비주거용 집합부동산가격의 열람방법, 이의신청의 신청기간·절차 및 방법을 관보에 공고하고, 비주거용 집합부동산가격을 부동산공시가격시스템에 게시하여야 하며, 비주거용 집합부동산 소유자에게 개별 통지하여야 한다(영 제64조).

① 비주거용 집합부동산의 소재지, 명칭, 동·호수

② 비주거용 집합부동산가격

③ 비주거용 집합부동산의 면적

④ 그 밖에 비주거용 집합부동산가격 공시에 필요한 사항

4) 표준지공시지가 공시 규정의 준용

비주거용 집합부동산가격의 공시에 대해서는 표준지공시지가 공시에 관한 다음 규정을 준용한다(법 제22조제9항).

① 비주거용 집합부동산가격의 조사협조 : 표준지공시지가의 조사·협조(법 제4조)

② 비주거용 집합부동산가격의 열람 등 : 표준지공시지가의 열람(법 제6조)

③ 비주거용 집합부동산가격에 대한 이의신청 : 표준지공시지가에 대한 이의신청(법 제7조)

④ 타인토지에의 출입 등(법 제13조)

4. 비주거용 부동산가격공시의 효력

1) 비주거용 표준부동산가격

비주거용 표준부동산가격은 국가·지방자치단체 등이 그 업무와 관련하여 비주거용 개별부동산가격을 산정하는 경우에 그 기준이 된다(법 제23조).

2) 비주거용 개별부동산 및 집합부동산가격

비주거용 개별부동산가격 및 비주거용 집합부동산가격은 비주거용 부동산시장에 가격정보를 제공하고, 국가·지방자치단체 등이 과세 등의 업무와 관련하여 비주거용 부동산의 가격을 산정하는 경우에 그 기준으로 활용될 수 있다.

제6절 부동산가격공시위원회 등

1. 부동산가격공시위원회

1) 의의 및 성격

(1) 중앙부동산가격공시위원회는 국토교통부 등 관계부처 위원과 부동산가격공시 및 감정평가에 관한 학식과 경험이 있는 자들로 구성되는 위원회로서, 부동산가격공시 관계 법령의 제·개정에 관한 사항, 표준지·표준주택·공동주택·비주거용 표준부동산비주거용 집합부동산의 선정 및 관리지침과 이의신청, 표준지공시지가, 표준주택가격, 공동주택가격, 비주거용 표준부동산가격, 비주거용 칩합부동산가격 등에 관한 심의기관이다.

(2) 한편 시·군·구부동산가격공시위원회는 개별공시지가, 개별주택가격 및 비주거용 개별부동산의 결정에 관한 사항과 이의신청에 관한 사항 등에 관하여 심의한다.

(3) 이러한 부동산가격공시위원회는 표준지·표준주택·공동주택·비주거용 표준부동산·비주거용 집합부동산가격 및 개별공시지가, 개별주택가격, 비주거용 개별부동산가격의 결정에 대하여 공시 전에 반드시 심의를 거치도록 하고 있으며, 그 결

과를 의결의 형태로 하도록 하고 있는 점에 비추어 의결기관과 자문기관의 중간적 형태의 심의기관이라 할 것이다. 다만, 심의를 요청받은 위원회는 심의결과를 의결하도록 되어 있을 뿐 심의결과에 대한 국토교통부장관의 법적 구속력에 관하여 아무런 규정이 없어 심의를 거치지 아니한 경우에는 위법이 되지만 심의결과에 따르지 아니한 경우에는 법적 구속력이 없는 문제가 있다.

(4) 이러한 심의과정은 공시지가 및 주택가격의 공신력을 제고하기 위한 것임은 물론, 다른 한편으로는 감정평가업자의 지역적 또는 지목간 균형확보 등을 고려하여 제도화한 것이다.

2) 중앙부동산가격공시위원회의 조직과 기능

국토교통부장관 소속으로 중앙부동산가격공시위원회를 두고, 시장·군수 또는 구청장 소속으로 시·군·구 부동산가격공시위원회를 둔다.
이러한 부동산가격공시위원회의 기능을 보면 다음과 같다.

(1) 설치 및 심의사항

다음 각 호의 사항을 심의하게 하기 위하여 국토교통부장관 소속으로 중앙부동산가격공시위원회(이하 "위원회"라 한다)를 둔다(법 제24조).

① 부동산 가격공시 관계 법령의 제·개정에 관한 사항 중 국토교통부장관이 부의하는 사항
② 표준지의 선정 및 관리지침
③ 조사·평가된 표준지공시지가
④ 표준지공시지가에 대한 이의신청에 관한 사항
⑤ 표준주택의 선정 및 관리지침
⑥ 조사·산정된 표준주택가격
⑦ 표준주택가격에 대한 이의신청에 관한 사항
⑧ 공동주택의 조사 및 산정지침
⑨ 조사·산정된 공동주택가격
⑩ 공동주택가격에 대한 이의신청에 관한 사항
⑪ 비주거용 표준부동산의 선정 및 관리지침
⑫ 조사·산정된 비주거용 표준부동산가격

⑬ 비주거용 표준부동산가격에 대한 이의신청에 관한 사항
⑭ 비주거용 집합부동산의 조사 및 산정 지침
⑮ 조사·산정된 비주거용 집합부동산가격
⑯ 비주거용 집합부동산가격에 대한 이의신청에 관한 사항
⑰ 그 밖에 부동산정책에 관한 사항 등 국토교통부장관이 회의에 부치는 사항

(2) 구 성

① 위원회는 위원장을 포함한 20명 이내의 위원으로 구성한다.
② 위원회의 위원장은 국토교통부 제1차관이 된다.
③ 위원회의 위원은 기획재정부·행정안전부·농축산식품부 및 국토교통부의 장이 지명하는 6명 이내의 공무원과, 다음 각 호의 어느 하나에 해당하는 사람 중 국토교통부장관이 위촉하는 사람이 된다.
  ㉠ 「고등교육법」에 의한 대학에서 토지·주택 등에 관한 이론을 가르치는 조교수 이상으로 재직하고 있거나 재직하였던 사람
  ㉡ 판사, 검사, 변호사 또는 정평가사의 자격이 있는 사람
  ㉢ 부동산가격공시 또는 감정평가 관련 분야에서 10년 이상 연구 또는 실무경험이 있는 사람
④ 공무원이 아닌 위원의 임기는 2년으로 하되, 한차례 연임할 수 있다.
⑤ 국토교통부장관은 필요하다고 인정하면 위원회의 심의에 부치기 전에 미리 관계 전문가의 의견을 듣거나 조사·연구를 의뢰할 수 있다.

(3) 조직 및 운영

① 위원회를 구성할 때에는 성별을 고려하여야 한다.
② 위원회의 위원장은 위원회를 대표하고, 위원회의 업무를 총괄한다.
③ 위원장은 위원회의 회의를 소집하고 그 의장이 된다.
④ 부위원장은 위원회의 위원중 위원장이 지명하는 사람이 되며, 위원장을 보좌하고 위원장이 부득이한 사유로 직무를 수행할 수 없을 때에 그 직무를 대행한다.
⑤ 위원장 및 부위원장이 모두 부득이한 사유로 직무를 수행할 수 없을 때에는 위원장이 미리 지명한 위원이 그 직무를 대행한다.
⑥ 위원회의 회의는 위원장이 이를 소집하고, 개회 3일전에 의안을 첨부하여 각 위

원에게 통지하여야 한다.

⑦ 위원회의 회의는 재적위원 과반수의 출석으로 개의하고, 출석위원 과반수의 찬성으로 의결한다.

⑧ 위원회의 위원 중 공무원이 아닌 위원에게는 예산의 범위에서 수당과 여비를 지급할 수 있다.

⑨ 기타 위원회의 운영에 필요한 세부적인 사항은 위원회의 의결을 거쳐 위원장이 정한다.

(3) 위원의 제척 및 해촉

위원회 위원이 제척사유에 해당하는 경우 위원회 심의·의결에서 제척되며, 해촉할 수 있다(영 제72, 73조)

3) 시 · 군 · 구 부동산가격공시위원회의 조직과 기능

(1) 설치 및 심의사항

다음 각 호의 사항을 심의하기 위하여 시장·군수 또는 구청장 소속으로 시·군·구 부동산가격공시위원회를 둔다(법 제25조).

① 개별공시지가의 결정에 관한 사항
② 개별공시지가에 대한 이의신청에 관한 사항
③ 개별주택가격의 결정에 관한 사항
④ 개별주택가격에 대한 이의신청에 관한 사항
⑤ 비주거용 개별부동산가격의 결정에 관한 사항
⑥ 비주거용 개별부동산가격에 대한 이의신청에 관한 사항
⑦ 그 밖에 시장·군수 또는 구청장이 회의에 부치는 사항

(2) 구 성

① 시·군·구 부동산가격공시위원회는 위원장 1명을 포함한 10명 이상 15명 이하의 위원으로 구성하며, 성별을 고려하여야 한다.

② 시·군·구 부동산가격공시위원회의 위원장은 부시장·부군수 또는 부구청장이 된다.

③ 위원은 부동산가격공시 또는 감정평가에 관한 학식과 경험이 풍부하고 해당 지

역의 사정에 정통한 사람 또는 시민단체에서 추천한 사람 중에서 시장·군수 또는 구청장이 위촉하는 사람으로 한다.

④ 위원회의 제척·회피 및 해촉에 관하여는 중앙부동산가격공시원원회 관련사항을 준용한다.

(3) 조직 및 운영

상기 설치 및 구성 이외에 시·군·구 부동산가격공시위원회의 구성·운영에 필요한 사항은 해당 시·군·구의 조례로 정한다.

2. 공시가격정보체계 및 업무위탁

1) 공시가격정보체계의 구축 및 관리

(1) 국토교통부장관은 토지, 주택 및 비주거용 부동산의 공시가격과 관련된 정보를 효율적이고 체계적으로 관리하기 위하여 공시가격정보체계를 구축·운영할 수 있다(법 제27조).

(2) 국토교통부장관은 공시가격정보체계를 구축하기 위하여 필요한 경우 관계 기관에 자료를 요청할 수 있다. 이 경우 관계 기관은 정당한 사유가 없으면 이에 응하여야 한다.

(3) 부동산 공시가격정보체계에는 다음 각 호의 정보가 포함되어야 한다(영 제75조).

① 법에 따라 공시되는 가격에 관한 정보

② 공시대상 부동산의 특성에 관한 정보

③ 그 밖에 부동산공시가격과 관련된 정보

2) 업무위탁

국토교통부장관은 다음의 업무를 감정원 또는 국토교통부장관이 정하는 기관에 위탁할 수 있다(법 제28조).

(1) 다음 각 호의 업무 수행에 필요한 부대업무

① 표준지공시지가의 조사·평가(법 제3조)
② 표준주택가격의 조사·산정(법 제16조)
③ 공동주택가격의 조사·산정(법 제18조)
④ 비주거용 표준부동산가격의 조사·산정(법 제20조)
⑤ 비주거용 집합부동산가격의 조사·산정(법 제22조)

(2) 표준지공시지가(법 제6조), 표준주택가격(법 제16조), 공동주택가격(법 제18조 제8항), 비주거용 부동산가격(법 제20조 제7항), 비주거용 집합부동산가격(법 제22조제9항)에 관한 도서·도표 등 작성·공급

(4) 부동산 가격정보 등의 조사(법 제15조)

(5) 공시가격정보체계의 구축 및 관리(법 제27조)

(6) 위의 업무와 관련된 교육 및 연구 업무

〈표 5-11〉 부동산가격공시위원회의 조직과 기능

구 분	중앙부동산가격공시위원회	시 · 군 · 구부동산가격공시위원회
소 속	국토교통부장관	시장·군수·구청장
구 성	위원장 포함 20명 이내	위원장 포함 10~15명 이내
위원장	국토교통부 제1차관	부시장·부군수 또는 부구청장
위 원	기획재정부·행정안전부·농축산식품부 및 국토교통부의 장이 지명하는 6명 이내의 공무원과, 다음에 해당하는 사람 중 국토교통부장관이 위촉하는 사람이 된다. ① 대학에서 토지·주택 등에 관한 이론을 가르치는 조교수 이상의 직에 있거나 있었던 사람 ② 판사, 검사, 변호사·감정평가사의 자격이 있는 사람 ③ 부동산가격공시 또는 감정평가 관련 분야에서 10년 이상 연구 또는 실무경험이 있는 사람	부동산가격공시 또는 감정평가에 관한 학식과 실무경험이 풍부하고 당해 지역의 사정에 정통한 사람 또는 시민단체에서 추천한 사람 중에서 시장·군수 또는 구청장이 위촉하는 사람
임 기	공무원 외 : 2년	시·군·구 조례에 의함
심 의 사 항	① 부동산 가격공시 관계 법령의 제·개정에 관한 사항 중 국토부장관이 부의하는 사항 ② 표준지, 표준주택의 선정 및 관리지침 ③ 조사·평가된 표준지공시지가	① 개별공시지가, 개별주택가격의 결정에 관한 사항 ② 개별공시지가, 개별주택가격에 대한 이의신청에 관한 사

	④ 표준지공시지가, 표준주택가격, 공동주택가격에 대한 이의신청에 관한 사항 ⑤ 공동주택의 조사 및 산정지침 ⑥ 조사·산정된 표준주택가격, 공동주택가격 ⑦ 비주거용 표준부동산, 비주거용 집합부동산의 선정 및 관리지침 ⑧ 조사·산정된 비주거용 표준부동산가격, 비주거용 집합부동산가격 ⑨ 비주거용 표준부동산가격, 비주거용 집합부동산가격에 대한 이의신청에 관한 사항 ⑩ 기타 부동산정책에 관한 사항 등 국토교통부장관이 회의에 부치는 사항	항 ③ 비주거용 개별부동산가격의 결정에 관한 사항 ④ 비주거용 개별부동산가격에 대한 이의신청에 관한 사항 ⑤ 기타 시장·군수 또는 구청장이 회의에 부치는 사항

Chapter 6

감정평가제도

제1절 감정평가제도의 유래

1. 우리나라 감정평가제도의 발전과정

우리나라의 부동산 감정평가업무는 일제시대 조선식산은행에서부터 시작하여 그간 주로 금융기관에서 전담하여 실시하여 왔으며, 부동산 담보물 감정이 고작이었다.

1945년 8월 15일 광복 이후부터는 귀속재산의 불하와 법원의 부동산 경매감정 등 부동산 감정평가 업무범위가 확대되었다. 더구나 1960년대에 들어와서 전반적인 경제성장과 더불어 부동산 감정평가의 수요성이 증대됨에 따라 사회성과 공공성이 요구되는 부동산의 감정평가업무는 오늘날 은행이나 보험회사 등의 부동산 담보물 감정평가뿐 아니라 국가와 개인, 기업들의 경제 및 사회활동면에서도 큰 비중을 차지하게 되었다. 따라서 토지 등 재산의 경제적 가치를 정확하게 평가하여 공정거래의 기초를 확립함으로써 국민경제발전에 기여하고자 정부와 금융기관의 출자로 1969년에 '한국감정원'을 설립하였으며, 부동산의 담보물 감정과 국·공유재산의 매각, 보상감정, 기업의 자산재평가 등 부동산 감정평가업무를 취급하는 유일의 부동산감정평가업무 전담기관으로 등장하게 되었다. 또한 경제의 급속한 발전과 더불어 부동산 감정평가 이론의 정립과 이 분야의 근대화를 위하여 우리나라 대학에도 1970년 최초로 부동산학 석사과정에서 감정평가이론교육이 실시되었다.

우리나라 감정평가사제도는 1972년에 「국토이용관리법」의 제정과 더불어 처음으로 '토지평가사' 제도라는 전문자격인 제도가 도입되었고, 그 이듬해인 1973년에는 「감정평가에 관한 법률」이 제정되어 "공인감정사" 라는 전문자격인제도가 신설되었다. 양 자격제도는 그 업무의 본질이 감정평가라는 점에서 근본적으로 같은 업무라고 할 수 있으나 그 근거법률과 소관부처가 달라 오랫동안 양 자격제도의 통합에 대한 필요성이 제기되어 왔다.

2. 종전 평가제도의 문제점

1) 공인감정사와 토지평가사 제도

(1) 공인감정사제도

종전의 「감정평가에 관한 법률」은 부동산 감정평가에 관한 업무취급을 제도화하여 공인자격을 구비한 공인감정사와 감정회사(한국감정원)가 부동산의 감정평가업무를 전담하게 하였다. 그리하여 국가기관 및 공공단체 등의 부동산 감정평가의뢰는 다른 법령에 특별한 규정이 없는 한 감정회사에 의뢰하도록 하였다.

한편 그간 금융기관과 한국감정원 등이 취급하던 금융기관의 부동산 담보감정도 이 법률에서 감정회사(한국감정원)와 등록된 공인감정사만이 취급할 수 있도록 하였고, 감정평가의 대상을 부동산에 국한시키지 않고, 동산 및 기타 재산까지 광범위한 영역을 포함시키고 있다.

그런데 우리나라는 부동산 감정평가의 제도상 공인평가제도와 능력평가제도를 병행하고 있으나, 「감정평가에 관한 법률」에서 공인감정사로 하여금 실시토록 함으로써 공인평가제도를 채택하고 있었다.

당시 감정업자라 함은 재무부(현 기획재정부)에 등록을 한 공인감정사와 재무부장관이 감정업을 영위토록 인가를 한 법인을 말하는데, 당시 재무부장관의 인가를 받은 법인은 한국감정원이 있을 뿐이다.

(2) 토지평가사제도

부동산의 감정평가는 공인감정사의 주요업무이지만, 「국토이용관리법」 제29조에 의한 기준지가의 조사평가와 기준지가가 고시된 지역 안에서 매수 또는 수용할 토지, 기타 권리를 평가하는 경우와 「도시계획법」 제55조와 같은 법시행령 제42조에 의한 도시개발예정구역에서 기준지가를 고시하기 위해서 조사·평가하는 경우에는 「국토이용관리법」에 의하여 토지평가사도 조사·평가를 할 수 있게 하였다.

당시 토지평가업자의 평가기준을 보면 「공공용지의 취득 및 손실배상에 관한 특별법」 제4조 제3항 및 같은 법시행령 제2조의 규정에 의거하여 건설교통부(현 국토교통부)령 제4조로 「공공용지의 보상평가기준에 관한 규칙」을 1977년 3월 21일 공시하였다. 제정의 목적은 공공용지의 취득 및 사용에 따른 손실보상액의 평가방법, 손실액 산정방법 및 그 기준 등에 관한 사항을 규정함을 목적으로 하고 있다.

이 규칙은 토지평가사가 토지평가업을 영위할 때 평가의 기준이 되었으며, 용어에 대한 정의와 대상물건별 감정평가방법 그리고 주된 방법 및 부수방법에 대한 합리성 검토 등에 관한 사항을 상세히 규정하고 있었다.

특히 토지평가사의 주요 평가활동에 의하여 실시되었던 기준지가고시제도는 구 유신헌법 제117조에 의거하여 「국토이용관리법」이 제정되어 같은 법 제29조에 의해 시행되었으며, 이 제도의 목적은 지가의 부당한 변동을 억제하고 토지이용계획의 원활한 수행을 도모하기 위하여 일정한 대상지역을 정하고 그 지역 안에서 적용할 지가를 조사·평가하여 고시함으로써 공익사업의 수행으로 인하여 지가가 폭등하게 되는 것을 방지하는 데 있었다. 이 제도가 실시되면 대상지역의 지가가 실질적인 규제를 받게 되므로 지가형성에 미치는 영향이 매우 컸던 것이다.

2) 종전제도의 문제점

감정평가제도가 이원화된 것은 건설부(현 국토교통부)가 제안하여 1972년 「국토이용관리법」이 제정되면서 전문적으로 지가를 조사할 토지평가사제도를 도입하자, 이듬해인 1973년에 재무부(현 기획재정부)가 제안하여 「감정평가에 관한 법률」이 제정되어 주로 금융기관의 담보물건을 전문적으로 평가할 목적으로 공인감정사제도가 도입되었다. 그러나 양 제도는 법적근거, 수행업무의 범위 등에 있어서 약간의 차이가 있었으나, 사실상 양자 모두 부동산의 경제적 가치를 평가하는 업무를 수행하고 부동산가치를 평가할 때 동일한 이론을 적용하는 등 동일한 전문직 자격제도로 그 기능이 유사함에도 불구하고 이원화되어 평가제도의 발전을 저해하고 동일물건에 대한 이중가격이 발생되어 국민의 평가업무에 대한 신뢰도가 저하되고 평가기관에 대한 불신이 조장되기도 하여 여러 가지 문제점을 초래하였다.

〈그림 6-1〉 감정평가사제도의 변천

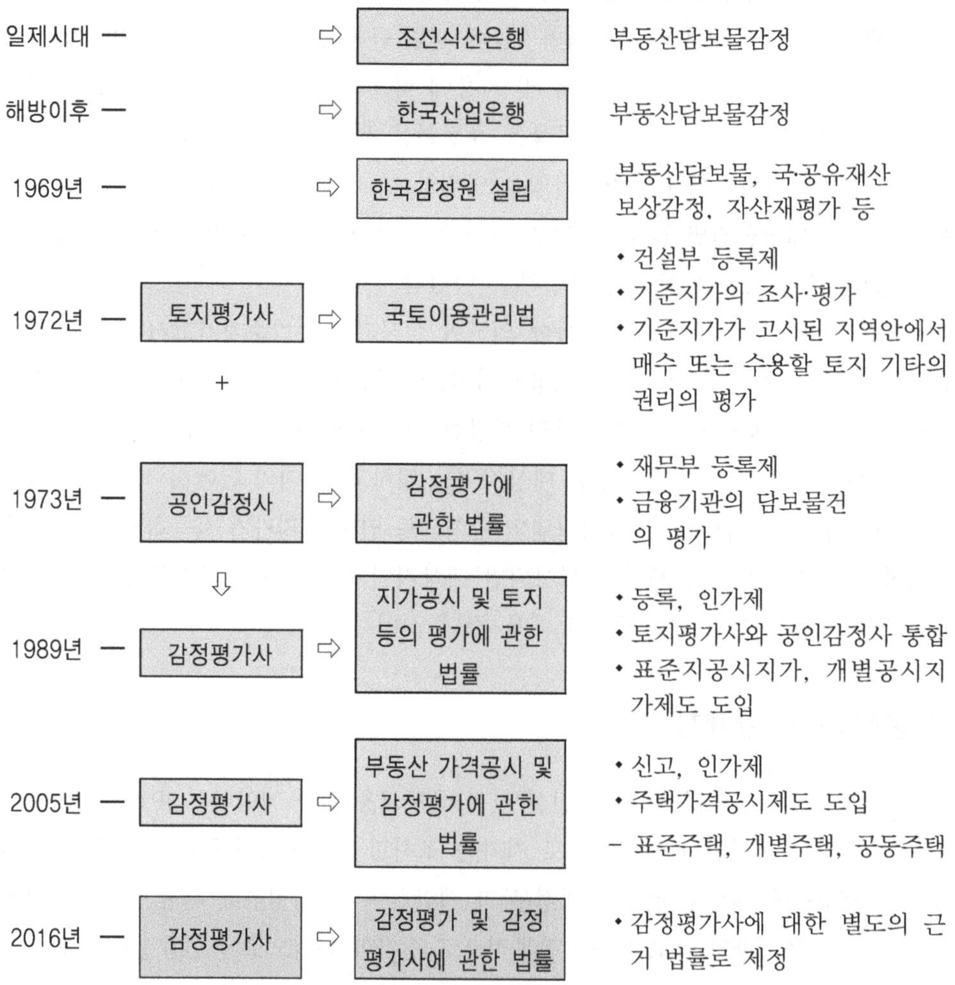

시기	자격	기관·법률	내용
일제시대		⇨ 조선식산은행	부동산담보물감정
해방이후		⇨ 한국산업은행	부동산담보물감정
1969년		⇨ 한국감정원 설립	부동산담보물, 국·공유재산 보상감정, 자산재평가 등
1972년	토지평가사	⇨ 국토이용관리법	• 건설부 등록제 • 기준지가의 조사·평가 • 기준지가가 고시된 지역안에서 매수 또는 수용할 토지 기타의 권리의 평가
	+		
1973년	공인감정사	⇨ 감정평가에 관한 법률	• 재무부 등록제 • 금융기관의 담보물건의 평가
	⇩		
1989년	감정평가사	⇨ 지가공시 및 토지 등의 평가에 관한 법률	• 등록, 인가제 • 토지평가사와 공인감정사 통합 • 표준지공시지가, 개별공시지가제도 도입
2005년	감정평가사	⇨ 부동산 가격공시 및 감정평가에 관한 법률	• 신고, 인가제 • 주택가격공시제도 도입 - 표준주택, 개별주택, 공동주택
2016년	감정평가사	⇨ 감정평가 및 감정평가사에 관한 법률	• 감정평가사에 대한 별도의 근거 법률로 제정

3. 현행 감정평가제도

결국 1989년「지가공시 및 토지 등의 평가에 관한 법률」에 의하여 공인감정사와 토지평가사로 이원화 되어있는 감정평가의 자격을 감정평가사로 통합하여 토지·건물·동산 등에 대한 감정평가제도의 효율화를 기하여 건설교통부(현 국토교통부)에서 관리하도록 하였다. 특히 감정평가법인제도를 도입하여 평가업무주체를 법인주도로 유도

하고 있다.

이 법은 2005년 1월 「부동산 가격공시 및 감정평가에 관한 법률」로 개정되었으나 감정평가 및 감정평가사의 업무에 관한 사항과 부동산 가격공시제도가 함께 하나의 법률로 규정되어 있어 부동산 가격공시가 감정평가업자의 업무로 인식되어 감정평가 및 감정평가사에 관한 제도를 확립하고자 감정평가사 관련 규정을 분리하여 별도의 법률인 「감정평가 및 감정평가사에 관한 법률」로 제정되었다(법률 제13782호. 2016. 1. 19. 제정, 2016. 9. 1. 시행).

〈표 6-1〉 감정평가업자 등록현황 (2016년 8월 현재)

구 분		등록현황	
한국감정원		31개 지점	216명
감정평가법인	대 형	13개 법인	2,456명
	중 소 형	36개 법인	628명
감정평가사무소		597개소	618명

※ 대형법인, 중소형법인은 감정평가사 50인 이상, 10인 이상인 법인

제2절 감정평가 및 감정평가사

1. 감정평가기준 및 감정평가사의 직무

1) 감정평가의 기준

(1) 감정평가업자가 토지를 감정평가하는 경우에는 그 토지와 이용가치가 비슷하다고 인정되는 「부동산 가격공시에 관한 법률」에 따른 표준지공시지가를 기준으로 하여야 한다. 다만, 적정한 실거래가가 있는 경우에는 이를 기준으로 할 수 있다.

(2) 제(1)항에도 불구하고 감정평가업자가 「주식회사의 외부감사에 관한 법률」에 따른 재무제표 작성 등 기업의 재무제표 작성에 필요한 감정평가와 담보권의 설정·

경매 등 대통령령으로 정하는 감정평가를 할 때에는 해당 토지의 임대료, 조성비용 등을 고려하여 감정평가를 할 수 있다.

2) 감정평가사의 직무

감정평가사는 타인의 의뢰를 받아 토지 등을 감정평가하는 것을 그 직무로 한다.

3) 국가등의 감정평가 의뢰

(1) 국가등의 의뢰

국가·지방자치단체·「공공기관의 운영에 관한 법률」에 따른 공공기관[28] 또는 그 밖에 대통령령으로 정하는 공공단체(「지방공기업법」에 따라 설립한 지방공사)가 토지 등의 관리·매입·매각·경매·재평가 등을 위하여 토지 등을 감정평가하려는 경우에는 감정평가업자에게 의뢰하여야 한다.

(2) 금융기관 등의 의뢰

금융기관·보험회사·신탁회사「신용협동조합법」에 의한 신용협동조합 및 「새마을금고법」에 의한 새마을금고 등의 기관이 대출, 자산의 매입·매각·관리 또는 「주식회사의 외부감사에 관한 법률」 에 따른 재무제표 작성을 포함한 기업의 재무제표 작성 등과 관련하여 토지 등의 감정평가를 하려는 경우에는 감정평가업자에게 의뢰하여야 한다.

---

28) 「공공기관의 운영에 관한 법률」 제4조(공공기관) ① 기획재정부장관은 국가 · 지방자치단체가 아닌 법인 · 단체 또는 기관(이하 "기관"이라 한다)으로서 다음 각 호의 어느 하나에 해당하는 기관을 공공기관으로 지정할 수 있다.

1. 다른 법률에 따라 직접 설립되고 정부가 출연한 기관
2. 정부지원액(법령에 따라 직접 정부의 업무를 위탁받거나 독점적 사업권을 부여받은 기관의 경우에는 그 위탁업무나 독점적 사업으로 인한 수입액을 포함한다. 이하 같다)이 총수입액의 2분의 1을 초과하는 기관
3. 정부가 100분의 50 이상의 지분을 가지고 있거나 100분의 30 이상의 지분을 가지고 임원 임명권한 행사 등을 통하여 당해 기관의 정책 결정에 사실상 지배력을 확보하고 있는 기관
4. 정부와 제1호 내지 제3호의 어느 하나에 해당하는 기관이 합하여 100분의 50 이상의 지분을 가지고 있거나 100분의 30 이상의 지분을 가지고 임원 임명권한 행사 등을 통하여 당해 기관의 정책 결정에 사실상 지배력을 확보하고 있는 기관
5. 제1호 내지 제4호의 어느 하나에 해당하는 기관이 단독으로 또는 두개 이상의 기관이 합하여 100분의 50 이상의 지분을 가지고 있거나 100분의 30 이상의 지분을 가지고 임원 임명권한 행사 등을 통하여 당해 기관의 정책 결정에 사실상 지배력을 확보하고 있는 기관
6. 제1호 내지 제4호의 어느 하나에 해당하는 기관이 설립하고, 정부 또는 설립 기관이 출연한 기관

(3) 감정평가사협회의 추천

① 제(1)항 또는 제(2)항에 따라 감정평가를 의뢰하려는 자는 감정평가사협회에 요청하여 추천을 받은 감정평가업자에게 감정평가를 의뢰할 수 있다.

② 이 경우 감정평가사협회는 감정평가업자의 추천을 요청받은 경우에는 요청을 받은 날부터 7일 이내에 감정평가업자를 추천하여야 한다.

③ 추천시 고려사항

㉠ 감정평가 대상물건에 대한 전문성 및 업무실적

㉡ 감정평가 대상물건의 규모 등을 고려한 감정평가업자의 조직규모 및 손해배상능력

㉢ 법 제39조에 따른 징계건수

㉣ 그 밖에 협회가 추천에 필요하다고 인정하는 사항

4) 감정평가서의 발급과 심사

① 감정평가업자는 감정평가를 의뢰받은 때에는 지체 없이 감정평가를 실시한 후 감정평가 의뢰인에게 감정평가서를 발급하여야 한다.

② 감정평가서에는 감정평가업자의 사무소 또는 법인의 명칭을 적고, 감정평가를 한 감정평가사가 그 자격을 표시한 후 서명과 날인을 하여야 하며, 감정평가법인의 경우에는 대표사원 또는 대표이사도 감정평가서에 서명이나 날인을 하여야 한다.

③ 감정평가업자는 감정평가서의 원본은 발급일부터 5년 이상, 감정평가서 관련 서류는 2년 이상 보존하여야 한다. 해산하거나 폐업하는 경우에는 감정평가서의 원본과 그 관련 서류를 국토교통부장관에게 제출하여야 하며 국토교통부장관은 의무보존기간 동안 보관하여야 한다.

④ 감정평가법인은 감정평가서를 의뢰인에게 발급하기 전에 감정 평가를 한 소속 감정평가사가 작성한 감정평가서의 적정성을 같은 법인 소속의 다른 감정평가사에게 심사하게 하고, 그 적정성을 심사한 감정평가사로 하여금 감정평가서에 그 심사사실을 표시하고 서명과 날인을 하게 하여야 한다.

5) 감정평가 정보체계의 구축 · 운용 등

① 국토교통부장관은 국가등이 의뢰하는 감정평가와 관련된 정보 및 자료를 효율적

이고 체계적으로 관리하기 위하여 감정평가 정보체계(이하 "감정평가 정보체계"라 한다)를 구축·운영할 수 있다.

② 국토교통부장관 또는 감정평가 정보체계 구축·운영 수탁기관은 다음 각 호의 정보를 데이터베이스로 구축하여 운영할 수 있다.

㉠ 제③항 각 호의 어느 하나의 목적을 위하여 실시한 감정평가의 선례정보(평가기관·평가목적·기준시점·평가가액 및 대상 토지·건물의 소재지·지번·지목·용도지역 또는 용도 등을 말한다)

㉡ 토지 및 건물의 가격에 관한 정보(공시지가·지가변동률·임대정보·수익률·실거래가 등을 말한다)

㉢ 그 밖에 감정평가에 필요한 정보

③ 국가등이 다음 각 호 어느 하나의 목적을 위하여 실시한 감정평가의 경우, 감정평가를 의뢰받은 감정평가업자는 감정평가서를 발급한 후 30일 이내에 감정평가 결과를 감정평가 정보체계에 등록하여야 한다. 다만, 개인정보 보호 등 국토교통부장관이 정하는 정당한 사유가 있는 경우에는 그러하지 아니하다.

㉠ 「공익사업을 위한 토지 등의 취득 및 보상에 관한 법률」에 따른 토지 및 건물의 취득 또는 사용

㉡ 「국유재산법」·「공유재산 및 물품관리법」 또는 그 밖의 법령에 의한 국유·공유재산(토지와 건물에 한한다)의 취득·처분 또는 사용·수익

㉢ 「국토의 계획 및 이용에 관한 법률」에 따른 도시·군계획시설부지 및 토지의 매수, 「개발제한구역의 지정 및 관리에 관한 특별조치법」에 따른 토지의 매수

㉣ 「도시개발법」·「도시 및 주거환경정비법」·「산업입지 및 개발에 관한 법률」 또는 그 밖의 법령에 의한 조성 토지 등의 공급 또는 분양

㉤ 「도시개발법」·「산업입지 및 개발에 관한 법률」 또는 그 밖의 법령에 의한 환지 및 체비지의 처분

㉥ 「민사소송법」·「형사소송법」 등에 따른 소송

㉦ 「민사집행법」·「국세징수법」·「지방세기본법」에 따른 경매·공매

㉧ 「도시 및 주거환경정비법」 또는 그 밖의 법령에 따른 재개발(관리처분계획 수립)

㉨ 「공공주택 특별법」에 따른 토지 또는 건물의 매입 및 임대료 평가

③ 국토교통부장관은 감정평가 정보체계에 구축되어 있는 정보를 다음 각 호의 수요자에게 제공할 수 있다. 이 경우 감정평가 정보체계의 운영을 위하여 불가피한 사유가 있거나 개인정보의 보호를 위하여 필요하다고 인정하는 경우에는 제

공하는 정보의 종류와 내용을 제한할 수 있다.

㉠ 감정평가업자와 소속 감정평가사

㉡ 한국감정원 및 한국감정평가사협회

④ 국토교통부장관은 감정평가 정보체계의 운용을 위하여 필요한 경우 관계 기관에 자료제공을 요청할 수 있다. 이 경우 이를 요청받은 기관은 정당한 사유가 없으면 이에 응하여야 한다.

2. 감정평가사의 업무

1) 감정평가업과 감정평가업자

(1) 감정평가업의 의의

감정평가업이란 타인의 의뢰에 따라 일정한 보수를 받고 토지 등의 감정평가를 업으로 행하는 것을 말한다.

① 여기서 "업으로 행한다" 함은 토지 등의 감정평가를 영리를 목적으로 불특정 다수인을 상대로 하여 계속적·반복적으로 감정평가 행위를 하는 것을 말한다. 감정평가를 업으로 하였는지 여부는 감정평가 행위의 반복·계속성, 영업성의 유무와 그 행위의 목적이나 규모, 횟수, 기간, 태양(態樣) 등 여러 사정을 종합적으로 고려하여 사회통념에 따라 판단하여야 할 것이다. 반복·계속성이나 영업성이 없이 우연한 기회에 친구의 토지평가를 한 것에 불과한 경우라면 감정평가업에 해당하지 않는다.

② 무상으로 감정평가한 행위는 업에 해당하지 않고, 특정다수인을 상대로 한 행위도 업이 아니며, 수수료를 받았다 하더라도 계속성, 반복성이 없는 1회적인 행위는 업이 아니다. 그러나 영리를 목적으로 계속적·반복적으로 행할 의도이면 단 한번의 감정평가행위도 감정평가업에 해당한다.

③ 감정평가업자가 아닌 자로서 감정평가업을 영위한 때에는 2년 이하의 징역 또는 3,000만 원 이하의 벌금에 처해진다.

(2) 감정평가업자

감정평가업자란 감정평가사 사무소 개설신고를 한 감정평가사와 국토교통부장관의 설립인가를 받은 감정평가법인을 말한다. 감정평가사의 자격을 취득한 후 국토교통부장관에게 등록을 한 감정평가사가 감정평가업을 하려는 경우에는 국토교통부장관에게 사무소 개설신고를 하거나 감정평가법인을 설립하여야 한다.

2) 감정평가업자의 업무

감정평가업자는 다음 각 호의 업무를 행한다.

① 「부동산 가격공시에 관한 법률」에 따라 감정평가업자가 수행하는 업무
② 공공용지의 매수 및 토지의 수용·사용에 대한 보상 목적을 위한 토지 등의 감정평가
③ 「자산 재평가법」에 따른 토지 등의 감정평가
④ 법원에 계속 중인 소송 또는 경매를 위한 토지 등의 감정평가
⑤ 금융기관·보험회사·신탁회사 등 타인의 의뢰에 따른 토지 등의 감정평가
⑥ 감정평가와 관련된 상담 및 자문
⑦ 토지 등의 이용 및 개발 등에 대한 조언이나 정보 등의 제공
⑧ 다른 법령의 규정에 따라 감정평가업자가 할 수 있는 토지 등의 감정평가

3. 감정평가사의 자격 및 시험

1) 자 격

(1) 자격취득

종전에는 감정평가사 자격시험 응시자격을 대한민국 국민으로 제한하였으나 UR협상의 서비스부분 자유화 의무 이행을 위해 외국인도 감정평가사 자격시험을 응시 할 수 있도록 자유화 하였다. 그러나 외국의 감정평가사 자격을 가진 자에 대해서는 상호주의에 의해 결격사유에 해당하지 아니하면 시험을 거치지 아니하고 감정평가업무를 할 수 있도록 규정되어 있다.

① 감정평가사는 국토교통부장관이 실시하는 감정평가사 제1차 시험 및 제2차 시험에 합격한 사람
② 감정평가법인 등의 기관에서 5년 이상 감정평가와 관련된 업무에 종사한 사람으로서 감정평가사 제1차 시험을 면제받고 제2차 시험에 합격한 사람은 감정평가사의 자격이 주어진다.

(2) 감정평가사의 결격사유

다음 각 호의 어느 하나에 해당하는 사람은 감정평가사가 될 수 없다.

① 미성년자 또는 피성년후견인·피한정후견인

② 파산선고를 받은 사람으로서 복권되지 아니한 사람

③ 금고 이상의 실형을 선고받고 그 집행이 종료(집행이 종료된 것으로 보는 경우를 포함)되거나 그 집행이 면제된 날부터 3년이 지나지 아니한 사람

④ 금고 이상의 형의 집행유예를 받고 그 유예기간이 만료된 날부터 1년이 지나지 아니한 사람

⑤ 금고 이상의 형의 선고유예를 받고 그 선고유예기간 중에 있는 사람

⑥ 감정평가사 자격이 취소된 후 3년이 경과되지 아니한 사람

⑦ 금고 이상의 형이 2회 이상 확정되거나 업무정지 1년 이상의 징계처분을 받은 후 추가징계 처분을 받은 사람

(3) 감정평가사의 자격취소

① 국토교통부장관은 감정평가사가 부정한 방법으로 감정평가사의 자격을 받은 경우에는 그 자격을 취소하여야 한다.

② 감정평가사의 자격을 취소한 경우에는 그 사실을 공고하여야 한다.

2) 감정평가사의 시험제도

(1) 실시기관

① 감정평가사시험은 국토교통부장관이 실시하며, 제1차 시험과 제2차 시험으로 이루어진다.

② 시험의 최종 합격 발표일을 기준으로 결격사유에 해당하는 사람은 시험에 응시할 수 없다.

(2) 시험과목 및 시험방법

① 감정평가사 시험과목은 〈표 6-2〉와 같다.

② 제1차 시험은 선택형으로 하고 제2차 시험은 논문형으로 하되, 기입형을 병행할 수 있다.

③ 제1차 시험의 과목 중 영어 과목은 그 1차 시험 응시원서 접수마감일부터 역산하여 2년이 되는 날 이후에 실시된 다른 시험기관의 시험(영어시험)에서 취득한 성적으로 시험을 대체한다(제1차 시험의 총득점에는 산입되지 않음).

④ 영어시험의 종류 및 합격에 필요한 점수는 〈표 6-3〉과 같다.

⑤ 시험에 응시하려는 사람은 응시원서를 제출할 때에 영어시험의 합격에 필요한 기준점수를 확인할 수 있도록 하여야 한다.

〈표 6-2〉 시험과목

제1차 시험	제2차 시험
• 「민법」 중 총칙, 물권에 관한 규정 • 경제학원론 • 부동산학원론 • 감정평가 관계 법규(「국토의 계획 및 이용에 관한 법률」, 「건축법」, 「공간정보의 구축 및 관리에 관한 법률」 중 지적에 관한 규정, 「국유재산법」, 「도시 및 주거환경정비법」, 「부동산등기법」, 「감정평가 및 감정평가사에 관한 법률」, 「부동산 가격공시에 관한 법률」 및 「동산채권 등의 담보에 관한 법률」) • 회계학 • 영어	• 감정평가 및 보상법규(「감정평가 및 감정평가사에 관한 법률」, 「공익사업을 위한 토지 등의 취득 및 보상에 관한 법률」, 「부동산 가격공시에 관한 법률」) • 감정평가이론 • 감정평가실무

〈표 6-3〉 영어시험의 종류 및 합격에 필요한 점수

시험명	내 용	합격에 필요한 점수
토 플 (TOEFL)	미국의 ETS(E.T.S.: Education Testing Service)에서 시행하는 시험(Test of English as a Foreign Language)으로서 그 실시방식에 따라 PBT(Paper Based Test)와 IBT(Internet Based Test)로 구분한다.	PBT: 530점 이상 IBT: 71점 이상
토 익 (TOEIC)	미국의 ETS(E.T.S.: Education Testing Service)에서 시행하는 시험(Test of English for International Communication)을 말한다.	700점 이상
텝 스 (TEPS)	서울대학교영어능력검정시험(Test of English Proficiency, Seoul National University)을 말한다.	625점 이상
지텔프 (G-TELP)	미국의 ITSC(International Testing Service Center)에서 주관하는 시험(General Test of English Language Proficiency)을 말한다.	Level 2의 65점 이상
플렉스 (FLEX)	한국외국어대학교 어학능력검정시험(Foreign Language Examination)을 말한다.	625점 이상

(3) 합격기준

① 영어과목을 제외한 시험의 합격기준은 매과목 100점 만점으로 하여 매과목 40점 이상, 전과목 평균 60점 이상의 득점으로 한다.

② 국토교통부장관은 감정평가사의 수급 상황 등을 고려하여 중앙부동산평가위원회의 심의를 거쳐 제2차 시험의 최소합격인원을 정할 수 있다.

(4) 시험시행공고

국토교통부장관은 시험을 시행하려는 경우에는 시험의 일시, 장소, 방법, 과목, 응시자격, 영어시험의 합격에 필요한 기본점수의 확인방법, 제2차 시험의 최소합격인원, 응시절차 및 그 밖에 필요한 사항을 시험일 90일 전까지 일간신문 등에 공고하여야 한다.

(5) 합격자의 공고 등

국토교통부장관은 시험합격자가 결정된 경우에는 합격자 결정에 관한 사항, 실무수습 신청기간 및 실무수습기간 등 실무수습에 필요한 사항을 관보에 공고하고, 합격자에 대하여는 최종 합격 확인서를 발급하여야 한다.

(6) 시험의 일부면제

① 제1차 시험에 합격한 사람에 대해서는 다음 회의 시험에 한정하여 제1차 시험을 면제한다.

② 다음 기관에서 5년 이상 감정평가와 관련된 업무에 종사한 사람에 대해서는 시험 중 제1차 시험을 면제한다.

㉠ 감정평가법인

㉡ 감정평가사사무소

㉢ 감정평가사협회

㉣ 한국감정원

㉤ 감정평가업무를 지도하거나 감독하는 기관

㉥ 개별공시지가·개별주택가격·공동주택가격 또는 비주거용 부동산가격을 결정 공시하는 업무를 수행하거나 그 업무를 지도·감독하는 기관

㉦ 토지가격비준표, 주택가격비준표 및 비주거용 부동산가격비준표를 작성하는 업무를 수행하는 기관

㉧ 국유재산을 관리하는 기관

㉧ 과세시가표준액을 조사·결정하는 업무를 수행하거나 그 업무를 지도·감독하는 기관

③ 업무종사 기간을 산정할 때 기준일은 제2차 시험 시행일로 하며, 둘 이상의 기관에서 해당 업무에 종사한 사람에 대하여는 각 기관에서 종사한 기간을 합산한다.

(7) 부정행위자에 대한 제재

감정평가사 자격시험에 있어서 ① 부정한 방법으로 시험에 응시한 사람, ② 시험에서 부정한 행위를 한 사람, ③ 시험의 일부 면제를 위한 관련 서류를 거짓 또는 부정한 방법으로 제출한 사람에 대하여는 해당 시험을 정지시키거나 무효로 하며, 이와 같은 처분을 받은 사람은 그 처분을 받은 날부터 5년간 감정평가사 자격시험에 응시할 수 없다.

4. 자격의 등록

1) 등록 및 실무수습

(1) 등록

① 감정평가사 자격이 있는 사람이 감정평가업무를 하려는 경우에는 실무수습을 마치고 국토교통부장관에게 등록하여야 한다.

② 등록을 하려는 사람은 등록신청서에 감정평가사의 자격을 증명하는 서류 및 실무수습 종료를 증명하는 서류를 첨부하여 국토교통부장관에게 제출하여야 한다.

③ 국토교통부장관은 등록신청을 받은 때에는 "등록 및 갱신등록의 거부"사항에 해당하는 경우를 제외하고는 감정평가사 등록부에 등재하고, 신청인에게 등록증을 발급하여야 한다(영 제17조제2항).

(2) 실무수습 신청 및 기간

① 감정평가사자격을 취득하고 실무수습을 받으려는 사람은 한국감정평가사협회에서 정하는 바에 따라 실무수습신청을 하여야 한다.

② 실무수습기간은 1년(감정평가법인 등 관련기관에서 5년 이상 종사한 후 감정평가사 제1차 시험을 면제받고 제2차 시험에 합격하여 감정평가사자격을 취득한 사람의 경우에는 1주일)으로 한다.

(3) 실무수습사항

① 감정평가 실무수습을 받는 사람은 실무수습기간 중에 감정평가에 관한 이론·실무 및 그 밖에 감정평가사의 업무수행에 필요한 사항을 습득하여야 한다.
② 실무수습은 감정평가에 관한 이론을 습득하는 이론교육과정과 감정평가에 관한 실무를 습득하는 실무훈련과정으로 나누어 시행한다.
③ 이론교육과정과 실무훈련과정은 각각 6개월간 시행하며, 이론교육과정은 강의·논문제출 등의 방법으로 실시하며, 실무훈련과정은 이론교육과정의 이수 후 현장실습근무의 방법으로 시행한다.
④ 감정평가사 제1차 시험을 면제받고 감정평가사 자격을 취득한 사람에 대해서는 1주일간의 이론교육과정을 시행한다.
⑤ 현장실습근무지는 한국감정원, 한국감정평가사협회, 감정평가업자의 사무소로 한다.
⑥ 한국감정평가사협회는 실무수습계획을 수립하여 국토교통부장관의 승인을 받아야 하며, 실무수습이 종료되면 실무수습 종료일부터 10일 이내에 그 결과를 국토교통부장관에게 보고하여야 한다.

(4) 갱신등록

① 감정평가사의 등록갱신 기간은 3년 이상으로, 5년마다 그 등록을 갱신하여야 한다.
② 등록을 갱신하려는 감정평가사가 등록일로부터 5년이 되는 날의 60일 전까지 등록갱신신청서를 국토교통부장관에게 제출하여야 한다.
③ 국토교통부장관은 갱신등록 신청 예고와 갱신 신청절차를 문서, 팩스, 전자우편, 휴대전화에 의한 문자메세지 등의 방법으로 할 수 있으며, 등록일부터 5년이 되는 날의 120일 전까지 통지하여야 한다.
④ 등록갱신신청을 받은 국토교통부장관은 감정평가사등록부에 등재하고 등록증을 갱신하여 발급하여야 한다.

2) 등록거부 및 등록의 취소

(1) 등록 및 갱신등록의 거부

국토교통부장관은 등록 또는 갱신등록을 신청한 사람이 다음 각 호의 어느 하나에 해당하는 경우에는 그 등록을 거부하여야 한다.

① 결격사유의 어느 하나에 해당하는 경우
② 실무수습을 받지 아니한 경우
③ 자격 또는 등록이 취소된 후 3년이 지나지 아니한 경우
④ 업무가 정지된 감정평가사로서 그 업무정지 기간이 지나지 아니한 경우

(2) 등록의 취소

국토교통부장관은 등록된 감정평가사가 다음 각 호의 어느 하나에 해당하는 경우에는 그 등록을 취소하여야 한다.

① 결격사유의 어느 하나에 해당하는 경우
② 사망한 경우
③ 등록취소를 신청한 경우

3) 외국감정평가사

(1) 상호주의 채택

상호주의란 외국의 감정평가사에게 권리를 부여함에 있어서 그 외국의 본국이 우리나라 감정평가사에게 동일한 권리를 부여할 것을 조건으로 하는 주의이다.

(2) 외국감정평가사에 대한 업무인가

① 외국의 감정평가사 자격을 가진 사람으로서 결격사유에 해당하지 아니하는 사람은 그 본국에서 대한민국정부가 부여한 감정평가사 자격을 인정하는 경우에 한정하여 국토교통부장관의 인가를 받아 감정평가업자의 업무를 행할 수 있다.
② 국토교통부장관은 외국감정평가사의 업무인가를 하는 경우에 필요하다고 인정하는 때에는 그 업무의 일부를 제한할 수 있다.

5. 권리와 의무

1) 감정평가사사무소의 개설신고

등록을 한 감정평가사가 감정평가업을 하려는 경우에는 국토교통부장관에게 감정평가사사무소의 개설신고를 하여야 한다.

(1) 사무소 개설신고

감정평가사 사무소의 개설신고를 하려는 감정평가사는 신고서에 사무실 보유를 증명하는 서류를 첨부하여 감정평가사협회를 경유하여 국토교통부장관에 제출하여야 한다.

〈그림 6-2〉 사무소 개설 절차

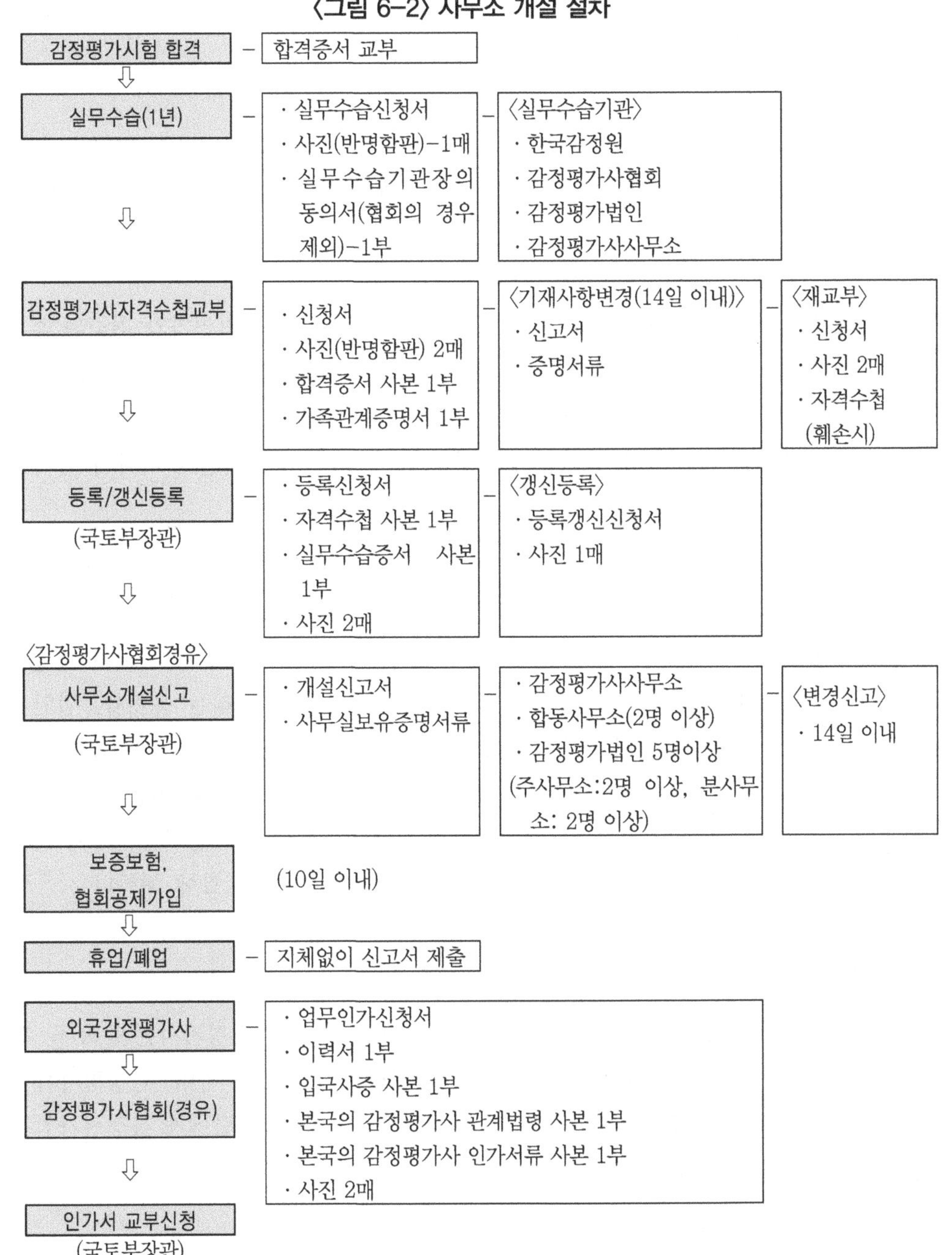

(2) 변경신고 등

사무소의 개설신고를 한 감정평가사는 신고사항이 변경(소속 감정평가사 및 합동사무소의 규약변경을 포함)되었을 때에는 변경된 날부터 14일 이내에 국토교통부장관에게 신고서를 제출하여야 하며, 사무소를 휴업 또는 폐업한 감정평가사는 지체 없이 국토교통부장관에게 신고서를 제출하여야 한다.

(3) 개설신고 결격사유

다음 각 호의 어느 하나에 해당하는 사람은 감정평가사사무소의 개설신고를 할 수 없다.

① 등록 및 갱신등록을 거부당한 사람
② 설립인가가 취소되거나 업무가 정지된 감정평가법인의 설립인가가 취소된 후 1년이 지나지 아니하였거나 업무정지기간이 지나지 아니한 경우 그 감정평가법인의 사원 또는 이사이었던 사람
③ 인가취소사유로 업무가 정지된 감정평가사로서 업무정지기간이 지나지 아니한 사람

(4) 사무소의 수 및 명칭사용

감정평가사는 1개의 사무소만을 설치할 수 있다. 한편 감정평가사사무소의 개설신고를 한 감정평가업자는 그 사무소 명칭에 "감정평가사사무소"라는 용어를, 법인은 "감정평가법인"이라는 용어를 사용하여야 하고, 감정평가사가 아닌 사람은 "감정평가사" 또는 이와 비슷한 명칭을 사용할 수 없으며, 감정평가업자가 아닌 자는 "감정평가사 사무소", "감정평가법인" 또는 이와 비슷한 명칭을 사용할 수 없다. 이러한 명칭사용 또는 명칭 사용금지 의무 위반자는 500만 원 이하의 과태료에 처한다.

(5) 소속 감정평가사

감정평가사무소에는 소속 감정평가사를 둘 수 있다. 소속 감정평가사는 등록 및 갱신등록의 거부자(결격사유 해당자)에 해당하는 사람이 아니어야 하며, 감정평가사사무소의 개설신고를 한 감정평가사는 소속 감정평가사가 아닌 사람에게 감정평가업무를 하게 하여서는 아니 된다.

(5) 사무소 직원

① 감정평가업자는 그 직무의 수행을 보조하기 위하여 사무직원을 둘 수 있다.
② 감정평가업자는 사무직원을 지도·감독할 책임이 있다.

2) 감정평가사합동사무소

감정평가사는 그 업무를 효율적으로 수행하고 공신력을 높이기 위해 필요한 경우에는 합동사무소를 설치할 수 있다.

(1) 합동사무소 개설신고

감정평가사 합동사무소를 개설하고자 하는 감정평가사는 신고서에 사무소의 명칭 및 소재지, 조직 및 운영에 관한 사항, 구성원의 가입 및 탈퇴에 관한 사항 등이 포함된 규약을 첨부하여 국토교통부장관에게 제출하여야 한다.

(2) 구성원의 수

감정평가사합동사무소에 두는 감정평가사 수는 2명 이상으로 하여야 한다.

3) 감정평가업자의 성실의무

(1) 품위유지 및 공정평가

감정평가업자(감정평가법인 또는 감정평가사사무소의 소속 감정평가사를 포함)는 품위를 유지하여야 하고, 신의와 성실로써 공정하게 감정평가를 하여야 하며, 고의 또는 중대한 과실로 잘못된 평가를 하여서는 아니 된다.

(2) 불공정한 감정평가의 금지

감정평가업자는 자기 또는 친족의 소유, 그 밖에 불공정한 감정평가를 할 우려가 있다고 인정되는 토지 등에 대해서는 이를 감정평가하여서는 아니 된다.

(3) 겸업금지

감정평가업자는 토지 등의 매매업을 직접 하여서는 아니 된다.

(4) 부당한 보수 등의 수령금지

감정평가업자는 이 법에 의하여 정한 수수료 및 실비 외에는 어떠한 명목으로도 그 업무와 관련된 대가를 받아서는 아니 되며, 감정평가 수주의 대가로 금품 또는 재산상의 이익을 제공하거나 제공하기로 약속하여서는 아니 된다.

(5) 감정평가사는 둘 이상의 감정평가법인 또는 감정평가사사무소에 소속될 수 없다.

(6) 업무상의 비밀누설금지

감정평가업자(감정평가법인 또는 감정평가사사무소의 소속 감정평가사를 포함)나 그 사무소 직원 또는 감정평가업자였거나 그 사무소 직원이었던 사람은 업무상 알게 된 비밀을 누설하여서는 아니 된다.

(7) 명의 대여 등의 금지

감정평가사 또는 감정평가업자는 다른 사람에게 자기의 성명 또는 상호를 사용하여 감정평가업자의 업무를 수행하게 하거나 자격증·등록증 또는 인가증을 양도·대여하거나 이를 부당하게 행사하여서는 아니 된다.

4) 감정평가업자의 손해배상책임

(1) 손해배상책임의 요건

감정평가업자가 타인의 의뢰에 의하여 감정평가를 하면서

① 고의 또는 과실로

② 감정평가 당시의 적정가격과 현저한 차이가 있게 감정평가하거나 감정평가서류에 거짓을 기록함으로써

③ 감정평가 의뢰인이나 선의의 제3자에게 손해를 발생하게 하였을 때에는 감정평가업자는 그 손해를 배상할 책임이 있다.

허위의 감정평가는 고의 또는 중대한 과실에 의한 경우에만 인정되는 데에 비해 손해배상책임은 고의 또는 과실에 의한 경우에도 인정됨을 주의해야 한다.

(2) 보증보험에의 가입

① 감정평가업자는 손해배상책임을 보장하기 위하여 보증보험에 가입하거나 감정평가사협회가 운영하는 공제사업에 가입하여야 한다. 다만, 보증보험에 가입한 경우에는 국토교통부장관에게 통보하여야 한다.

② 감정평가업자는 개설신고 또는 설립등기를 한 날부터 10일 이내에 보증보험에의 가입을 증명하는 서류를 감정평가사협회에 제출하여야 한다.

③ 감정평가업자가 보증보험에 가입하는 경우에 해당 보험의 보험가입금액은 감정평가사 1인당 1억 원 이상으로 한다.

④ 감정평가업자는 보증기간의 만료 또는 보증보험금에 의한 손해배상 등으로 보증보험계약을 다시 체결한 경우에는 이를 증명하는 서류를 지체없이 감정평가사협회에 제출하여야 한다.

⑤ 감정평가업자는 보증보험금으로 손해배상을 하였을 때에는 10일 이내에 보험계약을 다시 체결하여야 한다.

6. 감정평가법인

감정평가사는 감정평가의 업무를 조직적으로 수행하기 위하여 감정평가법인을 설립할 수 있다.

1) 감정평가법인의 설립 절차

① 감정평가법인을 설립하려는 경우에는 사원이 될 사람 또는 감정평가사인 발기인이 공동으로 정관을 작성하여 국토교통부장관의 인가를 받아야 한다.

② 감정평가법인의 사원 또는 이사는 감정평가사이어야 한다. 다만, 감정평가법인의 대표사원 또는 대표이사는 감정평가사가 아닌 자로 할 수 있다.

③ 국토교통부장관이 감정평가법인의 설립인가를 할 때에는 설립인가 규정의 적합 여부 및 정관의 내용이 법령에 적합한지 여부를 심사·확인한 후 감정평가법인 설립인가서를 교부한다.

④ 감정평가법인 설립인가를 받은 자는 설립일부터 1개월 이내에 등기 사실을 국토교통부장관에게 통보하여야 한다.

2) 감정평가법인의 구성원 수

감정평가법인에는 감정평가사 5명 이상으로 구성하여야 하며, 주사무소 및 분사무소에 주재하는 최소 감정평가사 수는 다음과 같다.

① 주사무소 : 2명 이상의 사원
② 분사무소 : 2명 이상의 사원

3) 감정평가 업무의 수행금지

감정평가법인은 해당 법인의 소속 감정평가사 외의 사람에게 감정평가업자의 업무를 하게 하여서는 아니 된다.

4) 합병 등의 인가신청

① 감정평가법인은 사원 전원의 동의 또는 주주총회의 의결이 있는 때에는 국토교통부장관의 인가를 받아 다른 감정평가법인과 합병할 수 있다.
② 감정평가법인이 정관변경 또는 합병에 대한 인가를 받으려는 자는 사원 또는 이사 전원이 기명날인한 인가신청서에 이유서, 정관변경 또는 합병에 관한 사원총회 또는 주주총회 의사록 사본, 신·구 정관을 첨부하여 국토교통부장관에게 제출하여야 한다.

5) 회계처리 및 상법의 준용

① 감정평가법인은 「주식회사의 외부감사에 관한 법률」에 따른 회계처리 기준에 따라 회계처리를 하여야 하며, 동법률에 따른 재무제표를 작성하여 매 사업연도가 끝난 후 3개월 이내에 국토교통부장관이 정하는 바에 따라 국토교통부장관에게 제출하여야 한다.
② 감정평가법인에 관하여 이 법에 정한 사항을 제외하고는 「상법」 중 회사에 관한 규정을 준용한다.

6) 해산

① 감정평가법인은 다음 각 호의 어느 하나에 해당하는 경우에는 해산한다.

㉠ 정관으로 정한 해산 사유의 발생
㉡ 사원총회 또는 주주총회의 결의
㉢ 합병
㉣ 설립인가의 취소
㉤ 파산
㉥ 법원의 명령 또는 판결

② 감정평가법인이 해산한 때에는 국토교통부령으로 정하는 바에 따라 이를 국토교통부장관에게 신고하여야 한다.

7) 감정평가법인의 자본금 등

① 감정평가법인의 자본금은 2억 원 이상이어야 한다.
② 직전 사업연도말 재무상태표의 자산총액에서 부채총액을 차감한 금액이 2억 원에 미달하면 미달한 금액을 매 사업연도가 끝난 후 6개월 이내에 사원의 증여로 보전하거나 증자하여야 한다.

8) 설립인가의 취소 등

(1) 취소사유

국토교통부장관은 감정평가업자가 다음 각 호의 어느 하나에 해당하는 경우에는 설립인가를 취소하거나 2년 이내의 범위에서 기간을 정하여 업무의 정지를 명할 수 있다. 다만, ② 또는 ⑦에 해당하는 경우에는 그 설립인가를 취소하여야 한다.

① 감정평가법인이 설립인가의 취소를 신청한 경우
② 감정평가업자가 업무정지처분 기간 중에 감정평가업의 업무를 한 경우(절대적 취소)
③ 감정평가업자가 업무정지처분을 받은 소속감정평가사에게 업무정지처분 기간 중에 감정평가업무를 하게 한 경우(절대적 취소)
④ 감정평가기준(표준지공시지가 적용기준)을 위반하여 감정평가를 한 경우
⑤ 감정평가준칙을 위반하여 감정평가를 한 경우
⑥ 감정평가서의 작성·발급 등에 관한 사항을 위반한 경우
⑦ 감정평가업자가 감정평가사의 수에 미달한 날부터 3개월 이내에 감정평가사를

보충하지 아니한 경우(절대적 취소)

⑧ 2 이상의 감정평가사사무소를 설치한 경우

⑨ 해당 감정평가사 외의 사람에게 하여금 감정평가업무를 하게 한 경우

⑩ 수수료 요율 및 실비에 관한 기준을 지키지 아니한 경우

⑪ 성실의무, 비밀엄수 및 명의 대여 등을 위반한 경우 다만, 소속 감정평가사가 수수료 및 실비에 관한 성실의무를 위반한 경우로서 감정평가업자가 그 위반행위를 방지하기 위하여 해당 업무에 관하여 상당한 주의와 감독을 게을리 하지 아니한 경우는 제외

⑫ 보험 또는 한국감정평가사협회가 운영하는 공제사업에 가입하지 아니한 경우

⑬ 정관을 거짓으로 작성하는 등 부정한 방법으로 설립인가를 받은 경우

⑭ 「주식회사의 외부감사에 관한 법률」에 따른 회계처리기준에 따라 회계처리를 하지 아니하거나 재무제표를 작성하여 제출하지 아니한 경우

⑮ 자본금 보전기간 내에 미달한 금액을 보전하거나 증자하지 아니한 경우

⑯ 지도와 감독 등에 관하여 다음 각 목의 어느 하나에 해당하는 경우

㉠ 업무에 관한 사항을 보고 또는 자료의 제출을 하지 아니하거나 거짓으로 보고 또는 제출을 한 경우

㉡ 장부나 서류 등의 검사를 거부, 방해 또는 기피한 경우

(2) 기타 취소요청 등

① 감정평가사협회는 감정평가업자에게 인가취소사유가 있다고 인정하는 경우에는 그 증거서류를 첨부하여 국토교통부장관에게 그 설립인가를 취소하거나 업무정지 처분을 하여 줄 것을 요청할 수 있다.

② 설립인가 취소 및 업무정지 처분은 위반 사유가 발생한 날부터 5년이 지나면 할 수 없다.

제3절 감정평가사협회

1. 감정평가사협회의 설립

(1) 협회의 성격

① 감정평가사협회는 법인으로 한다.

② 감정평가사협회에 관하여 이 법에 규정된 것 외에는 「민법」중 사단법인에 관한 규정을 준용한다. 즉, 비영리 사단법인의 성격을 지닌 단체이다.

(2) 설립목적

감정평가업자와 감정평가법인 또는 감정평가사사무소의 소속 감정평가사는 감정평가제도의 개선 및 업무의 효율적인 수행을 위하여 감정평가사협회를 설립할 수 있다.

(3) 설립요건

① 국토교통부장관의 인가를 받아 주된 사무소의 소재지에서 설립등기를 함으로써 성립한다.

② 감정평가사협회를 설립하려는 경우에는 감정평가업자, 감정평가법인의 소속 감정평가사 또는 감정평가사사무소의 소속 감정평가사(감정평가업자 등) 30인 이상의 발기인이 되어 창립총회를 소집하고, 감정평가업자 등 300인 이상이 출석한 창립총회에서 출석한 감정평가업자 등의 과반수의 동의를 받아 회칙을 작성한 후 일정한 사항을 기재한 인가신청서를 국토교통부장관에게 제출하여야 한다.

③ 국토교통부장관은 감정평가사협회 설립인가 신청서를 받은 경우 적합하다고 인정하는 때에는 설립인가서를 교부하여야 한다.

2. 조직 및 운영

(1) 회원가입 의무 등

① 감정평가업자와 그 소속 감정평가사는 협회에 회원으로 가입하여야 하며, 그 밖

의 감정평가사는 협회의 회원으로 가입할 수 있다.
② 협회에 회원으로 가입한 감정평가업자와 감정평가사는 협회의 회칙을 준수하여야 한다.

(2) 회원의 경력관리

한국감정평가사협회는 회원으로 가입한 감정평가사의 경력을 관리할 수 있다.

(3) 감정평가사 연수교육

① 협회는 회원 및 등록을 하려는 감정평가사에 대하여 교육·연수를 실시하고 회원의 자체적인 교육·연수활동을 지도·관리한다.
② 교육·연수 및 지도·관리에 필요한 사항은 감정평가사협회가 국토교통부장관의 승인을 얻어 정한다.

(4) 공제사업

① 감정평가사협회는 정관이 정하는 바에 의하여 공제사업을 운영할 수 있다.
② 감정평가업자가 협회의 공제사업에 가입한 경우에는 그가 받은 수수료의 100분의 1이상을 공제사업에 출자하여야 한다.
③ 협회는 공제사업의 운영에 관한 공제규정을 정하거나 변경하고자 할 때에는 미리 국토교통부장관의 승인을 얻어야 한다.

제4절 지도감독 및 벌칙

1. 지도감독 등

1) 청 문

국토교통부장관은 감정평가사의 자격을 취소하거나 법인설립인가의 취소처분을 하고자 할 때에는 미리 해당 감정평가업자에 대하여 청문을 실시하여야 한다. 다만, 감정평가업자가 정당한 사유없이 청문에 응하지 아니한 때에는 청문의 절차를 밟을 필요가 없다.

2) 업무의 위탁

(1) 국토교통부장관의 업무 중 다음 각 호의 업무는 한국감정원, 한국산업인력공단 또는 협회에 위탁할 수 있다.

① 한국감정원 위탁업무

㉠ 감정평가 정보체계의 구축·운영(법 제9조)

㉡ 타당성조사를 위한 기초자료 수집 및 감정평가 내용 분석(법 제8조, 영 제8조제1항)

㉢ 표본조사(영 제49조)

② 한국감정평가사협회 위탁업무

㉠ 감정평가서의 원본과 관련 서류의 접수 및 보관(법 제6조제3항, 영 제6조)

㉡ 감정평가사의 등록 신청과 갱신등록 신청의 접수(법 제17조) 및 갱신등록의 사전통지(영 제18조)

㉢ 감정평가사사무소의 개설신고, 변경신고, 휴업신고 또는 폐업신고의 접수(법 제21조, 영 제20조)

㉣ 보증보험 가입 통보의 접수(영 제23조제2항)

③ 한국산업인력공단 위탁업무

감정평가사시험의 관리 업무(법 제14조)

(2) 업무를 위탁할 때에는 예산의 범위에서 필요한 경비를 보조할 수 있다.

3) 감정평가협회에 대한 지도 · 감독

(1) 국토교통부장관은 감정평가업자 및 협회에 대하여 감독상 필요할 때에는 그 업무에 관한 보고 또는 자료의 제출, 그 밖의 필요한 명령을 할 수 있으며, 소속 공무원으로 하여금 그 사무소에 출입하여 장부·서류 등을 검사하게 할 수 있다.
(2) 감정평가업자 및 협회에 출입검사를 하는 공무원은 그 권한을 표시하는 증표를 지니고 이를 관계인에게 내보여야 한다.

2. 감정평가사의 징계와 과징금의 부과

1) 감정평가사의 징계

(1) 징계사유

국토교통부장관은 감정평가사가 다음 각 호의 어느 하나에 해당하는 경우에는 감정평가관리징계위원회의 의결에 따라 징계를 할 수 있다. 다만, 자격취소의 징계는 다른 사람에게 자격증·등록증 또는 인가증을 양도 또는 대여한 경우에만 할 수 있다.

① 감정평가기준을 위반하여 감정평가를 한 경우
② 감정평가준칙을 위반하여 감정평가를 한 경우
③ 감정평가서의 작성·발급 등에 관한 사항을 위반한 경우
④ 업무정지처분 기간에 감정평가업자의 업무를 하거나, 업무정지처분을 받은 소속 감정평가사에게 업무정지처분 기간에 감정평가업무를 하게 한 경우
⑤ 등록이나 갱신등록을 하지 아니하고 감정평가의 업무를 수행한 경우
⑥ 구비서류를 거짓으로 작성하는 등 부정한 방법으로 등록이나 갱신등록을 한 경우
⑦ 사무소 개설신고 등을 위반하여 감정평가업을 한 경우
⑧ 수수료 요율 및 실비에 관한 기준을 지키지 아니한 경우
⑨ 성실의무, 비밀준수, 명의 대여 등을 위반한 경우
⑩ 지도와 감독 등에 관하여 다음 각 목의 어느 하나에 해당하는 경우

㉠ 업무에 관한 사항을 보고 또는 자료의 제출을 하지 아니하거나 거짓으로 보고 또는 제출한 경우

㉡ 장부나 서류 등의 검사를 거부 또는 방해하거나 기피한 경우

⑪ 감정평가사의 직무와 관련하여 금고 이상의 형을 2회 이상 선고받아(집행유예를 선고받은 경우를 포함) 그 형이 확정된 경우. 다만, 과실범의 경우는 제외한다.

⑫ 이 법에 따라 업무정지 1년 이상의 징계처분을 2회 이상 받은 후 다시 징계사유가 있는 사람으로서 감정평가사의 직무를 수행하는 것이 현저히 부적당하다고 인정되는 경우

(2) 징계의 종류

① 감정평가사에 대한 징계는 자격의 취소, 등록의 취소, 2년 이하의 업무정지, 견책으로 구분한다.

② 감정평가사협회는 감정평가사에게 위 어느 하나에 해당하는 징계사유가 있다고 인정하는 경우에는 그 증거서류를 첨부하여 국토교통부장관에게 징계를 요청할 수 있다.

③ 자격이 취소된 사람은 자격증과 등록증을 국토교통부장관에게 반납하여야 하며, 등록이 취소되거나 업무가 정지된 사람은 등록증을 국토교통부장관에게 반납하여야 한다.

④ 징계의결은 국토교통부장관의 요구에 따라 하며, 징계의결의 요구는 위반사유가 발생한 날부터 5년이 지나면 할 수 없다.

2) 감정평가관리 · 징계위원회

(1) 설치 및 심의·의결사항

다음 각 호의 사항을 심의 또는 의결하기 위하여 국토교통부에 감정평가관리·징계위원회(이하 "위원회"라 한다)를 둔다.

① 감정평가 관계 법령의 제정·개정에 관한 사항 중 국토교통부장관이 부의하는 사항

② 감정평가사시험에 관한 사항

③ 수수료의 요율 및 실비의 범위에 관한 사항

④ 징계에 관한 사항

⑤ 그 밖에 감정평가와 관련하여 국토교통부장관이 부의하는 사항

(2) 위원회의 구성

① 위원회는 위원장 및 부위원장 각 1명을 포함하여 13명의 위원으로 구성한다.

② 위원회의 위원장은 위원회의 구성 위원 중 ㉡ 또는 ㉢에 따른 위원 중에서, 부위원장은 ㉠에 따른 위원 중에서 국토교통부장관이 지명하는 사람으로 한다.

③ 위원회 위원의 구성

㉠ 국토교통부의 4급 이상 공무원 중에서 국토교통부장관이 지명하는 사람 3명

㉡ 변호사 중에서 국토교통부장관이 위촉하는 사람 2명

㉢ 「고등교육법」에 따른 대학에서 토지·주택 등에 관한 이론을 가르치는 조교수 이상의 직에 있거나 있었던 사람 중에서 국토교통부장관이 위촉하는 사람 4명

㉣ 협회의 장이 그 소속 상임임원 중에서 추천하여 국토교통부장관이 위촉하는 사람 1명

㉤ 한국감정원장이 그 소속 상임이사 중에서 추천하여 국토교통부장관이 위촉하는 사람 1명

㉥ 감정평가사 자격을 취득한 날부터 10년 이상 경과한 감정평가사 중에서 국토교통부장관이 위촉하는 사람 2명

④ 위원회의 구성 위원 중 ㉡부터 ㉤까지의 위원의 임기는 2년으로 하고, 1차에 한정하여 연임할 수 있다.

3) 과징금의 부과와 이의신청

(1) 과징금의 부과 및 징수

① 국토교통부장관은 감정평가업자가 인가취소사유에 해당하게 되어 업무정지처분을 하여야 하는 경우로서 그 업무정지처분이 「부동산 가격공시법」에 따른 표준지공시지가의 공시 등의 업무를 정상적으로 수행하는 데에 지장을 초래하는 등 공익을 해칠 우려가 있는 경우에는 업무정지처분을 갈음하여 5천만 원(감정평가법인인 경우는 5억 원) 이하의 과징금을 부과할 수 있다.

② 국토교통부장관은 과징금을 부과하는 경우에는 다음 사항을 고려하여야 한다.

㉠ 위반행위의 내용과 정도

㉡ 위반행위의 기간과 위반횟수

㉢ 위반행위로 취득한 이익의 규모

③ 국토교통부장관은 이 법의 규정을 위반한 감정평가법인이 합병을 하는 경우 그 감정평가법인이 행한 위반행위는 합병 후 존속하거나 합병에 의하여 신설된 감정평가법인이 행한 행위로 보아 과징금을 부과·징수할 수 있다.

④ 과징금의 부과기준 등

㉠ 해당 위반행위로 인한 업무정지가 1년 이상인 경우에는 과징금최고액의 100분의 70 이상을 과징금으로 부과할 것

㉡ 해당 위반행위로 인한 업무정지가 6개월 이상 1년 미만인 경우에는 과징금최고액의 100분의 50 이상 100분의 70 미만을 과징금으로 부과할 것

㉢ 해당 위반행위로 인한 업무정지가 6개월 미만인 경우에는 과징금최고액의 100분의 20 이상 100분의 50 미만을 과징금으로 부과할 것

㉣ 과징금의 금액은 위반행위의 내용과 정도, 위반행위의 기간과 위반횟수, 위반행위로 취득한 이익의 규모 등을 참작하여 그 금액의 2분의 1의 범위 안에서 이를 가중 또는 감경할 수 있다. 다만, 가중하는 경우에도 과징금의 총액은 과징금최고액을 초과할 수 없다.

⑤ 과징금 통지를 받은 자는 통지가 있은 날부터 60일 이내에 국토교통부장관이 정하는 수납기관에 과징금을 납부하여야 한다.

(2) 이의신청

① 과징금의 부과처분에 이의가 있는 자는 이를 통보받은 날부터 30일 이내에 사유서를 갖추어 국토교통부장관에게 이의를 신청할 수 있다.

② 국토교통부장관은 이의신청에 대하여 30일 이내에 결정을 하여야 한다. 다만, 부득이한 사정으로 그 기간에 결정을 할 수 없을 때에는 30일의 범위에서 기간을 연장할 수 있다.

③ 이의신청에 대한 결정에 이의가 있는 자는 행정심판을 청구할 수 있다.

(3) 과징금 납부기한의 연장과 분할납부 및 가산금

① 국토교통부장관은 과징금납부의무자가 다음 각 호의 어느 하나에 해당하는 사유로 과징금의 전액을 일시에 납부하기 어렵다고 인정될 때에는 그 납부기한을 연장하거나 분할납부하게 할 수 있다. 이 경우 필요하다고 인정할 때에는 담보를 제공하게 할 수 있다.

㉠ 재해 등으로 재산에 큰 손실을 입은 경우

㉡ 과징금을 일시에 납부할 경우 자금사정에 큰 어려움이 예상되는 경우
㉢ 그 밖에 ㉠나 ㉡에 준하는 사유가 있는 경우

② 과징금의 납부기한 연장은 1년을 초과할 수 없으며, 분할 납부기한의 간격은 6개월 이내, 분할 횟수는 3회 이내로 한다.

③ 과징금납부의무자가 과징금 납부기한을 연장받거나 분할납부를 하려면 납부기한 10일 전까지 국토교통부장관에게 신청하여야 한다.

④ 국토교통부장관은 과징금납부의무자가 납부기한 내에 과징금을 납부하지 아니한 경우에는 납부기한의 다음 날부터 과징금을 납부한 날의 전날까지의 기간에 대하여 체납된 과징금액에 6/100을 곱하여 계산한 금액의 가산금을 징수할 수 있다. 이 경우 가산금을 징수하는 기간은 60개월을 초과하지 못한다.

3. 벌칙 및 과태료

1) 행정형벌

(1) 2년 이하의 징역 또는 3천만 원 이하의 벌금

① 부정한 방법으로 감정평가사의 자격을 취득한 자
② 감정평가업자가 아닌 자로서 감정평가업을 한 자
③ 구비서류를 거짓으로 작성하는 등 부정한 방법으로 등록이나 갱신등록을 한 자
④ 등록 또는 갱신등록이 거부되거나 자격 또는 등록이 취소된 사람으로서 감정평가의 업무를 행한 자
⑤ 감정평가업무를 고의로 잘못된 평가를 한 자
⑥ 업무와 관련하여 대가를 받거나 감정평가 수주의 대가로 금품 또는 재산상의 이익을 제공하거나 제공하기로 약속한 자
⑦ 정관을 거짓으로 작성하는 등 부정한 방법으로 감정평가법인의 인가를 받은 자

(2) 1년 이하의 징역 또는 1천만 원 이하의 벌금

① 둘 이상의 사무소를 설치한 자
② 소속 감정평가사 외의 사람에게 감정평가의 업무를 하게 한 자
③ 토지 등의 매매업, 비밀누설, 둘 이상의 법인 또는 사무소 소속금지 규정을 위반한 자

④ 감정평가사의 자격증·등록증 또는 감정평가법인의 인가증을 다른 사람에게 양도 또는 대여한 자와 이를 양수 또는 대여 받은 자

(3) 양벌규정

법인의 대표자나 법인 또는 개인의 대리인, 사용인 그 밖의 종업원이 그 법인 또는 개인의 업무에 관하여 벌칙규정 위반행위를 하면 그 행위자를 벌하는 외에 그 법인 또는 개인에게도 해당 조문의 벌금형을 부과한다. 다만, 법인 또는 개인이 그 위반행위를 방지하기 위하여 해당 업무에 상당한 주의와 감독을 게을리하지 아니한 경우에는 그러하지 아니하다.

2) 행정질서벌

(1) 과태료 및 부과 · 징수

다음 각 호의 어느 하나에 해당하는 자에게 500만 원 이하의 과태료를 부과한다.

① 감정평가서의 원본과 그 관련 서류를 보존하지 아니한 자

② 감정평가 결과를 감정평가 정보체계에 등록하지 아니한 자

③ 부정한 방법으로 자격취득, 등록취소, 징계규정을 위반하여 자격증 또는 등록증을 반납하지 아니한 자

④ 개설신고 등을 하지 아니하고 감정평가업을 한 자

⑤ 보험 또는 협회가 운영하는 공제사업에의 가입 등 필요한 조치를 하지 아니한 자

⑥ 사무소명칭 사용 및 금지 규정을 위반한 자

⑦ 업무에 관한 보고, 자료 제출, 명령 또는 검사를 거부·방해 또는 기피하거나 거짓으로 보고한 자

(2) 부과징수

① 과태료는 대통령령이 정하는 바에 따라 국토교통부장관이 부과·징수한다.

② 부과권자는 일정한 경우에는 과태료 부과금액의 1/2 범위에서 가감할 수 있다.

〈참고자료〉 대통령령에 따라 질서위반행위규제법」 에 위임

※「질서위반행위규제법」 에 따른 과태료 부과·징수 절차

과태료 부과·징수는 「질서위반행위규제법」 에 따라 부과·징수한다.

① 과태료 부과 통지를 받은 날부터 60일 이내에 서면으로 이의를 신청할 수 있다(제20조).

② 이의제기를 받은 행정청은 이의제기를 받은 날부터 14일 이내에 관할 법원에 통보하여야 한다(당사자에게도 통지)(제21조).

③ 행정청은 당사자가 해당기간 이내에 이의를 제기하지 아니하고 가산금을 납부하지 아니한 때에는 국세 또는 지방세 체납처분의 예에 따라 징수한다(제24조).

Chapter 7

감정평가의 절차와 감정평가서

제1절 감정평가의 절차

1. 감정평가의 절차

〈그림 7-1〉 감정평가의 절차

감정평가의뢰 접수		
⇩		
기본적 사항의 확정	-	• 대상물건의 확정 • 평가목적의 확정 • 관계권리 파악 • 평가될 가격의 조건 확정 • 기준시점 확정
처리계획 수립	-	• 자료의 수집범위, 일정 등
⇩		
대상물건 확인	-	• 물적사항 확인 • 권리형태의 확인
⇩		
자료 수집 및 정리	-	• 확인자료, 요인자료 • 징구법, 실사법, 탐문법, 열람법
⇩		
자료의 검토 및 가치형성요인의 분석	-	• 일반요인분석 ┐ • 지역요인분석 ├ 병용 • 개별요인분석 ┘
⇩		
감정평가방법의 선정 및 적용	-	• 비교방식→비준가액(임료) • 원가방식→적산가액(임료) • 수익방식→수익가액(임료)
⇩		
감정평가액의 결정 및 표시	(균형)	공시지가, 주택공시가격, 시산가액 및 임료의 조정
⇩		
감정평가서의 작성 · 교부	-	• 평가보고서 작성, 교부 • 원본-5년, 관련서류-2년 이상 보존

※ 「감정평가에 관한 규칙」 제8조

2. 감정평가의 절차 내용

1) 기본적 사항의 확정

기본적 사항은 업무 범위를 확정하고 분쟁을 예방하기 위하여 의뢰인과 아래 사항을 협의하여 결정하는 절차를 말한다.

① 의뢰인
② 대상물건
③ 감정평가 목적
④ 기준시점
⑤ 감정평가조건
⑥ 기준가치
⑦ 관련 전문가에 대한 자문 또는 용역에 관한 사항
⑧ 수수료 및 실비에 관한 사항

(1) 의뢰인 확인

의뢰인을 구분하고 확인하는 것은 의뢰인에 따라 적용하여야 할 감정평가기준 및 평가방법이 다를 수 있고 확인사항도 다르다. 의뢰인의 범주는 아래와 같다.

① 일반의뢰인(법인포함)
② 국가 및 지방자치단체
③ 법원
④ 금융기관(신탁회사, 보험회사 포함)
⑤ 공익회사(사업체) 등으로 구분된다.

(2) 대상물건의 확정

대상물건의 확정이란 감정평가를 실시할 대상물건의 물리적 사항을 실지조사전에 미리 점검하여 확정하는 것이며, 일반적으로 토지의 경우에는 소재지, 지번, 지목, 지적(면적)을 말하고, 건물의 경우에는 소재지, 지번, 건물번호, 구조, 용도, 면적 등을 말하며, 동산이나 기계기구의 경우에는 명칭, 수량, 규격, 형식, 제작년도, 제작국, 제작자, 도입년도, 제작번호, 생산능력, 도입가격 등을 표시한 서류(의뢰목록)에 의하여 확인하는 작업을 말한다.

(3) 감정평가목적의 확정

감정평가의 의뢰자의 감정평가를 의뢰할 때에는 반드시 그 용도가 있게 마련이다. 이 감정평가목적에 따라 적용되는 평가관계법률이나 구해야할 가격 등이 달라지고, 감정평가방법도 전혀 상이한 경우가 있으므로 감정평가절차상 반드시 명확히 할 필요가 있는 중요한 사항이다.

감정평가의 목적과 평가된 가격의 확정은 서로 인과관계를 가지고 있다. 담보적 평가는 담보가액, 담보부동산을 처분할 때 처분가액 등과 같이 의뢰목적에 따라 평가활동의 접근태도에 차이가 있기 때문에 의뢰목적을 확정하여야 한다.

즉, 매매참고용인가, 담보용인가 아니면 자산 재평가인가 등의 목적이 있을 것이다. 다만, 매매참고용 감정평가이므로 가능한한 높은 평가액을 받고 싶다든가, 처분용 감정평가이므로 될 수 있는대로 낮은 가격을 구한다든가 하는 것은 여기서 말하는 의뢰목적이 아니다.

(4) 기준시점의 확정

기준시점이란 대상물건의 감정평가액을 결정하는 기준이 되는 날짜를 말하며, 대상물건의 가격조사를 완료한 날짜로 한다. 다만, 기준시점을 미리 정하였을 때에는 그 날짜에 가격조사가 가능한 경우에만 기준시점으로 할 수 있다.

부동산 가격은 제요인의 변화에 따라 끊임없이 변동하므로 감정평가액은 기준시점 현재에만 타당하며, 평가자의 책임소재를 명백히 하고 장래의 모든 이익에 대한 특정시점 현재의 가치를 반영하기 위하여 기준시점의 확정이 필요하다.

특정물건의 감정평가액결정은 이론상 감정평가목적에 따라 과거(소급평가), 현재, 미래(기한부 평가)의 어떠한 일정시점이 기준이 되기도 하며, 자산재평가와 같이 기준시점이 법정된 경우도 있으므로 원칙적으로 "기준시점"과 감정평가를 행하는 날짜, 즉 "감정평가날짜"는 반드시 일치하지는 않는다고 할 수 있다. 따라서 기준시점과 감정평가날짜는 다같이 중요한 사항으로 감정평가서 작성상의 필요적 기재사항이다.

(5) 감정평가조건의 확정

「감정평가에 관한 규칙」제5조는 대상물건에 대한 감정평가액은 시장가치로 결정함을 원칙으로 한다고 규정하고 있다. 그러나 도로와 같이 일반거래의 대상이 되지 않는 물건의 시장가치는 구할 수 없다. 이러한 경우에는 그 물건의 성격 또는 조건에 부응하는 시장가치 외의 가치로 평가할 수 있다.

(6) 기준가치의 확정

기준가치란 감정평가의 기준이 되는 가치로 시장가치의 기준이나 시장가치 외의 가치를 기준으로 감정평가하는 경우 확정하는 것을 말한다.

(7) 관련 전문가에 대한 자문 또는 용역에 관한 사항

관련 전문가에게 자문 등을 하고자 할 경우에는 그 필요성, 비용 및 기간 등에 관해 의뢰인에게 설명하고 동의를 얻어야 한다.

(8) 수수료 및 실비에 관한 사항

감정평가 수수료 및 실비(여비, 물건조사비, 공부발급비 및 그 밖의 실비), 그 밖의 비용 등에 관하여 설명하고 협의하여야 한다.

2) 처리계획의 수립

감정평가에 관한 기본적 사항이 확정되면 처리계획을 수립해야 한다. 처리계획은 대상물건의 의뢰내용과 성질 및 규모에 따라 항상 같은 것이 아니다. 공장·광산 등의 평가액과 같이 복잡성을 띠는 경우도 있는가 하면, 간단히 처리되는 경우도 있을 것이다. 이에 따라 실시해야할 작업의 성질, 대상물건의 업무량 등을 정하고 자신의 처리능력에 맞도록 대상물건의 확인, 필요한 자료수집 및 정리, 자료의 검토, 가치형성요인의 분석, 감정평가방법의 선정, 감정평가액의 결정에까지 소요되는 일자와 실지조사, 가격조사 및 감정평가서 작성·회보에 이르기까지의 일정계획을 수립하여 계획적이고 순차적으로 평가활동에 임하여야 한다.

(1) 사전조사계획

구비서류 완비여부, 공부내용, 도시계획, 각종 가격자료(조사된 거래사례, 평가전례, 공시지가, 건물신축단가표상 가격 및 대상물건의 내역 등)에 대한 조사계획을 말한다.

〈그림 7-2〉 감정평가의 기본적 사항

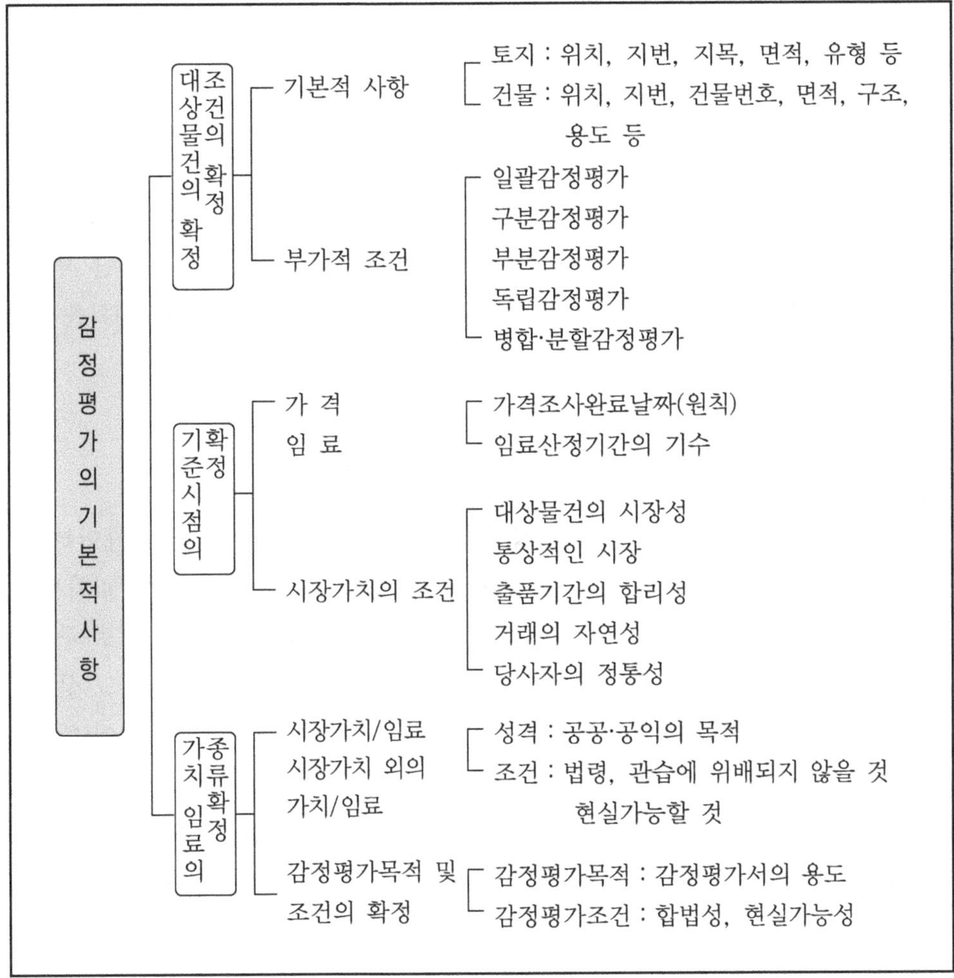

(2) 실지조사계획

대상물건을 소재지에서 조사·확인하는 일정계획을 말한다.

(3) 가격조사계획

대상물건의 가격조사방법, 가격자료의 수집범위 등에 관한 계획을 말한다. 일반적으로 간단한 부동산은 대상물건의 소재지와 가격조사를 할 수 있는 부동산시장이 동일하게 위치하므로 실지조사와 가격조사에 대한 일정계획을 별도로 분리하여 수립할 필요가 없으나 자동차, 기계 등 동산은 물건소재지와 거래시장이 상이한 경우가 있으므로 별도로 계획을 수립하여야 한다. 실지조사 및 가격조사계획은 조사가 실시된 연후에 수정될 수도 있다.

(4) 작성 회보계획

가격자료의 정리, 가치형성요인의 분석, 가액의 결정 및 감정평가서의 작성회보에 관한 계획을 말한다. 이 작업은 주로 실내에서 행하여지며 작성도중 의문난 사항에 대하여는 부분적으로 재조사를 실시할 경우도 있으므로 사전에 감안하여 계획을 수립하여야 한다.

3) 대상물건의 확인

대상물건의 확인은 기본적사항의 확정에서 정해진 대상 물건의 실제 존재여부, 공부내용과 동일성여부, 물건의 상태 등 내용·성능·구조·현상 및 가치형성에 미치는 권리상태 등을 확인하는 것으로, 대상물건의 물적 확인과 권리상태의 확인으로 구분할 수 있다. 즉 대상물건이 실제로 존재하는가 공부내용과 일치하는가 또는 그 상태가 어느 수준인가를 실제로 조사하여 물적으로 확인하는 한편, 소유권의 행사에 하자가 없는가에 대한 권리상태도 확인하여야 하며 이러한 대상물건의 물적확인사항과 권리상태확인은 부동산이 지니는 부동성(지리적 위치의 고정성)이란 특성에서 그 필요성이 강조되고 있으며, 구체적으로는 개별적 제요인을 실사법에 따라 분석하고 판단하면서 진행하는 것이다.

(1) 물적사항의 확인

공부상의 물건과 실지조사에 의하여 확인자료와의 일치여부를 비교·검토하는 작업이다.

① 대상물건과 공부상의 동일성 조사

㉠ 토지에 대하여는 등기부등본, 토지(임야)대장, 지적도, 임야도 등을 기준으로 하여 소재지·지목·지적·형상·경계·정착물 관계를 현장에서 공부와 대조 확인하거나 주민의 증언에 의해 확인한다.

㉡ 건물 등에 대하여는 소재지·지번·건물번호·건축면적·연면적·경과연수·구분소

유내역·구조·용도 등을 확인하여야 한다.

㉢ 건물이 구분소유인 경우나 건물의 일부를 임대차한 경우에 구분 또는 일부의 평가를 할 때에는 공용부분의 구조·수량·용도 등을 확인하여야 한다. 이 때 공부와의 차이로 물적 불일치와 위치의 불일치 등 이상이 있을 수 있고 동일성 여부의 문제가 발생한다. 물적 확인에 필요한 자료에는 대상부동산의 등기부 또는 과세대장·토지대장·지적도면·건축물대장 등을 활용한다.

㉣ 일반 동산의 경우는 제작자, 제작연도, 제작번호, 규격, 형식 등이 전부 일치하여야 한다.

② 동일성 문제와 물적 불일치에 대한 처리

현실적으로 건축, 지적, 등기관리상의 문제로 대상부동산의 현황과 공부가 일치하지 않아 동일성 여부의 문제가 야기되고 불일치에 대하여는 어떻게 처리하여야 합리적인지 실무상으로 처리기준이 제시되어야 한다.

물적 불일치가 근소하거나 경정될 수 있는 경우에는 불일치의 사유, 제한 정도 등을 감정평가서의 "감정평가액 결정 의견"란 또는 "그 밖의 사항"란에 기재하고 평가할 수 있으나, 동일성이 인정되지 않을 정도의 불일치인 경우는 평가를 하더라도 법률상 하자 있는 다른 물건을 평가한 결과가 되므로 이러한 경우에는 불일치의 원인을 재확인할 필요가 있다.

㉠ 공부상의 지목과 현황상 지목이 다를 경우에는 현황의 지목에 따라 평가하며 지목변경 가능성도 검토하여야 한다.

㉡ 공부상의 위치와 현황의 위치가 다를 경우에는 등기가 무효로 될 수도 있고 평가담당자의 책임문제가 있으므로 유의하여야 한다. 위치의 확인은 대상부동산만을 확인자료와 대조할 것이 아니라 주위의 부동산 위치와 지번을 확인하여 대상물건을 확인한다.

㉢ 토지공부상의 면적과 현황면적의 차이에 있어서 부족면적이 근소한 경우이면 실제대로 평가하고 반대로 공부보다 큰 경우에는 권원(權原)의 문제에 유의하여야 한다.

㉣ 실제 건물의 면적 및 구조 등이 공부와 차이가 있는 경우에는 그 정도가 심하면 건물의 동일성 결여로 등기의 유용사고에 해당되어 등기가 무효화 되는 경우가 있으므로 건물의 공부상 경과연수의 일치여부, 등기상의 층수와 실제의 일체여부, 증·개축 여부 및 그 정도, 등기와 실제 지붕구조의 일치여부, 건물

의 골조재의 일치여부를 확인하여 불일치 정도가 심하면 그것이 원시적인 것인가 또는 후발적인 것인가를 규명하여 정정등기의 가능성을 검토한 후 감정평가 여부를 결정하여야 한다.

ⓜ 제시외의 정착물이 존재하는 경우에는 토지가 그만큼 불법점유되어 있는 현상이므로 보존등기의 여부와 이에 대한 이해관계인의 유무, 정착물과 평가대상 정착물과의 경제적, 물리적 관계에 따라 상응한 조치가 필요하다. 한편 대상 정착물이 존재하지 않는 경우에는 멸실이므로 당연히 평가대상이 되지 않는다. 동일성 여부는 근저당권의 원인무효 등과 같은 중대한 상황을 초래하므로 특히 유의하여야 하며 동일성이 인정되지 않으면 평가절차를 진행시키지 말고 반려하여야 한다.

ⓑ 동일성이 인정되지 않는 경우

ⓐ 토지의 경우 : 소재지번이 상이할 때(다만, 분할·합병 등으로 상이한 경우는 예외임)

ⓑ 건물의 경우 : 등기부상의 건물은 멸실되고 동일한 구조, 용도, 면적의 건물이 제시될 때

ⓒ 동산의 경우 : 제작자, 제작년도, 제작번호, 규격, 형식 등 명세내용 중 하나라도 상이할 때

〈물적 불일치에 대한 처리〉

1. 지목·용도의 불일치
   공부상의 지목과 현황지목이 서로 불일치할 때 ⇨ 현황지목을 기준으로 처리
2. 토지에 있어서의 불일치
   ① 공부상 면적 ≠ 실제면적 ⇨ 원칙적으로 공부면적에 의함
   ② 공부상 면적 > 실제면적 ⇨ 실제면적에 의함
   ③ 공부상 면적 < 실제면적 ⇨ 공부면적에 의함

③ 상태조사

대상부동산의 상태조사는 부동산의 개별적 제 요인과 지역요인에 대한 자료를 수집하는 작업인 동시에, 대상부동산에 대한 물적 확인을 구체화하는 작업을 위해 부동산의 유형적·무형적 상태를 조사하는 것이다. 예를 들면 등기 등의 공부에 표시된 건물의 구조, 용도 등을 구체적으로 조사하는 작업이 이에 속한다. 제시된 공부와 대상물건 간에 동일성이 인정된다면 다음으로 대상물건의 가치구

성요인을 조사한다.

㉠ 토지에 대하여는 위치, 주위환경 교통사정 등 지역요인과 대상물건 자체와 관련된 타인점유 여부, 타인토지사용 여부, 교환사용 여부, 도시계획 편입의 정도 및 미치는 영향, 타토지와 사용상 불가분의 여부, 기타 대상물건의 이용상황을 포함한 개별요인에 관계된 사항을 조사한다.

㉡ 건물에 대하여는 기초, 구조, 용도, 사용재료, 관리상태, 방향, 경제적인 장래 보존년수, 냉난방설비를 비롯한 부대시설을 조사하는 동시에 종물과 부합물의 구조, 규모, 용도 및 대상물건에 미치는 영향 등을 조사하여야 한다.

(2) 권리의 형태 및 태양(진정성)의 확인

부동산가치는 부동산의 소유권, 기타 권리·이익의 가치이므로 그 권리의 종류, 내용 등에 관하여 대상권리의 부재 및 권리의 진정성을 확인해서 대상부동산의 제반 권리상태를 명확히 하여야 한다. 가령, 토지를 감정평가할 때, 그 토지가 다른 사람에게 임대차되어 있다면 그 임대차 관계가 건물의 소유를 목적으로 한 것일 경우에는 임차인에게 지상권이 발생한다. 이때의 감정평가대상은 지상권이 될 수도 있고 토지의 소유권도 될 수 있는바, 평가해야할 제반 권리·태양(態樣)을 확정할 필요가 있다.

소유권은 단독소유, 공동소유(공유, 총유, 합유), 구분소유(건물)로 구분되고 소유권 이외의 기타 권리로서는 지상권, 전세권, 저당권 등이 있다.

감정평가를 실시함에 있어 대상물건이 완전소유인가, 지상권이 붙어있는 소유권인가 하는 권리의 상태를 등기부등본, 계약서 등으로 확인하여야 한다. 또한 완전소유권인 경우에도 공유인가 구분소유권인가 하는 권리상태를 확인하여야 한다.

4) 자료의 수집 및 정리

대상물건의 물적사항·권리관계·이용상황에 대한 분석 및 감정평가액 산정을 위해 필요한 확인자료·요인자료·사례자료 등을 수집하고 정리하여야 한다. 이러한 자료의 수집방법에는 징구법, 실사법, 탐문법 및 열람법이 있다.

감정평가의 성과는 채택된 자료의 양부에 의해 좌우된다고 할 정도로 자료수집 및 정리작업은 감정평가의 과정에서 중요한 비중을 차지하게 된다. 그러므로 자료수집 및 정리작업은 사전에 합리적인 계획과 판단에 의해 질서정연하고 성실하게 이루어져야 하며 평가가 적당하게 이루어지도록 최선을 다하여야 하고 감정평가자의 편견을 떠나 공정성과 타당성을 지녀야 한다.

(1) 자료의 종류

① 확인자료

부동산의 물리적 형상 및 권리관계를 확인하는데 필요한 자료가 확인자료이다. 확인자료는 등기부등본, 토지·건축물대장, 지적관계공부, 토지이용계획확인서, 매매·임대차관계계약서, 임대료영수증, 사진 등이 이에 속한다. 또한 기계기구에 대하여는 목록 및 배치도, 설계도 등이 필요하며, 자동차, 건설기계, 항공기 등은 등록원부와 등록증이 확인자료가 된다.

〈확인자료의 종류별 확인사항〉

1. 토지관련 확인자료
   ① 토지이용계획확인서 : 용도지역·지구·구역확인, 도시계획시설 저촉여부 확인, 기타 공법상 제한사항 확인
   ② 토지대장(임야대장) : 지목, 면적 확인
   ③ 토지등기부등본
   - 소유권에 관한 사항 : 소유권 보존 등기일, 소유자, 압류, 가압류, 임의·강제경매 여부 등의 확인
   - 소유권 이외의 권리에 관한 사항 : 근저당권, 지상권 설정여부

   ④ 지적도(임야도) : 위치, 형상, 도로조건 등의 확인
2. 건물관련 확인자료
   ① 건축물대장(일반 건축물대장, 집합 건축물대장) : 구조, 지붕, 면적, 사용승인일자 확인, 건축물 현황도면 등
   ② 건물등기부등본
   - 소유권에 관한 사항 : 소유권보존 등기일, 소유자, 압류, 가압류, 임의·강제경매 여부 등의 확인
   - 소유권 이외의 권리에 관한 사항 : 근저당권, 지상권 설정여부

   ③ 건축물 설계도면 : 건축물의 위치, 형상, 면적 등 확인
3. 기타 확인자료
   매매계약서, 임대차계약서, 공사비내역서, 기계기구목록, 기계배치도, 설계도, 등록원부, 등록증 등
4. 물적사항의 확정
   등기부등본(토지, 건물)과 대장(토지, 건물)상의 소유자가 다른 경우에는 등기부등본이 우선하나, 면적이 다른 경우에는 대장상의 면적에 의한다.

② 요인자료

사회적·경제적·행정적 요인, 지역요인 및 개별요인은 가격형성에 영향을 미친다.

그 영향을 파악하는데 필요한 자료가 요인자료이며, 일반자료와 개별자료로 구분하고 있다.

㉠ 일반자료

일반자료란 부동산 가치형성의 일반적 제 요인에 관계되며 부동산 전체에 관한 자료로서 추세·동향의 동태적인 분석·파악을 위한 일반자료의 수집, 정리가 필요한 것으로 이는 국제적·전국적 및 지역적인 면으로 조사·수집 및 분석하여야 한다. 일반자료에는 각종 통계연감·경제지표·정부계획 및 백서, 물가지수, 공금리수준 등이 있다. 이 일반자료는 평가시점에 일시에 수집하기가 불가능하므로 평소부터 폭넓게 계획적으로 수집하여 정리해 두어야 한다.

㉡ 개별자료

개별자료는 개별적 제 요인에 관계되는 대상부동산 자체에 관한 것이다.
부동산의 개별적 특성을 파악하기 위하여 개별분석과 제요인을 비교하여야 하는데 이 때 필요한 자료가 개별자료로 개별적 제 요인과 토지의 종별에 따른 지역요인을 수집·정리하여야 한다.
토지에 관하여는 위치, 면적, 지세, 지질, 형상, 각지, 가로, 공공시설과의 접근도, 상하수도 등이며, 건물에 대하여는 건물의 용도, 구조, 면적, 설계, 설비, 높이, 재질 등에 관한 자료가 이에 속한다. 따라서 감정평가인은 대상물건에 따라 보편타당성이 결여된 면, 혹은 양호한 면 등 특성에 대한 자료와 세부사항을 상세히 조사·수집하여야 한다.

③ 사례자료

사례자료란 거래사례비교법에 필요한 거래사례, 임대사례비교법에 필요한 임대사례, 수익환원법에서 필요한 수익사례, 원가법에서 필요한 건축사례 등으로 사례의 내용이 감정평가방식에 합당한가도 검토해야 한다. 동일물건 또는 인근유사물건의 평가사례와 지역가격추이라고 볼 수 있는 주민 또는 부동산 중개사무소의 호가 등도 사례자료에 포함시킬 수 있다.

(2) 자료의 수집방법

① 징구법(徵求法)

징구법이란 평가의뢰자에게서 직접 필요한 자료를 제출받는 방법을 징구법이라 한다.

의뢰인은 자신이 소유자인 경우에는 그 부동산이 속한 환경이나 그 동향을 잘 알고 있으며 소유자가 아닌 경우라 할지라도 평가의뢰 목적이나 용도 등은 인지하고 있을 것이기 때문에 대상부동산에 대한 가격, 권리 및 건축관계, 관리상태, 기술상태, 수익상태 등에 관한 개별적 자료원이 된다. 따라서 의뢰인으로부터 가급적 많은 자료를 징구 받아 평가활동에 적용할 필요가 있다. 이 방법은 평가활동을 능률화시키고 대상부동산의 확인을 용이하게 하는 장점이 있는 반면 의뢰인이 자기에게 유리한 자료만을 제공한 경우에는 감정평가상의 판단이 오도될 우려가 있으며, 실무적으로는 업무간소화, 부조리 등과 관련하여 많은 제약을 받고 있기도 하다. 그리고 「부동산 가격공시법」에는 감정평가인의 자료징구권이 명문화되어 있지 않으나 우리나라의 평가업무가 금융기관의 담보평가에서 출발한 관계로 의뢰인으로부터 징구하는 것이 관례로 되어있다.

㉠ 부동산 : 등기부등본, 토지(임야)대장 등본, 건축물대장 등본, 토지이용계획 확인서 등

㉡ 동산 : 등록원부 사본 등

㉢ 공장 : 기계기구, 구축물 목록(규격, 형식, 수량, 제작도면, 제작번호 등 명기), 수입면장, 기기배치도, 건물배치도, 부동산에 대한 구비서류, 기타 특수 건물의 경우 재조달원가를 직접법으로 구하고자 할 경우에는 시방서, 설계도면, 공사비 내역서 등

② 실사법

실사법은 대상물건의 확인에 필요한 방법으로 현지조사를 통하여 가격에 영향을 미치는 제요인을 파악하여 자료를 수집하는 것이다. 주로 대상물건의 개별적 제요인(물적확인과 권리상태의 확인에 관한 자료)등 가격에 관한 자료와 권리의 형태에 관한 자료가 대부분이며, 일반적 요인에 관한 자료는 열람법에 의해 수집된다.

③ 탐문법

평가활동에 필요한 자료와 정보 등을 탐문하여 수집하는 방법으로 탐문할 사항은 소유권을 비롯하여 권리관계, 당해 물건 또는 인근 유사물건의 거래사례, 건설사례 및 수익사례 등 각종 가격자료이며, 탐문의 대상은 주로 부동산중개사무소·부동산업자·세무서·지방관청·은행·법무사사무소·인근주민·건축업자 등이다. 탐문방법은 감정평가사가 직접하거나 또는 사람을 고용하여 대행하게 하는 경우도 있으며 공개탐문법, 가장탐문법, 고용탐문법 또는 절충식 등이 있으며 주로 거래사례

자료인 것이 보통이다.

㉠ 공개탐문법

공개탐문법이란 감정평가사가 자신의 소속기관·신분·평가목적·대상부동산 등의 전부 또는 일부를 미리 공개하고 상대방의 허심탄회한 협조를 구하는 방법을 말한다.

㉡ 가장탐문법

가장탐문법이란 감정평가사의 신분·평가목적·대상부동산 등을 은폐하거나 고객 등을 가장하여 탐문하는 수법을 말하며, 이 방법은 상대방이 중개업자 또는 이해관계자가 있는 자 등의 경우에 적용된다. 이때 감정평가사는 상대방으로부터 고객의 대상이 되면서 동시에 전문적인 질문을 하여야 하므로 다음에 유의하여야 한다.

첫째, 신분 등을 노출시킬 우려가 있는 요인을 미리 제거한다.

둘째, 스스로 어떤 고객 등의 유형을 상정하여 자신을 그에 적용시킨다.

셋째, 질문은 원칙적으로 인근지역 내의 것이라야 하며, 부동산의 주용도를 혼동하여서는 안 된다.

넷째, 질문을 너무 많이 하거나 자신이 가장한 고객의 유형에서 벗어나는 내용의 질문은 신중하게 한다.

㉢ 고용탐문법

고용탐문법이란 특별히 사정이 허용되는 경우에 일정한 보수를 지불하기로 하고 엄선된 상대방을 고용하는 방법을 말한다. 이 수법은 공개탐문법을 쓰는 것이 일반적이지만 가장탐문법을 사용하는 경우는 자신의 관심대상을 상대방에게 어느 정도 명시해야 한다. 이 방법에서는 상대방이 특정되어 여러 사람의 의견을 듣지 못하거나 상대방의 주관적인 의견을 들을 우려도 있으므로 주의를 요한다.

㉣ 절충법

절충법이란 위의 세가지 방법을 필요와 사정에 따라 적당히 병용하는 방법으로서 요령이 좋아야 하나 일반적으로 많이 쓰이는 방법이다. 보통은 공개탐문법과 가장탐문법의 절충방법이 많이 쓰이는데, 예컨대 자신의 신분만 밝히고 대상부동산을 숨기면서 자료를 수집하는 방법이다.

④ 열람법

평가활동을 위하여 수집한 공부 등을 열람하여 조사하는 방법을 말한다. 확인자료에 속하는 열람자료는 등기부등본·지적공부 등이고, 일반적으로 의뢰자로부터 직접 징구법에 의하여 제출받기도 하지만 원부와 불일치하는 경우가 있으므로 감정평가사가 직접 열람하여 확인한 후 감정평가에 활용하는 것이 원칙이다. 또한 개별 요인자료에 속하는 열람자료는 임대차·임대거래조건·권리금 등의 계약서, 건물의 건축시방서·설계도서·견적서·기업의 재무상태표(대차대조표)·재산목록·손익계산서 등이다. 사례자료에 있어서도 보고서 또는 매매계약서 등의 확인은 보통 이 방법에 의한다. 특히 도시계획에 관계되는 토지이용계획확인서 등은 감정평가사가 직접 확인 하여야 한다.

(3) 자료의 정리

이상에서 수집된 자료는 잡기장이나 별도의 기록으로 정리해 둠으로써 수집한 내용을 기억하고 보존하여 다음 과정인 자료의 검토 및 가치형성요인의 분석과정의 준비와 후일의 증빙서류로 보관한다.

5) 자료 검토 및 가치형성 요인의 분석

수집·정리된 자료를 이용하여 사례자료가 갖추어야할 요인을 모두 갖추고 있는지, 감정평가목적이나 조건에 적합한 사례인지 등 평가에 필요한 사항을 검토하고, 일반요인, 지역요인, 개별요인 등 가치형성요인을 분석하여야 한다.

(1) 자료의 검토

수집·정리된 각종 자료가 대상물건의 평가작업에 필요하고 충분하며 적당한 자료인가를 검토하여야 한다.

① 사례자료의 구비요건 검토

㉠ 위치의 유사성(인근지역, 유사지역, 동일수급권)
㉡ 물적 유사성(동일 또는 유사물건)
㉢ 시점수정의 가능성(거래일자)
㉣ 사정보정의 가능성(거래에 개입된 사정 및 거래조건) 등이 구비되어 있는가를

검토하여야 한다.

② 의뢰목적 및 조건에 적용여부 검토

이와 같이 사례자료의 구비요건을 모두 갖추었다고 하여 이 자료가 감정평가에 전부 활용되는 것은 아니며, 평가목적에 따라 적용해야 할 평가기준이 상이하므로 의뢰자가 제시한 평가조건에 따라 취사선택하여 사용하여야 한다.

(2) 가치형성요인의 분석

가치형성에 영향을 미치는 사회적·경제적·행정적 요인과 개별적 제 요인, 경제동향, 가치원칙, 지역분석 및 개별분석, 감가이론 등을 충분히 이해하고 수집된 자료들이 가치형성요인을 분석하는데 대상부동산의 종류 및 평가의 목적에 해당하는 자료인가를 검토하고 부동산시장의 경기별 및 토지시장(투자시장·투기시장)에 따른 사례자료의 적용 및 가치형성을 분석하여야 한다.

6) 감정평가방법의 선정 및 적용

대상물건의 특성이나 감정평가목적 등에 따라 적절한 하나 이상의 감정평가방법을 선정하고, 그 방법에 따라 가치형성요인 분석 결과 등을 토대로 시산가액을 산정하여야 한다.

감정평가의 6방법의 특징과 기능, 장·단점에 대한 충분한 경험과 이해가 필요하며, 한편 대상부동산의 특성과 제시된 조건 등에 유의하여야 한다. 감정평가의 3방식의 선정은 3가지의 측면에서 가격을 생각하는 것이 기본이다.

① 대상부동산의 재조달원가에서 경제적·기능적·물리적 감가를 실시한다는 것
② 대상부동산에서 발생하는 순수익의 발생능력에 따라 수익환원에 기초한 가격
③ 시장에서 대상부동산과 유사한 물건이 최근 발생한 거래사례에 근거한 가격 등과 같이 3방식은 3가지 측면의 가액(적산가액·수익가액·비준가액)에 기초를 두고 산정한다.

7) 감정평가액의 결정 및 표시

감정평가방법의 적용을 통하여 산정된 시산가액을 합리적으로 조정하여 대상물건이 갖는 구체적인 가치를 최종적으로 결정하고 감정평가서에 그 가액을 표시하여야

한다.

감정평가액은 3방식에 의하여 시산가액을 구한 후 조정을 거쳐 결정함이 타당하나, 현행 「부동산 가격공시법」 체제하에서는 토지의 경우 공시지가를 기준으로 평가하도록 규정되어 있어 시산가액의 조정을 할 수 없다. 다만, 이론적인 측면에서는 평가액의 결정과정에서 3방식에 의한 평가액을 조정할 수 있다. 시산가액의 조정시에는 ① 자료의 선택·검토 및 활용의 적부, ② 부동산 가치원칙의 활용, ③ 일반적 요인분석·지역요인분석·개별요인분석의 적부, ④ 단가와 총액과의 관계, ⑤ 공시지가 선택의 적절성 등을 판단해야 할 것이다. 그리고 평가과정이 완료되면 감정평가액을 결정하여 감정평가서를 작성하여야 하는데, 의뢰자와 이해관계자가 이해할 수 있도록 명확하고 일관성 있게 작성되어야 한다.

3. 감정평가서의 성립 및 보존

1) 감정평가서의 성립

감정평가서는 담당 감정평가사의 서명 및 날인, 심사자의 서명 및 날인이 이루어짐으로써 성립한다.

2) 감정평가서의 보존

감정평가업자는 감정평가서의 원본은 그 교부일부터 5년 이상, 그 관련서류는 2년 이상 보존하여야 한다.

제2절 감정평가서의 작성

1. 감정평가서 의의와 작성원칙

(1) 감정평가서의 의의

부동산 감정평가서란 감정평가사가 그의 감정평가 결과를 의뢰인에게 알리기 위하여 대상물건의 내용, 감정목적 및 조건, 기준시점, 감정평가액, 감정평가액의 산출근거 및 결정 의견을 표시하여 작성하는 문서를 말한다. 감정평가사는 자신의 필요에 의해서 감정을 하는 것이 아니라 타인의 의뢰를 받고 자기의 전문적인 학식과 경험에 의하여 감정평가하는 것이므로 전문가의 입장에서 감정평가한 결과가 설득력 있게 의뢰인에게 전달되어야 한다.

또한 감정평가서의 내용은 의뢰인에게는 물론 제3자에게도 영향을 미치게 되며, 또한 그것은 적정한 가격 형성의 기초가 되는 것이므로 감정평가사는 감정평가서를 작성함에 있어서 특히 오해가 발생치 않도록 유의할 것이며, 법령과 규정에서 정한 감정평가서기재사항을 명확히 인식하여 기재사항의 누락이 없도록 하여야 한다.

(2) 감정평가서 작성원칙

감정평가서는 감정평가의뢰 물건별로 구분·작성함을 원칙으로 한다. 그러나 감정의뢰가 두 건이라도 감정평가의뢰자(또는 차주)나 소유자가 동일한 건으로 업무적인 관련이 있는 경우에는 일괄하여 한 건으로 감정평가서를 작성할 수 있다.

또한 동일한 감정평가의뢰서에 대출 2건 이상을 같이 의뢰하거나, 행정구역을 달리하는 2종 이상의 물건을 같이 의뢰할 경우에는 감정평가서를 달리하여 구분·작성할 수 있다. 감정평가물건별 감정평가서는 행정구역별로 서식을 달리하여 작성함을 원칙으로 한다. 다만, 담보물감정평가 이외의 경우에는 일괄 작성할 수 있으며, 이 경우에는 서식의 일부를 생략 또는 추가·삽입할 수 있다. 그리고 소정의 감정평가관계 서식 이외에 필요한 경우에는 감정평가의견서 및 감정평가액산출 근거표를 별도로 작성하여 첨부할 수 있다.

2. 감정평가서 기재사항

감정평가서는 정해진 서식에 의하는 바, 감정평가서에 기재할 사항은 다음과 같다.

1) 절대적 기재사항(필요기재사항)

절대적 기재사항이란 감정평가서라면 반드시 기재하여야 하는 필수항목으로 감정자가 임의로 기재사항을 생략하거나 누락하여서는 안 된다. 이러한 절대적 기재사항은 「감정평가에 관한 규칙」 제13조에서 다음과 같이 규정하고 있다.

① 감정평가업자의 명칭
② 의뢰인의 성명 또는 명칭
③ 대상물건(소재지, 종류, 수량, 그 밖에 필요한 사항)
④ 대상물건 목록의 표시근거
⑤ 감정평가 목적
⑥ 기준시점, 조사기간 및 감정평가서 작성일
⑦ 실지조사를 하지 아니한 경우에는 그 이유
⑧ 시장가치 외의 가치를 기준으로 감정평가한 경우에는
  ㉠ 해당 시장가치 외의 가치의 성격과 특징
  ㉡ 시장가치 외의 가치를 기준으로 하는 감정평가의 합리성 및 적법성
⑨ 감정평가조건을 붙인 경우에는 그 이유 및 조건의 합리성, 적법성 및 실현가능성의 검토사항
⑩ 감정평가액
⑪ 감정평가액의 산출근거 및 결정 의견
  ㉠ 적용한 감정평가방법, 감가수정 및 시산가액 조정 등 감정평가액 결정 과정
  ㉡ 공시지가기준법으로 토지를 감정평가한 경우 비교표준지의 선정 내용, 비교표준지와 대상토지를 비교한 내용 및 그 밖의 요인을 보정한 경우 그 내용
  ㉢ 적산법이나 수익환원법으로 감정평가한 경우 기대이율 또는 환원율(할인율)의 산출근거
  ㉣ 일괄감정평가, 구분감정평가 또는 부분감정평가를 한 경우 그 이유
  ㉤ 감정평가액 결정에 참고한 자료가 있는 경우 그 자료의 명칭, 출처와 내용
  ㉥ 대상물건 중 일부를 감정평가에서 제외한 경우 그 이유
⑫ 전문가의 자문 등을 거쳐 평가한 경우 그 자문 등의 내용
⑬ 그 밖에 이 규칙이나 다른 법령에 따른 기재사항

① 감정평가업자의 명칭

감정평가를 행하는 감정평가업자의 사무소 또는 법인의 명칭을 기재한다.

② 의뢰인의 성명 및 명칭

감정평가업자에게 감정평가를 의뢰한 자를 말한다. 감정평가의뢰인은 반드시 대상물건의 소유자만은 아니다. 예를 들면 담보감정평가인 경우는 은행이, 또는 경매감정평가인 경우는 법원이 의뢰하는 것 등을 들 수 있다. 의뢰인이 법인일 경우는 법인체명과 대표자명을 기재하고, 국가기관일 경우에는 당해 기관장명을 기재한다.

③ 대상물건의 내용(소재지, 종별, 수량, 기타)

물건의 내용은 대상물건의 표시로서 대상물건의 소재지, 종별, 수량, 구조, 용도 등을 감정평가의뢰서 또는 공부에 의거 기재한다. 소재지는 등기부등본, 토지대장 및 건축물대장에 표시된 대로 기재한다. 종별은 토지에 대하여는 지목을, 건물에 대하여는 구조·용도를, 기타 동산에 대하여는 품명·규격·형식 등을 기재한다. 수량은 2007. 7. 1.부터 법정계량단위를 의무적으로 사용하여야 하므로 면적의 경우는 ㎡를, 동산의 경우는 台, 本, 個, 劵 등의 단위를 사용한다.

④ 대상물건목록의 표시근거

대상물건의 목록을 표시한 근거 서류명을 기재한다.
㉠ 토지일 경우는 등기부등본, 토지대장, 임야대장
㉡ 건물일 경우는 등기부등본, 건축물대장(또는 과세대장)

⑤ 감정평가 목적

감정평가 목적은 취득, 관리, 처분, 자산재평가, 조세부과, 담보, 경매, 보상감정 등으로 구분할 수 있으며, 이러한 감정평가서의 용도 및 평가의뢰목적을 기재한다.

⑥ 기준시점, 조사기간 및 작성일

㉠ 기준시점은 감정평가액 결정의 기준이 되는 날짜를 말한다. 「감정평가에 관한 규칙」 제9조에서 "기준시점은 대상물건의 가격조사를 완료한 날짜로 한다. 다만, 기준시점이 미리 정하여진 때에는 가격조사가 가능한 경우에만 한하여 그 날짜를 기준시점으로 할 수 있다."라고 규정되어 있다. 따라서 기준시점은 이 규칙에 따라 가격조사를 완료한 날짜 또는 미리 정하여진 일자를 기재한다.

㉡ 조사기간이란 감정업무를 착수한 날부터 가격조사를 완료한 날까지를 말한다.

㉢ 작성일은 감정평가서를 실지 작성 완료한 날을 말한다.

⑦ 실지조사를 하지 아니한 경우에는 그 이유

감정평가를 할 때에는 실지조사를 하여 대상물건을 확인하여야 한다. 그러나 천재지변, 전시·사변, 법령에 따른 제한 및 물리적인 접근 곤란 등으로 실지조사가 불가능하거나 매우 곤란한 경우, 유가증권 등 대상물건의 특성상 실지조사가 불가능하거나 불필요한 경우로서 실지조사를 하지 아니하고도 객관적이고 신뢰할 수 있는 자료를 충분히 확보할 수 있는 경우에는 그 이유를 기재한다.

⑧ 시장가치 외의 가치를 기준으로 감정평가한 경우

감정평가액은 시장가치를 기준으로 결정한다. 그러나 법령에 다른 규정이 있는 경우, 감정평가 의뢰인이 요청하는 경우, 감정평가의 목적이나 대상물건의 특성에 비추어 사회통념상 필요하다고 인정되는 경우에는 시장가치 외의 가치를 기준으로 감정평가할 수 있다. 이 경우에는 시장가치 외의 가치의 명칭, 성격과 특징, 시장가치 외의 가치로 감정평가하는 이유를 적는다.

⑨ 감정평가 조건

평가에 있어서 의뢰자가 제시한 특수한 조건이 있는 경우에는 그 이유 및 조건의 합리성, 적법성 및 실현가능성에 대한 검토사항을 기재한다. 이러한 감정평가 조건은 현황평가, 조건부평가, 기한부평가, 소급평가, 일괄평가, 구분평가, 부분평가 등으로 구분할 수 있다. 감정평가의뢰 목적과 조건설정은 감정가격에 결정적 영향을 미치는 것이므로 감정평가의뢰시 이를 분명히 하여야 한다.

⑩ 감정평가액

감정평가의 최종적인 결과는 평가액이다. 평가액은 그 세부내역명세와 함께 가액 또는 임료의 종류를 감정평가서에 표기하여야 한다.

㉠ 대상부동산의 원본가액 또는 임료가액과 그 내역을 표시한다.

감정평가액은 평가총액으로 일반적으로 한자로 표시하거나, 한글로 표기하고 아라비아숫자를 병기할 수도 있다. 가격내역의 표시는 물건별 수량, 단가, 금액을 별도로 표시하고 그 총액이 평가액이 된다.

예 : 金壹阡貳百參拾萬원整(₩12,300,000.-), 금일천이백삼십만원정

㉡ 가액 또는 임료의 종류도 명시한다.

⑪ 감정평가액의 산출근거 및 결정 의견

부동산 감정평가액이 최종결정되기까지 수집한 자료, 가치형성요인의 분석, 감정평가방법의 적용 등과 가격전망에 대한 감정평가사의 의견을 합리적인 근거에 입각하여 감정평가서에 요약 표시한다. 의견의 구체적 내용은 인근지역 및 부동산의 상황에 관한 사항, 최유효이용의 판정에 관한 사항, 감정평가방법의 적용에 관한 사항, 수집한 자료와 자료보정·분석·해택 등에 관한 사항 등을 들 수 있다.

⑫ 전문가의 자문 등을 거쳐 평가한 경우 그 자문 등의 내용

⑬ 그 밖에 감정평가사의 서명 및 날인

감정평가업자가 개인일 경우는 감정평가업자의 상호와 감정평가사란 자격을 표시하여 서명·날인하고, 감정평가업자가 법인일 경우는 대표자의 서명·날인과 함께 담당 감정평가사가 함께 서명 및 날인한다.

2) 임의적 기재사항

임의적 기재사항이란 법령에 명시되어 있지는 않으나 대상물건의 성격 또는 감정평가목적에 따라 필요한 경우나, 감정평가의뢰인에게 참고가 되는 경우에 기재하는 사항을 말한다.

임의적 기재사항의 구체적 내용은 다음과 같다.

① 대상부동산이 공부 또는 의뢰내용과 불일치하는 경우
   ㉠ 대상토지의 소재지, 지목, 면적, 형태, 경계 등이 실지와 불일치하는 경우
   ㉡ 대상토지상에 있는 것으로 표시된 건축물이 실제 없는 경우
   ㉢ 대상건물의 소재지, 지번, 건축면적, 연면적, 구조, 용도 등이 실지와 불일치하는 경우
   ㉣ 당초 건물의 주요구조부를 크게 변경하거나 크게 증축 또는 개축한 경우
   ㉤ 공부상의 경과연수와 실제 경과연수가 크게 불일치하는 경우
   ㉥ 후물과 부합물이 있는 경우 등이다.

② 대상물건이 타인의 토지상에 존재하는 경우

③ 대상토지상에 타인의 지상물이 존재하는 경우

④ 대상부동산이 공법상에 저촉되는 경우

⑤ 기타 대상부동산의 사용, 수익, 처분 등에 영향을 미치는 요인이 있을 경우 등이다.

3) 기타 첨부자료

감정평가서 기재사항의 보완 또는 근거가 되는 지도, 도면, 사진 등 기타 부속자료는 필요에 따라 감정평가서에 첨부한다. 첨부되는 부속자료에는 다음과 같은 것이 있다.

① 대상부동산의 부근상황을 나타내는 지도
② 대상부동산의 사진
③ 토지 또는 건물의 도면
④ 도표
⑤ 권리설정 등에 관한 계약서
⑥ 재조달원가 산출근거
⑦ 사례자료
⑧ 건물의 시방서

Chapter 8

토지의 감정평가

제1절 일반적인 토지의 평가

1. 토지의 의의 및 분류

1) 토지의 의의

(1) 토지란 일정한 범위의 지면에 정당한 이익이 있는 범위 내에서 상하(공중과 지하)에 미치는 입체적 존재이다. 따라서 토지소유권은 토지의 구성부분과 토지로부터 독립성이 없는 부착물에도 그 효력이 미친다. 지중의 암석, 토사, 지하수 등은 토지의 구성성분을 이루는 것으로서 토지와 별개의 물건은 아니다. 다만, 일정한 종류의 미채굴 광물인 광업권에 대하여는 국가가 이를 채굴, 취득하는 권리(광업권)의 권능을 가지고 있으므로 그 적용을 받는 광물은 토지소유권의 범위에 포함되지 않는다.

인공적으로 부착시킨 것이라도 거래의 관념상 토지의 구성성분으로 보아야 할 돌담·터널·다리·우물·포장·정원석 등은 독립한 소유권의 객체가 되지 않는다.

(2) 토지는 자연적 구분이나 사용상의 구분에 의하지 않고 인위적·관념적·사무적으로 구분하여 1필마다 지번을 붙이고 개개의 범위를 정하여 그 동일성을 식별한다.

1필의 토지의 일부분을 분필하기 전에는 물권변동에 관하여 형식주의를 채용하는 현행법 하에서는 분필을 하기 전에는 토지의 일부를 양도하거나 제한물권을 설정 또는 시효취득을 하지 못한다고 해석하는 것이 통설이다. 그것은 등기하여야만 물권변동이 생기는데 토지의 일부에 대해서는 등기가 인정되지 않기 때문이다. 그러나 용익물권의 설정은 분필하기 전에 1필의 토지의 일부의 토지위에 설정할 수 있는 예외가 인정된다.

2) 감정평가상의 토지의 분류

(1) 지역종별

지역종별이란 부동산이 속한 지역의 용도에 따른 구분을 말한다. 이러한 지역종별은 택지지역·농지지역·산지지역·후보지(예정지)지역·이행지지역 등으로 구분된다.

택지지역은 주거지역·상업지역·공업지역으로, 농지지역은 전지지역·답지지역으로 세분된다.

(2) 토지종별

토지종별이란 지역종별에 의하여 분류되는 토지의 구분을 말하며 택지·농지·산지·후보지(예정지)·이행지로 구분된다. 그리고 지역종별의 세분에 따라 토지종별도 택지는 주거지·상업지·공업지로, 농지는 전지와 답지로 구분된다.

지역적종별(지역종별)	개별적종별(토지종별)
부동산이 속한 지역의 용도에 따른 구분	지역종별에 의하여 분류되는 토지의 구분
• 택지지역 : 주거지역, 상업지역, 공업지역 • 농지지역 : 전지지역, 답지지역, 과수원지역 • 산지지역 : 용재림지역, 신탄림지역	• 택지 : 주거지, 상업지, 공업지 • 농지 : 전지, 답지 • 산지

(3) 후보지와 이행지

부동산 감정평가상 토지의 용도별로 다음과 같이 분류한다.

① 택 지(宅地)

건축물을 건축할 수 있는 토지로서 주거용·상업용·공업용으로 이용 중이거나 이용 가능한 토지이다. 부동산감정평가상의 용어로서 건축용지만을 의미한다.

② 농 지(農地)

「공간정보의 구축 및 관리 등에 관한 법률」상의 지목여하에 불구하고 그 실제적인 토지 현상이 농경지 또는 다년생식물 재배지로 이용되는 토지와 그 개량시설의 부지이다. 용도에 따라 물을 대지 않고 식물을 재배하는 전, 물을 직접 이용하여 식물을 재배하는 답, 과수류를 집단적으로 재배하기 위한 과수원으로 구분한다.

〈그림 8-1〉 감정평가상의 분류

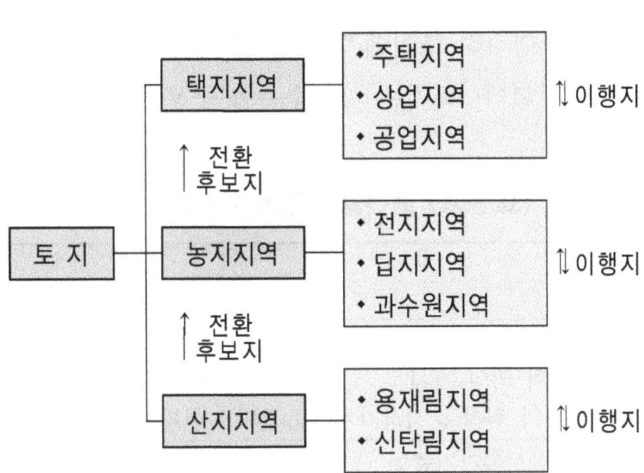

③ 산 지(山地)

산림지와 초지를 포함하는 포괄적인 용어이다. 용재림은 연료 이외의 건축·가구 등의 용도로, 신탄림은 땔감과 숯 등의 용도로 쓰이는 것이다.

④ 후보지(候補地)

위 용도적 지역의 분류 중 택지지역, 농지지역, 임지지역 상호간에 서로 전환되고 있는 지역의 토지를 말하며 예정지라고도 한다. 토지의 유용성을 높이기 위해 전환되는 토지로 일반적으로는 임지지역에서 농지후보지로, 농지지역에서 택지후보지로 전환되어 가고, 전환되어 갈수록 토지의 유용성을 증대시킨다.

⑤ 이행지(移行地)

위 용도적 지역의 분류 중 세분된 각 지역내(주택·상업·공업지역간의 이행/전지·답지지역간의 이행/용재림·신탄림지역간의 이행)에서 그 용도에 따라 전환되는 토지, 예컨대 주택지역에서 상업지역으로 이동되고 있는 토지를 말한다.
이러한 이행지는 동일 용도적 지역 내에서의 세분된 지역 상호간에만 적용되며, 다른 용도적 지역의 세분된 지역 상호간, 예컨대 전지지역에서 주택지역으로의 전환 등에는 적용되지 않는다.

⑥ 필 지(筆地)

필지란 하나의 지번이 붙는 토지의 등록단위를 말한다. 즉, 필지란 「공간정보의 구축 및 관리 등에 관한 법률」(또는 「부동산등기법」)상의 용어로서, 토지소유자의 권리를 구분하기 위한 표시이다. 필지는 법률적인 최소단위로 권리를 구분하기 위한 법적 개념이다.

⑦ 획 지(劃地)

획지란 인위적·자연적·행적적 조건에 의해 다른 토지와 구별되는 가격수준이 비슷한 일단의 토지를 말한다. 획지는 가격수준을 구분하기 위한 경제적 개념이라 할 수 있다.

〈표 8-1〉 물건별 감정평가 방법

<table>
<tr><th>감칙</th><th>물건별</th><th colspan="3">평 가 방 법</th></tr>
<tr><td>5조</td><td>평가원칙</td><td colspan="3">원칙 : 시장가치기준
예외 : 시장가치 외의 가치
※ 감정평가의 원칙 : 시장가치기준 원칙, 현황기준 원칙, 개별물건기준 원칙</td></tr>
<tr><td>14조</td><td>토 지</td><td colspan="3">주된 방법 : 공시지가기준법
기타 방법 : 거래사례비교법(실거래가 적용)
※「자산재평가법」이나「주식회사의 외부감사에 관한 법률」, 법원에 계속 중인 소송(보상평가 제외)이나 경매, 담보권설정을 위한 감정평가는 토지의 임대료·조성비용 등을 고려하여 다른 감정평가방법 적용가능, 시산가액조정(법 제3조제2항)</td></tr>
<tr><td>15조</td><td>건 물</td><td colspan="3">주된 방법 : 원가법(적산가액)
기타 방법 : 거래사례비교법-적산가액이 비준가액과 현저한 차이가 있는 경우
수익환원법-수익을 목적으로 하는 건물
※ 전기설비, 냉·난방설비, 승강기설비, 소화전설비 등 부대설비는 건물에 포함하여 평가(구분평가 가능)</td></tr>
<tr><td>16조</td><td>토지와 건물의 일괄평가</td><td colspan="3">주된 방법 : 거래사례비교법(비준가액)-구분소유권+대지사용권 일괄평가
※ 토지가액, 건물가액 구분표시 가능, 복합부동산은 토지, 건물로 개별평가</td></tr>
<tr><td rowspan="5">17조</td><td rowspan="5">산 림</td><td rowspan="3">구분평가(원칙)</td><td>산지</td><td>주된 방법 : 공시지가기준법-토지의 평가 준용
기타 방법 : 원가법(적산가액)-산지개량사업이 실시되었거나, 산지보호시설이 되어 있는 경우</td></tr>
<tr><td>입목</td><td>주된 방법 : 거래사례비교법(비준가액)
기타 방법 : 원가법(적산가액)-소경림목(흉고직경 6~8㎝의 수목), 조림비용가법, 입목기망가법, 글라저법, 시장가역산법</td></tr>
<tr><td>임업부대시설</td><td>임도, 방화선 : 원가법(적산가액)-투자비 기준
건물, 산불망대 : 원가법(적산가액)
묘포 ┌주된 방법 : 거래사례비교법(비준가액)
└기타 방법 : 원가법(적산가액)-투자비기준</td></tr>
<tr><td rowspan="2">일괄평가
(산지+입목 포함)
↳</td><td colspan="2">주된 방법 : 거래사례비교법(비준가액)
기타 방법 : 산림비용가법 또는 산림기망가법</td></tr>
<tr><td colspan="2">① 산지와 입목을 일체로 한 비준가액의 산정이 가능한 산림</td></tr>
</table>

<table>
<tr><th>감칙</th><th>물건별</th><th colspan="3">평 가 방 법</th></tr>
<tr><td></td><td></td><td colspan="2"></td><td>② 입목가액이 산지가액에 비해 경미한 산림
③ 입목도가 30% 이하인 산림
④ 유실수 단지(과수원의 평가방법 준용→거래사례비교법)</td></tr>
<tr><td>18조</td><td>과수원
(유실수단지 준용)</td><td colspan="3">주된 방법 : 거래사례비교법(비준가액)
기타 방법 : 원가법(적산가액)-유령수로 구성되어 있는 경우
수익환원법(수익가액)-그 이외의 경우</td></tr>
<tr><td rowspan="4">19조</td><td rowspan="3">공장재단</td><td rowspan="2">구분평가
(원칙)</td><td>유형자산</td><td>주된 방법 :
① 토지 : 공시지가기준법
② 건물 : 원가법(적산가액)
③ 기계기구 : 원가법(정률법, 적산가액)
중고기계기구 : 거래사례비교법(비준가액)
④ 구축물 : 원가법(적산가액)
⑤ 과잉유휴시설 :
전용이 가능한 것 : 정상적으로 감정평가
전용이 불가능한 것 : 해체처분가액</td></tr>
<tr><td>무형자산</td><td>주된 방법 : 수익환원법 - 무형자산의 감정평가방법 준용
기타 방법 : 거래사례비교법, 원가법</td></tr>
<tr><td>일괄감정평가</td><td colspan="2">주된 방법 : 수익환원법 - 계속적인 수익이 예상되는 경우</td></tr>
<tr><td>광업재단</td><td colspan="3">주된 방법 : 수익환원법(수익가액)
· 광산의 평가=광산의 수익가액-장래 소요기업비의 현가액
· 광산시설의 평가 : 공장의 평가방법 준용
※ 광산의 수익가액 → 상환기금법에 의한 수익가액</td></tr>
<tr><td rowspan="4">20조</td><td>자동차</td><td colspan="3">주된 방법 : 거래사례비교법(비준가액)
기타 방법 : 원가법(정률법적용, 적산가액)-비준가격으로 평가함이 부적절한 경우
해체처분가액 : 자동차로서의 효용가치가 없는 것</td></tr>
<tr><td>건설기계</td><td colspan="3">주된 방법 : 원가법(정률법, 적산가액)
기타 방법 : 거래사례비교법(비준가액)-적산가액으로 평가함이 부적절한 경우
해체처분가액 : 건설기계로서의 효용가치가 없는 것</td></tr>
<tr><td>선 박</td><td colspan="3">주된 방법 : 원가법(정률법, 적산가액)-선체, 기관, 의장(디자인)별로 구분평가
기타 방법 : 거래사례비교법(비준가액)-적산가액으로 평가함이 부적절한 경우
해체처분가액 : 선박으로서의 효용가치가 없는 것
※ 선체는 총톤수, 기관은 엔진출력을 기준으로 평가</td></tr>
<tr><td>항공기</td><td colspan="3">주된 방법 : 원가법(정률법, 적산가액)
기타 방법 : 거래사례비교법(비준가액)-적산가액으로 평가함이 부적절한 경우
해체처분가액 : 항공기로서의 효용가치가 없는 것</td></tr>
</table>

<table>
<tr><th>감칙</th><th>물건별</th><th colspan="2">평 가 방 법</th></tr>
<tr><td>21조</td><td>동 산</td><td colspan="2">주된 방법 : 거래사례비교법(비준가액)
기타 방법 : 원가법(적산가액)-거래사례비교법에 의한 평가가 부적절한 경우
해체처분가액 : 본래 용도의 효용가치가 없는 물건</td></tr>
<tr><td>22조</td><td>임대료</td><td colspan="2">주된 방법 : 임대사례비교법(비준임료)
기타 방법 : 적산법(적산임료) ┐ 비준임료로 결정함이 곤란한 경우,
수익분석법(수익임료) ┘ 대상물건의 종류 및 성격에 따라 결정
※ 임대료산정기간 : 1월이나 1년 단위</td></tr>
<tr><td rowspan="5">23조</td><td>광업권</td><td colspan="2">· 광업권의 감정평가=광산의 감정평가가액-현존시설가액
※ 광산의 감정평가 : 수익환원법(상환기금법 적용)</td></tr>
<tr><td>어업권</td><td colspan="2">주된 방법 : 수익환원법(연금법 적용)/기타 방법 : 거래사례비교법
· 어업권의 평가=어장 전체의 수익가액 - 어장의 적정 시설가액
※ 시설가액=장래 소요기업비 현가총액+현존시설가액
· 어장의 평가= 어업권의 평가액 + 현존시설가액</td></tr>
<tr><td rowspan="2">무형자산</td><td>영업권</td><td>주된 방법 : 수익환원법(수익가액)
기타 방법 : 거래사례비교법, 원가법</td></tr>
<tr><td>지식재산권</td><td>주된 방법 : 수익환원법(수익가액)
기타 방법 : 거래사례비교법, 원가법
※ 지식재산권 : 특허권·실용신안권·디자인권·상표권 등 산업재산권 또는 저작권 등 지적창작물에 부여된 재산권에 준하는 권리</td></tr>
<tr><td colspan="3" style="display:none"></td></tr>
<tr><td rowspan="4">24조</td><td rowspan="4">유형자산</td><td>상장주식</td><td>주된 방법 : 거래사례비교법
※ 사례가액 = $\frac{\text{기준시점 이전 30일간 실거래가액의 합계액}}{\text{30일간 실제 총 거래량}}$</td></tr>
<tr><td>비상장주식</td><td>비상장주식가액= $\frac{\text{기업자산순가치}}{\text{발행주식수}}$
※ 기업자산 순가치=자산총계-부채총계</td></tr>
<tr><td>채 권</td><td>① 상장 채권 :
주된 방법 : 거래사례비교법/기타 방법 : 수익환원법
② 비상장채권 :
주된 방법 : 수익환원법/기타 방법 : 거래사례비교법</td></tr>
<tr><td>기업가치</td><td>주된 방법 : 수익환원법
기타 방법 : 원가법, 거래사례비교법</td></tr>
<tr><td>25조</td><td>소음 등으로 인한 토지</td><td colspan="2">소음·진동·일조침해 또는 환경오염 등으로 인한 가치하락분 : 소음 등이 발생하기 전의 대상물건의 가액 및 원상회복 비용 등을 고려</td></tr>
<tr><td>26조</td><td>그 밖의 물건의 평가</td><td colspan="2">비슷한 물건, 권리 등의 경우에 준하여 감정평가</td></tr>
</table>

2. 택지의 유형 · 성숙도 및 개별요인

1) 택지의 유형

택지의 유형은 물리적 측면(유형적 이용) 및 권리관계의 형태에 따라 나지(갱지)·건부지 등으로 분류할 수 있다.

2) 택지의 성숙도

성숙지는 시간의 낭비 없이, 즉시 건축활동 등 토지이용 활동을 할 수 있으나 미성숙지인 경우에는 그 택지가 성숙될 때까지 상당한 시간이 소모되고 때로는 성숙조건을 갖추는데 상당한 비용(성숙비용)을 투입해야 하므로 소요비용을 부담해야 한다.

3) 한계지

한계지는 농경지 등의 용도가 전환되면서 대부분 개발되며 지가수준은 농경지 등과 관계없이 형성되는 것이 일반적인 현상이다. 도심지의 지가와 한계지의 그것과는 상호간에 밀접한 인과 및 대체관계가 이루어진다. 한계지의 연장은 철도 등 대중교통수단을 주축으로 하여 이루어지며 새로운 한계지의 초기에 있어 지가는 구 한계지인 때보다 높은 수준으로 형성되는 것이 일반적이다.

4) 택지에 대한 개별요인의 분석

(1) 택지의 위치

① 택지의 입지조건

위치의 유용성이 높은 곳은 높게, 낮은 곳은 낮게 지가가 형성된다는 튀넨의 '입지교차법칙'으로 정론화된 지가법칙이다. 유용성의 파악에 있어 주택지는 쾌적성, 상업지는 매상고, 공업지는 생산비 및 수송비를 기준으로 분석 할 수 있다.

② 상가의 물리적 조건

역·항구·버스정류장 등과 같이 교통인구가 집산하는데 필요한 도로, 영화관·관광시설·백화점과 같이 인구를 흡인하는데 필요한 시설 등의 위치 분석이 필요하다.

인구의 집산 및 흡인시설은 지가와 토지이용의 집약도를 높인다. 한편 공장·변전소·교도소·묘지 등은 토지이용을 조방화시킨다.

③ 상가의 상태

상점가의 크기(점포수)·상점의 성격·점포 상호간의 분화 및 전문화 정도 또는 특화의 정도·배후지의 크기와 성격·경쟁자·구획정리사업·도시계획 사업·슈퍼마켓 배후지의 인구·소득·구성관계 등을 동태적으로 분석해야 한다.

④ 가로의 경제적 조건

상점가의 가치는 고객의 교통인구가 많은 곳이 높다. 가로의 물리적 조건이 좋다 하여도 교통인구가 적으면 유용성이 낮다.

⑤ 배후지 · 상권(시장지역)의 조건

고객이 통행하는 곳이 가로이고 고객이 존재하는 지역은 배후지·상업지의 상권 또는 시장지역이라고 할 수 있다. 때문에 인구밀도가 높으며 한편 지역면적이 넓고 소득수준이 높은 것은 가장 좋은 조건이므로 이의 분석은 매상고를 예측하고 입지선정을 하는데 중요하다. 배후지의 존재도 대·소점포가 존재하는 기반이므로 점포의 규모가 커지면 상권분석의 중요성도 커진다.

⑥ 점포의 입지적 형태

점포의 입지분석은 그 위치 또는 업종이 같은 다른 점포와 입지상의 교차관계에 관심을 가져야 한다.

(2) 획지의 지적 · 지세 · 지질 · 지반

① 지적감가

토지의 지적(면적)은 최소이용단위에 적합하여야 하며, 지적의 형태는 지역 지구제·건축규제에 따라 최유효이용의 원칙에 일치하는 조건이 필요하다.
유용성이 비슷한 토지라 하여도 지적의 대소에 따라서 가격의 차이가 있다. 예컨대 소평수의 획지는 주거지에 있어서 큰 유용성을 발휘하지 못하나 상업지에 있어서는 반대의 경우가 많다. 적정한 규모의 획지는 부적정한 규모의 획지에 비하여 증가되고 그렇지 못한 획지는 감가의 요인이 된다.

② 지세감가

지세는 획지의 경사·고저·요철 등의 물리적 개념으로 이는 유용성이 낮고, 이를 평지로 개량하는데는 공사비가 필요하기 때문에 해당액 정도의 지가가 감가된다. 서쪽으로 기운 경사지(주거지)의 획지는 채광·통풍의 조건이 나쁘고 가격도 감가된다. 반대로 완만한 남쪽·동남쪽으로 기운 경사의 획지는 서쪽으로 기운 것보다 증가되는 경우가 있다.

③ 지반감가

토지는 여러 가지 지상구조물을 적재하는 기능을 갖는다. 따라서 획지의 지반은 용도에 적합하고 견고해야 한다. 이 때 지반이 불안전하여 보완하는데 건축비용이 필요하면 지가의 감가요인이 된다.

④ 지질감가

지질에 따라 공사비도 좌우된다. 암반·모래 등의 지질에는 추가건축비가 소요된다.

(3) 획지의 지형

획지의 접면너비·깊이·형상·일조·통풍·고저·각지·접면가로와의 관계 등 지형에는 직각형·삼각형·정형·부정형 등이 있으며 그 형상에 따라 획지의 유용성에 차이가 있기 때문에 지가형성에 영향을 미친다. 정형의 획지는 부정형의 획지보다 유용성이 높다. 접면너비와 깊이는 상관관계가 있다. 접면너비와 깊이의 비율이 보통의 유용성의 수준에서 깊이가 증가됨에 따라 가격이 체감된다. 이 때 여러 가지의 깊이체감법 등을 적용할 수 있다. 접면 너비는 적정한 깊이를 가진 한 크기의 증가에 비례하여 가격이 증가되며, 접면너비나 깊이가 적정하면 최유효이용의 대상이 된다. 삼각형과 부정형의 획지는 방형이나 각지(단형)에 비하여 유용성이 저하되며 따라서 가격도 저하된다.

(4) 획지와 접면가로의 계통 및 구조

획지가 접하고 있는 가로의 계통, 도심 주요 역과의 연결, 가로 등의 구분에 따라 편리의 차이를 가져오고 가로(폭, 보도·차도의 분리, 포장의 유무 및 그 정도)는 획지 가격에 영향을 미친다.

〈그림 8-2〉 각 획지와 가로의 계통

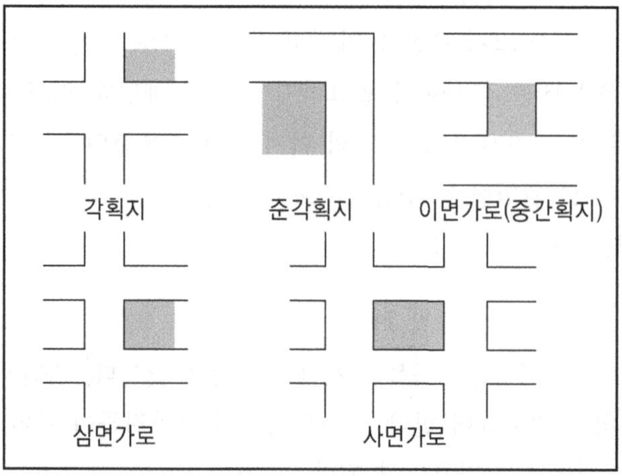

각획지 준각획지 이면가로(중간획지)

삼면가로 사면가로

(5) 공공시설 등의 접근 정도

주거지에 있어 역·버스정거장 등의 주요 교통시설, 공원, 오락시설, 의료시설, 학교·유치원 등의 교육시설, 시장·소매점 등의 상업시설 등의 접근정도는 편리성·쾌적성을 좌우하여 획지의 지가에 영향을 미친다. 이 외에도 상·하수도 등의 공급과 처리시설의 유무 및 그 이용의 편부, 변전소·오수처리장·위험시설·혐오시설의 인근 정도, 공·사법상의 규제 및 제약 등의 개별요인이 있다.

3. 공시지가기준 평가

1) 공시지가기준법의 적용 원칙

(1) 토지를 감정평가할 때에는 공시지가기준법을 적용하여야 하며, 시산가액의 조정은 하지 아니한다.

(2) 「감정평가법」 제3조에서는 "토지를 감정평가하는 경우에는 그 토지와 이용가치가 비슷하다고 인정되는 표준지공시지가를 기준으로 하여야 한다"라고 규정하고 있고, 「감정평가에 관한 규칙」 제14조에서는 감정평가업자는 토지를 감정평가할 때에 공시지가기준법을 적용하도록 규정하고 있으므로 토지의 감정평가는 표준지공시지가를 기준으로 하고 있다.

(3) 토지의 감정평가에 있어서는 대상토지와 용도지역·이용상황·지목·주변환경 등이 동일 또는 유사한 인근지역에 소재하는 표준지의 공시지가를 기준으로 공시기준일부터 기준시점까지의 지가변동률·생산자물가상승률[29] 및 기타 사항[30]을 종합적으로 고려하여 감정평가하여야 한다. 이 경우 평가대상토지와 표준지의 지역요인 및 개별요인에 대한 분석 등 필요한 조정을 하여야 한다.

(4) 지가공시후 인근지역의 표준지가 용도변경이나 형질변경 등으로 표준지로 선정하는 것이 적정하지 아니한 경우에는 인근지역과 유사한 지역적 특성을 갖는 동일수급권내의 유사지역 표준지의 공시지가를 기준으로 감정평가한다.

2) 산정방법

(1) 기본산식

토지가액=비교표준지의 공시지가×시점수정×지역요인×개별요인×기타요인

① 공시지가기준법으로 토지를 감정평가할 때에는 하나 또는 둘 이상의 적절한 비교표준지를 선정하고 비교표준지의 공시지가를 기준으로 시점수정, 지역요인·개별요인 비교, 그 밖의 요인의 보정을 거쳐 감정평가액을 결정한다.

② 공시지가에 의한 평가방법에서는 사정보정, 건부감가, 지목감가를 하지 아니한다. 그 이유는 표준지공시지가는 최유효이용상태인 나지상정평가의 적정가격이기 때문이다.

③ 공시지가는 공법상제한을 반영하여 평가하기 때문에 도시계획도로 저촉시 이를 보정하여야 한다(실무관행상 30% 감가율을 적용).

(2) 비교표준지의 선정

비교표준지는 다음 각 호의 선정기준을 충족하는 표준지 중에서 대상토지의 감정평

29) 지가변동률은 「국토의 계획 및 이용에 관한 법률」제125조에 따라 국토교통부장관이 조사·발표하는 지가변동률을 적용하고, 생산자물가상승률은 한국은행이 조사·발표하는 생산자물가지수에 의하여 산정된 비율로 한다.

30) 기타사항은 지가변동에 영향을 미치는 다음 각호의 사항으로 한다.
① 관계법령에 의한 토지의 사용·처분 등의 제한 또는 그 해제
② 도시관리계획의 결정·변경 또는 도시계획사업의 시행 ③ 공공사업의 시행이나 공공시설의 정비
④ 토지의 형질변경이나 지목의 변경 ⑤ 토지개량비 등 유익비의 지출
⑥ 은행 등 금융기관의 이자율의 변동 ⑦ 기타 지가에 영향을 미치는 요인 등

가에 가장 적절하다고 인정되는 표준지를 선정하고, 공시되어 있는 표준지 공시지가 중에서 기준시점에 가장 가까운 시점의 것을 선택한다.

① 용도지역·지구·구역 등 공법상 제한사항이 같거나 비슷할 것
② 이용상황이 같거나 비슷할 것
③ 주변환경 등이 같거나 비슷할 것
④ 인근지역에 위치하여 지리적으로 가능한 한 가까이 있을 것

(3) 시점수정

표준지공시지가는 매년 1월 1일을 기준으로 그 가격이 공시되므로, 시점수정은 공시기준일로부터 기준시점까지의 지가변동률과 생산자물가상승률 등을 고려하여 결정한다. 다만 지가에 관한한 지가변동률이 현실성이 있으므로 지가변동률로 시점수정하고 생산자물가상승률은 예외적으로 적용한다.

① 지가변동률의 적용

지가변동률은 비교표준지가 있는 시·군·구(비자치구 포함)의 같은 용도지역의 지가변동률을 적용한다. 다만, 같은 용도지역의 지가변동률을 적용하는 것이 불가능하거나 적절하지 아니하다고 판단되는 경우에는 공법상 제한이 같거나 비슷한 용도지역의 지가변동률, 이용상황별 지가변동률 또는 해당 시·군·구의 평균지가변동률을 적용한다.

② 지가변동률의 추정

기준시점 당시에 지가변동률이 조사·발표되지 아니한 월의 지가변동률 추정은 조사발표된 월별 지가변동률 중 기준시점에 가장 가까운 월의 지가변동률을 기준으로 하되, 월 단위로 구분하지 아니하고 일괄 추정방식에 따른다. 다만, 직전 월의 지가변동률로 추정하는 것이 적절하지 않다고 인정되는 경우에는 최근 3개월의 지가변동률을 기준으로 추정할 수 있다.

③ 지가변동률의 산정

㉠ 지가변동률의 산정은 기준시점 직전 월까지의 지가변동률 누계에 해당 월의 경과일수 상당의 지가변동률을 곱하는 방법으로 구한다.

㉡ 해당 월의 지가변동률이 조사발표지 않은 경우의 지가변동률 추정은 분모는 조사발표된 직전 월의 총일수를 기준으로 하고, 분자는 미고시된 월의 총일

수를 기준으로 한다.

예제 1

2011년 표준지공시지가는 100,000원/㎡이고 2011년 1/4분기 지가변동률은 5%, 2/4분기 지가변동률은 7%라고 한다면 대상부동산의 기준시점이 2011년 8월 8일인 경우 대상부동산의 가격은 얼마인가?

해설 평가가격=100,000×1.1572*=115,720원/m^2

* 시점수정(2011. 1. 1~2011. 8. 8) : $(1+0.05)\times(1+0.07)\times(1+0.07\times\frac{39}{91})=1.1572$

(1/4분기, 2/4분기, 7.1~8.8추정)

③ 생산자물가상승률 적용

생산자물가지수는 조성지, 매립지, 건물 구분소유권과 그 대지권을 일체로 하여 평가하는 경우 등에 적용하며, 공시기준일의 생산자물가지수는 전년도 12월지수를 적용하고, 기준시점의 생산자물가지수는 기준시점일이 속하는 전월의 지수를 적용하되, 기준시점 해당일이 그 달의 15일 이후이고 기준시점이 속한 달의 지수가 발표된 경우에는 당해 월의 지수를 적용한다.

(4) 지역요인 및 개별요인의 비교

① 인근지역에 적정한 비교표준지가 없어서 동일수급권 안의 유사지역에서 비교표준지를 선정한 경우에는 대상토지와 지역요인 및 개별요인을 비교하고, 인근지역에서 비교표준지를 선정한 경우에는 개별요인만을 비교한다.

② 지역요인 비교는 비교표준지가 있는 지역과 대상토지가 있는 지역 모두 기준시점을 기준으로 한다.

③ 개별요인 비교는 비교표준지의 개별요인은 공시기준일을 기준으로 하고 대상토지의 개별요인은 기준시점을 기준으로 한다.

(5) 기타요인의 보정

① 대상토지의 인근지역 또는 동일수급권내 유사지역의 가치형성요인이 유사한 정상적인 거래사례 또는 평가사례 등을 고려한다(규칙 제14조제2항).

② 시점수정, 지역요인 및 개별요인의 비교 외에 대상토지의 가치에 영향을 미치는 사항이 있는 경우에는 그 밖의 요인 보정을 할 수 있다. 다만, 이 경우 시점수정,

지역요인 및 개별요인 비교와 중복하여 반영해서는 아니 된다.

③ 기타요인 보정의 사항으로는 관련 법령에 따른 토지의 사용·처분 등의 제한이나 그 해제, 도시관리계획의 결정·변경이나 도시계획사업의 시행, 공공사업의 시행이나 공공시설의 정비, 토지의 형질변경이나 지목의 변경, 토지개량비 등 유익비의 지출, 은행 등 금융기관의 이자율의 변동 등이 있다.

3) 토지가격비준표의 활용

국토교통부장관은 표준지와 지가산정대상 토지의 지가산정요인에 관한 표준적인 비교표를 작성하여 관계행정기관에 제공하여야 하며, 관계행정기관은 이를 사용하여 지가를 산정하여야 한다는 규정에 의하여 작성된 표준지와 지가산정 대상 토지의 지가 형성요인에 관한 표준적인 비교표가 토지가격비준표이다.

따라서 비준표라 함은 표준지와 대상토지의 가격격차요인을 분석하는 방법을 수록한 것으로 전국 약 3,000만 필지를 대상으로 하여 전국의 시·군·구를 대상으로 도시지역은 용도지역별로, 군지역은 도시계획구역과 비도시지역으로 구분되어 있다. 이러한 토지가격비준표는 공통비준표와 해당 지역비준표로 대별된다.

(1) 주거지역 토지가격비준표의 예

① 토지용도

	대상필지 표준지	주거용	상업용	주상 복합	공업용	주거용 나대지	전	답	과수원	임야
토지용도	주거용	1.00	1.80	1.43	0.88	1.08	0.85	0.98	0.66	0.43
	상업용	0.55	1.00	0.79	0.49	0.60	0.47	0.50	0.37	0.24
	주상복합	0.70	1.26	1.00	0.61	0.75	0.59	0.62	0.46	0.30
	공업용	1.14	2.06	1.64	1.00	1.23	0.97	1.02	0.76	0.49
	주거단지	0.93	1.68	1.33	0.81	1.00	0.79	0.83	0.62	0.40
	전	1.18	2.13	1.69	1.03	1.27	1.00	1.05	0.78	0.51
	답	1.12	2.02	1.60	0.98	1.20	0.95	1.00	0.74	0.48
	과수원	1.50	2.71	2.16	1.32	1.62	1.27	1.34	1.00	0.65
	임야	2.33	4.19	3.33	2.04	2.50	1.97	2.08	1.54	1.00

또한 대도시·중소도시·군지역으로 크게 구분하여 각각 작성되어 있으며, 세부작성 단위는 공통비준표와 해당 지역비준표 공히 도시지역은 용도지역별로, 군지역은 읍지역과 면지역으로 구분한 후 다시 도시계획구역과 비도시지역으로 세분하여 작성되어 있다.

현재 적용되는 토지가격비준표는 전국의 시·군·구(비자치구 포함)를 대상으로 하여 읍·면·동(법정동 기준) 용도지역별로 작성한다.

② 도로접면

	대상필지 / 표준지	광대로 한면	광대로각지	중로 한면	중로 각지	소로 한면	소로 각지	세로	맹지
도로접면	광대로한면	1.00	1.20	0.68	0.81	0.53	0.62	0.48	0.44
	광대로각지	0.83	1.00	0.56	0.68	0.44	0.52	0.40	0.37
	중로한면	1.48	1.77	1.00	1.20	0.78	0.91	0.71	0.65
	중로각지	1.23	1.48	0.83	1.00	0.65	0.76	0.59	0.54
	소로한면	1.90	2.27	1.28	1.54	1.00	1.17	0.91	0.84
	소로각지	1.62	1.94	1.09	1.31	0.85	1.00	0.78	0.71
	세로	2.07	2.49	1.40	1.68	1.09	1.28	1.00	0.91
	맹지	2.27	2.72	1.53	1.84	1.20	1.40	1.09	1.00

※ 도로구분 : 광대로 : 폭 25m 이상, 중로 : 폭 15m 이상 25m 미만
소로 : 폭 8m 이상 12m 미만, 세로 ; 폭 8m 미만
맹지 : 이륜자동차의 통행이 불가능한 토지

③ 상수도

	대상필지 / 표준지	유	무
상수도	유	1.00	0.85
	무	1.18	1.00

(2) 비준표의 활용 예

주거지역 토지가격비준표를 이용하여 상술한 지가산정절차에 따라 직접 지가를 산정해 보면, 지가산정 대상토지가 주거지역내에서 현재 주거용지로 이용되고 있으면

서 다음 표에 기술된 바와 같은 특성을 갖고 있으며, 표준지 공시지가가 ㎡당 300만원이라고 할 때 대상토지의 지가는 다음과 같이 계산 된다.

토지특성	비교표준지	대상토지	가격배율
용도지역	주거지역	주거지역	1.00
토지용도	상업용	주거용	0.55
도로접면 상태	광대로각지	소로에 한면 접함	0.44
상수도	있음	있음	1.00
대상필지가격=3,000,000원/㎡×0.55×0.44×1=726,000원/㎡ 토지용도 배율↗ ↑도로접면 배율 ↖상수도 배율			

(3) 비준표에서 사용하는 토지의 특성

① 도로조건(도로접면)

접면도로	표기방법	내 용
1. 광대로 한면	광대한면	폭 25m 이상의 도로에 한면이 접하고 있는 토지
2. 광대로-광대로 광대로-중로 광대로-소로	광대소각	광대로에 한면이 접하고 소로(폭 8m이상~12m미만)이상의 도로에 한면 이상 접하고 있는 토지
3. 광대로-세로(가)	광대세각	광대로에 한면 접하면서 자동차 통행이 가능한 세로(가)(폭 8m 미만)에 한면 이상 접하고 있는 토지
4. 중로 한면	중로한면	폭 12m 이상 25m 미만 도로에 한면이 접하고 있는 토지
5. 중로-중로 중로-소로 중로-세로(가)	중로각지	중로에 한면이 접하면서 중로, 소로, 자동차 통행이 가능한 세로(가)에 한면 이상 접하고 있는 토지
6. 소로 한면	소로한면	폭 8m 이상 12m 미만의 도로에 한면이 접하고 있는 토지
7. 소로-소로 소로-세로(가)	소로각지	소로에 한면이 접하면서 소로, 자동차 통행이 가능한 세로(가)에 한면 이상 접하고 있는 토지
8. 세로 한면(가)	세로(가)	자동차 통행이 가능한 폭 8m 미만의 도로에 한면이 접하고 있는 토지
9. 세로-세로 (가) (가)	세각(가)	자동차 통행이 가능한 세로에 두면 이상이 접하고 있는 토지
10. 세로 한면(불)	세로(불)	자동차 통행이 불가능하나 이륜자동차의 통행이 가능한 세로에 한면이 접하고 있는 토지
11. 세로-세로 (불) (불)	세각(불)	자동차 통행이 불가능하나 리어카나 경운기의 통행이 가능한 세로에 두면 이상 접하고 있는 토지
12. 맹 지	맹지	이륜자동차의 통행이 불가능한 도로에 접한 토지와 도로에 접하지 아니한 토지

② 지형지세 : 형상

표기방법	내 용
정방형	정사각형 모양의 토지로서 양변의 길이 비율이 1 : 1.1 이내인 토지
가로장방형	장방형의 토지로 넓은 면이 도로에 접하거나 도로를 향하고 있는 토지
세로장방형	장방형의 토지로 좁은 면이 도로에 접하거나 도로를 향하고 있는 토지
사다리형	사다리꼴 모양의 토지(제형 : 梯形)
삼각형	삼각형의 토지로 그 한면의 토지가 도로에 접하거나 도로를 향하고 있는 토지
역삼각형	삼각형의 토지로 꼭지점 부분이 도로에 접하거나 도로를 향하고 있는 토지
부정형	불규칙한 형상으로 인하여 최유효이용에 상당한 제약을 받는 다각형 또는 부정형의 토지
자루형	출입구가 자루처럼 좁게 생긴 토지

③ 지형지세 : 고저

접면도로	내 용
저 지	간선도로 또는 주위의 지형지세보다 현저히 낮은 지대의 토지
평 지	간선도로 또는 주위의 지형지세와 높이가 비슷하거나 경사도가 미미한 토지
완경사	간선도로 또는 주위의 지형지세보다 높고 경사도가 15°이하인 지대의 토지
급경사	간선도로 또는 주위의 지형지세보다 높고 경사도가 15°를 초과하는 지대의 토지
고 지	간선도로 또는 주위의 지형지세보다 현저히 높은 지대의 토지

4) 토지평가 방법의 예외

감정평가업자가 토지를 감정평가할 때에는 공시지가기준법을 적용하여야 하며, 예외적으로 적정한 실거래가 등 거래사례비교법을 적용할 수 있다.

① 적정한 실거래가가[31] 있는 경우에는 시장가치를 적정하게 반영할 필요가 있으므로 이를 기준으로 토지를 감정평가할 수 있다. 이 경우 거래사례비교법을 적용하여야 한다(법 제3조제1항단서, 규칙 제14조제3항).

② 「주식회사의 외부감사에 관한 법률」에 따른 재무제표 작성 등 기업의 재무제표 작성에 필요한 감정평가와 담보권의 설정·경매 등 「자산재평가법」에 따른 토지

31) 적정한 실거래가란 「부동산 거래 신고에 관한 법률」 등에 따라 신고된 실제 거래가격으로서 거래시점이 도시지역(「국토의 계획 및 이용에 관한 법률」 제36조제1항제1호에 따른 도시지역을 말한다)은 3년 이내, 그 밖의 지역은 5년 이내인 거래가격 중에서 감정평가업자가 인근지역의 지가수준 등을 고려하여 감정평가의 기준으로 적용하기에 적정하다고 판단하는 거래가격을 말한다.

등의 감정평가, 법원에 계속 중인 소송(보상과 관련된 감정평가를 제외) 또는 경매를 위한 토지등의 감정평가 및 금융기관·보험회사·신탁회사 등 타인의 의뢰에 따른 토지등의 감정평가를 할 때에는 해당 토지의 임대료, 조성비용 등을 고려하여 감정평가할 수 있다(감정평가법 제3조제2항, 영 제3조).

제2절 토지의 유형별 감정평가

1. 나지의 평가

1) 의 의

나지(裸地)란 공법상의 제약이나 규제는 받으나 그 외는 아무런 제약이 없는 토지로 법률상으로는 지상권이나 임차권의 토지 이용을 제한하는 권리가 존재하지 않으며 물리적으로는 지상의 건물이나 그 밖에 공작물이 존재하지 않는 토지를 말한다.

나지는 건부지(建附地)에 비하여 소유권상 최유효이용처분이 기대되기 때문에 매매에 있어 가격이 좀 비싸며, 토지가격에 대한 감정평가기준이 되고 있다.

2) 나지의 평가방법

나지는 원칙적으로 지공시지가기준법을 원칙으로 평가한다. 그러나 예외적으로 비교성 있는 나지의 비준가격 및 수익가격 등을 관련지어 평가한다. 가장 중심적인 방법은 거래사례비교법이다. 이 때 배분법 및 토지잔여법을 적용하는 경우에 사례자료는 부지가 최유효이용상태에 있는 것을 채용한다.

3) 나지평가시 유의할 사항

지상에 건물, 건축물 등 토지의 사용수익에서 지장이 되는 물건이 없는 나지는 자유로운 기대와 욕망에 맞추어 사용할 수 있으므로 효용성이나 시장성이 가장 높은 표준물건으로 평가하는 것이 일반적이다. 이와 같이 나지가 가장 높은 가격으로 거래되기 위하여서는 토지면적이 적정면적이어야 하며, 특별한 행정적인 규제가 없어야 한다.

① 나지의 면적이 최유효이용단위를 초과하는 경우에는 대상물건의 면적과 유사한 면적의 거래사례가 있을 때에는 이를 비교하여 평가하고 최유효이용단위로 분할하는데 예상되는 감보율, 매립, 분할, 등기비용 등 필요제경비를 감안하여 평가한다.

② 나지의 면적이 최유효이용단위에 미달하는 경우에는 인접토지의 이용상황을 참작하여 단독으로, 이용가치가 희박한 경우에는 그 불리한 정도를 상당히 감안하여 평가한다. 그러나 이러한 과소면적이라 하여도 건부지로서 사용수익에 지장이 없는 경우에는 정상평가 한다.

2. 건부지의 평가

1) 건부지의 개념

(1) 의 의

건부지(建附地)란 건물 등의 부지로 쓰이고 있는 택지를 말한다. 즉 토지상에 부가물이 있는 토지이다. 지상건물에 의하여 사용·수익이 제한 된 토지이므로 나지와 같이 최유효이용의 상태에 있는 토지라고 볼 수 없으며 소유자에 의해 점유·이용되며 타 권리의 부담이 없는 택지이다.

(2) 공 지

건물이용에 필요하다고 인정되는 건부지 면적을 제외한 잔여부분의 토지를 말한다. 이는 토지면적과 건물면적과의 이상적인 조화율을 초과하는 부분이다.

(3) 일본의 경우

일본에서는 건부지의 요건으로 두가지를 요구한다.

① 동일 소유자일 것 즉, 부지상의 건물과 토지의 소유자가 동일할 것을 요구한다.

② 사법상(私法上)의 제한이 없을 것 즉, 사용수익을 제한하는 사법상의 권리(制限物權)가 부착되어 있지 않을 것을 요구한다.

2) 건부지의 평가방법

(1) 공시지가기준 평가법

건부지가 최유효이용인 경우에는 나지의 평가와 동일하게 공시지가기준법를 기준으로 평가한다.

(2) 거래사례비교법

① 가장 중추적인 방법으로 배분법에 의해 토지가액을 결정한다.
② 이때 사례건부지와 대상건부지의 최유효사용의 정도(格差)와 지상건물의 철거의 난이도 등을 함께 고려하여야 한다.

(3) 수익환원법

① 토지잔여법에 의한다.
② 이때의 사례선택은 최유효사용에 있어 유사성이 있는 것으로 하여야 한다는데 유의하여야 한다.

3) 건부지 평가시 유의할 사항

건부지(建附地)의 평가에 있어서 부동산의 사용·수익의 측면에서 볼 때 다음과 같이 고려하여야 한다.

① 건물과 부지는 서로가 유기적인 결합하에 그 유용성을 발휘하며 평가에 있어서도 양자는 불가분의 관계에 놓인다.
② 부지에 대한 최유효이용의 판단은 건물의 수익과 구조·규모·용도·수량·배치 등의 물리적 상태가 어떠한가에 따라 좌우된다.
③ 부지상에 건물 등이 존재하는 경우에 그 건물의 경제적 내용연수가 만료한 경우에는 부지의 가격에서 철거비의 해당액만큼 감가한다.
④ 부지상에 건물이 있는 경우에는 부지의 시장성을 어느 정도 저하시킨다(건부감가). 일반적으로 건물면적에 비하여 부지면적이 클수록 부지에 대한 제약이 적으므로 건부감가의 정도는 적고, 지상건물이 견고하거나, 면적이 넓을수록 크다.

4) 건부감가와 건부증가

(1) 건부감가

① 건부감가란 건부지가 최유효사용의 상태가 아닌 경우 지상건물이 소재함으로 인해 발생하는 감가의 정도를 말하며 이는 나지가격을 기준으로 측정되어 진다.
② 이는 가치원칙 중 균형의 원칙 및 적합의 원칙이 크게 관련된다. 건물과 부지의 배치관계, 규모, 이용상황 등이 내·외적으로 균형 내지 적합을 이루어야 하기 때문이다.
③ 건부감가의 정도
㉠ 지상건물이 견고할수록 건부감가가 크다.
㉡ 지상건물의 면적이 클수록 건부감가가 크다.

(2) 건부증가

① 건부증가란 건물이 소재함으로 인해 토지의 가격이 증가되는 경우를 말한다.
② 개발제한구역 등 건축이 제한되는 지역에 있어서 건부지는 나지에 비해 월등히 높은 가격수준을 보이고 있다.

〈건부증가와 건부감가〉

나지 평가액 < 건부지 평가액 ⇨ 건부증가
나지 평가액 > 건부지 평가액 ⇨ 건부감가

3. 광평수(대규모)토지의 평가

1) 의 의

광평수토지란 인근지역의 표준적인 사용규모를 훨씬 초과하는 대면적의 토지를 말한다.

2) 규모의 격차

규모(크기)라고 하는 것은 일반적으로 그 요소로써 질과 양의 두 가지 측면에서 생각해야 한다. ① 질적인 측면 즉, 효용의 크기라고 하는 측면과 ② 양적인 측면 즉, 단가와 총액이라고 하는 단순한 수량적인 측면을 갖고 있다. 이것이 가끔은 이해의 혼동이 될 때도 있다.

질적인 측면에서는 규모가 크고 정리되어 있어 유효이용상 커다란 장점(merit)이 있으므로 효용이 있다던가, 또는 규모가 작고 유효이용상 장해가 있어 효용이 적다고 하는 것 등이며, 양적인 면에서 생각해본다면, 단가와 총액과의 관계를 종합적으로 볼 때 값이 싸다든가, 총액이 크기 때문에 할인해 준다든가, 또는 총액이 작기 때문에 할인해 주지 않으므로 단가는 비싸진다든가 하는 것이다.

효용면과 수량적인 측면에서는 아래의 표와 같이 상반되는 면이 있다는 점을 충분히 이해하지 않으면 안 된다.

규 모	효용의 크기	수량적 측면에서의 가격의 고저	규모에 의한 가격의 증감
대	대(고)	저	증가 또는 감가
소	소(저)	고	증가 또는 감가

위 표에서와 같이 효용과 수량적인 면을 같이 고려하면서 증감가율을 표로 나타내면 이해하기가 좋고 설명하기 쉽다고 생각한다. 이것에 의해 증감가율을 생각하지 않으면 안 된다.

효용이 표준규모인데 수량적으로 볼 때 과대인 경우에는 마이너스로 나타내고 효용이 표준규모 이상이거나 그 정도가 수량적으로 마이너스 측면이 있다면 ±0이 되고 수량적인 마이너스 면보다도 효용의 플러스면이 크다면 플러스로 된다고 생각할 수 있다.

위에서 이야기한 것은 주택지 및 상업지(중소공장용지도 포함) 등에서 지적한 것이며, 대규모 공장용지의 경우에는 그 규모의 크기가 질적인 면에서는 큰 차이가 없고 문제시 되지도 않으며 수량적인 측면만이 거론의 대상이 되지 않을까 생각한다. 때문에 이행지의 경우에는 앞에서 이야기한바와 같이 되지만 어디까지나 공장이 최유효사용의 경우에는 수량적인 측면만 도표에 나타나므로 감가만이 발생하는 결과가 되어진다고 생각한다.

따라서 이행지적인 요소가 강해지면 전자와 같은 경향이 강하게 나타나고 약해지면 후자의 경향이 강하게 발생하게 된다고 할 수 있다.

3) 광평수토지의 개념변화와 이용방법

(1) 대규모토지평가에 있어서의 개념변화

종래의 입장	최근의 입장
① 토지는 그 지역성으로 인해 당해지역의 지배하에 있으므로 표준적인 사용규모일 때 최고의 지가를 발생한다. ② 주위의 표준획지규모보다 현저히 큰 대규모 토지는 그 지역 내에서 손쉽게 거래될 수 있는 규모가 아니므로 이를 거래하기 위해서는 주변의 이용방법과 동질적 규모로 분할이용 또는 분할판매하여야 한다. ③ 광평수토지는 분할에 드는 비용, 감보율 등을 감안하여 평가하여야 한다. 즉, 광평수감가의 개념이다.	① 토지는 부증성과 지리적위치의 고정성으로 인해 그 공급이 비탄력적이고, 강한 개별성으로 인해 상대적희소성의 문제가 발생한다. ② 경제발전과 도시화로 산업형태가 고도화, 다양화함에 따라 대규모 토지에 대한 상대적희소성이 더욱 커지고 이를 취득하기 위한 경쟁과 수요의 강도가 증대되고 있다. 또한 대규모 토지는 소규모 토지에 비하여 더 많은 용도의 다양성을 갖고 있는 것이 일반적이다. ③ 광평수토지는 상대적희소성과 용도의 다양성을 갖고 있으므로 증가요인이 있다. 즉 광평수증가의 개념이다.

(2) 광평수토지의 이용방법(용도의 다양성)

① 단일경제주체가 토지전체를 특정된 용도로 이용하는 단독이용방법

② APT나 대형건물 등을 1동 또는 수동을 건축활용하는 공유에 의한 고도이용방법

③ 주변의 표준적인 획지규모로 분할해서 이용하는 분할이용방법

④ 이상의 세 가지 방법이 혼합된 복합적인 이용방법

4) 광평수토지의 평가방법

① 토지의 면적이 최유효이용 규모에 초과하는 토지는 대상물건의 면적과 비슷한 규모의 표준지 공시지가를 기준으로 감정평가한다. 다만, 그러한 표준지 공시지가가 없는 경우에는 규모가 과대한 것에 따른 불리한 정도를 개별요인 비교 시 고려하여 감정평가한다.

② 아파트 등을 건축하는 경우에는 원가방식을 적용하여 개발상정 후 분양수입에서 개발에 소요된 비용 및 부대비용을 공제하여 평가액을 구한다.

5) 광평수토지의 지역분석

(1) 분석 대상지역의 파악

당해 지역의 특성, 표준적 사용, 가격수준(가격체계)등을 파악한다.

광평수토지의 경우 분석대상지역을 파악하는데는 "지역의 연속성"을 주장하는 설과 "점의 집합으로서의 지역"을 주장하는 설이 있다.

① 전자는 "지역적이고 어떤 통합성을 보이고 있는 지역"과의 관련을 중시하는 것이고, 후자는 대상 토지의 가격형성에 직접영향을 주는 지역 즉, "기능적으로 동질성 내지 대체성을 갖는 지역"을 중시하는 것이다.

② 전자의 경우에 무턱대고 지역을 넓게 생각하면 당해지역의 표준적사용과 그 가격수준을 오판할 우려가 있고, 후자의 경우에는 광평수토지끼리의 집합으로 파악하므로 현실적인 이용방법에 따라 여러 가지를 수집분석하여야 할 과제가 생긴다.

③ 따라서 광평수토지의 지역분석에 있어서는 위 양자의 방법을 병행하여 종합비교하여야 한다.

(2) 광평수토지의 지역분석시 유의할 사항

① 당해지역의 광평수토지가 어떤 방법으로 이용될 것인가(분할이용이냐, 고유적 고도이용이냐), 어떤 방법으로 성숙되어 있는가, 또 성숙되려면 얼마의 시간이 필요한가 등에 대한 판단이 중요하다.

② 광평수토지의 이용방법판정은 ㉠ 표준적사용과 그 이행의 정도 및 추이에 따라야 하며, ㉡ 또한 경제적, 행정적, 사회적요인(거주자의 계층, 수준 등)과의 적합성도 함께 고려해야 할 것이며, ㉢ 지역의 상황과 그 동향, 개발완료 후의 수요분석, 실현곤란성(주민의 반응, 행정규제, 지형 및 지세, 가로조건 등에 따라 시행이 어려운 경우가 많다) 등을 종합적으로 참작하여 최유효사용방법을 판정하여야 한다.

③ 이때 그 지역의 표준적사용과 다른 이용방법을 상정할 경우에는 인근지역과의 적합성, 실현가능성, 이용의 안전성 등에 특히 유의하여 판단해야 한다.

6) 광평수토지의 개별분석

① 개별분석에 의해 해당 토지의 최유효사용을 판정한다(이때의 분석방법은 용도의 다양성 즉 여러 가지 이용방법에 따른 분석이 있어야 한다).

② 분할이용의 방법을 택하였을 경우
그 지역의 표준적인 획지와의 비교가 된다. 즉, 감보율 등이 문제된다.

③ 공유적 고도이용을 택하였을 경우
광평수토지 그 자체의 형태, 규모, 지세뿐만 아니라, 건폐율, 용적률, 인근지 상황, 경관 등이 타 토지와 비교대상이 된다.

4. 맹지의 평가

(1) 맹지의 개념

맹지란 타인의 토지에 둘러싸여 도로에 어떤 접속면도 가지지 못하는 토지를 말한다. 건축물의 대지는 최소한 2m 이상 도로에 접하여야 하므로 이렇게 도로에 접하지 못하여 법적으로 대지가 될 수 없는 토지는 건축물을 건축할 수 없게 되어 있다. 맹지는 4면이 막혀 쾌적성과 편의성이 저해되는 한편 최소한 다음과 같은 도로를 확보하지 아니하면 건축허가가 되지 않는다.

막다른 도로의 길이	도로의 너비
10m 미만	2m 이상
10m 이상 35m 미만	3m 이상
35m 이상	6m 이상

※ 맹지에 대한 통행권은 법정 보장되며(민법 제219조), 또한 인접소유자와 계약으로서 지역권을 취득할 수 있다.

(2) 맹지의 평가

① 이의 평가시에는 맹지의 사용·수익에 지장이 없을 정도의 통로를 인접토지에서 확보할 것을 전제로 통로확보에 필요한 비용 등을 고려하여 감정평가한다. 특히 도시지역 내의 맹지는 건축에 제한을 받기 때문에 그 유용성이 크게 감소되므로 그 감가액이 크다. 이 때 과소토지를 인접토지의 합필에 따른 합필가격 또는 한정가격이 형성되는 경우가 많음에 유의하여야 한다.

② 도로와 접한 토지와 소유자가 같고 일단지 불가분의 관계로 이용 중인 경우이거나 관습상 도로·지역권·임차권 등 정당한 근원에 의거 통로를 확보한 경우는 도로에 접한 것으로 보고 감정평가 한다.

5. 공유지분토지의 평가

2인 이상이 공동으로 소유하는 토지의 평가에 있어 목적물의 위치확인이 가장 문제이다. 이 때 건물이 있으면 건물의 위치에 의해 평가하게 되고, 위치의 확인이 곤란한 때에는 전체가격을 산출하여 지분비율에 의해 평가하게 되는데 시장 및 아파트의 토지는 대부분 공유의 형태이므로 이와 같은 방법에 의하는 것이 실무에 있어 일반적이다.

(1) 평가방법

① 위치확인이 가능한 경우 : 그 위치에 따라 감정평가한다.
② 위치확인이 곤란한 경우 : 전체의 가격을 산정하여 지분비율에 따라 평가한다.

(2) 공유지분토지의 위치확인

① 공유지분권자 전원 또는 인근공유지분자(일반적으로 3인 이상)의 위치확인동의서
② 건부지의 확인방법
㉠ 합법적인 건축허가 도면 또는 합법적으로 건축된 건물에 의하여 확인
㉡ 관리사무소·번영회 등에 비치된 위치도면에 의하여 확인
㉢ 지역자치센터·지구대(파출소) 또는 통·반장 등의 사실증언에 의하여 확인

(3) 면적사정

① 지분권자의 점유면적이 지분권리 면적보다 클 때에도 지분권리 행사면적을 기준하여 평가한다.
② 공유지분의 공부에 의한 분모와 분자의 합계가 일치하는 경우에 한하여 평가를 실시하는 것이 원칙이나, 불일치가 생겼을 경우에는 그 원인을 규명하여 처리하는 것이 합리적이다.
③ 공부에 소유지분의 비율이 나타나지 않은 것은 균등한 것으로 추정한다.

6. 공법상 이용제한을 받는 토지의 평가

1) 공법상 이용제한의 개념

(1) 인구의 증가·산업의 발달에 수반하여 토지에 대한 사인 상호간의 소극적인 이해조정의 단계를 넘어서, 적극적으로 국토의 개발·보전 및 이용의 고도화를 도모하고, 각종 이용관계 상호간의 합리적이고 생산적인 조정을 기하는 입장에서, 사법상의 제한뿐만 아니라 공법적 제한을 가하지 않을 수 없다.
즉 국토가 농지는 물론 도시의 집단주택지, 가로, 공원, 학교 및 병원 그리고 공공용지를 비롯하여 도로, 군사시설에 이르기까지 다양하고 광범위한 용도로

쓰여지게 되면, 사회일반의 공동이익을 증진시키고 개인 상호간 이해관계를 조절하기 위해 토지나 건물의 이용방법 및 용도 등에 일정한 행위 또는 부작위의 규제를 가하게 된다.

이와 같은 규제는 토지의 가치형성에 직접·간접으로 영향을 미치므로 감정평가에 있어서는 이에 대한 분석을 철저히 하여야 한다.

(2) 공법상 제한을 받는 토지는 도로, 상하수도, 공원용지 등의 공공용지와 접도구역, 문화재보호구역, 개발제한구역 내 토지 등은 자유로운 권리행사를 할 수 없는 토지이기 때문에 일반토지보다 낮은 가격이 형성되는 감가요인을 갖고 있다. 현행법상에 감가방법이 규정되어 있는 것은 사도[32]와 도로, 구거 등의 공공시설용지에 대한 평가부분으로써 인근토지에 대한 1/5~1/3 수준으로 평가하도록 규정하고 있다.

〈「토지보상법 시행규칙」〉

제26조 (도로 및 구거부지의 평가)

1. 「사도법」에 의한 사도의 부지는 인근토지[33]에 대한 평가액의 5분의 1 이내
2. 사실상의 사도[34]의 부지는 인근토지에 대한 평가액의 3분의 1 이내
3. 「사도법」에 의한 사도 및 사실상의 사도의 부지 외의 도로의 부지는 평가대상토지와 유사한 이용가치를 지닌다고 인정되는 하나 이상의 표준지의 공시지가를 기준으로 한다.
4. 구거부지에 대하여는 인근토지에 대한 평가액의 3분의 1 이내로 평가한다.

그러나 이와 같은 공공용지 외에 권리제한을 받고 있는 접도구역 내 토지나 문화재보호구역 내 토지 등이 갖고 있는 감가요인에 대한 감가율이 정해져 있지 않기 때문에 평가하는 사람마다 각기 다른 감가율을 적용하고 있다.

① 접도구역은 도로경계선에서 20m(고속국도의 경우 50m)를 초과하지 않는 범위(「도로법」제40조)의 지역에 지정되며, 토지의 형질변경이나 신축, 개축, 증축,

---

32) 사도라 함은 도로법에 의한 도로나 도로법의 준용을 받는 도로가 아닌 것으로서 그 도로에 연결되는 길을 말한다.

33) "인근토지"라 함은 당해 도로부지 또는 구거부지가 도로 또는 구거로 이용되지 아니하였을 경우에 예상되는 표준적인 이용상황과 유사한 토지로서 당해 토지와 위치상 가까운 토지를 말한다.

34) "사실상의 사도"라 함은 「사도법」에 의한 사도 외의 도로(「국토의 계획 및 이용에 관한 법률」에 의한 도시관리계획에 의하여 도로로 결정된 후부터 도로로 사용되고 있는 것을 제외한다)로서 다음 각호의 1에 해당하는 도로를 말한다.

1. 도로개설당시의 토지소유자가 자기 토지의 편익을 위하여 스스로 설치한 도로
2. 토지소유자가 그 의사에 의하여 타인의 통행을 제한할 수 없는 도로
3. 「건축법」에 의하여 건축허가권자가 그 위치를 지정 · 공고한 도로
4. 도로개설당시의 토지소유자가 대지 또는 공장용지 등을 조성하기 위하여 설치한 도로

죽목의 식재나 벌채행위가 금지되므로 감가요인이 있다.

② 철도보호지구는 철도 경계선(가장 바깥쪽 궤도의 끝선을 말한다)으로부터 30m 이내의 지역(「철도안전법」제45조)에 지정되며, 토지의 형질변경 및 굴착, 토석·자갈 및 모래의 채취, 건축물의 신축·개축·증축 또는 공작물의 설치, 나무의 식재 등의 행위시에는 신고하여야 하며 행위금지나 제한을 받는다.

③ 문화재보호구역은 「문화재보호법」에 의거하여 문화재보호구역 경계로부터 100m 이내에서 건축하는 경우는 국토교통부장관의 사전 승인 후 허가를 받아야 하며 서울시 문화재의 경우 20~100m 이내 지역은 건축행위제한을 받고, 문화재 주위건축물은 27°선 이내로 사선제한을 받는 등의 감가요인을 가지고 있다.

이외에 송전탑이나 변전소, 고압선이 통과하는 토지 등도 일반토지에 비해 상당 수준의 감가가 발생하고 있으나 구체적인 감가기준은 없는 상태이다.

〈참고자료 : 도로부지를 감가보상하는 이유〉

도로의 평가를 함에 있어서 인근토지보다 낮게 평가한다고 규정한 취지는 현실 이용상황이 도로로 되었기 때문에 이를 감가한다는 뜻이 아니고 도로의 가치가 그 도로로 인하여 보호되고 있는 토지의 효용이 증가됨으로써 보호되고 있는 토지의 가치에 화체(化體)되었기 때문에 그 평가액은 당연히 낮아야 한다는 이유를 배경으로 일반토지에 비해 저가평가하고 있다.

일반적으로 물건의 값은 그 물건을 배타적으로 이용함으로써 얻을 수 있는 쾌적성 또는 경제적 가치 등에 대하여 지불하는 것이라 할 수 있다. 그런데 도로는 유료도로를 제외하고 불특정 다수인이 다른 사람의 이용을 방해하지 않는 범위 안에서 자유스럽게 이용할 수 있는 공공용물이므로, 이용에 있어서는 배타성이 없기 때문에 별도로 그 값을 매기기가 어렵다. 즉 유용성은 높으나 독점성이 없어 모든 사람이 자유스럽게 이용할 수 있기 때문에 공기나 물과 같이 도로도 별도의 값을 인정하기가 어렵다(배타성과 독점성을 가지고 있다면 도로로 볼 수 없다).

그러나 도로는 공공재로서 비배타성이 있기는 하나 주위에 좋은 도로가 있다면 통행이 용이하고, 상업입지로서도 우수하며, 혹은 다른 토지에 비해 생산성을 높여 주어 주위 토지의 값이 올라가는 부수적 효과를 유발한다. 이는 도로 자체의 경제적 가치가 높음에도 이용자를 제한 할 수 없기 때문에 그 자체의 독립된 값을 평가할 수 없으나, 주위 토지의 쾌적성과 경제적 가치를 높여 주어 주위 토지의 값을 높여 준 것을 의미한다. 따라서 도로의 값을 별도로 인정할 수는 없으나, 주위 토지의 값을 상승시키는 작용을 하므로 도로의 값은 일정부분 주위 토지의 값에 화체되었다고 할 수 있다.

그러므로 일반토지에 비하여 저가평가하는 이유는 도로 자체를 독립하여 그 값을 평가할 수는 없으나 주위 토지의 값을 증가시키는데 기여하였으므로 주위 토지에 기여한 정도를 파악하여 도로의 값을 산출할 수 있다는 논리에 근거하고 있다.[35]

2) 공법상 제한을 받는 토지의 평가

① 도시계획시설 저촉 등 공법상 제한을 받는 토지를 감정평가할 때(보상평가는 제외한다)에는 비슷한 공법상 제한상태의 표준지 공시지가를 기준으로 감정평가한다. 다만, 그러한 표준지가 없는 경우에는 저촉되지 아니한 비슷한 표준지 공시지가를 기준으로 한 가액에서 공법상 제한의 정도를 감안한 일정률을 적용하여 감정평가할 수 있다.

② 토지의 일부가 도시계획시설 저촉 등 공법상 제한을 받아 잔여부분의 단독이용가치가 희박한 경우에는 제①항을 준용하여 감정평가한다.

③ 둘 이상의 용도지역에 걸쳐있는 토지는 각 용도지역 부분의 위치, 형상, 이용상황, 그 밖에 다른 용도지역 부분에 미치는 영향 등을 고려하여 면적 비율에 의한 평균가액으로 감정평가한다. 다만, 용도지역을 달리하는 부분의 면적비율이 현저하게 낮아 가치형성에 미치는 영향이 미미하거나 관련 법령에 따라 주된 용도지역을 기준으로 이용할 수 있는 경우에는 주된 용도지역의 가액을 기준으로 감정평가할 수 있다.

7. 택지 등 조성공사 중에 있는 토지의 평가

(1) 건물 등의 건축을 목적으로 농지나 산림의 전용허가를 받거나 토지의 형질변경허가를 받아 택지 등으로 조성 중에 있는 토지는 다음 각 호에 따라 감정평가한다.

① 조성중인 상태대로의 가격이 형성되어 있는 경우에는 그 가격을 기준으로 감정평가한다.

② 조성중인 상태대로의 가격이 형성되어 있지 아니한 경우에는 조성 전 토지의 소지가액, 기준시점까지 조성공사에 실제 든 비용상당액, 공사진행정도, 택지조성에 걸리는 예상기간 등을 종합적으로 고려하여 감정평가한다.

(2) 「도시개발법」에서 규정하는 환지방식에 의한 사업시행지구 안에 있는 토지는 다음과 같이 감정평가한다.

35) 윤창구, 부동산 평가론(서울 : 도서출판 좋은 만남, 2005. 3), p. 134.

① 환지처분 이전에 환지예정지로 지정된 경우에는 환지예정지의 위치, 확정예정지번(블록·롯트), 면적, 형상, 도로접면상태와 그 성숙도 등을 고려하여 감정평가한다. 다만, 환지면적이 권리면적보다 큰 경우로서 청산금이 납부되지 않은 경우에는 권리면적을 기준으로 한다.

② 환지예정지로 지정 전인 경우에는 종전 토지의 위치, 지목, 면적, 형상, 이용상황 등을 기준으로 감정평가한다.

(3) 「농어촌정비법」에 따른 농업생산기반정비사업시행지구 안에 있는 토지의 감정평가는 제(2)항을 준용한다.

(4) 「택지개발촉진법」에 따른 택지개발사업시행지구 안에 있는 토지는 그 공법상 제한사항 등을 고려하여 감정평가한다.

Chapter 9

건물의 감정평가

제1절 건물의 감정평가

1. 기본용어설명

1) 건축물=건물+구축물

(1) "건축물"이란 토지에 정착하는 공작물 중 지붕과 기둥 또는 벽이 있는 것과 이에 딸린 시설물, 지하나 고가의 공작물에 설치하는 사무소·공연장·점포·차고·창고 등을 말한다(「건축법」제2조).

(2) "건축"이란 건축물을 신축·증축·개축·재축 또는 이전하는 것을 말한다(「건축법」영 제2조).

① "신축"이란 건축물이 없는 대지(기존건축물이 철거 되거나 멸실된 대지를 포함)에 새로 건축물을 축조하는 것(부속건축물만 있는 대지에 새로 주된 건축물을 축조하는 것을 포함하되, 개축 또는 재축하는 것은 제외)을 말한다.

② "증축"이란 기존건축물이 있는 대지에서 건축물의 건축면적, 연면적, 층수 또는 높이를 늘리는 것을 말한다.

③ "개축"이란 기존건축물의 전부 또는 일부(내력벽·기둥·보·지붕틀 중 셋 이상이 포함되는 경우를 말한다)를 철거하고 그 대지에 종전과 같은 규모의 범위에서 건축물을 다시 축조하는 것을 말한다.

④ "재축"이란 건축물이 천재지변이나 그 밖의 재해로 멸실된 경우 그 대지에 종전과 같은 규모의 범위에서 다시 축조하는 것을 말한다.

⑤ “이전”이란 건축물의 주요구조부를 해체하지 아니하고 같은 대지의 다른 위치로 옮기는 것을 말한다.

2) 건축설비

“건축설비”란 건축물에 설치하는 전기·전화설비, 초고속 정보통신설비, 지능형 홈네트워크설비, 가스·급수·배수(配水)·배수(排水)·환기·난방·소화·배연 및 오물처리의 설비, 굴뚝, 승강기, 피뢰침, 국기게양대, 공동시청안테나, 유선방송 수신시설, 우편함, 저수조 그 밖에 국토교통부령이 정하는 설비를 말한다(「건축법」제2조).

※ 건물의 내부에 부착되어 건물효용증진에 기여하는 건축설비는 건물에 포함하여 평가하나, 건물외부에 설치되어 건물효용증진에 기여하는 설비는 건물의 평가에 포함시키지 않고 필요시 별도로 평가한다.

3) 지하층

“지하층”이란 건축물의 바닥이 지표면아래에 있는 층으로서 그 바닥으로부터 지표면까지의 평균높이가 해당 층높이의 1/2이상인 것을 말한다(「건축법」제2조).

※ 지하층은 건축물의 층수산정에 산입하지 아니하며 지하층의 바닥면적은 연면적의 산정에 포함시키는 것이 원칙이지만 용적률의 계산에 있어서는 지하층의 건축을 장려하기 위하여 지하층의 바닥면적을 연면적에 포함시키지 아니한다.

4) 주요 구조부

“주요 구조부”란 내력벽, 기둥, 바닥, 보, 지붕틀 및 주계단을 말한다. 다만, 사이기둥, 최하층바닥, 작은 보, 차양, 옥외계단 기타 이와 유사한 것으로 건축물의 구조상 중요하지 아니한 부분을 제외한다(「건축법」제2조).

5) 대수선

“대수선”이란 건축물의 기둥, 보, 내력벽, 주계단 등의 구조나 외부형태를 수선·변경 또는 증설하는 것으로서 다음과 같은 것을 말한다(「건축법」제2조, 영 제3조의2).

① 내력벽을 증설 또는 해체하거나 내력벽의 벽면적을 30㎡ 이상 수선 또는 변경하는 것

② 기둥·보·지붕틀을 증설 또는 해체하거나 기둥·보·지붕틀을 각각 3개 이상 수선 또는 변경하는 것
③ 방화벽 또는 방화구획을 위한 바닥 또는 벽을 증설 또는 해체하거나 수선 또는 변경하는 것
④ 주계단·피난계단 또는 특별피난계단을 증설·해체하거나 수선 또는 변경하는 것
⑤ 미관지구안에서 건축물의 외부형태(담장을 포함)를 변경하는 것
⑥ 다가구주택의 가구간 경계벽 또는 다세대주택의 세대간 경계벽을 증설 또는 해체하거나 수선 또는 변경하는 것
⑦ 건물의 외벽에 사용하는 마감재료를 증설 또는 해체하거나 벽면적 $30m^2$ 이상 수선 또는 변경하는 것

6) 건축선

① 도로와 접한 부분에 건축물을 건축할 수 있는 선(건축선)은 대지와 도로의 경계선으로 한다. 다만, 소요 너비(보행 및 자동차통행이 가능한 너비 4m 이상의 도로)에 못 미치는 너비의 도로인 경우에는 그 중심선으로부터 그 소요 너비의 1/2의 수평거리 만큼 물러난 선을 건축선으로 하되, 그 도로의 반대쪽에 경사지, 하천, 철도, 선로부지, 그 밖에 이와 유사한 것이 있는 경우에는 그 경사지 등이 있는 쪽의 도로경계선에서 소요 너비에 해당하는 수평거리의 선을 건축선으로 한다(「건축법」 제46조).
② 너비 8m 미만인 도로의 모퉁이에 위치한 대지의 도로모퉁이 부분의 건축선은 그 대지에 접한 도로경계선의 교차점으로부터 도로경계선에 따라 다음의 표에 따른 거리를 각각 후퇴한 두점을 연결한 선으로 한다(「건축법」 영 제31조).

도로의 교차각	당해 도로의 너비		교차되는 도로의 너비
	6m이상 8m미만	4m이상 6m미만	
90°미만	4m	3m	6m이상 8m미만
	3m	2m	4m이상 6m미만
90°이상~120°미만	3m	2m	6m이상 8m미만
	2m	2m	4m이상 6m미만

※ 특별자치도지사·시장·군수·구청장은 시가지 안(도시지역)에서 건축물의 위치나 환경을 정비하기 위하여 필요하다고 인정하는 경우에는 4m 이하의 범위에서 건축선을 따로 지정할 수 있다.

7) 건축선에 의한 건축제한

① 건축물과 담장은 건축선의 수직면을 넘어서는 아니 된다. 다만, 지표아래 부분은 그러하지 아니하다(「건축법」제47조).

② 도로면으로부터 높이 4.5m 이하에 있는 출입구, 창문, 그 밖에 이와 유사한 구조물은 열고 닫을 때 건축선의 수직면을 넘지 아니하는 구조로 하여야 한다.

8) 건축물의 건폐율과 용적률

① 건폐율 : 대지면적에 대한 건축면적(대지에 건축물이 둘 이상 있는 경우에는 이들 건축면적의 합계)의 비율(건폐율)의 최대한도는 「국토의 계획 및 이용에 관한 법률」제77조에 따른 건폐율의 기준에 따른다. 다만, 이 법에서 기준을 완화하거나 강화하여 적용하도록 규정한 경우에는 그에 따른다(「건축법」제55조).

② 용적률 : 대지면적에 대한 연면적(대지에 건축물이 둘 이상 있는 경우에는 이들 연면적의 합계)의 비율(용적률)의 최대한도는 「국토의 계획 및 이용에 관한 법률」제78조에 따른 용적률의 기준에 따른다. 다만, 이 법에서 기준을 완화 하거나 강화하여 적용하도록 규정한 경우에는 그에 따른다(「건축법」제56조).

9) 면적의 산정

(1) 대지면적

대지면적은 대지의 수평투영면적으로 한다. 다만, 대지에 건축선이 정하여진 경우 그 건축선과 도로사이의 대지면적과 대지에 도시·군계획시설인 도로·공원 등이 있는 경우 그 도시·군계획시설에 포함되는 대지면적은 제외한다(「건축법」영 제119조).

(2) 건축면적

건축물(지표면으로부터 1m 이하에 있는 부분은 제외)의 외벽(외벽이 없는 경우에는 외곽부분의 기둥)의 중심선[처마, 차양, 부연 그 밖에 이와 비슷한 것으로서 그 외벽의 중심선으로부터 수평거리 1m이상 돌출된 부분이 있는 경우에는 그 끝부분으로부터 수평거리 1m(전통사찰 4m, 축사차양 3m, 한옥 2m)를 후퇴한 선]으로 둘러싸인 부분의 수평투영면적으로 한다. 다만, 태양열을 주된 에너지원으로 이용하는 주택과 창고 중

물품을 입출고하는 부위의 상부에 한쪽 끝은 고정되고 다른 쪽 끝은 지지되지 아니한 구조로 설치된 돌출차양에 대한 건축면적의 산정방법은 국토교통부령으로 정하고, 「다중이용업소의 안전관리에 관한 특별법 시행령」제9조에 따라 기존의 다중이용업소(2004년 5월 29일 이전의 것)의 비상구에 연결하여 설치하는 폭 2m 이하의 옥외피난계단(기존 건축물에 옥외피난계단을 설치함에 따라 법 제55조에 따른 건폐율 기준에 적합하지 아니하게 된 경우만 해당)은 건축면적에 산입하지 아니한다.

(3) 바닥면적

건축물의 각 층 또는 그 일부로서 벽, 기둥, 그 밖의 이와 비슷한 구획의 중심선으로 둘러싸인 부분의 수평투영면적으로 한다. 다만, 다음 각 목의 어느 하나에 해당하는 경우에는 각 목이 규정하는 바에 의한다.

① 벽·기둥의 구획이 없는 건축물은 그 지붕 끝부분으로부터 수평거리 1m를 후퇴한 선으로 둘러싸인 수평투영면적으로 한다.

② 주택의 발코니 등 건축물의 노대나 그 밖의 이와 비슷한 것(노대 등)의 바닥은 난간등의 설치여부에 관계없이 노대 등의 면적(외벽의 중심선으로부터 노대 등의 끝부분까지의 면적)에서 노대 등이 접한 가장 긴 외벽에 접한 길이에 1.5m를 곱한 값을 뺀 면적을 바닥면적에 산입한다.

③ 필로티나 그 밖에 이와 비슷한 구조(벽면적의 2분의1 이상이 그층의 바닥면에서 위층 바닥 아래면까지 공간으로 된 것만 해당)의 부분은 그 부분이 공중의 통행이나 차량의 통행 또는 주차에 전용되는 경우와 공동주택의 경우에는 바닥면적에 산입하지 아니한다.

④ 승강기탑, 계단탑, 장식탑, 다락[층고가 1.5m(경사진 형태의 지붕인 경우에는 1.8m) 이하인 것만 해당], 건축물의 외부 또는 내부에 설치하는 굴뚝, 더스트슈트, 설비덕트, 그 밖에 이와 비슷한 것과 옥상·옥외 또는 지하에 설치하는 물탱크, 기름탱크, 냉각탑, 정화조, 도시가스 정압기, 그 밖에 이와 비슷한 것을 설치하기 위한 구조물은 바닥면적에 산입하지 아니한다.

⑤ 공동주택으로서 지상층에 설치한 기계실, 전기실, 어린이놀이터, 조경시설 및 생활폐기물 보관함의 면적은 바닥면적에 산입하지 아니한다.

⑥ 「다중이용업소의 안전관리에 관한 특별법 시행령」제9조에 따라 기존의 다중이용업소(2004년 5월 29일 이전의 것)의 비상구에 연결하여 설치하는 폭 1.5m 이하의 옥외피난계단은 바닥면적에 산입하지 아니한다.

(4) 연면적

하나의 건축물의 각 층의 바닥면적의 합계로 하되, 용적률을 산정할 때에는 다음에 해당하는 면적은 제외한다.

① 지하층의 면적

② 지상층의 주차용(해당 건축물의 부속용도인 경우만 해당)으로 사용되는 면적

③ 초고층 건축물과 준초고층 건축물에 설치하는 피난안전구역의 면적[36)]

④ 건축물의 경사지붕 아래에 설치하는 대피공간의 면적

10) 사용승인 · 사용검사 · 준공검사의 구별

허가나 신고를 받은 건축물이나 사업계획승인을 얻은 주택건설사업의 경우 허가·승인권자로부터 승인절차를 받아야 한다. 건축허가를 받은 경우에는 '사용승인'이라하고, 사업계획승인을 얻은 경우에는 '사용검사'라 한다. 또한 개발행위, 도시계획개발사업, 정비사업, 택지개발사업을 완료한 때에는 허가·지정권자로부터 준공승인절차를 받아야 한다. 이러한 절차를 '준공검사'라고 한다.

(1) 사용승인

사용승인은 「건축법」에서 사용하는 용어로 건축주는 건축허가·건축신고 또는 가설건축물 등의 허가를 한 건축물의 건축공사를 완료한 후 그 건축물을 사용하고자 하는 경우에는 공사감리자가 작성한 감리완료보고서 및 공사완료도서를 첨부하여 허가권자에게 사용승인을 신청하여야 한다.

허가권자는 사용허가신청을 받은 경우 사용승인을 위한 검사를 실시하고, 검사에 합격된 건축물에 대하여는 사용승인서를 교부하여야 한다(「건축법」제22조).

「건축법」 제정 당시에는 "준공검사"라는 용어를 사용하였으며 1992년 이후에는 '사용검사'라는 용어를 사용하였다. 현행법상 '사용승인'은 1996년 이후 계속 사용되고 있다.

(2) 사용검사

사용검사는 「주택법」에서 사용하는 용어로 사업주체는 사업계획승인을 얻어 시행

36) 고층건축물이란 층수가 30층 이상이거나 높이가 120m 이상인 건축물을 말하며, 초고층 건축물이란 층수가 50층 이상이거나 높이가 200m 이상인 건축물을 말한다. 또한 준초고층 건축물이란 고층건축물 중 초고층 건축물이 아닌 것을 말한다.

하는 주택건설사업 또는 대지조성사업을 완료한 경우에는 시장·군수·구청장의 사용검사를 받아야 한다(「주택법」제29조).

(3) 준공검사

준공검사는 「국토의 계획 및 이용에 관한 법률」, 「도시개발법」, 「도시 및 주거환경정비법」, 「택지개발촉진법」등에서 사용하는 용어이다

① 개발행위에 대한 개발행위허가를 받은 자는 특·광·시장·군수의 준공검사를 받아야 한다(「국토법」제62조).
② 시행자가 도시개발사업을 완료한 때에는 공사완료보고서를 작성하여 지정권자의 준공검사를 받아야 한다(「도시개발법」제49조).
③ 시장·군수가 아닌 사업시행자는 정비사업에 관한 공사를 완료한 때에는 시장·군수의 준공검사를 받아야 한다(「정비법」제52조).
④ 택지개발사업시행자는 택지개발사업을 완료한 때에는 지체없이 준공검사를 받아야 한다(「택지개발촉진법」제16조).

2. 건물의 감정평가

1) 건물만의 평가

건물은 그 부지와 결합하여 유기적으로 효용을 발휘하고 있으며 건물과 그 부지와는 밀접한 관련을 가지고 있으므로 양자는 일체로서 평가대상이다. 그러나 기업회계 또는 세무회계 등 일체로서 전체가액이 필요하지 않고 건물만의 가격이 필요한 경우가 많다.

2) 건물의 평가방법

(1) 평가방법

① 건물을 감정평가할 때에는 원가법을 적용하여야 한다. 이 경우 감정평가 3방식 중 다른 감정평가방식에 속하는 하나 이상의 감정평가방법으로 산정한 시산가액과 비교하여 합리성을 검토하여야 한다.

> • 건물의 적산가액(P)=재조달원가−감가누계액

② 거래사례비교법으로 감정평가할 때에는 적절한 건물의 거래사례를 선정하여 사정보정, 시점수정, 개별요인비교를 하여 비준가액을 산정한다. 다만, 적절한 건물만의 거래사례가 없는 경우에는 토지와 건물을 일체로 한 거래사례를 선정하여 토지가액을 빼는 공제방식이나 토지와 건물의 가액구성비율을 적용하는 비율방식 등을 적용하여 건물가액을 배분할 수 있다.

③ 수익환원법으로 감정평가할 때에는 전체 순수익 중에서 공제방식이나 비율방식 등으로 건물귀속순수익을 산정한 후 이를 건물의 환원율로 환원하여 건물의 수익가액을 산정한다.

④ 건물의 일반적인 효용을 위한 전기설비, 냉·난방설비, 승강기설비, 소화전설비 등 부대설비는 건물에 포함하여 감정평가한다. 다만, 특수한 목적의 경우에는 구분하여 감정평가할 수 있다.

(2) 재조달원가

재조달원가는 직접법이나 간접법으로 산정하되, 직접법으로 구하는 경우에는 대상 건물의 건축비를 기준으로 하고, 간접법으로 구하는 경우에는 한국감정원에서 발간하는 건물신축단가표와 비교하거나 비슷한 건물의 신축원가 사례를 조사한 후 사정보정 및 시점수정 등을 행하여 대상 건물의 재조달원가를 산정할 수 있다.

① 직접법

대상부동산의 원가자료를 기준으로 하며, 재조달원가를 도급건설방식을 기준으로 하여 건설업자가 대상부동산을 곧 사용할 수 있는 상태로 인도하는 경우에 발주자가 건설업자에게 지불하는 표준적인 건설비에 발주자가 직접 부담해야하는 통상의 부대비용을 합한 금액으로 한다.

> ※ 표준적인 건설비(직접공사비+간접공사비+수급자의 이윤)+도급자의 통상 부대비용

직접법에는 총가격 적산법, 부분별 단가 적용법, 변동률 적용법이 있으며 제4장 원가방식편을 참조하기 바란다.

② 간접법

대상부동산과 상호 대체·경쟁의 관계에 있는 인근지역 또는 동일수급권내의 유사

지역에 소재하는 대상부동산과 유사한 부동산의 재조달원가에 사정보정, 시점수정, 지역요인, 개별요인, 잔가율비교 및 면적을 비교하여 재조달원가를 구한다. 직접법의 3가지 방법을 유사부동산에 적용하여 간접법으로 구할 수 있다.

③ 간접법으로 건물의 현재가치를 구하는 사례

〈자료 1〉 물건의 현황

구 분	대상건물	사례건물
준공연월일	2008. 4.	2007. 2.
구조·용도	철근콘크리트조, 지상4층, 공동주택	철근콘크리트조, 지상4층, 공동주택
부지면적	507㎡	494㎡
건축면적	228㎡	222㎡
연면적	912㎡	880㎡
경제적잔존내용연수	50년	50년
건물의 개별요인	100	105
건축비	124,000,000 (136,000원/㎡)	124,600,000 (141,600원/㎡)

〈자료 2〉 물가 변동률

일 자	건축비 지수
2007. 2.	105
2008. 4.	112

사례건물은 인근지역에 소재하는 건물로 2007. 2.에 275,000,000원에 매매되었으며 매매가격 중 토지는 150,000,000원, 건물은 125,000,000원임

※ 대상건물의 가액

건물의 매매가격125,000,000×사정보정100/100×시점수정112/105×지역요인100/100×개별요인100/105×잔가율50/49×연면적912/880=134,287,481원

(3) 감가수정

감가수정은 경제적 내용연수를 기준으로 정액법에 의하되 관찰감가 등으로 조정하거나 다른 방법에 따라 감가수정할 수 있다.

3) 특수한 경우의 건물평가

(1) 공법상 제한받는 건물

① 공법상 제한을 받는 건물이 제한을 받는 상태대로의 가격이 형성되어 있을 경우에는 그 가격을 기초로 하여 감정평가하여야 한다. 다만, 제한을 받는 상태대로의 가격이 형성되어 있지 아니한 경우에는 제한을 받지 않는 상태를 기준으로 하되 그 제한의 정도를 고려하여 감정평가한다.

② 건물의 일부가 도시계획시설에 저촉되어 저촉되지 않은 잔여부분이 건물로서 효용가치가 없는 경우에는 건물 전체가 저촉되는 것으로 감정평가하고, 잔여부분만으로도 독립건물로서의 가치가 있다고 인정되는 경우에는 그 잔여부분의 벽체나 기둥 등의 보수에 드는 비용 등을 고려하여 감정평가한다.

③ 공법상 제한을 받는 건물로서 현재의 용도로 계속 사용할 수 있는 경우에는 이에 따른 제한 등을 고려하지 않고 감정평가한다.

(2) 토지와 그 지상 건물의 소유자가 다른 건물

건물의 소유자와 그 건물이 소재하는 토지의 소유자가 다른 건물은 정상적인 사용·수익이 곤란할 경우에는 그 정도를 고려하여 감정평가한다. 다만, 다음 각 호의 경우에는 이에 따른 제한 등을 고려하지 않고 감정평가할 수 있다.

① 건물의 사용·수익에 지장이 없다고 인정되는 경우

② 건물 소유자와 그 건물이 소재하는 토지의 소유자가 공동으로 감정평가를 의뢰하는 경우

③ 사용·수익의 제한이 없는 상태로 감정평가할 것을 요청한 경우

(3) 건물 일부가 인접 토지상에 있는 건물

건물의 일부가 인접 토지상에 있는 건물은 그 건물의 사용·수익의 제한을 고려하여 감정평가한다. 다만, 그 건물의 사용·수익에 지장이 없다고 인정되는 경우에는 이에

따른 제한 등을 고려하지 않고 감정평가할 수 있다.

(4) 공부상 지번과 다른 건물

건물의 실지 지번이 건축물대장상이나 제시목록상의 지번과 다를 때에는 감정평가하지 않는 것을 원칙으로 한다. 다만, 다음 각 호의 경우로서 해당 건물의 구조·용도·면적 등을 확인하여 건축물대장과의 동일성이 인정되면 감정평가할 수 있다.

① 분할·합병 등으로 인하여 건물이 있는 토지의 지번이 변경되었으나 건축물대장상 지번이 변경되지 아니한 경우

② 건물이 있는 토지가 같은 소유자에 속하는 여러 필지로 구성된 일단지로 이용되고 있는 경우

③ 건축물대장상의 지번을 실지 지번으로 수정이 가능한 경우

4) 건물의 사용료평가

건축물의 사용료는 임대사례비교법으로 평가한다. 다만, 임대사례비교법으로 평가하는 것이 적정하지 아니한 경우에는 적산법으로 평가할 수 있다(「감정평가에 관한 규칙」 제22조, 「토지보상규칙」 제33조).

제2절 토지와 건물의 일괄평가

1. 구분소유 부동산의 감정평가

1) 구분 소유권의 의의

한동(一棟)의 건물 중 구조상 구분된 수개의 부분이 독립한 건물로 사용될 수 있을 때, 그 각 부분을 별개의 부동산으로 소유하는 것을 건물의 구분소유라고 하고 이 경우 구분된 건물부분을 구분건물이라 한다.

2) 구분 소유권의 객체인 건물부분의 요건

(1) 구조상의 독립

일부 건물부분이 독립한 소유권의 객체가 되기 위해서는 소유권인 물적지배에 적합한 구조를 갖추어야 한다.

따라서 건물의 구조 부분인 벽, 문, 층계 등에 의하여 다른 건물 부분과 완전히 차단된 구조를 말한다.

(2) 이용상의 독립성

건물의 일부가 독립한 건물로서의 용도에 제공될 수 없는 것을 구분소유권의 객체로 삼을 실익이 없다.

독립한 건물로서 사용할 수 있는가를 판단함에 있어서는 출입구의 유무가 하나의 기준이 될 수 있다.

3) 구분 소유권의 성립과 소멸

(1) 구분 소유권의 성립

① 구조상, 기능상 독립하여 건물로서의 용도에 제공할 수 있어야 한다.
② 「부동산등기법」에 의해 구분 등기해야 한다.

(2) 구분 소유권의 소멸

① 당사자 사이의 의사에 의해 합병 등기하는 경우
② 각 부분의 경계가 제거된 경우와 같이 물리적 구분이 제거되어 독립성이 상실된 경우
③ 건물의 전부가 멸실된 경우에는 물권소멸의 일반 원칙에 의하여 구분소유권은 소멸한다.

4) 전유부분과 공용부분

(1) 전유부분

건물의 소유자가 사용·수익권을 전유적으로 행사하는 부분으로 구분소유권의 목적인 건물부분을 말한다.

(2) 공용부분

① 의 의

구분소유자가 공동으로 지배·용익하는 부분으로 전유부분을 제외한 모든 부분이 공용부분이다.

② 공용부분의 범위

㉠ 구조상, 성질상 당연히 성립되는 공용부분

수개의 전유부분으로 통하는 복도, 계단, 기타 구조상 구분 소유자의 전원 또는 그 일부의 공용에 제공되는 건물부분으로 이는 구분 소유권을 목적으로 할 수 없고 법률상 당연히 공용부분으로 된다.

㉡ 건물의 부속설비로서의 공용부분

전기, 가스, 수도, 냉난방, 소방, 승강기시설 등과 같이 건물에 부속하여 효용상 그 건물과 일체의 관계를 이루는 물체는 공용부분이다.

㉢ 규약에 의한 공용부분

부속건물은 반드시 공용부분으로 되는 것은 아니다. 부속건물을 차고, 경로당 등으로 사용하고자 할 때에는 본래 공용부분이 될 수 없는 건물이나 규약에 의해 공용부분으로 삼을 수 있도록 하고 있다.

③ 공용부분의 등기 및 처분

구조상 공용부분은 독립한 기능을 갖지 아니하므로 구분 소유권의 목적으로 할 수 없고 따라서 독립하여 등기할 수 없다.

또한 그에 대한 물권변동도 전유부분의 처분에 당연히 따르므로 공용부분도 함께 처분된 것이 된다.

④ 공용부분의 공유 및 지분

㉠ 공유 : 공용부분은 구분 소유자가 전원의 공유에 속한다.

㉡ 지분 : 공용분의 지분은 각 공유자가 가지는 전유면적의 비율에 의한다.

5) 전유부분 및 대지사용권의 일체성

(1) 일체성의 원칙

구분소유자의 대지사용권은 그가 가지는 전유부분의 처분에 따른다.

(2) 분리 처분금지 원칙의 적용 예외

전유부분과 대지사용권의 일체성원칙을 모든 구분소유 관계에 예외 없이 적용하는 것이 타당하다고 할 수 없다.

예컨대, 같은 대지의 공지부분에 별동의 구분건물을 신축하는 경우 기존의 전유부분의 소유자가 가지는 대지사용권의 일부를 양도하지 않을 수 없다.

(3) 분리처분의 무효 주장의 제한

전유부분과 대지사용권을 분리하여 처분할 수 없다는 일체성의 원칙에 반하는 처분은 무효임이 원칙이다.

그러나 등기가 행하여 지지 않은 대지사용권과 등기이전의 상태를 생각 할 수 있다. 이를 일체성의 원칙에 반하는 처분이라 하여 무조건 무효라고 하면 거래의 안전을 해치게 된다.

6) 구분소유 부동산의 평가방법

(1) 구분소유건물의 가치형성

구분소유건물의 가격포착은 동일수급권 내 유사물건의 일반적인 거래사례로부터 구할 수 있으며 동 거래사례와 대상부동산과의 사정보정, 시점수정, 지역요인 및 개별요인 비교 등에 의하여 거래사례비교법으로 구한다. 또한 구분소유권의 가격은 전유부분, 공용부분 및 대지사용권이 3위 일체로써 형성되며 통상의 거래가 전유면적에 착안하여 이루어지는 특징이 있다.

이 방법에 의해 구한 비준가액은 지역의 시장성을 정확히 반영한 가격이며 특히 대도시권은 사례자료가 풍부하여 이 방법의 유용성이 크다.

(2) 평가방법

① 구분소유권의 가액=전유부분, 공용부분의 건물가액+대지사용권의 지분가액

② 비준가액=구분소유권거래가격×사정×시점×토지개별×건물개별(잔가율포함)
×층별×위치별효용비율×전유면적 비교

③ 층별, 위치별 효용비율

건물의 효용은 일동의 건물에서 해당부분이 차지하는 층 및 위치에 따라 달라진다. 층별효용비율이란 건물전체의 효용을 1로 보았을 때 해당층이 차지하는 효용의 비율을 말하며, 위치별 효용비율이란 해당층의 전체효용을 1로 보았을 때

해당부분이 차지하는 호별효용비율을 말한다.
(예 : 일조, 조망, 채광, 소음, 난방, 사생활보호, 승강기유무, 고객의 유동성/전후면 형상, 승강기 및 계단과의 접근성)

④ 감정평가액은 합리적인 배분기준에 따라 토지가액과 건물가액으로 구분하여 표시할 수 있다.

(3) 구분소유 건물의 가격 중 건물만의 가격(가격배분 사례)

① 토지, 건물의 가격 구성비에 따른 방법

구 분		대 상 물 건
1) 물건의 종류		서울 아파트 33.3평형(15층 중 10층 1호)
2) 거래금액		100,000,000원
3) 사정보정		정상거래
4) 준공일자		2001. 3. 31.(기준시점 : 2008. 4. 1)
5) 대지면적		10,984㎡
6) 소유권대지권 비율		35.85/10,984
7) 건물면적	전유면적	84.5㎡
	공용면적	25.68㎡
8) 토지의 가격		360,000/㎡
9) 건물의 내용연수		50
10) 건축비		580,000/㎡

※ 1. 기준시점 : 2008. 4. 1.

2. 전체가액

1) 토지가액 : 대지권비율×토지단가=35.85×360,000=12,906,000

2) 건물가액 : 건물면적×건물단가×잔가비율=(84.5+25.68)×580,000×43/50=54,957,784

3) 합계(토지가액+건물가액) : 67,863,784원

3. 건물만의 가액 : 100,000,000×54,957,784/67,863,784=80,982,492원

거래사례가격　　　건물가격비율

② 감정평가협회의 배분비율에 의하는 방법

구 분	토 지	건 물
① 5층 이내 아파트	5	5
② 6층~10층 아파트	4	6
③ 11층 이상 아파트	3	7
④ 재건축 예정 아파트	6	4
⑤ 연립주택	5	5
⑥ 재건축 예정 연립주택	6	4
⑦ 상 가	2-3	7-8
⑧ 다세대주택	4	6

※ 1. 15층 아파트이므로 토지 : 건물 = 3 : 7임

2. 건물만의 가액 : 100,000,000×7/10=70,000,000원

2. 복합부동산의 감정평가

1) 복합부동산의 정의

복합부동산이란 토지와 건물이 결합되어 구성된 부동산을 말한다.

2) 복합부동산의 감정평가방법

(1) 토지와 건물의 일괄평가

① 토지와 건물은 개별로 감정평가하는 것을 원칙으로 한다. 다만, 토지와 건물이 일체로 거래되는 경우에는 일괄하여 감정평가할 수 있다.

② 토지와 건물을 일괄하여 감정평가할 때에는 거래사례비교법을 적용하여야 한다.

③ 토지와 건물을 일괄하여 감정평가한 경우 감정평가액은 합리적인 배분기준에 따라 토지가액과 건물가액으로 구분하여 표시할 수 있다.

④ 「집합건물의 소유 및 관리에 관한 법률」에 의한 구분소유권의 대상이 되는 건물부분과 그 대지사용권을 일괄하여 평가하는 경우에는 거래사례비교법에 의한다. 다만, 거래사례비교법에 의한 평가가 적정하지 아니한 경우에는 원가법 또는 수익환원법에 의할 수 있다.

(2) 아파트의 평가

아파트의 원본가격을 구하는 경우에는 건물평가의 일반적인 방법에 의하나 구분적인 공유형태에 속하는 아파트는 전용부분과 공유부분을 구분하여 적산가액으로 평가할 수 있다. 이때에는 건물 전체의 가액을 평가하여 m^2(평)당 가격을 구하고 필요한 감가수정을 가하여 적산가액을 구한 후 각 지분에 배분하면 된다.

그러나 최근에는 「부동산 거래신고 등에 관한 법률」에 의해 거래사실을 의무적으로 신고하여야 하므로 분양가격 및 거래사례 등이 풍부하여 거래사례비교법에 의해 비준가액으로 평가한다.

공동주택 가격은 「부동산 가격공시법」에 의해 매년 1월 1일을 기준으로 공시하므로 공시지가에 의한 산정방법에 준하여 평가한다.

Chapter 10

공장재단 및 광업재단의 감정평가

제1절 공장재단의 감정평가 37)

1. 공장평가의 개요

1) 공장재단 및 공장의 정의

(1) 공장재단이란 영업을 하기 위하여 물품 제조·가공 등의 목적에 사용하는 일단의 기업용 재산(공장)으로서, 「공장 및 광업재단 저당법」에 따라 소유권과 저당권의 목적이 되는 것을 말한다.

(2) 공장이란 물품의 제조, 가공 또는 인쇄, 촬영, 방송의 목적에 사용하는 일단의 기업용 재산을 말한다. 그러나 그 외의 목적이라 할지라도 일단의 기업용 재산으로서 사회통념상 공장으로 간주할 수 있는 것은 이를 공장으로 취급한다.

(3) 일반적으로 공장은 다액의 자금을 투입, 특정한 질서와 통제하에서 물품을 제조 또는 가공하는데 필요한 고정적인 시설을 설치한 장소를 말하며, 생산의 4요소인 토지, 노동, 자본과 기술 및 경영 등 생산에 관계되는 인적 및 물적 제요인의 결합으로 이루어진다.

2) 공장평가의 개요

현대공장은 국제경쟁력의 강화라는 시대적 요청에 따라 생산방식과 규모가 자동화, 대형화되어 가는 경향이 있다. 따라서 공장설비에 대한 투자도 대규모화 되어 가고

37) 윤창구, 전게서, pp. 170~190.

있다. 그러나 설비투자를 많이 하였다고 해서 공장시설물의 평가액이 반드시 이에 비례하여 높은 것은 아니다. 왜냐하면 공장의 감정평가액은 평가인의 판단에 따라 적정설비와 과잉유휴시설로 구분하여 이를 재생산 또는 재취득하는데 소요되는 재조달원가를 구한 다음 물리적, 기능적, 경제적 감가요인을 고려하여 적정한 감가액이 되도록 감가수정을 가하여 대상설비가 가지는 현재의 가치를 산정하기 때문이다.

이와 같이 공장의 감정평가는 일반 부동산과는 달리 각종 재산이 유기적으로 결합하여 운영되는 산업재산을 대상으로 하는 만큼 해당사업에 대한 공학적, 경영학적 전문지식을 필요로 할 뿐만 아니라 한층 더 계통적이며 이론적인 평가방법의 적용을 필요로 한다. 그러므로 평가인은 대상업체의 생산설비, 경영 등에 관한 전반적인 사항을 파악해야 함은 물론 사업체의 전망도 예측해야 한다.

2. 공장입지요인

공장입지는 공장건설 초기에 투입되는 지대나 건설비용 그리고 공장운영시에 발생하는 재료의 운반비, 노무비, 동력비, 용수비 등 생산원가 뿐만 아니라 제품의 품질이나 마케팅활동에도 상당한 영향을 미친다. 따라서 공장입지는 그것이 신설공장이든 아니면 기존공장의 확장이나 이전이든 간에 장래에 있어 기업전체 시스템의 유효성이 충분히 발휘될 수 있는지의 여부를 신중히 검토하여 선정하지 않으면 안 된다. 공장입지가 결정되고 일단 공장이 세워진 다음에 그 결정은 생산원가에 계속 영향을 주게 되며 또한 공장입지가 크게 불리하여 입지변경이나 공장이전을 할 때에는 엄청난 희생이 따른다. 입지요인은 공장의 업종, 규모, 생산방법 등에 따라 다소 차이가 있겠지만 경제적, 자연적, 사회적 입지요인으로 나누어 보면 다음과 같다.

1) 경제적 입지요인

수송의 편의성과 비용, 노동력의 양과 질, 임금수준, 시장의 접근성, 토지가격 등

2) 자연적 입지요인

기후의 적합성, 공업용수의 이용가능성, 원자재의 근접성, 배수의 용이성

3) 사회적 입지요인

지역사회의 특성, 그 지역의 관습, 법규, 세제, 개발계획 등 입지요인 중 중요한 것은 대체로 다음과 같다.

(1) 원자재의 공급원

원자재의 공급원에 의해 가장 큰 영향을 받는 광업, 어업, 임업의 1차산업은 이들 천연자원이 존재하는 장소에서만 생산행위가 가능함에 따라 이들 자연자원이 있는 곳에 입지를 정할 수밖에 없기 때문에 시장의 위치를 고려하지 않을 수 없다. 즉 생산지에서 시장까지의 수송비를 부담하고도 그 시장에서 가격경쟁을 할 수 있을 경우에 한하여 생산입지로서 적합하다.

(2) 시장과의 근접성

공장을 제품의 판매시장에 근접해서 세울 경우 소비시장의 변화에 적응하기 쉽고 제품의 수송비가 적게 소요되는 이점이 있다.

(3) 수송의 편의성

기업의 입장에서 볼 때 원자재를 산지로부터 공장까지 옮겨 가공, 제조한 제품을 시장으로 운송하는데 있어 문제가 되는 것은 생산지와 소비지간의 공간적인 거리가 아니라 수송시간과 수송비이다. 제품가격에 상당한 영향을 주는 수송비를 최소로 하기 위해서는 수송량과 수송거리를 줄이든가 아니면 수송요금이 저렴하고 경제적인 수송수단을 이용할 필요가 있다. 제조과정에서 중량이나 용적이 감소되는 원자재를 사용하는 공장은 원자재의 산지 가까이에 입지한다든가, 2개 지역 이상의 원료산지와 시장이 있을 경우 물자의 총 수송거리가 짧은 지점에 공장을 세움으로써 수송량 내지는 수송거리를 줄일 수 있을 것이다.

(4) 노동력과 임금수준

노동력은 제품생산에 있어 불가결한 생산요소이다. 특히 제조원가에서 노동비가 차지하는 비율이 높은 노동집약적인 산업에서는 노동력이 공업입지결정에 있어 중요한 요인이 된다. 노동력에 관한 문제는 대별해서 노동력의 양과 질, 그리고 임금수준의 문제로 나눌 수 있다.

한편 특정한 기술이나 기능을 가진 노동력을 필요로 하는 정밀공업이나 기계공업 등은 이에 필요한 노동력을 용이하게 확보할 수 있는 지역에 입지하여야 한다.

노동력의 공급문제 외에 임금수준에 대해서도 고려해 볼 필요가 있는데 직접노무비가 제조원가에서 큰 비중을 점하는 산업에서는 임금수준이 낮은 지방에 입지하는 것이 유리하다. 이 경우 노동생산성면에서는 불리한 경향을 보일 수 있으므로 임금수준과 노동생산성을 함께 고려해야 한다.

(5) 공업용수의 양과 질

물은 공산품생산에 필요불가결한 것이다. 대부분의 공장에서는 냉각용수, 기관용수, 가공용수 등의 공업용수를 상당히 필요로 하게 된다. 공업용수의 수자원으로서는 지하수, 하천수, 수도, 해수 등이 있는바 어떤 물을 사용할 것인가는 공장에서 필요로 하는 수질 그리고 경제성 등을 고려하여 결정해야 할 것이다.

(6) 수질의 오염, 대기오염 등 공해발생의 위험성

공장의 폐수나 매연으로 대기오염 등 공해발생의 위험이 있을 경우 공해의 제거조치가 필요하게 되어 그만큼 산업 cost가 증가하게 되므로 폐수나 매연의 처리에 대한 대책도 고려해야 한다.

(7) 행정의 조장 및 규제의 정도

공업지역이 행정상 조성의 대상이나 규제의 대상이냐에 따라서 생산활동과 그 cost가 달라진다. 비도시형 공업의 경우는 도시의 분산조치에 따라 이동 또는 규제를 받게 됨으로써 지역의 성장에도 영향을 준다.

(8) 온도, 습도, 풍설 등 기상의 상태

원자재 및 제품의 품질, 제작능률, 생산공정 등이 기후조건 즉 온도, 습도, 기류, 일광, 강우량, 강설량, 풍향 등에 따라 상당한 영향을 받는 업종이 있다. 가령 면사, 인견스프사 등의 섬유공장은 기온의 고저가, 연초, 도장공장은 습도가, 선박제조업과 같이 야외작업이 많은 경우는 일기 등의 기상상태가 결정적인 영향을 미친다.

(9) 지 가

지가는 공업입지의 선정에 큰 영향을 미친다. 즉 제철, 석유화학 등과 같이 광대한 토지를 필요로 하는 공장은 지가가 싼 도심권에서 훨씬 벗어난 곳에, 작은 용지로도 가능한 공장은 수송 등의 여러 가지 다른 이점을 고려하여 도시 가까이에 각각 위치하게 된다.

3. 공장평가시 조사사항

1) 사전조사

사전조사라 함은 평가의뢰서에 첨부된 구비서류에 의하여 평가의뢰인, 평가목적 및 조건, 물건내용, 공법상의 제한사항 등 기본적 사항을 확정하고, 자료의 보완이 필요할 경우 즉시 의뢰인 또는 관계기관에 필요한 조치를 취하여 자료를 보완하도록 하며, 평가에 필요한 가격자료의 수집범위와 수집방법, 처리일정 등을 검토하여 현장조사 및 감정평가서 작성에 대비하는 것을 말한다.

공장평가란 공학적인 지식이 필요한 것이므로 해당 업종에 특별한 지식을 가진 담당자를 선정하기 위해서는 업종의 파악이 필요하며 감정평가서 작성에 대한 일정계획이나 적정한 현장조사 인원의 확정을 위해서는 목록을 철저하게 검토하여 물건 내용을 파악해야 한다.

2) 현장조사

(1) 예비조사

해당기업의 실사에 들어가기 전에 우선 그 기업의 대체적인 윤곽을 제1단계로 파악하는 것이 필요하다. 예비조사는 그 기업의 특색 다시 말하면 기업형태, 제품, 기업의 연혁 등에 관한 사항, 생산, 판매, 재무에 관한 일반적인 상황, 현재의 경영자가 경영상 곤란을 받고 있는 점과 같이 현재 기업의 상태를 대체적으로 파악하는 것이다. 이러한 예비조사는 될 수 있는대로 간단히 이루어져야 되며 그 기업이 가지고 있는 자료를 가급적 이용해야 한다. 이러한 예비조사에서 조사되어야 할 사항을 좀 더 상세히 살펴보면 다음과 같다.

① 사업체의 개요

회사의 현황을 정확하게 파악하려면 그 회사의 연혁을 검토해 볼 필요가 있다. 신설회사의 경우에는 문제가 되지 않지만 연혁이 오래된 기업은 무수한 경기변동을 거쳐 왔으므로 비교적 안정되어 있다. 사업종목의 변경, 회사의 규모확장, 역사, 자본금의 증가상황, 경영자의 변동상황 등 회사연혁을 조사한다.

② 원료의 수급관계

대상업체에서 필요로 하는 주요원료, 구입처와 구입방법, 구입상의 애로사항 등을 검토 한다. 아무리 사업성이 좋다고 하더라도 원료구입이 용이하지 않거나 많은 운영자금의 비축이 요구된다면 결코 좋은 업종이라고 볼 수 없다.

③ 제품의 시장성

대상업체에서 생산되고 있는 물품의 종류는 어떤 것들이 있으며 또 그것들은 어떠한 판매망을 통하여 판매되고 있고 시장점유율은 얼마인가 등을 조사한다.

④ 생산능력 및 규모의 적정성

공장의 규모는 생산코스트에 영향을 준다. 경쟁능력이 없는 규모의 공장은 결국 생산코스트가 높아져 기업의 수익에 좋지 못한 영향을 미치게 되므로 대상업체의 생산능력 및 규모에 대해 살펴본다.

⑤ 생산공정의 적부

장치산업에 있어서는 날로 발전하는 기술향상으로 인하여 생산공정이 개선되어 가고 있다. 그러나 공장을 설립한지가 오래된 공장은 여러 가지 사정 때문에 공정의 개선을 할 수가 없는 경우가 많다. 설립한지가 오래된 공장이 아니라도 공장내의 자금사정 등으로 인하여 낡은 type의 공정을 선택할 수가 흔히 있다. 새로운 process는 기술개발비가 많이 들어가고 생산단위가 커지는 것이 보통이어서 다액의 시설투자비가 소요된다. 그러므로 동업종 타회사의 공정과 대상업체의 공정을 비교해 본다.

⑥ 생산실적 및 예상

지난 일정기간 동안의 생산실적과 향후 일정기간에 생산될 것으로 예상되는 생산량을 조사함으로써 대상업체의 가동률을 점검할 수 있다.

⑦ 입지적 조건

공장의 입지적 조건은 제품의 생산원가에 지대한 영향을 미치므로 입지조건에 대하여는 세밀한 조사가 필요하다.

⑧ 경영 및 기술능력

아무리 훌륭한 시설과 공업입지적 조건을 갖추고 있다 하더라도 경영자가 동업종에 대하여 경험이 없고 또 기술진을 확보하지 못하였다면 그 공장은 발전할 수가 없을 것이다. 그러므로 공장업무를 성공적으로 수행할 만한 충분한 경험과 훌륭한 기술진을 확보하고 있는지의 여부를 파악해야 한다.

(2) 실지조사

예비조사가 끝나면 실지조사에 착수하게 된다. 실지조사는 조사계획에 따라 세밀하게 진행하여야 한다.

① 토지 및 건물

토지의 평가 및 건물의 평가편을 참고하여 조사한다.

② 기계기구 및 공작물

㉠ 기계기구 및 공작물의 구분

ⓐ 공작물

생산공정의 일부로서의 기능을 갖고 있는 것은 기계장치에 해당한 토지에 정착된 토목설비(구축물)와 전기배선, 배관설비(기계류는 제외) 등으로서 대체적으로 그 자체는 직접 작업을 하지 않고 구조적인 일을 하는 것을 말한다.

- 양성발효, 도금 또는 전기분해 등의 공정에 직접 사용되는 금속조 탱크류
- 소성, 용해 등의 용도로 직접 사용되는 로(Kiln, Cupola등), 열처리시설로 등
- 배관시설 중 제조공정 배관
- 천정주행 크레인(Over Head Hoist Crane)

(공작물의 예) : 수조, 유조, 가스탱크, 상하수도, 연돌, 싸이로, 독크.

교량, 약품저장소, 탑, 담장, 석축, 방화제, 호안시설, 방화장치, 방공호, 세척(세차)시설, 배수용 배관, 레일(궤도) 등

ⓑ 기계기구류의 분류 및 정의

- 기계 : 동력을 받아 외부의 대상물에 작용을 하는 설비 및 수동식구조물로 일정한 구속운행에 의하여 작용을 하는 설비(예 : 공작기계, 발전기, 발동기 등)
- 기구 : 주로 인력 또는 기계에 의하여 이루어지는 모든 노동을 보조하는 것 또는 작업에 간접적으로 사용되는 것(예 : 계기류, 치공구 및 실험기구, 농기구 등)
- 장치 : 대상물을 내부에 원료 등을 수용하여 분해, 변형, 변질, 운동시키는 설비(예 : 연소장치, 화학장치, 냉동장치, 운반잔치, 저장장치 등)

㉡ 조사사항

기계기구 및 공작물에 대하여는 다음 사항을 실지조사 한다.

ⓐ 명칭(종류)

ⓑ 규격, 용량, 형식, 능력

ⓒ 제작자, 제작번호, 제작 또는 취득 연월일

ⓓ 개조 또는 수리현황

ⓔ 용도 및 배치상황

동일한 규격으로 제작된 기계라 할지라도 제조회사의 기술능력이나 사용재료 등에 따라 가격에 많은 차이가 있다. 규격은 유사물품과의 가격대비 등에, 제조일이나 개조 또는 수리현황은 감가수정시에 유익한 참고자료가 된다. 그리고 제작자, 제조일, 규격, 제조번호 등은 후일 물건의 동일성 여부 판정의 근거자료이니 만큼 철저하게 조사하여야 한다.

4. 공장의 감정 평가방법

공장은 평가 3방식 중 수익환원법을 적용하여 평가하는 것이 이론적이기는 하나 자료에 추정적 요소가 많이 게재되어 있어 신뢰할만한 가액을 얻기 어려워 실제로는 곤란하고, 구성자산의 종류가 다양하기 때문에 원가법만을 적용할 수도 없으며 거래사례비교법을 적용하고자 하여도 대지의 형태, 입지조건, 건물, 기계기구의 종류 및 사용정도가 천차만별이어서 적합한 거래사례를 얻기가 힘들어 또한 곤란하다. 따라서 공장의 감정평가는 구성자산의 종류에 따라 3방식을 배제하여 적용하거나 어느 한 가지 방법을 적용하여 가격을 산출한 후 이를 합산하여 결정할 수밖에 없다.

1) 일반적인 감정평가 원칙

공장재단을 감정평가할 때에 공장재단을 구성하는 개별 물건의 감정평가액을 합산하여 감정평가하여야 한다. 다만, 계속적인 수익이 예상되는 경우 등 일괄감정평가에 따라 일괄하여 감정평가하는 경우에는 수익환원법을 적용할 수 있다.(「감정평가에 관한 규칙」 제19조)

여기에서 유형자산인 토지, 건물 등은 공시지가기준법, 원가법을 적용하며, 특허권, 디자인권, 실용신안권 및 영업권 등 무형자산은 수익환원법을 적용하여 평가한다. 따라서 감정평가액은 각 재산의 종류에 따른 비준가액, 적산가액 및 수익가액의 복합가액이 될 수도 있다.

(1) 유형자산의 평가

공장은 일반 부동산과는 달리 그 사업체의 수익전망에 따라 그 가치가 결정된다. 따라서 공장의 유형자산의 평가는 장래성이 있는 경우와 그렇지 않은 경우로 구분한다.

① 사업의 장래성이 있는 공장

토지는 비준가액, 건물·기계기구·구축물은 적산가액으로 결정한다. 그리고 과잉 유휴시설은 다른 용도로 전용이 가능하면 전용했을 경우를 상정하고 정상적인 평가를 하고, 그렇지 못한 경우에는 해체처분가액으로 결정한다.

② 사업의 장래성이 없는 공장

만약 다른 용도로 전용이 가능하면 사업의 장래성이 있는 공장의 경우와 같이 평가 하나, 그렇지 못한 경우에는 해체처분가액으로 결정한다.

(2) 무형자산의 평가

공장의 무형자산에는 산업재산권, 영업권, 특허권, 실용신안권, 디자인권, 상표권 등이 있으며, 이의 감정평가는 「감정평가에 관한 규칙」 제23조(무형자산의 감정평가)의 규정을 준용하여 수익환원법을 적용하여야 한다.

「감정평가에 관한 규칙」 제23조 (무형자산의 감정평가) ① 영업권, 특허권, 실용신안권, 디자인권, 상표권, 저작권, 전용측선이용권 및 그 밖의 무형자산을 감정평가할 때에는 수익환원법을 적용하여야 한다.

2) 토지 · 건물의 감정평가

(1) 토지 : 공장부지를 감정평가할 때에는 공시지가기준법을 적용하여야 한다(토지의 평가편 참조).

(2) 건물 : 건물을 감정평가할 때에는 원가법을 적용하여야 한다. 다만, 원가법에 의한 감정평가가 적정하지 아니한 경우에는 거래사례비교법 또는 수익환원법에 의할 수 있다. 원가법으로 감정평가할 경우, 감가수정은 정액법을 적용하되 잔가율은 일반적으로 고려하지 아니한다.

3) 기계기구류의 감정평가

(1) 감정평가방법

기계기구류를 감정평가할 때에는 원가법을 적용하여야 하며, 감가수정은 정률법을 적용하는 것이 일반적이다. 다만, 국내시장가격이 형성되어 있는 신품의 도입기계는 동시장가격을 제조원가로 정할 수 있으며, 대상물건과 현상, 성능 등이 비슷한 동종물건의 중고상태로서의 적절한 거래사례나 시중시가를 확실히 파악할 수 있는 경우(도입기계 포함)에는 그 중고가격을 기초로 하여 거래사례비교법으로 감정평가할 수 있다.

- 적산가액(P)=재조달원가(C)−감가누계액(Dn)=C · r^n (r : 잔가율, n : 경과연수)

(2) 국내제작기계의 재조달원가 산정

국내에서 제작된 기계기구의 재조달원가는 시중에서 거래되는 거래가격에 설치비, 운반비 등의 부대비용을 더하여 구한다. 수많은 종류의 기계기구들에 대하여 거래가격을 조사한다는 것은 많은 시간과 노력이 필요하며 불가능한 일이다. 평가인은 재조달원가 산정을 위하여 평소에 가격자료(한국감정원발행 동산시가조사표, 물가협회발행 물가자료, 각 은행에서 발행되는 가격자료 등)를 수집·정리하고 있어야 하며 가격자료를 활용함에 있어서는 기계의 명칭, 규격이 동일한 물건일지라도 제작자, 제작기술, 성능, 부대시설의 유무에 따라 가격의 차이가 있으므로 동자료를 절대적 기준으로 이용하기 전에 의뢰인으로부터 계약서 및 세금계산서 등 기계에 대한 가격자료를 청구하여 가격의 타당성에 대한 충분한 사전조사가 선행되어야 한다.

(3) 도입기계의 재조달원가 산정

도입기계는 외국에서 수입한 기계를 말하며, 그 재조달원가는 국내시장에 가격이 형성되어 있는 경우에는 시장가격을 우선 적용하고 그렇지 않은 경우 그 수입 가격에 적정한 부대비용을 포함한 금액을 재조달원가로 하되 대상물건과 제작자, 형식, 성능 등이 비슷하다고 인정되는 물건의 최근 수입가격을 기초로 하여 이에 적정한 부대비용을 더한 금액으로 한다.

감가수정은 정률법에 의한 상각방법 및 관찰감가법을 병용한다. 다만, 중고상태로서 국내시장가격이 형성되어 있는 것은 거래사례비교법으로 감정평가할 수 있다.

수입가격을 기준으로 한 도입기계의 재조달원가 산정은 CIF가격 기준과 FOB가격 기준 방법이 주로 이용된다.

① CIF(Cost Insurance and Freight) 기준[38]

CIF가격을 기준으로 한 재조달원가의 산정은 현행 운임 및 보험료의 파악이 어렵거나 불합리한 경우에 적용하는 것으로 다음과 같이 산정한다. 기준시점에 있어서 평가대상 기계의 재조달가격(C)은 도입당시의 평가대상 기계의 CIF 원산지 외화가격(Pi)에 기계가격보정지수(Mr)와 외화의 원화환산율(R)을 곱하고, 여기에 적정부대비용(A)을 더하여 산정한다.

$$C = Pi \times Mr \times R + A$$

- C : 기준시점에 있어서 평가대상 기계의 재조달원가(원)
- Pi : 도입당시의 평가대상 기계의 CIF원산지 외화가격

38) CIF(Cost Insurance and Freight : 운임, 보험료포함 인도조건) : 도착지가격이라고 하며 FOB가격에 지정된 수입항까지 계약물품을 운송하는데 필요한 운임, 운송 중에 계약물품의 멸실 및 손상을 담보하기 위한 보험료를 수출업자가 추가 부담하는 조건이다. FOB가격에 비해 과세가격이 커서 관세부담(관세수입)이 크며, 한국, 일본, EU 등에서 많이 사용한다.

- Mr : 기계가격보정지수
- R : 외화의 원화환산율
- A : 적정부대비용

㉠ 기계가격보정지수 : 일반기계 보정지수와 전기기계보정지수로 구분하여 적용한다.(다만, 기계가격보정지수는 안전성을 고려하여 종합기계가격보정지수를 대신 적용할 수 있다.), 연도별 기계가격보정지수는 다음 산식에 의한다.

- 기계가격보정지수=기준시점(연도)의 기계가격지수/도입시점(연도)의 기계가격지수

㉡ 외화의 원화환산율 : 기준시점의 원산지 해당 통화당 원화환산율을 적용한다.

㉢ 적정부대비용(A) : L/C개설비[39] 등, 설치비, 관세, 농어촌특별세, 소요자금이자, 감독비 등으로 구성된다.

㉮ L/C 개설비 등은 L/C 개설비, 하역료, 통관비, 창고료, 육상운반비 등으로 수입가격의 3% 이내에서 적정수준을 고려하여 적용한다.

㉯ 설치비는 수입가격의 1.5% 이내를 적용한다. 다만, 대상물건의 규모 또는 종류에 따라 별도 사정할 수 있다.

㉰ 관세는 수입신고서의 세번 및 부호에 해당하는 현행 관세율표상의 세율을 적용한다. 분할납부 품목은 현행 관세율을 적용하고 관세 미납액은 기계기구 및 공작물 감정평가명세표 비고란에 기재하고, 그 총액은 평가의견란에 기재한다.

㉱ 농어촌특별세는 「관세법」에 의해 관세를 감면받은 품목에 대하여 부과하며, 세율은 감면받는 관세의 20/100(농어촌특별세)을 적용한다.

㉲ 소요자금이자, 감독비 등은 상당한 건설기간이 소요된 사업체 설비에 한하여 가산하되 소요자금 중 외자는 실제 발생한 이자율 적용을 원칙으로 하고, 기준시점에 있어서의 동종 이자율과 현저한 차이가 있을 경우에는 기준시점의 동종 이자율을 참작 조정하여 적용할 수 있으며, 내자(회사채 포함)는 적정한 시설자금의 현행 이자율을 적용한다.

---

39) L/C(Letter of Credit : 신용장)란 무역거래의 대금지불 및 상품입수의 원할을 위하여 수입업자의 요청과 지시에 따라 수입업자의 거래은행인 신용장 개설은행이 신용장의 제조건과 일치하는 서류와 상환으로 수입업자를 대신하여 수출업자가 수출대금을 회수하기 위하여 발행한 환어음의 결재를 보증하는 증서이다.

② FOB(free on board) 기준[40)]

FOB가격을 기준으로 한 재조달원가의 산정은 도입당시의 FOB가격이 확인되고 기준시점의 운임과 보험료의 파악이 가능한 경우에 다음과 같이 산정한다.

$$C = Pf \times Mr \times R + F + I + A$$

- C : 기준시점에 있어서 평가대상 기계의 재조달원가(원)
- Pf : 도입당시의 평가대상 기계의 FOB원산지 외화가격
- Mr : 기계가격보정지수
- R : 외화의 원화환산율
- F : 현행운임
- I : 현행보험료
- A : 적정부대비용

(4) 중고상태로 도입한 기계기구의 평가

중고상태로 도입된 기계는 재조달원가에서 중고상태가 되기까지의 감가누계액을 공제한 현재가치를 반영하여 도입된 것인 바 더 이상의 감가가 필요하지 않으나 중고상태로 도입된 후 여러 해가 경과된 동종물건이 시중에서 비교적 활발하게 거래되는 경우에는 그 중고가격을 기초로 하여 비준가액으로 평가할 수 있다(예 : 디젤발전기, 자동차). 그러나 유사 물건의 거래가 거의 없는 경우에는

① 도입당시의 금액에 적절한 지수를 곱하여 도입당시 상태의 가격을 현시점 수준으로 조정한 재조달원가를 정하고, 정상적인 내용연수에서 도입되기 직전까지 사용한 기간을 차감한 것을 기준내용연수(분모)로 하고 장래보존연수(분자)는 이 기준내용연수에서 도입일로부터 평가기준일까지의 기간을 차감한 것으로 하여 산출하는 방법이며,

② 도입당시의 금액에 불구하고 현시점에서 같은 종류 또는 같은 종류 이외의 물품의 가격으로부터 대상물건의 재조달원가를 결정하고 내용연수는 정상적인 내용연수를 사용하며, 감가수정은 장래보존연수를 조정함으로서 적산가액을 구하는 방법이다.

---

40) FOB(Free On Board : 본선인도조건) : 발송지가격이라고 하며 CIF가격에 운임, 보험료를 포함하지 아니하는 가격으로 수출업자는 수출항에 정박 중인 본선의 난간(ship's rail)을 통과할 때(선적완료)까지의 제비용과 위험을 부담함으로써 계약상의 책임이 완료되며 그 이후의 모든 비용은 수입업자가 부담하여야 한다. 미국, 캐나다, 호주, 뉴질랜드 등에서 사용한다.

4) 공장평가시 유의물건

(1) 준공감정의 유의점

일반적으로 평가목적이 담보인 경우에는 금융기관 등이 대출을 실시할 경우 우선적으로 융자액을 결정하기 위한 자료로서 감정평가가 행하여지나 준공감정은 시설소요자금 대출을 위한 사전계획에 의거 시설설치완료 후 감정평가하게 된다. 따라서 소유자 또는 금융기관 등에서 제시하는 자료(시설소요자금 내역서, 견적서, 계약서, 도면 등)는 시설소요자금 사정을 위한 사전계획인 경우가 많아 신빙성이 적거나 실제와 상이할 수 있으므로 제시된 자료를 과신하지 말고 자료의 진위, 의뢰목록과 현황의 일치(규격, 수량, 제작자, 제작년도 등) 여부를 철저히 조사함은 물론 가격조사에도 신중을 기하여야 한다.

특히 동일 기계라도 예비부품(spare part)의 포함여부에 따라 기계의 구입가격에 차이가 발생하므로 준공감정시에는 이에 유의하여 본체와 예비부품(spare part)에 대한 목록을 제시받아 평가하되 기계기구 및 공작물 평가명세표에 표기하고 주기계의 예비부품(spare part)임을 평가의견란에 명기한다.

(2) 문제의 소지

시설대출과 관련하여 대상물건의 진위와 가치판정을 위해 감정평가가 의뢰된다. 이때 평가 대상물건의 취득시에 발급되는 세금계산서, 계약서, 견적서 및 물량을 확인하여 평가액을 산출할 필요가 있을 경우에는 상세도면 등의 서류를 의뢰처나 또는 관련된 회사에 징구하여 현물의 확인 및 가격산정 작업을 하게 된다. 대부분의 경우 현물과 발급된 자료가 일치하나 일부는 허위 또는 부정확한 자료를 제출하여 사실 확인 및 가격산정에 많은 시간이 소요되며 때로는 은행 등의 업무에도 지장을 주는 경우가 발생한다.

(3) 준공감정평가와 관련하여 문제가 되었던 사례

① 기계공급자로부터 실제보다 높은 가격으로 세금계산서를 발급받는 사례

㉠ 직물류 제조업체가 기계제작회사에서 기계를 구입하고 은행의 시설자금 대출을 받은 경우로 기계제작회사는 현재 공급하고 있는 시세와 관계없이 이 정도의 가격으로 감정원의 다른 지점에서 평가된 사례가 있다는 등 상대방에게 충

분한 확신을 주고 세금계산서를 발급 이를 기준으로 대출되었다.

㉡ 실제 이건을 담당했던 직원이 기계의 내용을 면밀히 검토한바 동종의 일반적인 기계의 거래가격보다 높게 구입된 것으로 확실시 되나 제작처와 채무자가 구입가격에 이상 없음을 완강히 주장하였다. 이에 대하여 실증적인 증거자료의 확보를 위해 부득이 우리회사와 평가 유대관계가 있는 동업종의 다른 회사로 하여금 같은 기계를 주문하게 한바 고가로 거래된 것으로 판명되었음

㉢ 평가담당자가 최종 점검을 하겠지만 업무 취급시 거래회사의 제출 서류에만 의존하지 말고 대출과 관련된 물건의 일반 시장가격과 경기동향도 알아보는 것이 중요하다.

② 중고기계를 새 기계로 위장한 경우

㉠ 소규모의 전자제품 제조회사가 시설자금 대출을 받는 조건으로 기계를 구입할 때 은행과 협약한 내용대로 신품기계를 구입하지 않고 중고 기계를 구입한 후 나머지 돈으로 운영자금 등으로 전용하였다.

㉡ 공장 경영자는 다른 공장에 신품과 유사한 동종의 중고기계가 있음을 발견하고 이를 싼 가격에 구입한 후 기계장치 구입에 관한 제반 서류는 대출시 정해진 회사의 것을 입수하여 제출했다.

㉢ 공장 경영자는 감정원 직원의 현장조사에 대비하여 중고기계를 새 기계로 위장하기 위하여 수리 및 페인트칠을 해 놓고 명판까지 서류상의 계약회사의 것을 붙여 놓는 등 철저한 준비를 해 놓았다. 심지어 허위서류를 발급한 계약상의 회사에 누가 전화 등으로 문의하면 기계를 매출한 사실이 있다고 말하도록 조치를 하였다. 따라서 기계목록, 제반서류 및 현물이 일치한다고 판단한 담당자는 이를 그대로 평가하여 문제가 된 일이 있었다.

③ 기계할부 구입과 관련된 사례

㉠ 농공단지에서 소규모 공장을 경영하는 개인 사업자에게 은행에서 건물과 기계를 평가하여 담보 취득하였다. 그 후 공장의 부도로 경매가 진행됨에 따라 기계 중 일부가 할부 구입된 것이 있어서 은행-채무자-기계 제작자 사이에 다툼이 발생하였다.

㉡ 처음에는 기계 제작자가 소송까지 진행하려 했으나 기계 제작자의 양보로 해결되었다.

④ 이중담보와 관련된 사례

㉠ 볼트 제조업을 하던 사업주가 볼트 제조용 기계를 A은행에 담보제공하고 대출을 받았다. 그 후 대출기간이 끝나지 않은 상태에서, 1992년 봄 ○○공단으로 이전하면서 B은행에 시설자금 대출을 받았으나 이 건을 담당한 직원의 현장 조사시 발견되어 문제가 되었다.

⑤ 허위 자료 제출과 관련된 사례

㉠ 실제 6천만 원 정도하는 ○○기공의 CNC선반을 동 기계의 제작능력이 없는 ○○중소업체를 이 기계 제작자로 하여 모든 서류를 갖추어 3억 원의 대출을 받았다.

㉡ 이것을 담당한 직원이 조사한 바 ○○중소업체는 이러한 기계를 제작할 능력이 없는 것으로 밝혀지고 기계의 모든 내용은 ○○기공의 것과 동일하여 진위가 판명 되었다.

㉢ 시설자금 대출에 앞서 기계를 공급하는 제작처의 생산능력도 조사하여 보아야 할 것이다.

⑥ 기계목록이 명확하지 않아 부당한 가격으로 평가된 사례

㉠ 일반적으로 기계는 본체+Standard Acc's+Optional Acc's로 구성되나 시설준공감정과 관련하여 감정평가의뢰서 목록상에는 기계본체만 표시되었다.

㉡ 일반적으로 담보감정의 경우 기계본체+Standard Acc's만을 평가하므로 본건 담당자도 이와 같이 평가 확보하였으나, 이건은 Optional Acc's까지 평가해야 될 경우로 나중에 그 부분도 추가 평가한 사실이 있다.

㉢ 이러한 경우 감정평가 담당자도 주의를 하여야겠지만 은행에서 평가 의뢰시 기계의 전부를 의뢰목록상에 기재하여 주면 문제가 발생할 여지가 없다.

(4) 공해방지시설

공해방지시설(폐수처리시설, 대기시설 등)을 평가함에 있어서는 재조달원가 산정에 주의를 요할 뿐 아니라 환경관계법규의 적용을 받으므로 다음의 절차가 완료된 후가 아니면 평가하여서는 아니 된다.

〈공해방지시설의 절차〉

① 공해방지시설허가(시·군·구 환경과)
② 준공완료(시·군·구 환경과)
㉠ 완료신고
㉡ 완료검사
③ 시험검사지시(관할 환경검사연구원)
④ 시험검사합격
⑤ 폐수배출허가

5) LEASE 기계

(1) 의 의

1997년 8월 28일 법률 제5374호로 제정 공포된 「여신전문금융업법」[41] 제2조에 의하면 "시설대여라 함은 특정물건(시설·설비·기계 및 기구 및 건설기계·차량·선박 및 항공기와 이에 관련된 물건에 직접 관련되는 부동산 및 재산권)을 새로이 취득하거나 대여받아 거래상대방에게 일정기간(내용연수의 100분의 20에 해당하는 기간) 이상 사용하게 하고, 그 기간에 걸쳐 일정대가를 정기적으로 분할하여 지급받으며, 그 기간 종료후의 물건의 처분에 대하여는 당사자간의 약정으로 정하는 방식의 금융을 말한다."고 명문화 하고 있다. 즉 기업이 기계설비 등의 물건을 필요로 할 때 그 물건을 구입하기 위한 자금을 융자받는 대신 리스회사(시설대여업자)가 직접 그 필요한 물건을 구입하여 기업에 임대하는 행위를 말한다.

(2) 리스기계와 담보감정평가

「여신전문금융업법」에 의한 시설대여업자가 대여한 리스물건은 리스회사 소유물건으로 "리스물건이 평가의뢰 물건의 일부로 구성되어 이를 물리적으로 분리하였을 때 평가 의뢰 물건이 본래의 기능을 다하지 못하는 경우" 등 특별한 경우를 제외하고는 담보평가시 평가하지 않는 것이 원칙이다.

41) 「여신전문금융업법」은 1973년 12월 31일 법률 제2664호로 「시설대여산업육성법」으로 제정되어 1991년 12월 27일 법률 제4450호로 「시설대여업법」으로 변경되고 1997년 8월 28일 법률 제5374호로 「신용카드업법」과 「시설대여업법」을 통합하여 「여신전문금융업법」으로 오늘에 이르고 있다.

(3) 리스기계의 담보감정평가상의 문제

① 문제의 제기

담보평가란 은행, 보험회사 등 금융기관이 자금의 운용이익을 얻기 위하여 대출을 실시하는 경우 융자액을 결정하기 위한 자료로서 요구된다. 이 자료는 채권의 확보를 위하여 제공되는 담보물의 경제가치(교환가치)를 평가하는 것을 말한다. 그러나 리스물건은 기계설비, 시설, 기계기구, 건설기계, 선박 및 항공기 등으로 이들 등기, 등록에 의해 물권의 내용이 공시되는 것을 제외하고는 물권의 내용을 확인할 수 있는 공시방법이 매우 불완전하다.

따라서 리스물건이 리스이용자의 고의 등으로 담보평가시 의뢰목록에 제시되어 감정평가가 행하여지고 저당권이 설정된 경우에 리스이용자가 저당권 설정에 따른 채무이행을 한 경우에는 별문제가 발생하지 않으나 채무불이행으로 채권자가 채권의 확보를 위하여 저당권 실행을 위한 경매가 진행되는 경우 리스이용자의 민·형사상의 문제를 떠나서 시설대여업자와 저당권자 및 매수인(경락자) 사이에는 복잡한 법률관계가 발생한다.

② 문제의 유형

㉠ 물건의 미확인

회사가 제출한 목록에 의하여 기계기구 평가시 공장내에 설치한 기계기구 중 시설대여업자 소유의 리스기계기구를 리스표시판 등을 확인하지 않고 평가한 경우 채무자의 채무불이행으로 채권자가 저당권을 실행한 때에는 타인의 기계를 평가한 것으로 채권자의 채권보존상 문제가 될 수 있다.

㉡ 건물의 부대설비

일반적으로 독립된 설비에 대해서만 리스대상물건이 되는 것이 원칙이나 건물의 부대설비인 엘리베이터, 방송설비 등도 리스가 가능하므로 현장조사시 주의를 요한다.

㉢ 평가의뢰인의 고의

담보력 또는 신용이 취약하여 자금조달이 어려운 기업이 고의로 리스물건 표시판을 제거하거나 또는 다른 명판으로 대체한 후 평가의뢰하는 경우

③ 리스기계 확인방법

㉠ 물건조사시 확인

「여신전문금융업법」제36조(시설대여 등의 표시)에 의거 시설대여업자는 시설대여 등을 하는 특정물건에 대하여 알아보기 쉬운 곳에 리스표지판을 부착하고, 손상되지 아니하도록 하여야 하므로 기계기구의 물건 확인시에 개별확인 한다.

ⓛ 장부 및 서류를 통한 확인방법

ⓐ 공부에 의한 확인

건물의 부대설비, 자동차, 건설기계 등과 같이 등기·등록되는 물건을 리스회사 명의로 저당권이 설정되어 있는지를 조사한다.

ⓑ 매매계약서 및 세금계산서를 확인한다.

ⓒ 수입면장의 수입자 상호를 확인한다.

ⓓ 재무제표 등을 확인한다.

ⓒ 리스기계 확인방법 한계

ⓐ 의뢰인의 고의적인 리스표지판의 제거

ⓑ 동산소유권의 공시방법의 불완전

ⓒ 「부가가치세법」상의 특례로 세금계산서상 공급받는 자가 리스이용자로 발행

ⓓ 시간차이로 인한 장부의 미기장 및 의뢰인의 장부제시의 거부

6) 구축물(공작물)

구축물의 평가는 원가법에 의하며 감가수정은 정액법, 정률법 또는 상환기금법 중에서 대상물건에 따라 적합한 방법을 선택하여 실시한다. 잔가율은 고려하지 않는 것이 일반적이다.

7) 과잉유휴시설

과잉유휴시설이란 당해 공장의 필요의 정도를 넘어 설치된 시설과 업종변경 등으로 인하여 가동하지 않고 있고, 가까운 장래에도 가동할 전망이 없는 시설을 말한다. 이러한 과잉유휴시설에 대한 평가액은 장래성이 희박하므로 타용도로 전용가능 여부를 참조하거나 해체처분 등을 고려하여 결정한다. 그러나 계속기업(going concern)의 가치를 평가해야 할 은행융자용 담보평가 또는 임료평가의 경우에는 이와 같은 과잉유휴시설은 평가에서 제외하여야 할 것이다.

제2절 광업재단의 감정평가

1. 광업재단의 정의

광업재단이란 광업권과 광업권에 기하여 광물을 채굴·취득하기 위한 각종 설비 및 이에 부속하는 사업의 설비로 구성되는 일단의 기업재산(광산)으로서, 「공장 및 광업재단 저당법」에 따라 소유권과 저당권의 목적이 되는 것을 말한다.

2. 광산의 감정평가

(1) 광산의 정의

광산은 법률로서 정해진 재산권인 광업권과 이를 기초로 하여 지하에 매장된 광물을 채취할 목적으로 조성된 모든 광업재산을 말한다.

(2) 감정평가방법

① 광산을 감정평가할 때에는 수익환원법을 적용하여야 한다.

② 수익환원법을 적용할 때에는 다음의 산식에 따라 대상 광산의 생산규모와 생산시설을 전제로 한 가행연수 동안의 순수익을 환원한 금액에서 장래 소요될 기업비를 현가화한 총액을 공제하여 광산의 감정평가액을 산정한다. 광산의 특성으로 볼 때 위험성이 큰 소모성자산이라는 점에서 상환기금법에 의하여 수익환원한다.[42)]

42) 전 세계 광업전문인 90%가 이 방식을 사용하고 있으며 한국감정원 감정규칙에서도 상환기금법을 규정하고 있다.

■ 광산의 감정평가액=광산의 수익가액 − 장래소요기업비의 현가액

$$광산의 감정평가액 = a \times \frac{1}{S + \frac{i}{(1+i)^n - 1}} - E$$

a : 상각전 연간 순수익, S : 배당이율, i : 축적이율, n : 가행연수
E : 장래소요기업비의 현가화 총액

③ 상각전 연간 순수익(a)은 3년 이상의 수익실적을 기초로 생산여건, 시장성, 장래 월간생산량, 연간가행월수 등을 고려하여 산정한 사업수익에서 소요경비를 공제하여 산정한다. 이 경우, 광물의 가격은 최근 1년 이상의 가격추세를 고려하고, 소요경비는 채광비, 선광비, 제련비, 일반관리비 및 판매비, 운영자금이자 등을 고려한다.

④ 배당이율(S)은 다음 산식에 따라 산정하되, 관련 기관에서 공시하는 자료를 적용할 수 있다.

$$배당이율(S) = \frac{s}{1 - x}$$

s : 배당률 (광업관련 산업부문의 상장법인 시가배당율을 고려하여 산정)
x : 세율(법인세, 방위세, 주민세)

⑤ 축적이율(i)은 광산의 자원 고갈 등을 감안하여 다른 사업으로 재투자를 가정한 1년 만기 정기예금금리를 적용한다.

⑥ 가행연수(n)는 확정 및 추정 가채매장량의 합을 연간 채광가능매장량으로 나누어 산정한다. 이 경우 매장량 산정과 관련된 평균품등과 산정근거를 기재한 계산표와 도면을 감정평가서에 첨부하여야 한다.

⑦ 장래소요기업비는 적정생산량을 가행 최종연도까지 유지하기 위하여 장차 소요될 광산설비 투자소요액의 현가액을 합산하여 산정한다.

※ 1. 장래 소요 기업비(起業費) : 당해 광산의 적정 생산량을 가행 최종연도말까지 유지하기 위해 제반 광산설비에 기준시점 현재로부터 장래 투하될 기계장치, 차량 및 운반구, 건물 및 구축물에 대한 총 투자 소요액의 현가 총액을 말한다.

2. 가행연수(稼行年數) : 광산에서 광물을 경제적으로 채광할 수 있는 작업이 가능한 기간으로 투하자본 회수기간, 경제적 내용연수와 비슷한 것이다.

· 가행연수=가채광량(확정 및 추정)÷연간채광 가능광량

Chapter 11

기타자산 및 권리의 평가

제1절 기타자산의 감정평가

1. 산림의 감정평가

1) 산림의 정의

산림이란 집단적으로 자라고 있는 입목·죽과 그 토지, 집단적으로 자라고 있던 입목·죽이 일시적으로 없어지게 된 토지, 입목·죽을 집단적으로 키우는 데에 사용하게 된 토지 및 이들 토지 안에 있는 암석지·소택지 및 임도를 말한다. 일반적으로 임야대장 등 기타 공부상 지목이 임야로 되어 있는 토지를 산림이라 한다. 산림에서 수목을 제외한 토지가 입목의 생육에 사용되고 있거나 장래에 사용하게 될 토지를 산지라고 하며, 입목은 산지에 부착되어 생육하고 있는 일체의 수목집단을 말하고, 「입목에 관한 법률」에서의 입목과 구별된다.

2) 감정평가방법

(1) 감정평가원칙

① 산림은 산지와 입목을 구분하여 감정평가 한다. 다만, 다음 어느 하나에 해당하는 경우에는 일괄하여 감정평가할 수 있다.

㉠ 산지와 입목을 일체로 한 비준가액의 산정이 가능한 산림

㉡ 입목가액이 산지가액에 비해 경미한 산림

㉢ 입목도가 30% 이하인 산림(무(無)입목지로 취급되는 산림)

㉣ 유실수 단지

② 유실수 단지의 감정평가는 '과수원의 감정평가'규정(거래사례비교법)을 준용한다.

(2) 산림의 감정평가

① 「산지관리법」에 따른 산지의 감정평가는 '토지의 감정평가'방법에 따라 공시지가기준법을 적용하여야 한다.

② 산지로서 산지개량사업이 실시되었거나 산지보호시설이 되어 있는 경우에는 원가법으로 감정평가할 수 있다.

(3) 입목의 감정평가

① 입목을 감정평가할 때에는 거래사례비교법을 적용하여야 한다. 다만, 거래사례비교법을 적용하는 것이 곤란하거나 적절하지 않은 경우에는 다음 각 호의 방법에 따라 감정평가할 수 있다.

㉠ 유령림 : 원가법(조림비용가법)

㉡ 성숙중인 입목 : 입목기망가법이나 글라저법

㉢ 벌기령에 달하거나 가까운 입목 : 시장가역산법

② 위에서 규정한 조림비용가법 등은 다음과 같다.

㉠ 조림비용가법 : 기준시점까지 입목에 투입한 비용의 현가에서 해당 기간 동안 간벌 등으로 얻은 수익의 현가를 뺀 금액으로 입목가액을 구하는 방법

㉡ 입목기망가법 : 장래 벌채될 때까지 기대할 수 있는 순수익으로 입목가액을 구하는 방법

㉢ 글라저법 : 초년도의 조림비를 기점으로 하고 벌기 수확을 종점으로 하는 곡선식을 구해 중간 임령의 입목가액을 구하는 방법

㉣ 시장가역산법 : 원목의 시장가격을 조사하고 생산비용 등을 빼서 역산으로 입목가액을 구하는 방법

(4) 임업부대시설의 감정평가

① 임도 및 방화선을 감정평가할 때에는 원가법을 적용하여야 한다. 다만, 산지의 감정평가액에 임도가액을 포함시킨 경우에는 따로 감정평가를 하지 아니한다.

② 건물 및 산불망대를 감정평가할 때에는 원가법을 적용하여야 한다.
③ 묘포(苗圃)를 감정평가할 때에는 거래사례비교법을 적용하여야 한다. 다만, 거래사례비교법의 적용이 곤란하거나 적절하지 않은 경우에는 원가법을 적용할 수 있다.

(5) 산지와 입목의 일괄평가

산지와 입목을 일괄하여 감정평가할 때에는 거래사례비교법을 적용하여야 한다. 다만, 거래사례비교법의 적용이 곤란하거나 적절하지 않은 경우에는 산림비용가법이나 산림기망가법을 적용할 수 있다.

2. 과수원의 감정평가

1) 과수원의 정의

과수원이란 집단적으로 재배하는 사과, 배, 밤, 호도, 귤나무 등 과수류 및 그 토지와 이에 접속된 저장고 등 부속시설물의 부지(주거용 건물이 있는 부지는 제외)를 말한다.

2) 가격형성에 중요한 영향을 미치는 사항

① 토양의 양부 : 토양이 비옥하면 과수의 산출이 많아 수익성이 높으며 이에 따라 과수의 종류가 결정된다.
② 소비자와의 거리 및 수송시설의 상태 : 소비자와의 거리가 가깝고 수송시설이 잘 되어 있으면 과수의 출하비용이 적게 드므로 수익성이 좋아지고 과수원의 가격도 높아진다.
③ 수확량·과실의 단가·소요 제비용 : 수확량은 최근 3년간의 수확실적 및 판매실적을 참작하여 결정하며 과실의 단가는 판매가격을 기초로, 소요 제비용은 내역별 조사 또는 수령별 표준생산비를 참작하여 결정할 수 있다.

3) 감정평가방법

① 과수원을 감정평가할 때에는 거래사례비교법을 적용하여야 한다. 다만, 거래사례비교법으로 감정평가하는 것이 곤란하거나 적절하지 아니한 경우로서 유령수로 구성되어 있는 경우에는 원가법을 적용할 수 있고, 그 이외의 경우에는 수익환원법을 적용할 수 있다.

② 과수원의 평가는 비준가액으로 평가함을 우선으로 규정하고 있으나 과수원의 거래사례가 드물고 과수원마다 수종, 수령, 품종, 생육상태 등이 다양하므로 평가대상물건과 유사한 거래사례를 보정한다는 것이 어려운 바 일괄 비준가액으로 평가하는 것보다는 토지는 비준가액, 건물 및 부대시설은 적산가액, 유령수는 적산가액이나 비준가액으로 각각 평가하여 이를 합산하는 것이 일반적이다. 그리고 과수만의 평가액은 과수원 전체의 가액에서 과수밭 및 기타 과수원의 시설에 해당되는 가액을 공제하여 결정한다.[43]

③ 「토지보상규칙」에 의하면 수익수(수익이 나는 나무) 또는 관상수에 대하여는 수종, 규격, 수령, 식수면적, 관리상태, 수익성, 이식가능성 및 이식의 난이도 그 밖에 가치형성에 관련되는 제요인을 종합적으로 고려하여 평가하도록 하고 있다. 또한 수목의 수량은 평가 대상이 되는 수목을 그루별로 조사하여 산정하고, 그루별로 조사할 수 없는 특별한 사유가 있는 경우에는 단위면적을 기준으로 하는 표본추출방식에 의한다(「토지보상규칙」제37조, 40조).

3. 자동차의 감정평가

1) 자동차의 정의

자동차란 원동기에 의하여 육상에서 이동할 목적으로 제작한 용구 또는 이에 견인되어 육상을 이동할 목적으로 제작한 용구(피견인차를 포함)를 말한다. 다만, ①「건설기계관리법」에 의한 건설기계, ②「농업기계화촉진법」에 의한 농업기계, ③「군수품관리법」에 의한 차량, ④ 궤도 또는 공중선에 의하여 운행되는 차량은 제외한다.

---

43) 이창석 · 윤창구 외2인, 부동산감정평가론(서울 : 형설출판사, 2003. 10), p. 460.

2) 감정평가방법

(1) 사전조사사항

자동차를 평가함에 있어서 자동차등록원부, 자동차검사증, 폐차사실증명원(폐차의 경우) 등의 서류에 의해 다음사항을 사전에 조사하여야 한다.

등록번호, 차종과 차적, 제작자, 제작연월일, 사용연료의 종류, 마력수, 기통수, 정원 또는 적재량, 차대 및 기관번호, 연식 및 형식, 주행거리 또는 운행시간, 성능 및 현황, 용도 및 사용장소, 검사유효기간, 부대시설부착여부 등을 확인하여야 한다.

(2) 감정평가방법

① 자동차를 감정평가할 때에는 거래사례비교법을 적용하여야 한다. 다만, 거래사례비교법으로 감정평가하는 것이 곤란하거나 적절하지 아니한 경우에는 원가법을 적용할 수 있다.

② 원가법으로 감정평가할 때에는 정률법으로 감가수정한다. 다만, 필요하다고 인정되는 경우 사용정도·관리상태·수리여부 등을 고려하여 관찰감가 등으로 조정하거나 다른 방법에 따라 감가수정할 수 있다. 즉, 내용연수가 비교적 단기이므로 개월 또는 운행시간, 주행거리 등을 기준으로 감가하는 것이 일반적이다.

③ 자동차를 감정평가할 때에는 자동차 자체에 대한 객관적인 평가이므로 노선가격(주관적 가치), 그 밖의 무형가치를 고려하지 아니한다.

④ 자동차로서 효용가치가 없는 것은 해체처분가액으로 감정평가할 수 있다.

4. 건설기계의 감정평가

1) 건설기계의 정의

건설기계란 건설공사에서 사용하는 기계로서 「건설기계관리법」에 의거 등록관청에 등록된 것을 말한다.

2) 감정평가방법

(1) 사전조사사항

건설기계를 평가함에 있어서 조사할 사항은 등록원부, 등록증, 검사증 등에 의하여 다음 사항을 사전 조사하여야 한다.

① 건설기계의 종류와 형식

② 등록번호와 등록일자

③ 실지조사

건설기계에 대하여는 다음 사항을 실지조사하여야 한다.

- 건설기계의 종류와 등록번호
- 사용지
- 건설기계의 내용과 현황

④ 세부조사

또한 건설기계의 현황조사시는 차체와 원동기를 구분하여 다음 사항을 세밀히 조사하여야 한다.

- 구조, 규격, 형식, 용량
- 제작자와 제작 년월일
- 사용정도
- 일련번호

(2) 감정평가방법

① 건설기계를 감정평가할 때에는 원가법을 적용하여야 한다. 다만, 원가법으로 감정평가하는 것이 곤란하거나 적절하지 아니한 경우에는 거래사례비교법으로 감정평가할 수 있다.

② 원가법으로 감정평가할 때에는 정률법으로 감가수정한다. 다만, 필요하다고 인정되는 경우 사용정도·관리상태·수리여부 등을 고려하여 관찰감가 등으로 조정하거나 다른 방법에 따라 감가수정할 수 있다.

③ 건설기계로서 효용가치가 없는 것은 해체처분가액으로 감정평가할 수 있다.

④ 실제 평가를 함에 있어서는 신품 또는 사용정도가 얼마되지 않은 것은 원가법으로 결정함이 효과적이겠으나 그렇지 않은 경우에는 시가와 근접한 가액을 산출하기 위하여 거래사례비교법으로 결정할 수 있다.

5. 선박의 감정평가

1) 선박의 정의

선박이란 여객 또는 수송과 어로, 그 밖에 이와 비슷한 목적으로 수상 또는 수중에서 항행용으로 사용할 수 있는 기기를 말한다.

2) 선박의 감정평가방법

(1) 사전조사사항

선박을 평가함에 있어서 국적증서·선적증서·검사증 등을 통해 선적 및 국적, 선력, 검사내용 및 검사 등을 조사하고, 선체·기관·의장별 규격, 형식, 제작자, 제작연월일, 선종 및 선적량, 선박의 관리 및 운영사항 등을 확인하여야 한다.

(2) 감정평가방법

① 선박을 감정평가할 때에는 선체·기관·의장별로 구분하여 감정평가하되, 각각 원가법을 적용하여야 한다. 다만, 원가법으로 감정평가하는 것이 곤란하거나 적절하지 아니한 경우에는 거래사례비교법으로 감정평가할 수 있다.

② 선박을 감정평가할 때에는 선체는 총톤수, 기관은 엔진 출력을 기준으로 감정평가하는 것을 원칙으로 한다. 이 경우의 감가수정은 선체의 잔존가치율은 강조선의 경우 20%, 그외 목조선·FRP선 등의 경우 10%로 적용하는 것을 원칙으로 한다.

③ 선박의 감가수정은 선체·기관·의장별로 정률법을 적용한다. 다만, 필요하다고 인정되는 경우 사용정도·관리상태·수리여부 등을 고려하여 관찰감가 등으로 조정하거나 다른 방법에 따라 감가수정할 수 있다.

④ 선박으로서 효용가치가 없는 것은 해체처분가액으로 감정평가할 수 있다.

제2절 광업권 및 어업권의 감정평가

1. 광업권의 감정평가

1) 광업권의 개념

(1) 광업권의 정의

광업권이란 「광업법」에 따라 등록을 한 일정한 토지의 구역(광구)에서 등록을 한 광물과 이와 같은 광상(鑛床)에 묻혀 있는 다른 광물을 탐사·채굴 및 취득하는 권리를 말한다.

국가는 채굴(採掘)되지 아니한 광물에 대하여 채굴하고 취득할 권리를 부여할 권능을 갖는다. 광업권은 「광업법」에 의해 허가와 등록으로써 성립하는 독점적·배타적 권리로 이는 물권으로 간주되며, 그 권리의 내용은 광물의 채취에 한하고 토지를 사용하는 권리는 포함되지 않으나 필요한 경우에는 토지를 사용·수용할 수 있는 권리가 인정된다.

(2) 광업권의 존속기간

① 광업권의 존속기간은 20년을 넘을 수 없다(법 제12조).

② 광업권자는 광업권의 존속기간이 끝나기 전에 산업통상자원부장관의 허가를 받아 광업권의 존속기간을 연장할 수 있다. 이 경우, 연장할 때마다 그 연장기간은 20년 이내로 한다(탐사권 7년, 채굴권 20년).

(3) 광업권설정의 출원과 등록

광업권은 광업권설정의 출원에 의하여 산업통상자원부장관의 허가에 의하여 성립한다. 광업권설정의 허가통지서를 받으면 허가통지를 받은 날부터 30일 이내에 등록면허세를 내고 산업통상자원부장관에게 등록을 신청하여야 한다(법 제15조, 제28조).

광업권은 '출원 ⇨ 허가 ⇨ 등록'에 의해 설정되는 것으로, 광업출원의 허가는 등록을 조건으로 광업권을 설정하는 정지조건부 특허이다. 따라서 등록하지 아니한 때에,

허가는 그 효력을 상실한다.

(4) 광업권과 조광권의 구별

① 광업권

㉠ 광업권은 국가의 특허(광업허가)에 의하여, 조광권은 국가의 허가(조광인가)에 의하여 설정되는 권리이다.

㉡ 광업권은 국가의 특허를 받아 일정한 구역(광구)에서 법정의 광물을 탐사·채굴·취득하는 독점적·배타적인 물권이다.

㉢ 탐사권자는 탐사권 설정등록일이 된 날부터 1년 이내에 탐사계획을 신고하여야 한다.

㉣ 채굴권자는 채굴권설정의 등록이 된 날부터 3년 이내에 채굴계획의 인가를 신청하여야 한다.

② 조광권

㉠ 조광권(粗鑛權)이란 설정행위에 의하여 타인의 광구에서 채굴권의 목적이 되어 있는 광물을 채굴하고 취득하는 물권을 말한다.

㉡ 조광권의 존속기간은 그 채굴권의 존속기간과 같다. 다만, 채굴권자와 조광권자가 되려는 자 사이의 협의에 따른 경우에는 그러하지 아니하다.

㉢ 채굴권자 또는 조광권자는 조광기간의 연장이 필요한 경우 조광권의 존속기간이 끝나기 전에 산업통상자원부장관의 인가를 받아 그 기간을 연장할 수 있다.

㉣ 조광권자는 조광권 설정등록이 된날 부터 1년 이내에 조광계획의 인가를 신청하여야 한다.

2) 광업권의 감정평가

(1) 평가기관

광업권의 평가는 다음 각 호의 어느 하나에 해당하는 자가 하며, 보상의 산정은 둘 이상 평가의 산술평균치를 기준으로 한다(동 규칙 제19조 제2항).

① 「감정평가법」에 따라 등록한 감정평가사 및 인가받은 감정평가법인

② 산업통상자원부장관이 인정하는 기관

③ 「엔지니어링기술 진흥법」에 따른 엔지니어링 활동 주체

④ 「기술사법」에 따라 기술사사무소의 개설등록을 한 기술사로서 광업자원 부문이나 응용이학(응용지질 분야로 한정한다) 부문의 엔지니어링 활동 주체 또는 기술사

(2) 감정평가방법

① 광업권은 수익환원법에 의한 광업재단의 감정평가액에서 해당 광산의 현존시설의 가액을 빼고 감정평가하여야 한다. 이 경우 자본회수방법은 광산의 특성상 위험성이 큰 소모성자산으로 재투자하여 계속사업이 불가능하므로 상환기금법(Hoskold방식)이 널리 이용되고 있다.

■ 광업권의 감정평가액=광산의 평가액－현존시설가액

$$\text{광업권의 감정평가액} = a \times \frac{1}{S + \frac{i}{(1+i)^n - 1}} - (E + E^1)$$

a : 상각전 연간 순수익, S : 배당이율, i : 축적이율, n : 광업권의 존속기간
E : 장래소요기업비의 현가화 총액, E^1 : 현존시설의 가액

② 광산의 현존시설 가액은 적정 생산규모와 가행조건 등을 고려하되, 과잉유휴시설은 포함하지 아니한다.

2. 어업권의 감정평가

1) 어업권의 개념

(1) 어업권의 정의

어업권이란 「수산업법」 및 「내수면어업법」에 따라 면허를 받아 배타적으로 어업을 경영할 수 있는 권리를 말한다. 어업에 있어서의 면허는 특정한 수면에서 배타적으로 특정어업을 영위하는 권리로서 행정관청의 행정처분에 의해 설정되는 권리이다. 따라서 어업권의 평가대상이 되는 것은 면허어업이다.

① 어업권은 수산동식물을 포획, 채취 또는 양식하는 권리이다.
② 어업권은 한정된(특정한) 수면에서 어업을 영위하는 권리이다.
③ 어업권은 그 권리의 목적물인 수산동식물의 범위 및 수산동식물의 포획, 채취 또는 양식하는 수단·방법이 한정되어 있다.
④ 어업권은 특정한 수면에서 특정한 내용의 어업을 영위하여 이익을 얻는 것을 일반인에 대해 보호받는 절대권의 일종이다. 따라서 특정내용 외의 권리의 존재를 허용 받지 못하는 배타성도 지닌다.
⑤ 어업권은 행정관청의 면허라는 행정처분에 의해서만 설정되는 권리이며, 선점 또는 관습 등에 의해 취득되지는 않는다.

(2) 어업권의 유효기간 등

① 어업면허의 유효기간은 10년으로 하며, 어업허가의 유효기간은 5년, 어업신고의 유효기간은 신고를 수리(受理)한 날부터 5년으로 한다(법 제14조, 46조, 47조).
② 어업권은 물권(物權)으로 하며, 「수산업법」에서 정한 것 외에는 「민법」중 토지에 관한 규정을 준용한다.
③ 어업권과 이를 목적으로 하는 권리에 관하여는 「민법」중 질권(質權)에 관한 규정을 적용하지 아니한다.
④ 어업권을 취득한 자는 그 어업권을 취득한 날부터 1년 이내에 어업을 시작하여야 한다. 다만, 대통령령으로 정하는 경우에는 시장·군수·구청장이 2년의 범위에서 그 기간을 조정할 수 있다.
⑤ 어업권은 임대차의 목적으로 할 수 없다.

(3) 어업면허 · 허가 · 신고의 법적 성질

① 어업면허의 법적 성질

면허란 일종의 자격부여 행위로서, 학문상의 개념으로는 허가에 해당하나, 어업면허는 사람이 자연적으로는 가지지 아니하는 법률상의 힘, 즉 권리를 특정인에게 새로이 설정하는 행정행위로서 행정법상 특허적 성격을 가지며 일반적 금지의 해제로 사람의 자유 또는 행사가 제한된 잠재적 권리를 회복함에 그치는 허가와는 달리 설권적 행정행위(특허)의 성질을 가진다.

② 어업허가의 법적 성질

허가란 일반적으로 금지되어 있는 행위를 해제하여 적법하게 그 행위를 할 수 있도록 하는 행정처분이므로 금지된 행위에 관한 본래의 자유를 회복하게 하는 것이다.

공유수면에서 수산동식물을 포획, 채취 또는 양식 하는 것은 본래 일반인의 자유이지만, 「수산업법」에서는 수산자원의 조성·보호 및 수면의 종합적 이용을 통하여 수산업의 발전을 도모하기 위한 어업조정 또는 공익상 필요에 따라 이러한 자유를 제한하고 있으며 어업허가제는 이러한 제한의 일종이라고 할 수 있다.

즉 어업의 허가는 수산업의 목적에 따라 종합적인 견지에서 금지된 어업행위를 특정한 자에게 해제하여 본래 자연적인 자유를 회복하게 하는 행정관청의 행정처분이라고 할 수 있다.

어업면허는 제3자에 대해 배타적·독립적인 권리를 형성하는 행정관청의 설권행위인데 비해 어업허가는 금지된 행위에 관한 자유의 회복이므로 원칙적으로 제3자에게 대항 할 수 있는 권리를 설정하는 효과를 갖지 못한다.

③ 어업신고의 법적 성질

신고란 일반적으로 일정한 행위에 대하여 행정관청에 밝히는 의사표시이며, 어업신고의 경우에도 행정관청에 신고어업을 할 것을 밝히는 의사표시이다. 설권행위인 어업면허나 금지의 해제로 원래 자유의 회복인 어업허가와는 달리 신고어업의 경우에는 원래 어업의 자유를 그대로 지니고 있다고 볼 수 있다. 어업면허 및 어업허가 등 외에는 어선·어구 또는 시설에 대하여 신고를 하도록 한 것은 수산자원을 조성·보호하며 수면의 종합적인 이용을 통해 수산업법의 발전을 도모하고자 하는 「수산업법」의 목적에 따라 어업의 변천, 어업자의 증감, 수산자원 상태의 변동 등 제반사항을 파악하고 있음으로써 필요한 경우 적절한 조치를 취하고자 하는 어업조정의 차원에서 이루어지는 것이다.

2) 어업권의 평가

(1) 평가기준

어업권에 대한 평가는 거래가격, 원가, 수익성 등을 참작한 적정가격으로 보상액을 정하되, 기준시점에 있어서 일반적인 이용방법에 의한 객관적인 상황을 기준으로 하여야 하고 소유자가 갖는 주관적인 가치나 특별한 용도에의 사용을 전제로 한 것은 고려하지 아니하도록 규정되어 있다.

한편 어업권은 원칙적으로 이전, 분할 또는 변경을 할 수 없도록 하고 있어 거래가 제한되고 있고, 허가 또는 신고어업의 경우에도 그 성격상 법적으로 권리성이 인정되지 아니하므로 거래를 할 수 없으며, 비용을 투입하여 생산 또는 취득하는 것도 아니므로 거래가격이나 원가개념에 의한 평가보다는 수익성에 기인한 평가를 하여야 한다.

(2) 감정평가방법

① 어업권의 감정평가할 때에는 수익환원법을 적용하여야 한다. 다만, 수익환원법으로 감정평가하는 것이 곤란하거나 적절하지 아니한 경우에는 거래사례비교법으로 감정평가할 수 있다. 이 경우 자본회수방법은 어업의 특성상 현위치에서 재투자하여 계속사업이 가능하므로 연금법(Inwood방식)이 널리 이용되고 있다.

② 어업권을 수익환원법으로 감정평가할 때에는 어장 전체를 수익환원법으로 감정평가한 가액에서 해당 어장의 적정 시설가액을 뺀 금액으로 감정평가한다. 이 경우 어장의 현존시설 가액은 적정 생산규모와 어업권 존속기간 등을 고려하여 산정하되 과잉유휴시설을 포함하지 아니한다.

③ 어업권을 거래사례비교법으로 감정평가할 때에는 어종, 어장의 규모, 존속기간 등이 비슷한 인근의 어업권 거래사례를 기준으로 어업권의 가치에 영향을 미치는 개별요인을 비교하여 감정평가한다.

④ 어구, 시설물의 감정평가는 동산, 건물의 감정평가방법에 의한다.

- 어장의 감정평가액=어장의 수익가액 – 장래소요기업비의 현가액
- 어업권의 감정평가액=어장의 평가액 – 현존시설가액(어선, 어구 등)

Chapter 12

보상평가

제1절 손실보상

1. 행정상의 손실보상

1) 손실보상의 개념

(1) 손실보상의 의의

손실보상이란 공공필요에 의한 적법한 행정상의 공권력 행사로 인하여 사유재산에 가해진 특별한 희생에 대하여 사유재산권 보장과 공평부담의 견지에서 행정주체가 행하는 조절적인 재산적 전보(塡補)제도를 말한다.[44]

① 적법행위로 인한 손실보상

이 점에서 불법행위로 인한 손해배상제도와 구별된다. 토지수용, 징발 등과 같이 재산권 또는 생활권 침해에 대한 보상으로 법률이 부득이한 침해를 예정하고 있는 경우이다.

② 행정상의 공권력행사로 인한 손실보상

공권력행사라는 점에서 사법상의 손해배상과 다르고, 행정상 손실보상인 점에서 입법작용 내지 사법작용으로 인한 손실보상과 구별된다.

③ 특별한 희생에 대한 조절적 손실보상

따라서 피해자에게 손해를 감수해야 할 원인이 있는 부담(벌금 등)이라든지 일반

44) 손성태, 감정평가 및 보상법규(서울 : 박문각, 1997. 2), p. 58.

적 부담(조세 등)에 대해서는 손실보상이 문제되지 않는다. 그러나 일반적 부담에 따르는 재산권 자체에 내임하는 사회적 제약의 경우에도 그 제약의 범위를 일탈한 재산권의 침해의 경우에는 그 침해를 결과적으로 위법한 것이 되기 때문에 손실보상제도에 준하여 보상되어야 할 것이다. 이 경우는 수용유사침해[45]의 법리가 적용된다.

(2) 행정상 손실보상의 근거

우리 헌법은 "모든 국민의 재산권을 보장하는 한편, 공공필요에 의한 재산권의 수용·사용 또는 제한 및 그에 대한 보상은 법률로써 하되, 정당한 보상을 지급하여야 한다."라고 규정하고 있다(헌법 제23조). 이 규정은 일반적으로 공법상의 손실보상의 근거규정으로 이해되고 있으며, 정당한 보상이란 손실과 보상이 균형을 이루는 정도를 말하며, 재산권에 대한 침해에 대하여 어느 정도까지 손실보상을 인정할 것인가의 문제로 일반적으로 완전보상설과 상당보상설이 대립되고 있다.

① 완전보상설 : 발생한 손실 전부를 보상하는 것으로 피침해재산이 가지는 완전한 가치를 보상으로 제공해야 한다는 설이 일반적인 통설이라 볼 수 있다.[46]

② 상당보상설 : 재산권의 사회적 구속성과 침해행위의 공공성에 비추어 사회통념상으로 타당하고 합리적인 기준에 따른 적정한 보상이면 족하다는 설이다.

③ 절충설 : 재산권의 침해의 내용 또는 성격에 따라 완전한 보상을 요하는 경우와 상당한 보상으로서 충분한 경우가 있다는 설이다.

2) 손해배상과 손실보상

(1) 유사점

행정상의 손해배상과 손실보상은 행정기관의 작용으로 개인에게 특별한 손해를 가한 경우에 그 손해를 국가 또는 공공단체가 보진하는 행정구제인 점에서 서로 같다. 이와 같이 양제도는 사후구제제도이며, 양자는 모두 행정작용으로 인한 국민의 재산상 손해의 구제인 '실체적 구제제도'인 점에서, 절차적 구제제도인 행정쟁송제도와 구

45) 수용유사침해(收用類似侵害)란 공공필요에 의한 재산권침해의 근거규정을 두면서 보상에 관한 규정을 두지 않는 경우를 말한다.

46) 프랑스에서는 완전보상이라는 것은 피수용자가 수용전과 유사한 상태를 회복하는 것을 의미하는 것으로 본다.

별된다.

(2) 차이점

① 요건상의 차이 : 행정상의 손해배상은 국가 또는 공공단체의 불법행위를 원인으로 하고, 행정상의 손실보상은 적법행위를 그 원인으로 한다는 점에서 양자는 성립요건을 달리한다. 다시 말하면 손해배상은 공무원이 직무 중 고의·과실로 인한 위법행위로 타인에게 손해를 가했거나, 공공 영조물의 설치·관리의 하자로 타인에게 손해를 가했을 때 발생한다. 반면, 손실보상은 공권력행정에 의한 사유재산에 대한 특별한 희생이 있는 경우에 생긴다.

② 효과상의 차이 : 손해배상은 일반 민사상의 불법행위로 인한 손해배상의 경우와 마찬가지로 공무원의 가해행위와 상당인과 관계가 있는 모든 손해액이다. 손실보상도 개별적인 법률이 있는 외에는 원칙은 금전보상, 예외로 현물보상 내지 채권보상에 의한다.

2. 손실보상의 원칙

공시지가는 원칙적으로 매년 1월 1일을 기준으로 하여 공시된다. 그리하여 어느 하나의 공공사업을 위한 공공용지의 수용이 2년 이상에 걸쳐 행하여지고, 따라서 수용재결이 한 해를 넘어서 행하여지는 경우에 매년 다른 공시지가를 기준으로 하여 보상액을 평가할 것인가, 아니면 모든 경우에 당해 토지의 수용계획 또는 공공사업의 시행에 의하여 영향을 받지 아니한 때의 공시지가를 기준으로 하여 평가할 것인가가 문제가 된다.

매년 다른 공시지가를 기준으로 하여 보상액을 평가한다면 당해 공익사업이 시행된 뒤에 공시된 공시지가는 당해 공익사업의 시행으로 영향을 받은 지가이기 때문에 동일한 공공사업으로 인한 토지 수용임에도 불구하고 먼저 수용당한 자는 개발이익이 포함된 금액으로 보상을 받게 되어 불공평을 초래하게 될 것이고, 개발이익을 보상액에서 배제하려는 확립된 판례에도 배치되게 될 것이다.

이러한 사유로 다음과 같이 손실보상 원칙을 정하여 시행하고 있다.

1) 사업시행자보상

공익사업에 필요한 토지 등의 취득 또는 사용으로 인하여 토지소유자나 관계인이 입은 손실은 사업시행자가 보상하여야 한다(「토지보상법」 제61조).

2) 사전보상의 원칙

사업시행자는 해당 공익사업을 위한 공사에 착수하기 이전에 토지소유자와 관계인에게 보상액 전액을 지급하여야 한다. 다만, 천재지변 시의 토지 사용과 시급한 토지 사용의 경우 또는 토지소유자 및 관계인의 승낙이 있는 경우 그러하지 아니하다(법 제62조).

3) 현금보상의 원칙

손실보상은 다른 법률에 특별한 규정이 있는 경우를 제외하고는 현금으로 지급하여야 한다. 다만, 토지소유자가 원하는 경우 등에는 대토보상 또는 채권보상도 가능하다(법 제63조).

4) 개인별보상의 원칙

손실보상은 토지소유자나 관계인에게 개인별로 하여야 한다. 다만, 개인별로 보상액을 산정할 수 없을 때에는 그러하지 아니하다(법 제64조).

5) 일괄보상의 원칙

사업시행자는 동일한 사업지역에 보상시기를 달리하는 동일인 소유의 토지 등이 여러개 있는 경우 토지소유자나 관계인이 요구할 때에는 한꺼번에 보상금을 지급하도록 하여야 한다(법 제65조).

6) 사업시행 이익과의 상계금지의 원칙

사업시행자는 동일한 토지소유자에 속하는 일단의 토지의 일부를 취득 하거나 사용하는 경우 해당 공익사업의 시행으로 인하여 잔여지의 가격이 증가하거나 그 밖의 이익이 발생한 경우에도 그 이익을 그 취득 또는 사용으로 인한 손실과 상계할 수 없다(법 제66조).

3. 손실보상의 절차

1) 공익사업의 준비

(1) 사업준비를 위한 출입의 허가 등

사업시행자(특별자치도, 시·군 또는 자치구가 사업시행자인 경우는 제외)는 공익사업의 준비를 위하여 타인이 점유하는 토지에 출입하여 측량이나 조사를 하고자하는 때에는 사업의 종류와 출입할 토지의 구역 및 기간을 정하여 특별자치도지사, 시장·군수 또는 구청장(자치구의 구청장)의 허가를 받아야 한다(법 제9조).

(2) 출입의 통지

타인이 점유하는 토지에 출입하려는 자는 출입하려는 날의 5일전까지 그 일시 및 장소를 특별자치도지사, 시장·군수 또는 구청장에게 통지하여야 한다. 또한 일출전이나 일몰 후에는 토지점유자의 승낙없이 출입할 수 없다(법 제10조).

(3) 토지점유자의 인용의무

토지점유자는 정당한 사유 없이 사업시행자가 절차에 따라 통지하고 출입·측량 또는 조사하는 행위를 방해하지 못한다(受忍義務, 법 제11조).

(4) 장해물 등의 제거

사업시행자는 타인이 점유하는 토지에 출입하여 측량 또는 조사를 할 때 장해물을 제거하거나 토지의 시굴(장해물 제거 등)을 하여야 할 부득이한 사유가 있는 경우에는 그 소유자 및 점유자의 동의를 받아야 한다. 다만, 그 소유자 및 점유자의 동의를 받지 못하였을 때에는 시장 등의 허가를 받아 장해물의 제거 등을 할 수 있다(법 제12조).

(5) 증표 등의 휴대

특별자치도지사, 시장·군수 또는 구청장의 허가를 받고 타인이 점유하는 토지에 출입하려는 자와 장해물의 제거 등을 하려는 자는 그 신분을 표시하는 증표와 특별자치도지사, 시장·군수 또는 구청장의 허가증을 지녀야 한다(법 제13조).

2) 협의에 의한 취득 또는 사용

(1) 토지조서 및 물건조서의 작성

사업시행자는 공익사업의 수행을 위하여 사업인정 전에 협의에 의한 토지 등의 취득 또는 사용이 필요한 때에는 토지조서와 물건조서를 작성하여 서명 또는 날인을 하고 토지소유자와 관계인의 서명 또는 날인을 받아야 한다(법 제14조).

토지·물건조서는 사업의 범위를 구체화시키는 절차로서 취득할 토지 및 물건의 구체적·개별적 현황을 조사하고 이를 근거로 수용목적물의 범위가 구체적으로 확정된다. 법률이 정한 바에 따라 사실상태 및 권리의 존재여부, 권리의 소재를 파악하는 사실행위가 되며 취득할 목적물의 범위를 확정하는 절차이다.

〈표 12-1〉 토지조서

<table>
<tr><td colspan="11">토지조서</td></tr>
<tr><td colspan="4">공익사업의 명칭</td><td colspan="7"></td></tr>
<tr><td colspan="4">사업인정의 근거 및 고시일</td><td colspan="7"></td></tr>
<tr><td colspan="2" rowspan="2">사업시행자</td><td colspan="2">성명 또는 명칭</td><td colspan="7"></td></tr>
<tr><td colspan="2">주 소</td><td colspan="7"></td></tr>
<tr><td colspan="2" rowspan="2">토지소유자</td><td colspan="2">성명 또는 명칭</td><td colspan="7"></td></tr>
<tr><td colspan="2">주 소</td><td colspan="7"></td></tr>
<tr><td colspan="11">토지의 명세</td></tr>
<tr><td rowspan="2">소재지</td><td rowspan="2">지번(원래 지번)</td><td rowspan="2">지목</td><td rowspan="2">현실적인이용상황</td><td rowspan="2">전체면적</td><td rowspan="2">편입면적</td><td rowspan="2">용도지역 및 지구</td><td colspan="3">관 계 인</td><td rowspan="2">비고</td></tr>
<tr><td>성명 또는 명칭</td><td>주 소</td><td>권리의 종류 및 내용</td></tr>
<tr><td></td><td></td><td></td><td></td><td></td><td></td><td></td><td></td><td></td><td></td><td></td></tr>
<tr><td></td><td></td><td></td><td></td><td></td><td></td><td></td><td></td><td></td><td></td><td></td></tr>
<tr><td colspan="4">그 밖에 보상금 산정에 필요한 사항</td><td colspan="7"></td></tr>
<tr><td colspan="11">공익사업을 위한 토지등의 취득 및 보상에 관한 법률 제14조제1항 및 같은 법 시행령 제7조제3항의 규정에 의하여 위와 같이 토지조서를 작성합니다.
년 월 일
사업시행자 ㉥
토지소유자 (서명 또는 인)
관 계 인 (서명 또는 인)</td></tr>
<tr><td colspan="11">토지소유자(관계인 포함)가 서명(인)할 수 없는 경우 그 사유</td></tr>
</table>

〈표 12-2〉 물건조서

<table>
<tr><td colspan="9">물건조서</td></tr>
<tr><td colspan="3">공익사업의 명칭</td><td colspan="6"></td></tr>
<tr><td colspan="3">사업인정의 근거 및 고시일</td><td colspan="6"></td></tr>
<tr><td rowspan="2">사업시행자</td><td colspan="2">성명 또는 명칭</td><td colspan="6"></td></tr>
<tr><td colspan="2">주 소</td><td colspan="6"></td></tr>
<tr><td rowspan="2">물건소유자</td><td colspan="2">성명 또는 명칭</td><td colspan="6"></td></tr>
<tr><td colspan="2">주 소</td><td colspan="6"></td></tr>
<tr><td colspan="9">물건의 명세</td></tr>
<tr><td rowspan="2">소재지</td><td rowspan="2">지번</td><td rowspan="2">물건의 종 류</td><td rowspan="2">구조 및 규격</td><td rowspan="2">수 량 (면적)</td><td colspan="3">관 계 인</td><td rowspan="2">비고</td></tr>
<tr><td>성명 또는 명칭</td><td>주 소</td><td>권리의 종류 및 내용</td></tr>
<tr><td></td><td></td><td></td><td></td><td></td><td></td><td></td><td></td><td></td></tr>
<tr><td></td><td></td><td></td><td></td><td></td><td></td><td></td><td></td><td></td></tr>
<tr><td colspan="3">그 밖에 보상금 산정에 필요한 사항</td><td colspan="6"></td></tr>
<tr><td colspan="9">공익사업을 위한 토지등의 취득 및 보상에 관한 법률 제14조제1항 및 같은 법 시행령 제7조제4항의 규정에 의하여 위와 같이 물건조서를 작성합니다.
년 월 일
사업시행자 (인)
물건의 소유자 (서명 또는 인)
관 계 인 (서명 또는 인)</td></tr>
<tr><td colspan="9">토지소유자(관계인 포함)가 서명(인)할 수 없는 경우 그 사유</td></tr>
</table>

(2) 보상계획의 열람 등

사업시행자는 토지조서와 물건조서를 작성하였을 때에는 공익사업의 개요, 토지조서 및 물건조서의 내용과 보상의 시기·방법 및 절차 등이 포함된 보상계획을 전국을 보급지역으로 하는 일간신문에 공고하고, 토지소유자 및 관계인에게 각각 통지하여야 한다. 다만, 토지소유자와 관계인이 20인 이하인 경우에는 공고를 생략할 수 있다(법 제15조).

(3) 협의

사업시행자는 토지 등에 대한 보상에 관하여 토지소유자 및 관계인과 성실하게 협의하여야 한다(법 제16조).

협의란 사업시행자가 그 토지 등에 관하여 권리를 취득하거나 소멸시키기 위하여 토지소유자 및 관계인과 가지는 합의를 말한다. 협의는 취득할 토지의 범위, 취득시기, 손실보상 등에 관한 사업시행자와 토지소유자 및 관계인 사이의 교섭행위로 공법상 계약으로 보는 견해가 일반적이다.

(4) 계약의 체결

사업시행자는 협의가 성립되었을 때에는 토지소유자 및 관계인과 계약을 체결하여야 한다(법 제17조).

3) 수용에 의한 취득 또는 사용

(1) 사업인정 등

사업시행자는 토지 등을 수용하거나 사용하려면 국토교통부장관의 사업인정을 받아야 한다(법 제20조).

① 의의 : 사업인정이란 공익사업을 위하여 토지 등을 수용 또는 사용할 사업으로 결정하는 것을 말하며, 토지 등을 수용할 수 있는 권한을 부여하는 행정처분이다. 사업인정은 「토지보상법」에 의한 협의취득이 불가능한 경우에 사업시행자에게 강제취득의 권원을 부여하는 수용의 일단계절차이다.

② 사업인정의 효력발생시기 : 사업인정이 있는 경우 그 효력은 국토교통부장관이 이를 고시한 날로부터 발생한다.

③ 사업인정의 효과 : 사업인정이 고시되면 수용할 목적물의 범위가 구체적으로 확정되고, 수용의 목적달성을 위하여 수용권자로 하여금 목적물에 관한 현재 및 장래의 권리자에게 대항할 수 있는 공법상 권리로서의 효력을 발생시킨다.

(2) 사업인정의 고시

국토교통부장관은 사업인정을 하였을 때에는 지체없이 그 뜻을 사업시행자, 토지소유자 및 관계인, 관계 시·도지사에게 통지하고 사업시행자의 성명이나 명칭, 사업의 종류, 사업지역 및 수용하거나 사용할 토지의 세목을 관보에 고시하여야 한다. 사업인정은 고시한 날부터 그 효력이 발생한다(법 제22조).

〈표 12-3〉 토지의 세목조서

<table>
<tr><th colspan="13">수용 또는 사용할 토지의 세목조서</th></tr>
<tr><th rowspan="2">일련
번호</th><th rowspan="2">소재지</th><th rowspan="2">지번
(당초지번)</th><th rowspan="2">지목</th><th colspan="2">면적</th><th colspan="2">토지
소유자</th><th colspan="3">관계인</th><th rowspan="2">비
고</th></tr>
<tr><th>공부상
면적</th><th>편입
면적</th><th>성명
또는
명칭</th><th>주소</th><th>성명
또는
명칭</th><th>주소</th><th>권리의
종류
및내용</th></tr>
<tr><td></td><td></td><td></td><td></td><td></td><td></td><td></td><td></td><td></td><td></td><td></td><td></td></tr>
<tr><td></td><td></td><td></td><td></td><td></td><td></td><td></td><td></td><td></td><td></td><td></td><td></td></tr>
<tr><td></td><td></td><td></td><td></td><td></td><td></td><td></td><td></td><td></td><td></td><td></td><td></td></tr>
</table>

(3) 협의 등 절차의 준용

① 사업인정을 받은 사업시행자는 토지조서 및 물건조서의 작성, 보상계획의 공고·통지 및 열람, 보상액의 산정과 토지소유자 및 관계인과의 협의의 절차를 거쳐야 한다. 이 경우 ㉠ 토지조서 및 물건조서의 작성, ㉡ 보상계획의 열람, ㉢ 협의 및 보상액의 산정 규정을 준용한다.

② 사업인정 이전에 협의 절차를 거쳤으나 협의가 성립되지 아니하여 사업인정을 받은 사업으로서 토지조서 및 물건조서의 내용에 변동이 없을 때에는 토지 및 물건조서의 작성, 보상계획의 열람, 협의 절차를 거치지 아니할 수 있다. 다만, 사업시행자나 토지소유자 및 관계인이 협의를 요구할 때에는 협의하여야 한다(법 제26조).

(4) 토지 및 물건에 관한 조사권 등

사업인정의 고시가 된 후에는 사업시행자 또는 감정평가업자는 시장 등의 허가를 받지 아니하고 ① 사업시행자가 사업의 준비나 토지조서 및 물건조서를 작성하기 위하여 필요한 경우 ② 감정평가업자가 감정평가를 의뢰받은 토지 등의 감정평가를 위하여 필요한 경우에는 해당 토지나 물건에 출입하여 측량하거나 조사할 수 있다(법 제27조).

(5) 재결의 신청

협의가 성립되지 아니하거나 협의를 할 수 없는 때에는 사업시행자는 사업인정고시가 있은 날부터 1년 이내에 관할 토지수용위원회에 재결을 신청할 수 있다(법 제28조). 그러나 「국토의 계획 및 이용에 관한 법률」에 의한 도시·군계획시설사업, 「도시개발법」에 의한 도시개발사업, 「도시 및 주거환경정비법」에 의한 정비사업, 「주택법」에 의한 주택건설 및 대지조성사업 등은 위 규정에 불구하고 당해 사업의 시행기간 이내로 정하고 있다.

(6) 협의성립의 확인

사업시행자와 토지소유자 및 관계인 간에 협의가 성립되었을 때에는 사업시행자는 재결 신청기간 이내에 해당 토지소유자 및 관계인의 동의를 받아 관할 토지수용위원회에 협의성립의 확인을 신청할 수 있다(법 제29조).

(7) 화해의 권고

토지수용위원회는 그 재결이 있기 전에는 사업시행자, 토지소유자 및 관계인에게 화해를 권고하게 할 수 있다. 화해가 성립되었을 때에는 화해조서에 서명 또는 날인이 된 경우에는 당사자간에 화해조서와 동일한 내용의 합의가 성립된 것으로 본다(법 제33조).

(8) 재 결

재결이란 사업시행자에게 보상금의 지급 또는 공탁을 조건으로 수용권의 내용을 결정하고 실행을 완성시켜주는 형식적인 행정처분이며, 사업시행자의 재결신청 및 토지소유자 등의 청구가 있으면 관할 토지수용위원회는 심리를 시작한 날부터 14일 이내에 서면으로 재결하여야 한다(법 제34조, 35조).

〈그림 12-1〉 협의 및 수용에 의한 손실보상 절차

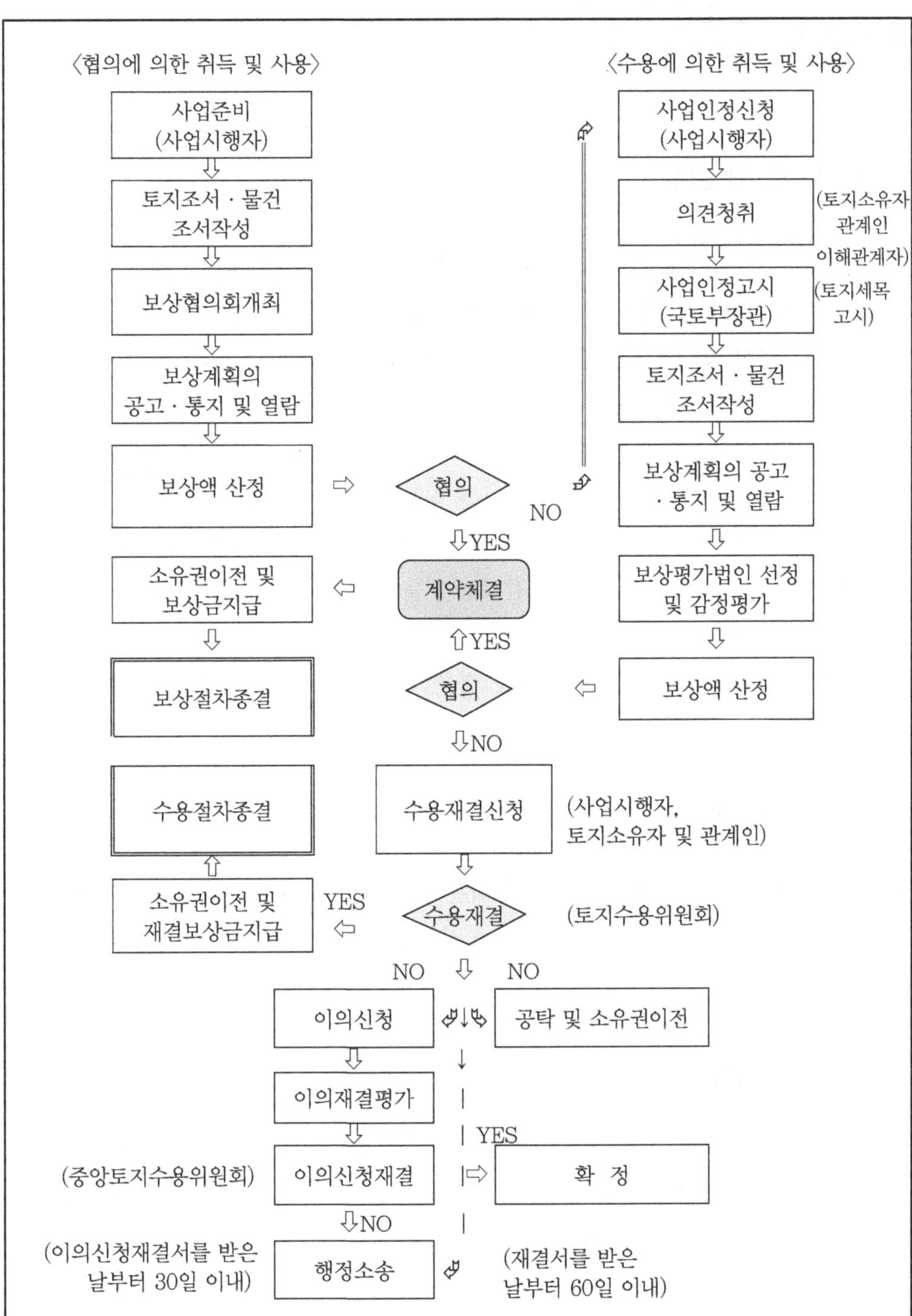

제2절 토지의 보상평가

1. 평가기준 및 방법

공법상의 재산권 침해에 따른 손실의 평가는 평가대상 재산권의 경제적 가치를 정밀하게 평가할 필요에 의하여 전문평가인의 평가를 원칙으로 하고 있다. 조세부과를 위한 토지가격의 평가가 조세부과 대상토지의 가격수준의 산정을 위하여 많은 토지가격을 대량으로 평가하는 개략평가라 한다면, 보상평가는 토지가격이 전문 평가인에 의하여 개별적으로 정밀하게 평가되는 대표적인 평가영역이다. 「감정평가법」제4조는 타인의 의뢰를 받아 토지 등의 감정평가를 직무로 하는 감정평가제도를 규정하고 있으며, 동법 제10조는 감정평가업자의 직무의 하나로 "공공용지의 매수 및 토지의 수용·사용에 대한 보상을 위한 토지의 감정평가"를 규정하고 있는 등 전문평가의 영역을 법적으로 인정하고 있다.[47]

감정평가사가 손실보상액을 평가하는 경우 그 기준은 「토지보상법」, 「감정평가법」에 따른다.

1) 객관적 기준평가

기준시점의 일반적 이용방법에 따른 객관적 상황을 기준으로 평가하여야 하며, 토지소유자의 주관적 가치나 특별한 용도에 사용할 것을 전제로 한 것은 고려하지 아니한다(법 제70조 제2항).

2) 현황기준평가

기준시점에 있어서의 현실적인 이용상황을 기준으로 한다. (예외 : 기준시점에 있어서의 이용상황이 일시적 이용상황으로 인정되는 경우와 무허가건부지 또는 불법형질변경된 토지 및 미불용지의 규정에 의한 평가)

---

47) 강교식 · 임호정, 전게서, p. 163.

3) 개별 감정평가

① 대상물건마다 개별로 행하는 것을 원칙으로 한다.

② 두 필지 이상의 토지가 일단지를 이루어 용도상 불가분의 관계에 있는 경우에는 일괄감정평가하고, 한 필지의 토지가 둘 이상의 용도로 이용되는 경우에는 실제 용도별로 구분감정평가하며, 한 필지 토지의 일부만이 공익사업에 편입되는 경우에는 편입당시 토지전체의 상황을 기준으로 부분감정평가 한다.

4) 나지상정평가

토지에 건축물·입목·공작물 그 밖에 토지에 정착한 물건이 있거나 토지에 관한 소유권외의 권리가 설정되어 있을 경우에는 그 건축물 등이 없고 토지에 관한 소유권 외의 권리가 설정되어 있지 아니한 나지상태를 상정하여 평가한다.

5) 개발이익 배제평가

(1) 다음의 개발이익은 이를 배제한 가격으로 평가한다.

① 해당 공익사업의 계획·시행이 공고·고시됨으로 인한 가치의 증가분

② 해당 공익사업의 시행에 따른 절차로서 행하여진 토지이용계획의 설정·변경·해제 등으로 인한 가치의 증가분

③ 그 밖에 해당 공익사업의 착수에서 준공까지 그 시행으로 인한 가치의 증가분

(2) **개발이익을 배제하는 방법** : 연도별 공시지가+지가변동률+비교표준지 선정

6) 공시지가 기준평가

토지에 관한 평가는 「부동산 가격공시법」에 의한 표준지의 공시지가를 기준으로 하되, 그 공시기준일부터 기준시점까지의 관련 법령에 따른 해당 토지의 이용계획, 해당 공익사업으로 인한 지가의 영향을 받지 아니하는 지역의 대통령령으로 정하는 지가변동률, 생산자물가상승률(「한국은행법」에 따라 한국은행이 조사·발표하는 생산자물가지수에 따라 산정된 비율), 그 밖에 해당 토지의 위치·형상·환경·이용상황 등을 고려한 적정가격으로 감정평가한다(제8장 토지의 감정평가편 참조).

2. 보상액의 산정시기

1) 기준시점의 결정

(1) 원 칙

① 협의에 의한 경우 : 협의 성립 당시의 가격
② 재결에 의한 경우 : 수용 또는 사용 재결 당시의 가격을 기준으로 한다(법 제67조).

(2) 예외

① 사업시행자가 기준시점을 정하여 의뢰한 경우 : 그 날짜
② 기준시점을 정하지 않고 의뢰한 경우 : 사업시행자에게 제시할 것을 요청하여 제시받은 날짜

2) 수용재결 이후의 기준시점

토지수용위원회의 재결에 불복하여 이의신청을 제기하는 경우, 또는 이의신청재결에 불복하여 소송을 제기하는 경우에 있어 중앙토지수용위원회 이의신청재결을 위한 평가 및 법원의 판결을 위한 법원 선임평가의 가격은 해당 감정평가의 의뢰시점에도 불구하고 당초의 수용재결일이 된다.

3. 일반적인 토지의 보상평가

1) 기본산식

대상토지평가액=비교표준지 공시지가×시점수정×지역요인×개별요인×기타요인

토지의 보상평가는 표준지 공시지가를 기준으로 하되, 적절한 비교표준지를 선정하고 비교표준지의 공시지가를 기준으로 시점수정, 지역요인·개별요인 비교, 그 밖의 요인의 보정을 거쳐 감정평가액을 결정한다.

2) 비교표준지의 선정

(1) 대상토지와 용도지역이 같은 표준지

비교표준지는 선정기준을 충족하는 표준지 중에서 대상토지의 감정평가에 가장 적절하다고 인정되는 표준지를 선정하고, 공시되어 있는 표준지 공시지가 중에서 기준시점에 가장 가까운 시점의 것을 선택한다.

① 비교표준지의 선정은 '제8장 토지의 평가 중 공시지가기준 평가'의 비교표준지 선정기준에 따른다.

· 용도지역·지구·구역 등 공법상 제한사항이 같거나 비슷할 것 · 이용상황이 같거나 비슷할 것 · 주변환경 등이 같거나 비슷할 것 · 인근지역에 위치하여 지리적으로 가능한 한 가까이 있을 것

② 택지개발사업·산업단지개발사업 등 공익사업지구 안에 있는 토지를 감정평가할 때에는 그 공익사업지구 안에 있는 표준지 공시지가를 선정한다.

(2) 비교표준지는 선정기준에 가장 적합한 공시지가 표준지 하나를 선정함을 원칙으로 한다.

3) 적용공시지가의 선택

(1) 보상기준

① 취득하는 토지의 보상평가

협의나 재결에 의하여 취득하는 토지에 대하여는 「부동산 가격공시법」에 따른 공시지가를 기준으로 하여 보상하되, 그 공시기준일부터 기준시점까지의 관계법령에 따른 그 토지의 이용계획, 해당 공익사업으로 인한 지가의 영향을 받지 아니하는 지역의 지가변동률, 생산자물가상승률 그 밖에 그 토지의 위치·형상·환경·이용상황 등을 고려하여 평가한 적정가격으로 보상하여야 한다(토지보상법 제70조 제1항).

② 사용하는 토지의 보상평가

협의 또는 재결에 의하여 사용하는 토지에 대하여는 그 토지와 인근 유사토지의 지료(地料), 임대료, 사용방법, 사용기간 및 그 토지의 가격 등을 고려하여 평가한 적정가격으로 보상하여야 한다(토지보상법 제71조 제1항).

〈표 12-4〉 외국의 보상기준

국명	관계법규	보상기준	개발이익
미 국	합중국토지 취득통일 기준	정당한 보상(연방헌법) : 피수용 재산의 일반적인 시장가치를 기준으로 충분하고 완전한 가격으로 보상	• 사업계획 시행에 따라 발생한 증가가치는 법외의 가치로 공정한 시장가치가 아님 • 증가가치는 정부가 창조한 것으로 공정의 견지에서 보상 제외
일 본	토지수용법	정당한 보상(헌법) : 사회적 타당성 충족수준으로 해석(상당보상)	• 수용보상평가시점을 사업인정고시 시로 인하여 개발이익 배제
프랑스	수용법전	정당한 보상	• 사업시행이 피수용자의 잔여재산의 직접적인 증여를 초래하는 경우 증가액을 보상액과 상계
영 국	토지수용법	시장가치에 의거 보상하나 예외인정	• 취득될 토지의 가치증여가 해당사업을 필요로 한 개발계획에 의하여 초래된 경우 증가분 보상배제
독 일	연방건축법 도시계획 촉진법	피수용 재산의 거래가격기준 배상	• 사업의 전망, 사업의 준비 또는 사업의 진행에서 발생하는 토지가치증가 등 소유자 자신의 투자분 외에는 보상 제외

※ 자료 : 강교식·임호정, 부동산가격공시 및 감정평가, 서울 : 부연사, 2007. 9. pp. 161~162.

(2) 적용공시지가의 선택

① 사업인정 전의 협의에 의한 취득 : 기준시점 당시 공시된 공시지가 중 기준시점과 가장 가까운 시점에 공시된 공시지가로 한다(토지보상법 제70조 제3항).

② 사업인정 후의 취득 : 사업인정고시일 전의 시점을 공시기준일로 하는 공시지가로서, 해당 토지에 관한 협의의 성립 또는 재결 당시 공시된 공시지가 중 사업인정 고시일과 가장 가까운 시점에 공시된 공시지가로 한다(법 제70조 제2항).

③ 토지세목고시 추가의 경우 : 사업구역의 확장이나 변경으로 인해 토지의 세목 등이 추가로 고시된 경우에는 추가 고시된 날짜를 사업인정고시일로 본다. 다만, 확장이나 변경 등이 없이 지적분할 등에 의해 토지의 세목이 추가로 고시된 경우에는 기존의 사업인정고시일을 기준으로 한다.

④ 가격변동이 인정되는 경우 : 공익사업의 계획 또는 시행이 공고 되거나 고시됨에 따라 인하여 취득하여야 할 토지의 가격이 변동되었다고 인정되는 경우에는 해당 공고일 또는 고시일 전의 시점을 공시기준일로 하는 공시지가로서 그 토지의 기준시점 당시 공시된 공시지가 중 그 공익사업의 공고일 또는 고시일에 가장 가까운 시점에 공시된 공시지가로 한다.

(3) 사업인정 의제일

보상평가시에는 먼저 문제가 사업인정 전의 경우인지, 사업인정 후의 경우인지를 파악하여야 한다. 적용 공시지가는 사업인정 전·후에 따라서 달라지기 때문이다. 실제 공익사업은 「토지보상법」보다는 사업인정으로 의제되는 개별법의 규정을 적용한다.

〈주요 사업별 사업인정 고시일〉

① 도시·군계획시설사업 : 「국토의 계획 및 이용에 관한 법률」에 의한 도시·군계획시설사업의 경우 수용 또는 사용할 토지의 실시계획의 고시가 있는 때에 「공익사업을 위한 토지 등의 취득 및 보상에 관한 법률」에 의한 사업인가 및 그 고시가 있은 것으로 본다(법 제96조 제2항).

② 도시개발사업 : 「도시개발법」에 의해 도시개발사업에 필요한 토지 등의 수용 또는 사용할 토지의 세목을 고시한 때에는 「공익사업을 위한 토지 등의 취득 및 보상에 관한 법률」에 의한 사업인가 및 그 고시가 있은 것으로 본다(법 제21조 제3항).

③ 정비사업 : 「도시 및 주거환경정비법」에 의해 정비사업을 시행하기 위하여 필요한 경우 수용 또는 사용할 토지의 사업시행인가고시가 있은 때에는 「공익사업을 위한 토지 등의 취득 및 보상에 관한 법률」에 의한 사업인가 및 그 고시가 있은 것으로 본다(법 제40조 제2항).

④ 주택건설 및 대지조성사업 : 「주택법」에 의해 국민주택을 건설하거나 그 대지를 조성하는 경우에는 수용 또는 사용할 토지의 사업계획승인이 있은 때에 「공익사업을 위한 토지 등의 취득 및 보상에 관한 법률」에 의한 사업인가 및 그 고시가 있은 것으로 본다(법 제27조 제2항).

⑤ 도시철도건설사업 : 「도시철도법」에 의해 사업계획의 승인을 얻은 때에는 「공익사업을 위한 토지 등의 취득 및 보상에 관한 법률」에 의한 사업인정을 받은 것으로 보고, 사업계획 승인의 고시를 한 때에는 「공익사업을 위한 토지 등의 취득 및 보상에 관한 법률」에 의한 사업인정의 고시를 한 것으로 본다.〈법 제5조〉

4) 시점수정

(1) 지가변동률의 적용

① 대상토지가 소재하는 시·군 또는 구(자치구가 아닌 구도 포함)의 지가변동률로 당해 사업의 영향을 받지 아니한 지가변동률을 적용한다.

② 대상토지가 소재하는 시·군 또는 구의 지가가 해당 공익사업으로 인하여 변동된 경우에는 그 공익사업과 관계없는 인근 시·군 또는 구의 지가변동률을 적용한다(개발이익배제).

(2) 지가변동률의 추정 및 산정

제8장 토지의 평가 중 공시지가기준 평가의 지가변동률 추정 및 산정에 따른다.

(3) 생산자물가상승률의 적용

새로 조성·매립된 토지의 평가, 구분소유권과 대지권의 일체평가, 기타 특별한 사유에 의한 토지의 평가는 한국은행이 조사·발표하는 생산자물가지수를 적용한다.

5) 지역요인 및 개별요인의 비교

지역요인 및 개별요인은 해당 토지의 위치·형상·환경·이용상황 등을 고려하여 적정가격으로 평가하여야 한다.

지역요인은 비교표준지가 있는 지역과 대상토지가 있는 지역 모두 기준시점을 기준으로 하고, 개별요인은 비교표준지는 공시기준일을 기준으로 하고, 대상토지는 기준시점 당시를 기준으로 한다.

6) 기타요인의 보정

① 기타요인 보정은 '8장 토지의 평가 중 공시지가기준평가'의 기타요인 보정에 따른다.

② 기타요인 보정을 할 때에는 해당 공익사업의 시행에 따른 개발이익은 보정하여서는 아니 된다.

③ 기타요인을 보정하는 경우에는 감정평가대상 토지의 인근지역 또는 동일수급권

유사지역의 정상적인 거래사례나 보상선례를 참조할 수 있다(적용공시지가의 선택기준에 적합할 것).

$$\frac{\text{보상선례기준평가액}}{\text{공시지가기준평가액}} = \frac{\text{보상선례가격}/m^2 \times \text{시점} \times \text{지역} \times \text{개별}}{\text{표준지공시지가}/m^2 \times \text{시점} \times \text{지역} \times \text{개별}}$$

※ 사업인정 전 공시지가 적용시 사업인정 이후 선례 선정불가

7) 구분 · 일괄 · 부분감정평가

(1) 구분감정평가

용도가 둘 이상일 때는 실제 용도별로 구분하여 평가하고, 취득할 토지에 건축물·입목·공작물 그 밖에 토지에 정착한 물건이 있는 경우에는 토지와 그 건축물 등을 각각 구분하여 평가하여야 한다.

(2) 일괄감정평가

용도상 불가분의 관계인 건축물 등이 토지와 함께 거래되는 사례나 관행이 있는 경우에는 그 건축물 등과 토지를 일괄하여 평가하여야 하며, 이 경우 보상평가서에 그 내용을 기재하여야 한다.

(3) 부분감정평가

일부만이 공익사업에 편입되는 경우에는 전체필지를 기준으로 부분평가를 한다.

4. 미불용지(未拂用地)의 평가

1) 미불용지의 개념

(1) 의 의

① 미불용지라 함은 이미 공익사업용지로 이용 중(편입된)인 토지로서 보상이 완료되지 아니한 토지로 종전에 시행된 공익사업의 부지로서 보상금이 지급되지 아니한 토지를 말한다(「토지보상규칙 제25조).

② 그러나 사업시행자가 적법한 절차를 취하지 아니하여 아직 공익사업의 부지를 취득하지 못한 단계에서, 공익사업을 시행하여 토지의 현실적인 이용상황을 변경시킴으로써 오히려 토지의 거래가격이 상승된 경우는 미불용지의 개념에 포함되지 않는다.[48)]

(2) 보상의 취지

공익사업에 편입된 토지는 사업시행이전에 보상을 하거나 토지수용 등의 절차를 통하여 취득하여야 하나 아직도 보상이 완료되지 아니한 채 방치한 토지가 발생할 수 있다. 이와 같은 미보상 토지는 대부분 도로개설사업에 기인한 것으로서, 그 대표적인 유형으로는 ㉠ 일제하의 강제시공, ㉡ 동란 중 시공한 작전도로, ㉢ 소유자 불명토지, ㉣ 보상액이 서류구비에 소요된 비용보다 적어 사실상 수령을 포기한 토지, ㉤ 기공승낙을 받아 시공하였으나 예산상의 이유로 지연되고 있는 토지 등을 들 수 있다. 이러한 미불용지는 단지 사권을 행사할 수 없을 뿐이고 사권이 소멸되는 것이 아니므로 그 사권을 소멸시키기 위하여 보상이 필요하다.

2) 미불용지의 보상평가기준

(1) 편입될 당시의 이용상황기준

미불용지에 대하여는 종전의 공익사업에 편입될 당시의 이용상황을 상정하여 평가한다. 다만, 종전의 공익사업에 편입될 당시의 이용상황을 알 수 없는 경우에는 편입될 당시의 지목과 인근토지의 이용상황 등을 참작하여 평가한다(「토지보상규칙」제25조).

"종전의 공익사업에 편입될 당시의 이용상황"을 상정함에 있어서는 편입 당시의 지목·실제용도·지형·지세·면적 등의 개별요인을 고려하여야 한다(지침 제32조 제2항).

미불용지는 그 용도가 공익사업의 부지로 제한됨으로 인하여 거래가격이 전혀 형성되지 못하거나 상당히 감가되는 것이 보통이다. 이 경우 사업시행자가 미불용지를 뒤늦게 취득하면서 「토지보상법」 제67조 제1항에 따라 기준시점을 현재이용상황인 공익사업의 부지로만 평가하여 손실보상액을 산정한다면 정당한 보상이라고 볼 수 없다. 따라서 이미 이루어진 공익사업용지에 대하여 현황평가한다면 상당히 감가되어 결국 그 소유자에게 너무 불이익하게 되므로 시장가치로 적정한 보상이 이루어지도록

48) 대판 1992. 11. 11. 선고 92누4883

한 예외규정으로 그 제도적 의의가 있다.

(2) 기준시점

미불용지에 대한 보상금의 지급을 위한 평가에 있어서 이용상황만 편입될 당시를 상정하는 것일 뿐, 그 외에 기준시점은 일반보상과 마찬가지로 계약체결당시를 기준으로 한다(토지보상지침 제32조 제2항). 따라서 편입될 당시의 가격을 소급평가하여 다시 보상금을 지급시로 시점수정하는 것은 아니다.

(3) 공법상 제한

공법상 제한사항이나 주위환경 기타 공공시설 등과의 접근성 등은 종전의 공익사업(그 미불용지가 새로운 공익사업에 편입되는 경우에는 그 사업을 포함)의 시행에 따른 절차로써 변경된 경우를 제외하고는 기준시점을 기준으로 한다(지침 제32조 제2항).

(4) 개발이익의 배제

미불용지를 평가함에 있어서 비교표준지로 선정된 표준지의 공시지가에 당해 공익사업의 시행으로 인한 개발이익이 포함되어 있는 경우에는 그 개발이익을 배제한 가격으로 평가한다(지침 제32조 제3항).

(5) 인근지역에 유사한 이용상황의 표준지가 없는 경우

평가대상토지가 주위환경 변동이나 형질변경 등으로 인하여 종전의 공익사업에 편입될 당시의 이용상황과 유사한 이용상황의 공시지가표준지가 인근지역에 없어서 인근지역의 표준적인 이용상황의 공시지가표준지를 비교표준지로 선정한 경우에는 그 형질변경 등에 소요되는 비용(환지방식에 의한 사업시행지구안에 있는 경우에는 환지비율) 등을 고려하여야 한다(지침 제32조 제4항).

3) 미불용지 관련 법적문제

(1) 미불용지의 보상주체

미불용지에 대한 보상의무자는 당초의 공익사업이 시행될 때부터 새로운 다른 공익사업이 시행될 때까지 공익사업을 시행한 자이며, 또한 대부분 당초의 공익사업으로

만들어진 공물의 관리주체인 종전의 공익사업의 시행자가 당연히 그 미불용지의 보상주체가 되는 것이 원칙이다. 그러나 현실적으로 과거 공익사업이 시행될 때부터 그 후 관리과정에 이르기까지 보상금을 지급하지 않았는데 다른 공익사업이 시행된다는 이유만으로 보상금을 지급하기는 어려울 것이므로 이때에는 원칙에도 불구하고 새로운 공익사업의 시행자로 하여금 보상금을 지급하게 하여 원활한 사업시행이 가능하게 함이 타당하다. 그리고 원칙적으로 미불용지가 아니면서 평가방법만 준용하는 토지(새마을도로 등)[49]에 대해서는 원칙적으로 당초부터 그에 대한 보상의무자가 있는 것이 아니므로 당해 공익사업의 시행자가 보상의무자가 된다.

결국 보상의무자는 종전의 사업시행자가 됨이 원칙이나 종전 사업시행자의 재정여건을 감안하거나 종전의 편입토지에 대한 보상지연으로 인해 새로이 시행되는 사업의 공사기간에 영향을 미칠 가능성이 있는 경우에는 종전 사업시행자와 새로운 사업시행자 중 누가 보상하는 것이 합리적인지를 판단하여 보상주체가 결정된다.

(2) 미불용지에 대한 부당이득반환청구

미불용지 중 부당이득과 관련하여 주로 문제가 발생하는 부분은 미불된 도로부지이다. 「도로법」제4조에 의하면 "도로를 구성하는 부지, 옹벽, 그 밖의 시설물에 대해서는 사권을 행사할 수 없다. 다만 소유권을 이전하거나 저당권을 설정권을 설정하는 경우에는 사권을 행사할 수 있다"라고 규정하여 도로에 편입된 토지는 사권을 행사할 수 없다. 따라서 미불된 도로부지에 대하여 인도청구를 하지 못한다. 그러나 도로를 구성하는 부지에 대하여 사권을 행사할 수는 없으나 그 사용·수익을 침해당함으로써 손해에 상당한 액을 부당이득으로 반환청구는 할 수 있다. 즉, 공공이 사인의 토지를 토지소유자의 점유·관리를 배제한 채 일반 공중의 통행로로 제공한 경우에는 임대료(차임)상당의 이익을 법률상 원인 없이 이득을 보고 있는 것이므로 부당이득금 반환의무가 있는 것이다.

판례는 부당이득금 반환청구소송과 관련되어 손실보상청구권을 인정하지 않고, 부당이득금은 반환해야 한다는 결론을 내리고 있다. 부당이득금 산정을 위한 기초가액은 사실상의 공익사업에 의하여 도로로 편입된 경우에는 편입될 당시의 현실적 이용상황에 따라 평가하며, 종전부터 공중의 통행에 이용되던 토지가 편입된 경우에는 도로로서 제한받는 상태대로 평가하도록 판시하고 있다.

---

49) 「토지보상법」 상의 미불용지로 인정되려면 보상금이 지급될 필요가 있는 종전 공익사업 부지이어야 하므로 주민자조사업의 지원 등으로 행하여진 도로는 미불용지가 아니다.

(3) 미불용지에 대한 시효취득 여부

시효취득의 요건으로 20년간 평온·공연하게 부동산을 점유한 자는 등기함으로써 그 소유권을 취득한다(「민법」제245조 제1항). 이에 미불용지에 대해서도 국가나 지방자치단체가 시효로 취득할 수 있는지가 문제가 된다. 이와 관련하여 종래 대법원의 태도는 도로관리청이 타인의 토지에 도로를 개설하여 일반공중의 통행에 제공하면서 점유·관리하여 20년이 지남으로써 도록관리청의 시효취득이 완성된다고 하여 긍정하였다.[50]

그러나 최근에는 토지의 점유자가 점유를 시작할 당시 그 토지가 타인의 소유라는 사실을 알고 있었다면 실제소유자가 반환을 요구할 경우 이를 반환하는 것이 사회적 통념이므로 이는 소유의 의사로 점유한 것으로 볼 수 없기 때문에 비록 타인의 소유의 토지를 20년 이상 무단으로 점유한 경우라도 소유권을 인정받을 수 없다고 판시[51]하여 과거의 판례를 변경하였다. 따라서 국가·지방자치단체의 미불용지에 대한 시효취득은 더 이상 인정받기 어렵게 되었고, 그 이후에 나온 판결에서도 시효취득을 부정하는 일관된 태도를 견지하고 있다.

4) 미불용지 보상시 유의사항

미불용지에 대한 보상평가는 현황에 따르는 것이 아니라 종전에 시행된 공익사업의 부지로 편입될 당시의 이용상황에 따른 것이므로 사업시행자가 미불용지에 대한 보상액 평가를 감정평가업자에게 의뢰할 때에는 토지조서에 미불용지임을 표시하고, 종전의 공익사업에 편입될 당시의 이용상황을 알 수 있으면 편입당시의 지목·지형·지세·면적·도로와의 접근정도·이용상태 등을 기재하고 평가의뢰 하여야 한다. 또한 평가자는 현황이 도로인 토지로서 그 토지가 미불용지 또는 사도 등으로 구분하지 아니하고 평가의뢰된 경우에는 평가의뢰자에게 의견을 조회한 후 그 제시의견에 따라 평가한다. 다만, 의견제시가 없는 때에는 객관적인 판단기준에 따라 평가하고 평가서에 그 내용을 기재한다(지침 제32조 제5항).

50) 대판 1994. 8. 26. 선고 93다61222

51) 대판 1997. 8. 21. 선고 95다28625 전원합의체 판결

5. 지하사용에 대한 평가

1) 보상근거

(1) 지하공간 소유권의 범위

「민법」제212조는 "토지의 소유권은 정당한 이익있는 범위 내에서 토지의 상·하에 미친다."고 규정하고 있다.

토지를 완전히 이용하기 위해서는 지표뿐만 아니라 지상의 공간이나 지하에도 소유권의 효력이 미치며, 정당한 이익이 있는 범위 내에서만 미친다. 그러나 정당한 이익의 범위에 대해서는 구체적 기준이 없으며, 토지를 어느 범위까지 사용할 것인가는 소유자의 자유이고, 이를 보장하기 위해서는 지상·지하의 범위를 한정할 수 없게 된다. 따라서 소유자의 이익을 침해하지 않는 한도에서는 타인도 그 토지의 공중공간과 지하를 이용할 수 있고, 토지소유자라고 하여 이를 금지할 수는 없다.

(2) 「국토의 계획 및 이용에 관한 법률」상 도시·군계획시설의 공중 및 지하에의 설치 기준과 보상 등

도시·군계획시설을 공중·수중·수상 또는 지하에 설치함에 있어서 그 높이 또는 깊이의 기준과 그 설치로 인하여 토지나 건물에 대한 소유권의 행사에 제한을 받는 자에 대한 보상 등에 관하여는 따로 법률로 정한다(국토법 제46조).

〈그림 12-2〉 지하권 · 공중권의 범위

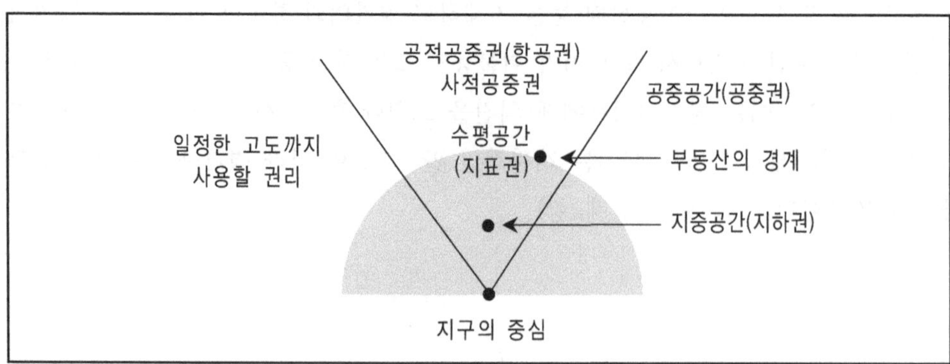

(3) 「도시철도법」상 지하보상 등

도시철도 건설자가 도시철도를 건설하기 위하여 타인 토지의 지하부분을 사용하려는 경우에는 해당 토지의 이용가치, 지하의 깊이 및 토지이용이 방해되는 정도 등을 고려하여 보상한다(「도시철도법」제4조의6).

2) 지하사용의 범의

(1) 「도시철도법」상 지하사용범위

타인토지의 지하부분의 사용에 대하여 보상할 대상은 도시철도 시설물의 설치 또는 보호를 위하여 사용되는 토지의 지하부분으로 한다(「도시철도법」영제5조 제1항).

(2) 지하보상 면적산출 기준

지하부분 사용에 대한 보상(지하보상) 대상범위는 지하시설물의 점유면적 및 유지관리 등과 관련 최소한의 범위로 정하되 평면적 범위와 입체적 범위는 다음과 같다.

① 평면적 범위는 지하시설물 폭에 최소여유폭(양측 0.5m)을 합한 폭과 시설물 연장에 수직으로 대응하는 면적으로 한다.

② 입체적 범위는 평면적 범위로부터 지하시설물 상·하단 높이에 보호층을 포함한 범위까지로 정하되 보호층은 터널구조물인 경우 각 6m, 개착구조물인 경우 각 0.5m로 한다.

3) 보상평가

(1) 영구적 사용에 따른 사용료 평가

토지의 지하 또는 지상공간을 사실상 영구적으로 사용하는 경우 해당 공간에 대한 사용료감정평가는 평가대상토지와 유사한 이용가치를 지닌다고 인정되는 하나 이상의 표준지의 공시지가를 기준으로 산정한 해당 토지의 가격에 해당 공간을 사용함으로 인하여 토지의 이용이 저해되는 정도에 따른 적정한 비율(입체이용 저해율)을 곱하여 산정한 금액으로 감정평가한다(「토지보상규칙」제31조 제1항).

• 사용료 감정평가액 = 표준지 공시지가×입체이용저해율

(2) 한시적 사용에 따른 사용료 평가

토지의 지하 또는 지상공간을 일정한 기간동안 사용하는 경우 해당 공간에 대한 사용료는 임대사례비교법으로 평가하여 산정한 해당 토지의 사용료에 입체이용 저해율을 곱하여 산정한 금액으로 감정평가한다. 다만, 적정한 임대사례가 없거나 대상토지의 특성으로 보아 임대사례비교법으로 평가하는 것이 적정하지 아니한 경우에는 적산법으로 평가하여 입체이용 저해율을 적용할 수 있다 (「토지보상규칙」 제31조 제2항).

• 사용료 감정평가액 = 임대사례비교법에 의한 사용료의 감정평가액×입체이용저해율

(3) 「도시철도법」 상의 보상평가기준

① 토지의 지하부분의 사용에 대한 보상금액은 해당 토지(지하부분의 면적과 수직으로 대응하는 지표의 토지)의 적정가격에 도시철도 시설물의 설치로 인하여 해당 토지의 이용이 저해되는 정도에 따른 건물의 이용저해율, 지하부분의 이용저해율 및 기타의 이용저해율(입체이용 저해율)을 곱하여 산정한 금액으로 한다(「도시철도법」 영 제5조 제2항).

② 해당 토지의 적정가격은 「부동산 가격공시법」에 따른 표준지공시지가를 기준으로 하여 감정평가법인 중 시·도지사가 지정하는 감정평가법인이 평가한 가액으로 한다(「도시철도법」 영 제5조 제3항).

③ 보상액의 산정방법은 아래 ④의 방법에 의하되, 입체이용저해율의 산정에 필요한 입체이용가치·이용률 등의 구체적인 산정기준은 당해 토지 및 인근토지의 이용실태·입지조건 기타 지역적 특성을 고려하여 특별시·광역시·도 및 특별자치도의 조례로 정한다(「도시철도법」 영 제5조 제4항).

④ 보상액의 산정방법

• 보상액 = 토지의 적정가격×입체이용 저해율×구분지상권 설정면적

(4) 서울특별시 도시철도의 건설을 위한 지하부분토지의 사용에 따른 보상기준에 관한 조례(지하보상비 산정 및 지급)

① 한계심도 이내의 지하부분을 사용하는 경우

• 지하사용료 감정평가액 = 해당 토지의 단위면적당 가액×입체이용 저해율
×구분지상권 설정면적

지하보상비는 「도시철도법 시행령」에 의하여 산정하되 「부동산 가격공시법」에 의한 감정평가법인에 의뢰하여 평가한다(서울시 지하보상기준조례 제9조).

② 한계심도를 초과하는 지하부분을 사용하는 경우

• 지하사용료 평가액 = 해당 토지의 단위면적당 가액×적용률×구분지상권 설정면적

한계심도[52]를 초과하여 지하시설물을 설치하는 경우에는 다음 적용률을 기준으로 감정평가한다. 단, 토지여건상 지하의 광천수를 이용하는 특별한 사유가 인정되는 경우에는 별도 보상비를 산정할 수 있다.

토 피(m)[53]	한계 심도초과		
	20m 이내	20～40m	40m 이상
적용률(%)	1.0～0.5	0.5～0.2	0.2 이하

③ 한계심도 및 보상대상 지역의 분류

한계심도는 고층시가지는 40m, 중층시가지는 35m, 저층시가지 및 주택지는 30m, 농지·산지는 20m로 하며, 토지의 지하사용료의 감정평가를 위한 대상토지의 용도지대는 현황여건·개발잠재력 등 객관적인 상황을 고려하여 다음 각 호에 따라 분류한다.

㉠ 고층시가지 : 중심상업지역·일반상업지역 등으로서 16층 이상의 고층 건축물이 최유효이용으로 판단되는 지대

㉡ 중층시가지 : 고층시가지로 변화하고 있는 일반상업지역·근린상업지역·준주거지역 등으로서 11층 이상 15층 이하의 건축물이 최유효이용으로 판단되는 지대

㉢ 저층시가지 : 주택·공장·상가 등이 혼재된 일반상업지역·근린상업지역·준주거지역·일반주거지역 등으로서 4층 이상 10층 이하의 건축물이 최유효이용으로 판단되는 지대

㉣ 주택지 : 3층 이하 건축물이 최유효이용으로 판단되는 지대로서 일반주거지

52) 한계심도라 함은 토지소유자의 통상적 이용행위가 예상되지 않으며 지하시설물설치로 인하여 일반적인 토지이용에 지장이 없는 것으로 판단되는 깊이를 말한다(서울시 지하보상기준조례 제2조).

53) 토피라 함은 도시철도 지하시설물 최상단에서 지표까지의 수직거리를 말한다.

역·녹지지역·공업지역 등인 경우 및 가까운 장래에 택지화가 예상되는 지대

㉤ 농지·산지 : 농지·산지가 최유효이용으로 판단되는 지대로서 사회적·경제적 및 행정적 측면에서 가까운 장래에 택지화가 예상되지 아니하는 녹지지역 등인 경우

(5) 입체이용 저해율 산정방법

① 토지의 입체이용

㉠ 토지의 입체이용 분포

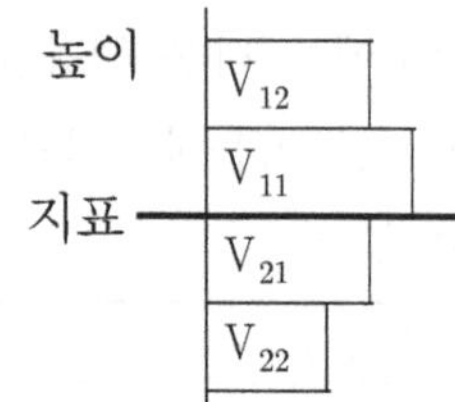

V_{11} : 건물지상층 이용가치

V_{12} : 통신시설·광고탑 또는 굴뚝 등 이용가치

V_{21} : 건물의 지하층이용가치 또는 지하이용가치

V_{22} : 지하수사용시설 또는 특수물의 매설 등 이용가치

㉡ 입체이용가치(A)

=건축물이용가치(V_{11})+지하이용가치(V_{21})+기타이용가치($V_{12}+V_{22}$)

㉢ 건축물의 이용률(α)=$\frac{V_{11}}{A}$

㉣ 지하부분의 이용률(β)=$\frac{V_{21}}{A}$

㉤ 기타의 이용률(γ)=$\frac{V_{12}+V_{22}}{A}$

㉥ 토지의 입체이용률 : $\alpha+\beta+\gamma=1$

② 입체이용 저해율 산식

㉠ 토지의 입체이용저해율=건축물 등 이용저해율+지하부분 이용저해율+기타 이용저해율

㉡ 건축물 등 이용저해율=건축물 등 이용률(α)×저해층의 이용률

$$= \text{건축물 등 이용률}(\alpha) \times \frac{\text{저해층의 층별효용비율의 합계}}{\text{최유효건축물층수의 층별효용비율의 합계}}$$

㉢ 지하부분 이용저해율=지하 이용률(β)×심도별 지하이용 효율(p)

㉣ 기타 이용저해율

• 지하·지상부분 모두의 기타이용을 저해하는 경우 : 기타이용률(γ) 적용

• 지상 또는 지하 어느 한쪽의 기타이용을 저해하는 경우 : 기타이용률(γ) ×지상 또는 지하의 해당 배분비율

㉤ 최유효사용 또는 이에 유사한 기존건물이 있는 경우

• 입체이용저해율=최유효 상태의 나지로 본 건축물 및 지하이용 저해율 ×노후율* + 기타 이용에 대한 저해율

$$* \ \text{노후율} = \frac{\text{해당 건축물의 유효경과연수}}{\text{해당 건축물의 경제적 내용연수}}$$

• 단, 기존 건축물이 최유효 사용에 현저히 미달되거나 노후 정도 및 관리상태 등으로 판단할 때 관행상 토지만의 가격으로 거래가 예상되는 경우에는 나지에 준하여 산정한다.

〈표 12-5〉 입체이용률 배분표

해당지역 / 용적률 / 이용률 구분	고층 시가지	중층 시가지	저층 시가지	주 택 지	농지 · 임지
	800% 이상	550~750%	200~500%	100% 내외	100% 이상
건물 등 이용률(α)	0.8	0.75	0.75	0.7	0.8
지하 이용률 (β)	0.15	0.10	0.10	0.15	0.10
기타 이용률 (γ)	0.05	0.15	0.15	0.15	0.10
(γ)의 상하 배분 비율	1:1-2:1	1:1-3:1	1:1-3:1	1:1-3:1	1:1-4:1

주: 1) 본 표의 이용률 및 용적률의 구분은 통상적인 표준을 표시한 것으로 여건에 따라 이용률 및 배분비는 약간의 보정을 할 수 있음.
2) 이용저해 심도가 높은 터널 토피 20m 이하의 경우는 최고치를 적용함.

6. 선하지 보상평가

1) 선하지 관련 개념

(1) 선하지의 의의

선하지란 고압선이 통과하고 있는 토지로써 송전선로의 양측 가장 바깥선으로부터 수평으로 3m(택지 및 택지예정지로서 전기설비기준 전압별 측방이격거리를 한도로 3m를 초과하는 부분이 건축물 등의 보호 등에 있어서 필요하다고 인정되는 경우에는 그 초과부분을 포함한 거리)를 수평으로 더한 범위에 정한 직하의 토지 중 지지물의 용지를 제외한 토지를 말한다.

(2) 송전선로의 개념

선하지는 「전기사업법」에 의하여 전기사업자가 송전선로의 건설을 위하여 토지의 지상공간 등을 사용하는 경우에 있어서 손실보상을 위한 평가에 관하여 세부적인 기준과 절차 등을 정함으로써 평가의 적정성과 공정성을 확보함을 목적으로 한다.

송전선로란 전기사업자가 건설하는 발전소·변전소·개폐소 및 이와 유사한 장소와 전기사용장소 상호간의 전선 및 이를 지지하거나 보장하는 시설물로 저압, 고압, 특별고압(7,000V 초과)의 3종류로 분류하며 주로 특별고압선로를 말한다.

2) 손실보상

전기사업자는 다른 사람의 토지 등의 일시사용, 다른 사람의 식물의 변경 또는 제거, 다른 사람의 토지 등에의 출입 또는 다른 사람의 토지위의 공중의 사용으로 인하여 발생한 손실에 대하여 보상을 하여야 한다(「전기사업법」 제90조).

(1) 손실보상평가의 기준(선하지의 공중부분사용에 따른 손실보상평가지침 제4조)

① 송전선로의 설치를 위하여 토지의 지상공간 등을 사용하는 경우에 있어서 그 손실보상을 위한 평가는 선하지에 대한 지상공간 등의 사용료를 평가하는 것으로 한다.

② 선하지 사용료의 평가는 선하지의 지상공간 등을 일정한 기간동안 한시적으로 사용하는 것에 따른 평가와 구분지상권(등기된 임차권을 포함)을 설정하여 사실

상 영구적으로 사용하는 것에 따른 평가로 구분한다.

(2) 선하지 면적산출 기준

송전선로의 설치를 위한 토지의 지상공간의 사용에 따른 사용료의 평가시에 적용할 선하지 면적은 전기사업자가 다음에서 정하는 기준에 따라 산정하여 제시한 면적으로 한다(선하지보상지침 제8조).

① 송전선로의 양측 가장 바깥선으로부터 수평으로 3m를 더한 범위안에서 직하 토지의 면적으로 함을 원칙으로 한다.

② 택지 및 택지예정지로서 당해 토지의 최유효이용을 상정한 건축물의 최고높이가 전기설비기준에서 정한 전압별 측방이격거리(35,000V 이하인 것은 3m, 35,000V를 넘는 것은 3m에 35,000V를 넘는 10,000V 또는 그 단수마다 15cm를 더한 값의 거리)의 전선 최하높이 보다 높은 경우에는 송전선로의 양측 가장 바깥선으로 부터 그 이격거리를 수평으로 더한 범위안에서 정한 직하 토지의 면적으로 한다.

3) 선하지 평가방법

(1) 한시적 사용에 따른 사용료 평가

① 송전선로의 설치를 위하여 선하지의 지상공간 등을 일정한 기간 동안 한시적으로 사용하는 경우 다음의 산식에 따라 감정평가한다(지침 제5조).

> • 사용료의 감정평가액
> ≒ [당해 토지의 단위면적당 사용료 가액 × 선하지 면적(사용면적)] × 보정률

② 해당 토지의 단위면적당 사용료 가액은 해당 토지를 전체적으로 사용하는 것을 전제로 한 것으로서「토지보상평가지침」제49조 제1항 내지 제4항의 규정을 준용하여 구한다.

(2) 사실상 영구적 사용에 따른 평가

① 송전선로의 설치를 위하여 선하지의 지상공간 등에 구분지상권을 설정하여 송전선로가 존속하는 기간까지 사용(사실상 영구적으로 사용)하는 경우의 사용료는 다음의 산식과 같이 감정평가한다. 이 경우 추가보정률 외에 5% 범위 내외에서

정하는 율을 추가보정률에 더할 수 있다(지침 제6조).

> • 사용료 감정평가액
> ≒ [해당 토지의 단위면적당 가액 × 선하지 면적(구분지상권 설정면적)] × 보정률

② 해당 토지의 단위면적당 가액은 해당 송전선로의 건설로 인한 지가의 영향을 받지 아니하는 토지로서 인근지역에 있는 비슷한 이용상황의 표준지 공시지가를 기준으로 감정평가 한다.

(3) 보정률의 산정

① 선하지의 지상공간 등의 사용에 따른 사용료의 평가시에 적용되는 보정률은 송전선로의 설치에 따른 토지이용상의 제한 등이 해당 토지의 전체면적에 미치는 영향정도 등을 고려하여 정한 율로서 입체이용저해율과 추가보정률로 구분되며, 다음과 같이 해당 토지의 사용료 평가시에 적용할 보정률을 구한다(지침 제7조).

> • 보정률 ≒ 입체이용저해율 + 추가보정률

② 입체이용저해율은 선하지의 지상공간 등의 사용에 따른 토지의 이용이 입체적으로 저해되는 정도에 따른 적정한 비율로서, 「토지보상평가지침」 제51조의 규정에 의한 입체이용 저해율의 산정방법을 준용하여 산정한다.

③ 추가보정률은 입체이용저해율 외에 송전선로가 건설되는 것에 따른 해당 토지의 경제적 가치가 감소되는 정도를 나타내는 율로서 쾌적성 저해정도, 시장성 저해정도 기타 제한정도 등이 고려된 율이며, 상·중·하 등으로 구분하여 다음 〈표 12-6〉에서 정하는 기준에 따라 산정한다.

㉠ 쾌적성 저해요인 : 통과전압의 종별 및 송전선의 높이, 송전선로가 심리적·신체적으로 미치는 영향정도 기타 조망·경관의 저해 등

㉡ 시장성 저해요인 : 장래기대이익의 상실정도, 송전선로의 이전가능성 및 그 난이도 등

㉢ 기타 저해요인 : 선하지 면적의 당해 토지 전체면적에 대한 비율, 송전선로의 통과위치, 기타 이용상의 제한정도 등

〈표 12-6〉 추가보정률 산정기준표

구분 / 보정요인	추가보정률의 적용범위			상 · 중 · 하 등 구분기준
	택지 · 택지예정지	농지	임지	
쾌적성 저해요인 (a)	5~10% 내외	3~5% 내외	3~5% 내외	송전선로의 높이를 기준으로 다음과 같이 구분한다. • 10m이하 : 전압에 관계없이 "상"으로 구분한다. • 10m초과 20m이하 : 154kv이하는 "중", 154kv초과는 "상"으로 구분한다. • 20m초과 : 765kv이상은 "상", 345kv이상은 "중", 154kv이하는 "하"로 구분한다.
시장성 저해요인 (b)	3~10% 내외	5~10% 내외	5~7% 내외	송전선로 경과지의 위치를 기준으로 다음과 같이 구분한다. • 평지에 가까울수록 높은 율로 구분한다. • 임야지대의 정상에 가까울수록 낮은 율로 구분한다. • 송전선로의 이전계획이 있거나 한시적인 사용의 경우에는 그 이전 예정시기 등을 고려하되, 낮은 율로 구분한다.
기타 저해요인 (c)	3~5% 내외	3~5% 내외	3~5% 내외	필지내 선하지의 면적비율 또는 송전선로 통과위치 등을 기준으로 다음과 같이 구분한다. • 선하지의 면적비율이 20%를 초과하거나 송전선로가 필지의 중앙을 통과하는 경우에는 "상"으로 구분한다. • 선하지의 면적비율이 10%를 초과하거나 송전선로가 필지의 측면을 통과하는 경우에는 "중"으로 구분한다. • 선하지의 면적비율이 10% 이하 이거나 송전선로가 필지의 모서리를 통과하는 경우에는 "하"로 구분한다.
추가보정률 산정(a+b+c)	10~25% 내외	10~20% 내외	10~15% 내외	

주) 1. 이 표는 추가보정률의 일반적인 적용범위 및 구분기준 등을 정한 것이므로 대상물건의 상황이나 지역여건 등에 따라 이를 증·감 조정할 수 있다.

2. 이 표에서 정한 상·중·하 구분기준 외에 다른 기준에 따라 구분할 수 있다.

3. 이 표에서 정하지 아니한 용도 토지의 경우에는 이 표에서 정한 유사한 용도 토지의 율을 적용할 수 있다.

〈참고자료〉 수용하는 토지의 양도소득세 신고

「조세특례제한법」 제77조에 의하여 감면받는 경우 국가가 수용하는 토지라 할지라도 양도일이 속하는 달의 말일부터 2개월 안에 양도소득세 예정신고를 해야한다.

(1) 양도기준일
① 「소득세법」에서는 원칙적으로 대금청산일을 양도일로 본다.
② 대금을 청산하기 전에 소유권이전등기를 한 경우에는 등기접수일을 양도일로 본다.

(2) 협의 수용시
① 보상금을 받은 날을 기준으로 한다.
② 재결 신청시는 재결보상금을 받거나 공탁일 중 빠른 날을 양도일로 본다.

(3) 재결에 불복해 이의신청 또는 행정소송을 한 경우
① 소유권이전등기 접수일과 보상금확정일 중 빠른 날을 양도일로 본다.
② 공탁한 경우 이의신청에 따라 보상금이 확정되기 전에 사업시행자가 소유자의 의사에 반하여 소유권이전등기를 할 수 있다.
③ 이의신청 결과 받은 보상금이 달라지면 그때 다시 수정신고를 하면 된다.

제3절 지장물의 평가

1. 지장건축물의 평가

1) 지장물의 개념

(1) 지장물(支障物)의 정의

지장물이란 '공익사업지구내의 토지에 정착한 건축물·공작물·시설·입목·죽목 및 농작물 그 밖의 물건 중에서 당해 공익사업의 수행을 위하여 직접 필요하지 아니한 물건'이라고 정의하고 있다(「토지보상법」 시행규칙 제2조). 즉 지장물이란 토지(공공용

지)상에 정착하고 있는 지장물중에서 사업시행에 필요하지 않아 취득하지 않는 물건을 총칭하는 것으로, 지장물의 보상액은 당해 지장물의 이전·이식에 필요한 비용으로 한다.

(2) 이전비 보상원칙

건축물·입목·공작물 기타 토지에 정착한 물건(건축물등)에 대하여는 이전에 필요한 비용(이전비)[54]으로 보상하여야 한다(「토지보상법」제75조 제1항).

(3) 물건가격 보상원칙

다음에 해당하는 경우에는 당해 물건의 가격으로 보상하여야 하며, 물건의 가격으로 보상한 건축물의 철거비용은 사업시행자가 부담한다. 다만, 건축물의 소유자가 당해 건축물의 구성부분을 사용 또는 처분을 목적으로 철거하는 경우에는 건축물의 소유자가 부담한다(「토지보상법」제75조 제1항 단서, 동법시행규칙 제33조 제4항).

① 건축물등의 이전이 어렵거나 그 이전으로 인하여 건축물등을 종래의 목적대로 사용할 수 없게 된 경우
② 건축물등의 이전비가 그 물건의 가격을 넘는 경우
③ 사업시행자가 공익사업에 직접 사용할 목적으로 취득하는 경우

2) 지장물인 건물의 평가

(1) 건물의 평가

① 취득평가 원칙 : 건축물의 가격은 원가법으로 평가한다(토지보상규칙 제33조).
② 주거용 건축물의 취득평가 : 거래사례비교법에 의하여 평가한 금액이 원가법에 의하여 평가한 금액보다 큰 경우와 구분소유권의 대상이 되는 건물의 가격은 거래사례비교법으로 평가한다.
③ 건축물의 사용료 평가 : 임대사례비교법으로 평가한다. 다만, 임대사례비교법으

54) 이전비란 대상물건의 유용성을 동일하게 유지하면서 이를 당해 공익사업시행지구밖의 지역으로 이전 · 이설 또는 이식하는데 소요되는 비용(물건의 해체비, 건축허가에 일반적으로 소요되는 경비를 포함한 건축비와 적정거리까지의 운반비를 포함하며, 「건축법」등 관계법령에 의하여 요구되는 시설의 개선에 필요한 비용을 제외)을 말한다.

로 평가하는 것이 적정하지 아니한 경우에는 적산법으로 평가할 수 있다.

④ 지장물인 건물의 평가 : 이전이 가능한 부분은 이전비로 평가하고 그 내용을 평가보고서에 기재한다.

(2) 건축물에 관한 소유권외의 권리 등의 평가

① 건축물에 관한 소유권외의 권리에 대하여는 거래사례비교법에 의하여 평가함을 원칙으로하되, 일반적으로 양도성이 없는 경우에는 당해 권리의 유무에 따른 건축물의 가격차액 또는 권리설정계약을 기준으로 평가한다(｢토지보상규칙｣ 제34조).

② 건축물에 설정된 소유권외의 권리의 목적이 되고 있는 건축물에 대하여는 당해 권리가 없는 것으로 하여 평가한 금액에서 소유권외의 권리의 가액을 뺀 금액으로 평가한다.

- 보상액=건축물의 평가액-소유권 이외의 권리의 평가액

(3) 잔여 건축물에 대한 평가

① 동일한 건축물의 일부가 취득 또는 사용됨으로 인하여 잔여 건축물의 가격이 감소된 경우의 잔여 건축물의 손실은 공익사업시행지구에 편입되기 전의 잔여 건축물의 가격에서 공익사업시행지구에 편입된 후의 잔여 건축물의 가격을 뺀 금액으로 평가한다.

- 잔여건축물의 평가액=편입전 잔여건축물의 가격-편입후 잔여건축물의 가격

② 동일한 건축물의 일부가 취득 또는 사용됨으로 인하여 잔여 건축물에 보수가 필요한 경우의 보수비는 건축물의 잔여부분을 종래의 목적대로 사용할 수 있도록 그 유용성을 동일하게 유지하는데 통상 필요하다고 볼 수 있는 공사에 사용되는 비용(시설개선비는 제외)으로 평가한다.

(4) 주거용 건축물등의 보상특례

① 보상특례 : 주거용 건축물의 평가 금액이 6백만 원 미만인 경우 그 보상액은 6백만 원으로 한다. 다만, 무허가건축물등은 그러하지 아니하다(토지보상규칙 제58조).

② 무허가건축물 : 사업인정고시일 이전에 건축된 무허가 건축물은 보상대상이 된다.

③ 공익사업에 재편입된 경우 : 주거용 건축물에 대한 보상을 받은 자가 그 후 당해 공익사업시행지구밖의 지역에서 소유하고 있는 주거용 건축물이 그 보상일부터 20년 이내에 다른 공익사업지구에 편입되는 경우 그 주거용 건축물 및 그 대지에 대하여는 당해 평가액의 30%를 가산하여 보상한다. 다만, 무허가건축물등과 사업인정고시일 이후에 매입 또는 건축한 경우에는 그러하지 아니하다.

④ 가산금이 1천만 원을 초과하는 경우에는 1천만 원으로 한다.

- 가산금=(토지평가액+건물평가액)×30% [토지와 건물에 안분하여 1,000만원 범위 내]

3) 주거이전비의 보상(토지보상규칙 제54조)

① 주거이전비의 보상요건 : ㉠ 주거전용 건물일 것 ㉡ 소유자가 거주할 것 ㉢ 무허가건축물이 아닐 것

② 소유자인 경우(주거비) : 공익사업시행지구에 편입되는 주거용 건축물의 소유자에 대하여는 해당 건축물에 대한 보상을 하는 때에 가구원수에 따라 2개월분의 주거이전비를 보상하여야 한다.

③ 세입자인 경우(주거대책비) : 주거용 건축물의 세입자로서 사업인정고시일등 당시 또는 공익사업을 위한 관계법령에 의한 고시 등이 있은 당시 해당 공익사업시행지구 안에서 3개월 이상 거주한 자에 대하여는 가구원수에 따라 4개월분의 주거이전비 보상하여야 한다. 다만, 무허가건축물등에 입주한 세입자로서 사업인정고시일 등 당시 또는 공익사업을 위한 관계법령에 의한 고시 등이 있은 당시 그 공익사업지구 안에서 1년 이상 거주한 세입자에 대하여는 가구원수에 따라 4개월분의 주거이전비를 보상하여야 한다.

④ 주거이전비는 통계작성기관이 조사·발표하는 가계조사통계의 도시근로자가구의 가구원수별 월평균 가계지출비를 기준으로 산정한다. 이 경우 가구원수가 5인인 경우에는 5인 이상 기준의 월평균 가계지출비를 적용하며, 가구원수가 6인 이상인 경우에는 5인 이상 기준의 월평균 가계지출비에 5인을 초과하는 가구원수에 다음의 산식에 의하여 산정한 1인당 평균비용을 곱한 금액을 더한 금액으로 산정한다.

- 1인당 평균비용=(5인 이상 기준의 도시근로자가구 월평균 가계지출비 - 2인 기준의 도시근로자가구 월평균 가계지출비) ÷ 3

㉠ 가족수가 1인인 경우

$$= 2\text{인 기준금액} - \frac{5\text{인 이상 기준금액} - 2\text{인 기준금액}}{3}$$

㉡ 가족수가 5인인 경우

= 5인 이상 기준 금액 적용

㉢ 가족수가 6인 이상인 경우

$$= 5\text{인 이상 기준금액} + \frac{5\text{인 이상 기준금액} - 2\text{인 기준금액}}{3}$$

× 5인을 초과하는 가구원수

2. 공작물의 평가

1) 일반적 평가원칙

공작물 그 밖의 시설(공작물등)의 평가는 건축물의 평가 및 건축물에 관한 소유권외의 권리 등의 평가의 규정을 준용하여 평가한다(토지보상규칙 제36조).

2) 보상을 행하지 아니하는 공작물

① 공작물등의 용도가 폐지되었거나 기능이 상실되어 경제적 가치가 없는 경우

② 공작물등의 가치가 보상이 되는 다른 토지등의 가치에 충분히 반영되어 토지등의 가격이 증가한 경우

③ 사업시행자가 공익사업에 편입되는 공작물등에 대한 대체시설을 하는 경우

3) 공작물별 평가방법

지장물이 아닌 공작물은 원가법으로, 지장물인 공작물은 이전비로 평가한다.

① 관행용수권시설(慣行用水權施設)의 평가 : 별도로 평가하지 아니한다.

② 저수지시설의 평가 : 저수지의 평가는 원가법에 의하되, 그 설치비용 중 국가 또는 지방자치단체의 보조가 있는 경우에는 이를 공제하여야 한다.

③ 관정(管井), 집수암거(集水暗渠)시설의 평가 : 원가방식으로 평가한다.

④ 석축, 제방 등의 평가 : 별도로 평가하지 아니한다.

⑤ 염전시설의 평가 : 염전시설은 원가법으로 평가하되, 염전부지는 토지의 일반평가기준에 따른다.

3. 수목 등의 평가

1) 수목의 수량 산정방법

① 수목의 수량은 평가의 대상이 되는 수목을 그루별로 조사하여 평가한다. 다만, 그루별로 조사할 수 없는 특별한 사유가 있는 경우에는 단위면적을 기준으로 하는 표본추출방식으로 적용한다.
② 수목의 손실에 대한 보상액은 정상식(경제적으로 식재목적에 부합되고 정상적인 생육이 가능한 수목의 식재상태)을 기준으로 한 평가액을 초과하지 못한다.
③ 수목의 수량산정방법은 과수, 수익수, 관상수, 묘목, 입목, 용재림, 죽림 등에 공통적으로 적용한다(토지보상규칙 제40조).

2) 수익수 및 관상수의 평가

(1) 일반적 기준

과수 그 밖에 수익이 나는 나무(수익수) 또는 관상수(묘목을 제외)에 대하여는 수종, 규격, 수령, 수량, 식수면적, 관리상태, 수익성, 이식가능성 및 이식의 난이도 그 밖에 가치형성에 관련되는 제요인을 종합적으로 고려하여 평가한다(토지보상규칙 제37조).

(2) 지장물인 과수의 평가

지장물인 과수에 대하여는 이식가능성·이식적기·고손율(枯損率) 및 감수율(減收率)에 관하여는 〈표 12-7 (별표 2)〉의 기준을 참작하여야 한다.

이식에 필요한 비용은 수본의 굴취비, 운반비, 상하차비, 식재비, 재료비, 부대비용 등의 비용을 말한다.

고손액은 이식된 나무가 죽거나 병이 들어 손해를 보는 금액으로, 그 나무의 가격에 고손율을 곱하여 구하고, 수익의 감수액은 과수 등 수익수의 경우에만 해당되는 것으로 순수익에 감수율을 곱하여 산정한다.

① 이식이 가능한 과수의 평가<표 12-7 (별표 2)>

㉠ 결실기에 있는 과수

ⓐ 계절적으로 이식적기인 경우 : 이전비와 이식함으로써 예상되는 고손율·감수율을 감안하여 정한 고손액 및 감수액의 합계액

■ 평가액=이식비+고손액+감수액

ⓑ 계절적으로 이식적기가 아닌 경우 : 이전비와 고손액의 2배 이내의 금액 및 감수액의 합계액

■ 평가액=이전비+고손액의 2배 이내+감수액

㉡ 결실기에 이르지 아니한 과수

ⓐ 계절적으로 이식 적기인 경우 : 이전비와 고손액의 합계액

■ 평가액=이전비+고손액

ⓑ 계절적으로 이식적기가 아닌 경우 : 이전비와 고손액의 2배 이내의 금액의 합계액

■ 평가액=이전비+고손액의 2배 이내

평가조건	결실기에 있는 과수	결실기에 이르지 아니한 과수
계절적으로 이식적기인 경우	이식비+고손액+감수액	이전비+고손액
계절적으로 이식부적기인 경우	이전비+고손액×2+감수액	이전비+고손액×2

※고손액=나무가격×고손율, 감수액=수익수의 순수익×감수율(수익수만 해당)

② 이식이 불가능한 과수의 평가

㉠ 거래사례가 있는 경우 : 거래사례비교법에 의하여 평가한 금액

㉡ 거래사례가 없는 경우

ⓐ 결실기에 있는 과수 : 식재상황·수세·잔존수학가능연수 및 수익성 등을 감안하여 평가한 금액

ⓑ 결실기에 이르지 아니한 과수 : 기준시점에서 소요된 비용을 현재의 가치로 평가한 금액(현가액)

평가조건	결실기에 있는 과수	결실기에 이르지 아니한 과수
거래사례가 있는 경우	거래사례비교법에 의하여 평가한 금액	
거래사례가 없는 경우	식재상황·수세·잔존수확가능연수 및 수익성 등을 감안하여 평가한 금액	기준시점까지 소요된 비용을 현재의 가격으로 평가한 금액(현가액)

③ 물건의 가격으로 보상하는 과수에 대하여는 '이식이 불가능한 과수'의 예에 따라 평가한다.

※ 이식비 : 굴취비+운반비+상하차비+식재비+재료비+부대비용(사후관리비 등)

〈표 12-7〉 수종별 이식가능수령 · 이식적기 · 고손율 및 감수율기준(규칙 제37조 관련 [별표 2])

구분 수종	이식가능수령	이식적기	고손율	감수율	비고
일반사과	5년 이하	2월 하순~3월 하순	15% 이하	이식 1차년:100% 이식 2차년:80% 이식 3차년:40%	그 밖의 수종은 유사수종에 준하여 적용한다.
왜성사과	3년 이하	2월 하순~3월 하순, 11월	20% 이하		
배	7년 이하	2월 하순~3월 하순, 11월	10% 이하		
복숭아	5년 이하	2월 하순~3월 하순, 11월	15% 이하		
포도	4년 이하	2월 하순~3월 하순, 11월	10% 이하		
감귤	8년 이하	6월장마기, 11월, 12월~3월 하순	10% 이하		
감	6년 이하	2월 하순~3월 하순, 11월	20% 이하		
밤	6년 이하	11월 상순~12월 상순	20% 이하		
자두	5년 이하	2월 하순~3월 하순, 11월	10% 이하		
호두	8년 이하	2월 하순~3월 하순, 11월	10% 이하		
살구	5년 이하	2월 하순~3월 하순, 11월	10% 이하		

(3) 과수 이외의 수익수 또는 관상수의 평가

① 과수외의 수익수 및 관상수에 대한 평가에 관하여 '지장물인 과수의 평가'를 준용하되, 관상수의 경우에는 감수액을 고려하지 아니한다. 이 경우 고손율은 당해 수익수 및 관상수 총수의 10% 이하의 범위안에서 정하되, 이식적기가 아닌 경우에는 20%까지로 할 수 있다.

② 이식이 불가능한 수익수 또는 관상수의 벌채비용은 사업시행자가 부담한다. 다만, 수목의 소유자가 해당 수목을 처분할 목적으로 벌채하는 경우에는 수목의 소유자가 부담한다.

3) 묘목의 평가

(1) 일반적 평가기준

묘목은 다른 곳에 옮겨 심는 어린 나무를 말하며, 묘목에 대하여는 상품화 가능여부, 이식에 따른 고손율, 성장정도 및 관리상태 등을 종합적으로 고려하여 평가한다.

(2) 묘목의 평가방법

① 상품화 할 수 있는 묘목은 손실이 없는 것으로 본다(보상 대상이 아니므로 평가 제외). 다만, 매각손실액(일시에 매각함으로 인하여 가격이 하락함에 따른 손실)이 있는 경우에는 그 손실을 평가하여 보상하여야 하며, '이전비+고손액'의 한도로 보상한다.

② 시기적으로 상품화가 곤란하거나 상품화를 할 수 있는 시기에 이르지 아니한 묘목에 대하여는 이전비와 고손율을 감안한 고손액의 합계액으로 평가한다. 이 경우 이전비는 임시로 옮겨 심는데 필요한 비용으로 평가하며, 고손율은 1% 이하의 범위안에서 정하되 주위의 환경 또는 계절적 사정 등 특별한 사유가 있는 경우에는 2%까지로 할 수 있다.

- 평가액=이전비+고손액(1% 이하 범위, 특별한 경우 2%까지)

③ 파종 또는 발아 중에 있는 묘목의 평가는 기준시점까지 소요된 비용의 현가액으로 평가한다.

④ 물건의 가격으로 보상하는 묘목에 대하여는 거래사례가 있는 경우에는 거래사례비교법에 의하여 평가하고, 거래사례가 없는 경우에는 기준시점까지 소요된 비용의 현가액으로 평가한다.

4) 입목의 평가

(1) 일반적 평가기준

입목(죽목을 포함)에 대하여는 〈표 12-8〉에 의한 벌기령(「산림자원의 조성 및 관리에 관한 법률 시행규칙」 별표 3에 따른 기준벌기령)·수종·주수·면적 및 수익성 그 밖에 가치형성에 관련되는 제요인을 종합적으로 고려하여 평가한다.

(2) 조림된 용재림의 평가[55)]

① 벌기령에 달한 용재림

지장물인 조림된 용재림중 벌기령에 달한 용재림은 손실이 없는 것으로 본다. 다만, 용재림을 일시에 벌채하게 되어 벌채 및 반출에 통상 소요되는 비용이 증가하거나 목재의 가격이 하락하는 경우에는 그 손실을 평가하여 보상하여야 한다.

② 벌기령에 달하지 아니한 용재림

㉠ 해당 용재림의 목재가 인근시장에서 거래되는 경우 : 거래가격에서 벌채비용과 운반비를 뺀 금액. 이 경우 벌기령에 달하지 아니한 상태에서의 매각에 따른 손실액이 있는 경우에는 이를 포함한다.

- 평가액=거래사례가격－벌채비용－운반비+매각손실

㉡ 해당 용재림의 목재가 인근시장에서 거래되지 않는 경우 : 기준시점까지 소요된 비용의 현가액. 이 경우 보상액은 당해 용재림의 예상총수입의 현가액에서 장래 투하비용의 현가액을 뺀 금액을 초과하지 못한다.

- 평가액=기준시점까지 소요된 비용의 현가액
- 투자비용의 현가액≦예상총수입의 현가액－장래투하비용의 현가액

③ 벌채비용은 사업시행자가 부담하며, 벌기령의 9/10 이상을 경과하였거나 그 입목의 성장 및 관리상태가 양호하여 벌기령에 달한 입목과 유사한 입목의 경우에는 벌기령에 달한 것으로 본다.

---

55) "조림된 용재림"이란 「산림자원의 조성 및 관리에 관한 법률」 제13조에 따른 산림경영계획인가를 받아 시업하였거나 산림의 생산요소를 기업적으로 경영·관리하는 산림으로서 「입목에 관한 법률」 제8조에 따라 등록된 입목의 집단 또는 이에 준하는 산림을 말한다.

〈표 12-8〉 기준벌기령

구 분	국유림	공 · 사유림(기업경영림)
소나무(춘양목보호림단지)	70년(100년)	50(30)년(100년)
잣나무	70년	60(40)년
리기다소나무	35년	25(20)년
낙엽송	60년	40(20)년
삼나무	60년	40(30)년
편백	70년	50(30)년
참나무류	70년	50(20)년
포플러류	15년	15년

(3) 자연림의 평가

자연림으로서 수종·수령·면적·주수·입목도·관리상태·성장정도 및 수익성 등이 조림된 용재림과 유사한 자연림의 평가에 관하여 조림된 용재림의 규정을 준용한다.

(4) 사업시행자가 취득하는 입목의 평가

사업시행자가 취득하는 입목의 평가에 관하여 조림된 용재림 중 벌기령에 달하지 아니한 용재림, 벌채비용의 사업시행자부담의 규정을 준용한다.

4. 농업의 평가

1) 농작물의 평가

농작물을 수확하기 전에 토지를 사용하는 경우의 농작물에 대한 손실은 농작물의 종류 및 성숙도 등을 종합적으로 고려하여 평가한다.

① 파종 중 또는 발아기에 있거나 묘포에 있는 농작물 : 기준시점까지 소요된 비용의 현가액

② 성장기의 농작물 : 예상총수입[56]의 현가액에서 장래 투하비용의 현가액을 뺀 금액. 이 경우 보상당시에 상품화가 가능한 풋고추·들깻잎 또는 호박 등의 농작물

56) "예상총수입"이란 당해 농작물의 최근 3년간(풍흉작이 현저한 연도를 제외)의 평균총수입을 말한다.

이 있는 경우에는 그 금액을 뺀다.

■ 성장기의 농작물=예상총수입의 현가액-장래 투하비용의 현가액-상품화가 가능한 농작물의 가격(풋고추·들깻잎 또는 호박 등)

2) 농업용 자산의 평가

해당 지역에서 경작하고 있는 농지의 2/3 이상에 해당하는 면적이 공익사업시행지구에 편입됨으로 인하여 해당지역에서 영농을 계속할 수 없게 된 경우 농기구에 대하여는 매각손실액을 평가하여 보상하여야 한다(토지보상규칙 제48조 제6항).

① 농기구의 매각손실액 평가가 곤란한 경우 : 원가법에 의한 산정가격×60% 이내
② 영농시설·부대시설 : 건물 및 공작물 등의 평가규정에 준하여 산출한 가격-당해 시설물의 해체로 인하여 발생한 재료비

3) 축산에 대한 평가

(1) 축산업의 보상대상

① 「축산법」에 따라 허가를 받았거나 등록한 종축업·부화업·정액처리업 또는 가축사육업
② 가축별 기준마리수 이상의 가축을 기르는 경우
③ 가축별 기준마리수 미만의 가축을 기르는 경우로서 그 가축별 기준마리수에 대한 실제 사육마리수의 비율의 합계가 1 이상인 경우

(2) 평가방법 : 영업 손실의 평가에 관한 규정을 준용한다.

① 축산업에 대한 손실의 평가는 '영업 손실의 평가'에 관한 규정을 준용한다.
② 손실보상의 대상이 되지 아니하는 가축에 대하여는 이전비로 평가하되, 이전으로 인하여 체중감소·산란율저하 및 유산 그 밖의 손실이 예상되는 경우에는 이를 포함하여 평가한다.

〈표 12-9〉 축산업의 가축별 기준마리수(규칙 제49조 제2항 관련[별표 3])

가 축	기준마리수	가 축	기준마리수
닭	200마리	소	5마리
토끼	150마리	사슴	15마리
오리	150마리	염소·양	20마리
돼지	20마리	꿀벌	20군

※ 돼지 10마리, 소 3마리를 기르는 경우 돼지 0.5+소 0.6=1.1이 되므로 보상대상이 된다.

4) 잠업의 평가

잠업에 대한 손실의 평가는 '영업 손실의 평가'에 관한 규정을 준용한다.

5) 영농보상 평가

(1) 공익사업시행지구에 편입되는 농업의 손실에 대한 보상평가

① 영농손실액=편입 면적×단위경작면적당 농작물총수입[57]×직전 3년간 평균의 2년분

② 실제소득을 입증하는 자가 경작하는 편입농지(보상규칙 제48조)

- 영농손실액=편입면적×단위경작면적당 실제소득×직전 3년간 평균의 2년분

(2) 공익사업시행지구밖의 농업의 손실에 대한 보상평가

경작하고 있는 농지의 2/3 이상에 해당하는 면적이 공익사업시행지구에 편입됨으로 인하여 해당지역에서 영농을 계속할 수 없게 된 농민에 대하여는 공익사업시행지구 밖에서 그가 경작하고 있는 농지에 대하여도 영농손실액을 보상하여야 한다(토지보상규칙 제65조).

57) 통계작성기관이 매년 조사·발표하는 농가경제조사통계의 도별 농업총수입 중 농작물수입을 도별 표본농가현황 중 경지면적으로 나누어 산정한 도별 연간 농가평균 단위경작면적당 농작물총수입을 말한다.

제4절 영업손실의 평가(영업보상)

1. 개요

1) 영업손실의 의의

사업인정고시일등 전부터 적법한 장소에서 인적·물적 시설을 갖추고 계속적으로 영리를 목적으로 하는 영업으로, 손실보상에 있어서 영업보상은 현재 그 자체를 지니고 있는 재산권적 가치를 보상하는 것이 아니라, 현재 그 영업에서 발생하는 소득 또는 수익에 한하여 보상을 하는 것이다(토지보상규칙 제45조).

2) 영업권의 평가

영업권의 평가는 수익환원법에 의한다. 다만, 수익환원법에 의한 평가가 적정하지 아니한 경우에는 거래사례비교법 또는 원가법에 의할 수 있다.

3) 영업손실의 구분

영업손실은 영업폐지와 영업의 휴업 등에 대한 손실로 구분하되, 평가의뢰자가 공익사업의 종류·사업기간·사업규모·영업의 종류·배후지의 상실정도 기타 관계법령에 의한 영업의 규제상태 등을 고려하여 결정한 내용에 따른다.

2. 영업폐지 및 영업휴업의 보상

1) 영업폐지의 보상

(1) 영업의 폐지평가 대상

① 영업장소 또는 배후지의 특수성으로 인하여 해당 영업소가 소재하고 있는 시·군·구(자치구) 또는 인접하고 있는 시·군·구의 지역안의 다른 장소에 이전하여서는

해당 영업을 할 수 없는 경우

② 해당 영업소가 소재하고 있는 시·군·구 또는 인접하고 있는 시·군·구의 지역안의 다른 장소에서는 해당 영업의 허가등을 받을 수 없는 경우

③ 도축장 등 악취 등이 심하여 인근주민에게 혐오감을 주는 영업시설로서 해당 영업소가 소재하고 있는 시·군·구 또는 인접하고 있는 시·군·구의 지역안의 다른 장소로 이전하는 것이 현저히 곤란하다고 특별시·자치도지사·시장·군수 또는 구청장(자치구의 구청장)이 객관적인 사실에 근거하여 인정하는 경우

(2) 영업폐지에 따른 손실액 평가

① 영업손실의 평가

평가가액=영업이익(개인영업인 경우 소득)×보상연한+영업용 고정자산의 매각손실액+재고자산의 매각손실액

㉠ 영업손실 보상연한 : 2년

㉡ 영업이익의 산정 : 최근 3년간 평균 영업이익 기준

※연간 영업이익=제조부문 보통인부의 노임단가×25(일)×12(월)

② 사업시행자는 영업자가 영업의 폐지 후 2년 이내에 해당 영업소가 소재하고 있는 시·군·구 또는 인접하고 있는 시·군·구의 지역 안에서 동일한 영업을 하는 경우에는 영업의 폐지에 대한 보상금을 환수하고 영업의 휴업 등에 대한 손실을 보상하여야 한다.

③ 임차인의 영업에 대한 보상액 중 영업용 고정자산·원재료·제품 및 상품 등의 매각손실액을 제외한 금액은 1천만 원을 초과하지 못한다(영업휴업보상도 동일).

2) 영업휴업의 보상

(1) 영업의 휴업평가 대상

① 공익사업의 시행으로 인하여 영업장소를 이전하여야 하는 경우

② 공익사업에 영업시설의 일부가 편입됨으로 인하여 잔여시설에 그 시설을 새로 설치하거나 잔여시설을 보수하지 아니하고는 해당 영업을 계속할 수 없는 경우

③ 기타 영업을 휴업하지 아니하고 임시영업소를 설치하여 영업을 계속하는 경우

(2) 영업휴업 손실액 평가

① 영업장소의 이전을 요하는 경우 손실의 평가

평가액＝(영업이익×휴업기간)＋인건비 등 고정적비용
　　　　＋영업시설 및 재고자산 등의 이전에 따른 통상비용
　　　　＋재고자산의 이전에 따른 감손상당액
　　　　＋이전광고비 및 개업비 등 기타 부대비용

② 공익사업에 영업시설의 일부가 편입됨으로 인하여 잔여시설에 그 시설을 새로이 설치하거나 잔여시설을 보수하지 아니하고는 그 영업을 계속할 수 없는 경우의 영업손실 및 영업규모의 축소에 따른 영업손실의 평가는 다음 산식에 의한다. 이 경우 보상액은 ①의 평가액을 초과하지 못한다.

평가액＝(영업이익×설치 또는 보수기간)＋인건비 등 고정적비용
　　　　＋설치 또는 보수 등에 소요되는 통상비용

③ 영업이익의 산정 : 영업폐지의 보상등에 대한 영업손실의 평가규정을 준용

④ 휴업기간 : 4개월 이내(영업의 금지 또는 제한의 경우에는 실제 휴업기간으로 하되, 그 휴업기간은 2년을 초과할 수 없다.)

⑤ 인건비 등 고정적비용 : 인건비, 제세공과금, 임차료, 감가상각비, 보험료, 광고선전비, 기타비용

⑥ 영업시설 등의 이전에 다른 통상비용 : 영업시설 및 재고자산의 이전비용

⑦ 이전거리의 산정 : 동일 또는 인근 시·군·구에 이전장소가 정하여져 있거나 영업의 성격이나 행정적 규제 등으로 인하여 이전가능지역이 한정되어 있는 경우에는 그 거리를 기준으로 하고, 정하여져 있지 아니한 경우에는 30km 이내로 한다.

(3) 임시영업소의 설치비 평가

영업을 휴업하지 아니하고 임시영업소를 설치하여 영업을 계속하는 경우의 영업손실은 임시영업소의 설치비용으로 평가한다. 이 경우 보상액은 '영업장소를 이전하여야 하는 경우'의 영업손실의 평가액을 초과하지 못한다.

① 임시영업소를 임차하여 설치하는 경우

·평가액 = 임차료 상당액×임시영업기간+설정비용+기타 부대비용

② 임시영업소를 가설하는 경우

·평가액 = 지대상당액+임시영업소 신축비용+해체·철거비−잔재가액

Chapter 13

담보 및 경매평가

제1절 담보평가

1. 개요

1) 담보평가의 정의

담보평가란 은행, 보험회사, 신탁회사, 일반기업체 등(금융기관 등)이 담보취득을 목적으로 채무자로부터 제공받은 담보물건에 대한 감정평가를 말한다.

2) 적용규정

담보물건의 평가는 「감정평가법」등 감정평가에 관한 법령이나 다른 규정 기타 금융기관 등과 감정평가업자간의 약정에서 따로 정하고 있는 경우를 제외하고는 「감정평가지침」이 정하는 바에 의하고 이 지침에서 정하지 아니한 사항은 감정평가의 일반이론에 따른다.

3) 일반평가와 담보평가의 차이

일반평가는 토지 등의 경제적 가치판정에 주안점을 두는 반면, 담보평가는 대상물건의 경제적 가치 판단은 물론 담보로서의 적격여부에 대한 판단도 포함하는 개념이라 할 수 있다.

2. 담보평가의 원칙

1) 확인주의

담보대상물건에 대한 물적현황 및 권리관계 등을 반드시 확인하여야 한다.

2) 보수주의(안전성)

완전한 채권회수라는 목적을 실현하기 위해 보수주의 관점에서 담보평가를 하여야 하므로 부동산가격을 가능한 한 낮게 결정하는 것을 말한다.

3) 처분주의

담보평가는 여신기간 중 원하는 때에 적정한 금액으로 조기에 환가처분을 할 수 있느냐의 관점에서 접근하여야 한다.

4) 현황주의

담보평가는 공부상의 지목이나 용도에 관계없이 현실적인 이용상태(용도)를 기준으로 판단하여야 한다. 다만, 공부와 현황이 불일치할 경우에는 현황이 불법행위에 의하여 이루어진 것이 아닌지에 대한 검토와 「주택임대차보호법」의 적용대상이 되는지 이용상태를 기준으로 판단하여야 한다.

3. 담보취득금지 및 제한 대상부동산[58)]

1) 담보취득금지 대상물건

(1) 사립학교[59)] 교육에 직접 사용되는 학교법인 재산

① 학교교육에 직접 사용되는 학교법인의 재산 중 다음 재산은 이를 매도하거나

58) 이계형, 담보감정평가실무, 한국금융연수원, 2006. pp. 27~43.(일부자료 수정)

59) 사립학교란 학교법인 또는 공공단체외의 법인 기타 사인이 설치하는 「유아교육법」제2조제2호와 「초·중등교육법」제2조 및 「고등교육법」제2조에 규정된 학교를 말한다.

담보에 제공할 수 없다(사립학교법 제28조 제2항, 영 제12조).

㉠ 교지

㉡ 교사(강당을 포함)

㉢ 체육장(실내체육장을 포함)

㉣ 실습 및 연구시설

㉤ 기타 교육에 직접 사용되는 시설·설비 및 교재·교구

② 위 규정은 사립학교경영자[60]에게 이를 준용한다(사립학교법 제51조)

(2) 국유재산 중 행정재산

국유재산에는 사권을 설정하지 못한다. 다만, 일반재산에 대하여 다음의 경우에는 그러하지 아니하다(국유재산법 제11조, 영 제6조).

① 다른 법률 또는 판결에 따라 일반재산에 사권(私權)을 설정하는 경우

② 일반재산의 사용 및 이용에 지장이 없고 재산의 활용가치를 높일 수 있는 경우로서 관리청 등이 필요하다고 인정하는 경우

〈표 13-1〉 국유재산의 분류

구 분	내 용		종 류
행정재산	공용재산	국가가 직접 사무용 · 사업용 또는 공무원의 주거용으로 사용하거나 일정기한(5년)까지 사용하기로 결정한 재산	청사, 등대, 국립학교 등
	공공용재산	국가가 직접 공공용으로 사용하거나 일정기한(5년)까지 사용하기로 결정한 재산	도로, 하천, 국립공원 등
	기업용재산	정부기업이 직접 사무용 · 사업용 또는 그 기업에 종사하는 직원의 주거용으로 사용하거나 일정기한(5년)까지 사용하기로 결정한 재산	철도사업, 통신사업 등
	보존용재산	법령이나 그 밖의 필요에 따라 국가가 보존하는 재산	문화재, 기념물 등
일반재산	행정재산 외의 모든 국유재산		

60) 사립학교경영자란 「유아교육법」,「초 · 중등교육법」및「고등교육법」과 이 법에 의하여 사립학교를 설치 · 경영하는 공공단체외의 법인(학교법인을 제외 한다) 또는 사인을 말한다.

(3) 신탁재산

신탁재산에 대하여는 강제집행 또는 경매를 할 수 없다. 단, 신탁 전의 원인으로 발생한 권리 또는 신탁사무의 처리상 발생한 권리에 기한 경우에는 예외로 한다(신탁법 제21조).

(4) 보험회사 소유재산

보험회사는 타인에 대하여 그 소유재산을 담보로 제공하거나 채무의 보증을 할 수 없다. 다만, 이 법의 규정에 의하여 채무의 보증을 할 수 있는 경우에는 그러하지 아니하다(보험업법 제113조).

2) 담보취득제한 대상물건

(1) 학교법인의 기본재산

학교법인이 그 기본재산을 매도·증여·교환 또는 용도변경하거나 담보에 제공하고자 할 때 또는 의무의 부담이나 권리의 포기를 하고자 할 때에는 관할청의 허가를 받아야 한다. 다만, 대통령령이 정하는 경미한 사항은 이를 관할청에 신고하여야 한다(사립학교법 제28조 제1항).

(2) 공익법인의 기본재산

공익법인은 기본재산을 매도·증여·임대·교환 또는 용도변경하거나 담보를 제공하거나 대통령령으로 정하는 일정금액 이상을 장기차입하려면 주무관청의 허가를 받아야 한다(공익법인의 설립·운영에 관한 법률 제11조 제3항).

(3) 의료법인의 기본재산

의료법인이 재산을 처분하거나 정관을 변경하려면 시·도지사의 허가를 받아야 한다(의료법 제48조 제3항).

(4) 사회복지법인의 기본재산

법인은 기본재산(시설거주자를 보호하기 위한 시설 및 기타시설)에 관하여 다음에 해당하는 경우에는 보건복지부장관의 허가를 받아야 한다. 다만, 보건복지부령으로

정하는 사항에 대하여는 그러하지 아니하다(사회복지사업법 제23조 제3항).[61]

① 매도·증여·교환·임대·담보제공 또는 용도변경하고자 할 때

② 보건복지부령이 정하는 금액 이상을 1년 이상 장기차입하고자 할 때

(5) 전통사찰의 재산

전통사찰의 주지는 동산 또는 부동산을 대여하거나 담보로 제공하는 행위를 하려면 시·도지사의 허가를 받아야 한다. 허가 받은 사항을 변경하려는 경우에도 같다. 또한 소속 대표단체 대표자의 승인서를 첨부하여야 한다(전통사찰보존법 제9조 제2항).

(6) 향교재산

① 향교재산은 이 법에 따르지 아니하고는 매매, 양여(讓與), 교환, 담보제공, 그 밖의 처분을 할 수 없다(향교재산법 제4조).

② 향교재단은 향교재산 중 동산이나 부동산을 처분하거나 담보로 제공하려는 때에는 대통령령으로 정하는 바에 따라 특별시장·광역시장·도지사 또는 특별자치도지사(시·도지사)의 허가를 받아야 한다(향교재산법 제8조).

(7) 외국인투자가 또는 외국인투자기업이 관세 등을 면제받아 도입한 자본재

외국인 투자가 또는 외국인투자기업이 관세 등을 면제 받아 도입한 자본재를 양도 또는 대여하거나 신고 된 목적 외의 용도로 사용하려는 때에는 관세 등의 감면을 받고 도입한 자본재로서 「관세법」에 따른 수입신고수리일부터 5년이 경과한 후 이를 처분하거나 사용하는 경우 외에는 미리 산업통상자원부장관에게 신고하여야 한다(외국인투자촉진법 제22조 제1항, 영 제29조 제1항).

(8) 「주택법」에 의하여 건설된 주택 및 대지

사업주체는 사업계획승인을 받아 시행하는 주택건설사업에 의하여 건설된 주택 및 대지에 대하여는 입주자 모집공고 승인 신청일(주택조합의 경우에는 사업계획승인 신청일) 이후부터 입주예정자가 그 주택 및 대지의 소유권이전등기를 신청할 수 있는

61) 사회복지사업이란 관련 법률에 의한 보호·선도 또는 복지에 관한 사업과 사회복지상담·부랑인 및 노숙인 보호·직업보도·무료숙박·지역사회복지·의료복지·재가복지·사회복지관운영·정신질환자 및 한센병력자 사회복귀에 관한 사업 등 각종 복지사업과 이와 관련된 자원봉사활동 및 복지시설의 운영 또는 지원을 목적으로 하는 사업을 말한다.

날(입주가능일) 이후 60일까지의 기간 동안 입주예정자의 동의 없이 다음 각 호의 어느 하나에 해당하는 행위를 하여서는 아니 된다. 다만, 그 주택의 건설을 촉진하기 위하여 대통령령으로 정하는 경우에는 그러하지 아니하다(주택법 제40조 제1항).

① 해당 주택 및 대지에 저당권 또는 가등기담보권 등 담보물권을 설정하는 행위
② 해당 주택 및 대지에 전세권·지상권(地上權) 또는 등기되는 부동산임차권을 설정하는 행위
③ 해당 주택 및 대지를 매매 또는 증여 등의 방법으로 처분하는 행위

(9) 정부의 주거지원으로 취득하게 된 북한이탈주민의 소유권 등

통일부장관으로부터 주거지원을 받는 보호대상자는 그 주민등록 전입신고를 한 날부터 2년간 통일부장관의 허가를 받지 아니하고는 임대차계약을 해지하거나 그 주거지원에 따라 취득하게 된 소유권, 전세권 또는 임차권(소유권등)을 양도하거나 저당권을 설정할 수 없다(북한이탈주민의 보호 및 정착지원에 관한 법률 제20조 제2항).

(10) 보조금의 예산 및 관리에 관한 법률상 중요한 재산

보조사업자[62]는 보조금[63]에 의하여 취득하거나 그 효용이 증가된 것으로서 대통령령이 정하는 중요한 재산(처분을 제한하는 재산 : 부동산과 그 종물, 선박·부표·부잔교·부선거와 그 종물, 항공기, 기타 중앙관서의 장이 보조금의 교부목적을 달성함에 특히 필요하다고 인정하는 재산)은 해당 보조사업을 완료한 후에 있어서도 중앙관서의 장의 승인없이 보조금의 교부목적에 위배되는 용도에 사용하거나 양도·교환 또는 대여하거나 담보에 제공하여서는 아니된다. 다만, 대통령령으로 정하는 경우에는 예외로 한다(보조금의 예산 및 관리에 관한 법률 제35조, 영 제15조).

---

62) 보조사업자란 보조금의 교부대상이 되는 사무 또는 사업을 수행하는 자를 말한다.

63) 보조금이란 국가외의 자가 행하는 사무 또는 사업에 대하여 국가가 이를 조성하거나 재정상의 원조를 하기 위하여 교부하는 보조금(지방자치단체에 대한 것과 기타 법인 또는 개인의 시설자금이나 운영자금에 대한 것에 한함) · 부담금(국제조약에 의한 부담금은 제외) 기타 상당한 반대급부를 받지 아니하고 교부하는 급부금으로서 대통령령으로 정하는 것(소득보조금)을 말한다.

4. 물건별 담보 평가방법

1) 기준가치

담보평가는 시장가치를 기준으로 감정평가한다. 이 경우 시장가치 외의 가치기준은 적용하지 아니한다.

2) 토지의 담보평가

(1) 평가액 결정(담보평가지침 제12조)

① 토지의 평가액 결정은 표준지공시지가를 기준으로 하되, 담보물건으로서의 안정성 등을 고려하여 평가한다.

② 공시지가 기준법으로 평가한 가액이 실제 거래시세와 현저한 차이가 있는 등 담보가액으로 적정하지 아니한 경우에는 실제 적정거래시세 등과의 균형을 고려한 가액으로 평가하거나 임대료 등 수익성이나 조성비용 등 원가를 고려한 가액으로 평가할 수 있다.

(2) 평가제외(담보평가지침 제21조)

담보물건으로서 현저히 부적당한 토지는 평가에서 제외하거나 반려할 수 있다.

① 사찰·교회·학교·고아원·양로원 기타 특수한 용도로 이용되고 있는 것으로서 다른 용도로의 전환가능성이 적고 매매 또는 임대차의 가능성이 희박한 것

② 공부상 소재지·지번·지목·면적 등이 실제와 현저히 달라서 동일성을 인정하기 어려운 것

③ 지상 건축물과 같이 담보로 제공하지 아니하는 것

④ 기타 담보물건으로서 현저히 부적당하다고 인정되는 것

3) 건물의 평가

(1) 평가액의 결정(담보평가지침 제22조)

① 건물의 평가액은 원가법에 의한 적산가액으로 결정한다. 다만, 적산가액으로 결정하는 것이 적정하지 아니한 경우에는 비준가액 또는 수익가액으로 결정할 수

있다.

② 구분소유권의 대상이 되는 공동주택, 상가, 업무용 빌딩 등은 대지권과 건물의 구분소유권을 일체로 한 거래사례 등에 의하여 비준가액으로 결정한다. 다만, 비준가액으로 결정하는 것이 적정하지 아니한 경우에는 적산가액 또는 수익가액으로 결정할 수 있다.

③ 적산가액에 의한 건물의 평가액 결정은 다음의 산식에 의하되 재조달원가 및 내용연수 등의 산정은 다음 각 호의 기준에 따른다. 다만, 다음 각 호의 기준에 의한 내용연수 등의 산정이 적정하지 아니한 경우에는 대상물건의 유지관리상태, 보수정도 등 그 현상을 고려하여 내용연수 또는 잔존연수 등을 조정할 수 있다.

○ 평가액 ≒ 재조달원가 $\times \frac{\text{잔존연수}}{\text{내용연수}}$

㉠ 재조달원가는 대상물건에 대한 건축허가도서 등에 의하여 재조달원가를 산정할 수 있는 등 특별한 경우를 제외하고는 표준주택가격 평가를 위한 주택신축단가표 또는 건물신축단가표를 참고로 하여 정한다.

㉡ 내용연수는 표준주택가격 평가를 위한 주택신축단가표 또는 고정자산내용연수표에서 정하는 기준을 참고로 하여 정하되 경제적 내용연수로 한다.

㉢ 잔존연수는 대상물건의 내용연수에서 경과연수를 차감하여 구하되, 사용 및 수리의 정도, 관리상태 등을 고려한 장래 효용유지가능한 연수로 한다.

㉣ 경과연수의 기산시점은 준공시점(사용승인일)을 기준으로 하되 준공시점과 완공시점의 시차가 1년 이상인 경우에는 완공시점을 기준으로 하며, 연수의 산정은 만년을 기준으로 한다.

④ 건물은 각 동별로 평가액을 결정한다.

⑤ 전기설비, 냉·난방설비, 승강기설비, 소화전설비 등 건축물의 부대설비는 따로 구분하여 평가하지 아니하고 건축물에 포함하여 평가액을 결정하되, 부대설비에 대한 보정은 주택신축단가표 또는 건물신축단가표에서 정하는 기준을 참고로 하여 정한다.

(2) 평가제외(담보평가지침 제26조)

① 담보물건으로서 현저히 부적당하다고 판단되는 다음의 건물은 평가에서 제외하거나 반려할 수 있다.

㉠ 다른 용도로의 전환가능성이 적고 매매 또는 임대차가능성이 희박한 것(사찰, 교회, 학교, 고아원, 양로원 기타 특수한 용도로 이용되고 있는 것)
㉡ 동일성을 인정하기 어려운 것(공부상 소재지, 지번, 구조, 면적, 용도 등)
㉢ 기타 구조가 복잡하거나 현상이 극히 불량하여 일정기간 동안 그 보존이 어렵다고 인정되는 것

② 금융기관 등의 요청에 의하여 특수한 조건이나 목적이 수반되는 경우에는 이를 평가할 수 있다. 이 때에는 감정평가서에 그 내용을 기재한다.

4) 공장의 평가

(1) 평가액 결정(담보평가지침 제27조)

① 공장의 평가액은 공장용지, 건물, 구축물, 기계·기구 등의 평가액의 합계액으로 결정한다. 다만, 평가의뢰자로부터 무형자산의 평가의뢰가 있는 경우에는 이를 평가액에 포함할 수 있다.
② 공장용지의 평가액 결정은 공시지가를 기준으로 한다.
③ 건물 및 구축물의 평가액 결정은 원가법에 의한 적산가액으로 한다.
④ 기계·기구는 그 구조, 규격, 형식, 용량, 수요정도, 경과연수, 잔존내용연수, 현상, 이용관리상태 등을 종합적으로 고려하여 다음과 같이 평가액을 결정한다.
㉠ 기계·기구의 평가가격은 적산가액으로 결정한다. 다만, 국산 또는 수입기계·기구로서 대상물건과 현상·성능 등이 유사한 동종물건의 중고상태로서의 시중가격을 확실히 파악할 수 있는 경우에는 그 중고가격을 기초로 한 비준가액으로 결정할 수 있다.
㉡ 대상물건에 대한 가격자료가 없거나 재조달원가를 직접 구함이 곤란한 경우에는 구조, 규격, 형식, 용량 등 가치구성요인이 비슷한 물건의 재조달원가를 선택 이를 비교수정하여 대상물건의 재조달원가를 결정할 수 있다.
㉢ 수입기계·기구의 평가는 수입신고필증 등에 의한 수입가격(CIF가격)을 기준으로 한다.
㉣ 원화환산은 기준시점 이전 최근 15일 평균(환율변동이 심한 경우에는 기준시점 이전 최근 3월 평균)의 「외국환거래법」에 의한 기준환율 또는 재정환율의 평균치를 적용한다. 다만, 국내시장가격이 형성되어 있는 경우에는 신품으로서의 시장가격을 재조달원가로 정할 수 있다.

⑤ 금융기관 등의 요청이 있는 경우에는 수익가액으로 평가하거나 해체처분가액 등으로 평가액을 결정할 수 있다.

(2) 평가제외(담보평가지침 제28조)

① 의뢰목적에 포함된 기계·기구 중에서 다음에 해당하는 것은 이를 평가에서 제외한다.

㉠ 구조가 조잡하거나 노후화로 인하여 담보로서 가치가 희박하다고 인정되는 것

㉡ 시험기구, 비품, 집기 등으로서 이동이 용이하여 관리·보전이 어려운 것

㉢ 기타 담보가치가 희박하다고 인정되는 것

② 금융기관 등의 요청에 의하여 특수한 조건이나 목적이 수반되는 경우에는 이를 평가할 수 있다. 이때에는 감정평가서에 그 내용을 기재한다.

5) 기타물건의 평가

(1) 평가액의 결정(담보평가지침 제29조)

염전, 과수원, 산림, 광산 등 사업체, 자동차, 건설기계, 선박, 항공기 등 의제부동산과 동산, 유가증권 기타 무형자산 등의 평가액 결정은 「감정평가에 관한 규칙」에서 정하는 기준 등에 따른다.

(2) 평가제외(담보평가지침 제30조)

① 광산으로서 다음에 해당되는 것은 평가제외하거나 반려할 수 있다.

㉠ 미채광이거나 장기간 휴광중의 광산으로서 광상상태가 불명한 것

㉡ 광업권에 한하여 평가의뢰된 것

㉢ 시설 및 운영이 부적당하여 가행성적이 불량한 것

㉣ 입지조건, 광량, 품질이 극히 불량하여 경영 장래성이 없는 것

㉤ 폐광중에 있는 것

② 유가증권으로서 다음에 해당되는 것은 평가제외하거나 반려할 수 있다.

㉠ 거래실적이 없는 주식

㉡ 증권거래소로부터 거래정지 처분을 받은 주식

③ 금융기관 등의 요청에 의하여 특수한 조건이나 목적이 수반되는 경우에는 이를 평가할 수 있다. 이 때에는 감정평가서에 그 내용을 기재한다.

(3) 평가제한(담보평가지침 제31조)

동산으로서 다음에 해당되는 것은 이를 평가하지 아니한다.

① 부패성이 많고 변질되기 쉬운 상품
② 희소성 또는 품질 등에 따라 가격차이가 심한 것
③ 위험성이 농후하여 보관이 곤란한 상품
④ 생필품으로서 언제든지 처분이 용이한 상품
⑤ 기타 담보물건으로서 평가가 현저히 부적합한 것

6) 평가방법의 준용

기타 감정평가방법은 감정평가관계법규에서 따로 정한 것을 제외하고는 '제7장 감정평가의 절차'부터 '제11장 기타자산 및 권리의 평가'까지의 규정을 참조한다.

5. 감정평가서 적정성 검토

감정평가서를 발송하기 전에는 다음 각 호의 사항을 미리 검토하여야 하며, 평가수수료를 받은 후에 발송함을 원칙으로 한다(담보평가지침 제10조, 제11조).

① 공부내용과 현황의 일치여부
② 적용공시지가 표준지 선정의 적정성
③ 평가액 산출과정의 적정성
④ 건물 등의 재조달원가 및 내용연수 산정 등의 적정성
⑤ 감정평가서 필수적 기재사항 누락 여부
⑥ 감정평가수수료 산정의 적정성
⑦ 기타 필요한 사항

제2절 경매평가

1. 개요

1) 경매평가의 정의

(1) 경매란 채무자가 채무의 이행을 하지 않는 경우 국가기관인 법원의 힘을 빌려 채권자나 담보권자가 자신의 금전채권의 만족을 얻기 위하여 채무자의 부동산 등을 법원에 경매신청하여 그 대금으로 채권회수를 하는 일련의 절차를 의미한다.

(2) 경매평가란 집행법원(경매사건의 관할 법원)이 최저매각가격을 결정하기 위해 의뢰하는 감정평가를 말한다.

(3) 「민사집행법」 제97조 제1항에서는 '법원은 감정인에게 부동산을 평가하게 하고 그 평가액을 참작하여 최저매각가격을 정하여야 한다'라고 규정하고 있다. 여기서 최저매각가격은 최초 매각기일의 기준매각가격이 되며 매각기일에 있어서 이 가격보다 같거나 높게 응찰해야 무효처리가 되지 않는다.

2) 부동산 경매의 종류 및 절차

(1) 경매의 종류

부동산 경매는 통상의 강제경매와 담보권 실행을 위한 임의경매가 있으며 법원에서 행한다. 법원경매와는 달리 한국자산관리공사(KAMCO : 캠코)에서 주로 금융기관의 채권정리를 위하여 실시하는 공매가 있다.

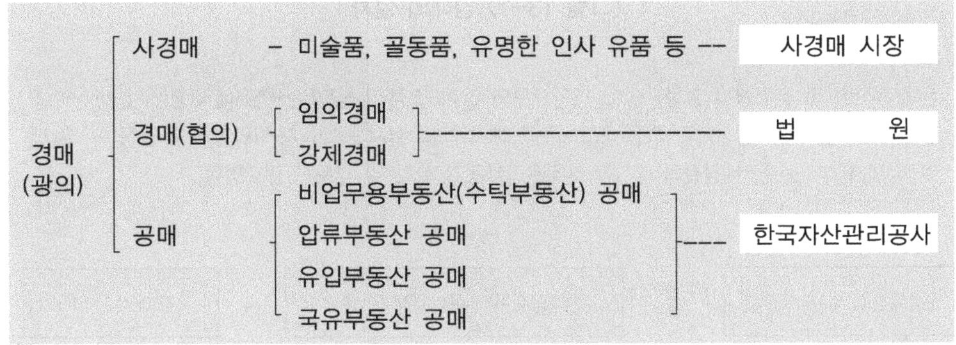

(2) 경매의 절차

부동산 경매절차는 채권자의 신청에 의하여 매각목적물을 압류하여 환가한 다음 채권자의 채권을 변제(배당)하여 주는 집행절차이다.

채권자가 경매 대상부동산의 소재지를 관할하는 법원에 신청이 있으면 법원은 경매개시결정을 하여 목적부동산을 압류하여 관할 등기소에 경매개시결정의 기입등기를 촉탁하게 되며 크게 9단계의 절차로 진행된다.

2. 평가명령

경매평가는 채무자가 채무를 이행하지 않은 때 채권의 목적인 권리 실현의 방법으로 채권자가 법원에 강제집행을 신청함으로써 이루어진다.

(1) 집행법원은 경매신청이 타당한 때 경매절차의 개시 결정을 내리고 최저경매가격 결정에 참작하기 위하여 선임된 감정인에게 직권으로 목적 부동산에 대한 평가명령을 하고 감정인은 당해 부동산을 평가하여 2주 이내에 평가서를 제출하여야 한다.

(2) 집행법원은 법률적 판단을 요하는 사항이 있는 경우에는 그 판단을 내려 이를 전제로 평가할 것과 평가상 유의할 점을 지시하여야 한다.

(3) 감정인은 매각부동산 평가에 관한 집행법원의 보조자이므로 감정인의 평가액을 그대로 최저매각가격으로 정하여야 하는 것은 아니지만 특별한 사정이 없는 한 실무에서는 대부분 감정인의 평가액을 그대로 최저매각가격으로 정하고 있다.

〈그림 13-1〉 경매의 절차

① 경매신청 및 경매개시 결정 → ② 배당요구의 종기 결정 및 공고 → ③ 매각(경매) 준비 → ④ 매각(경매)기일 · 매각결정기일 지정 공고 → ⑤ 매각(입찰) 실시 → ⑥ 매각(낙찰)허부 결정 → ⑦ 매각대금의 납부 → ⑧ 배당절차 → ⑨ 소유권이전등기 촉탁 및 부동산 인도명령

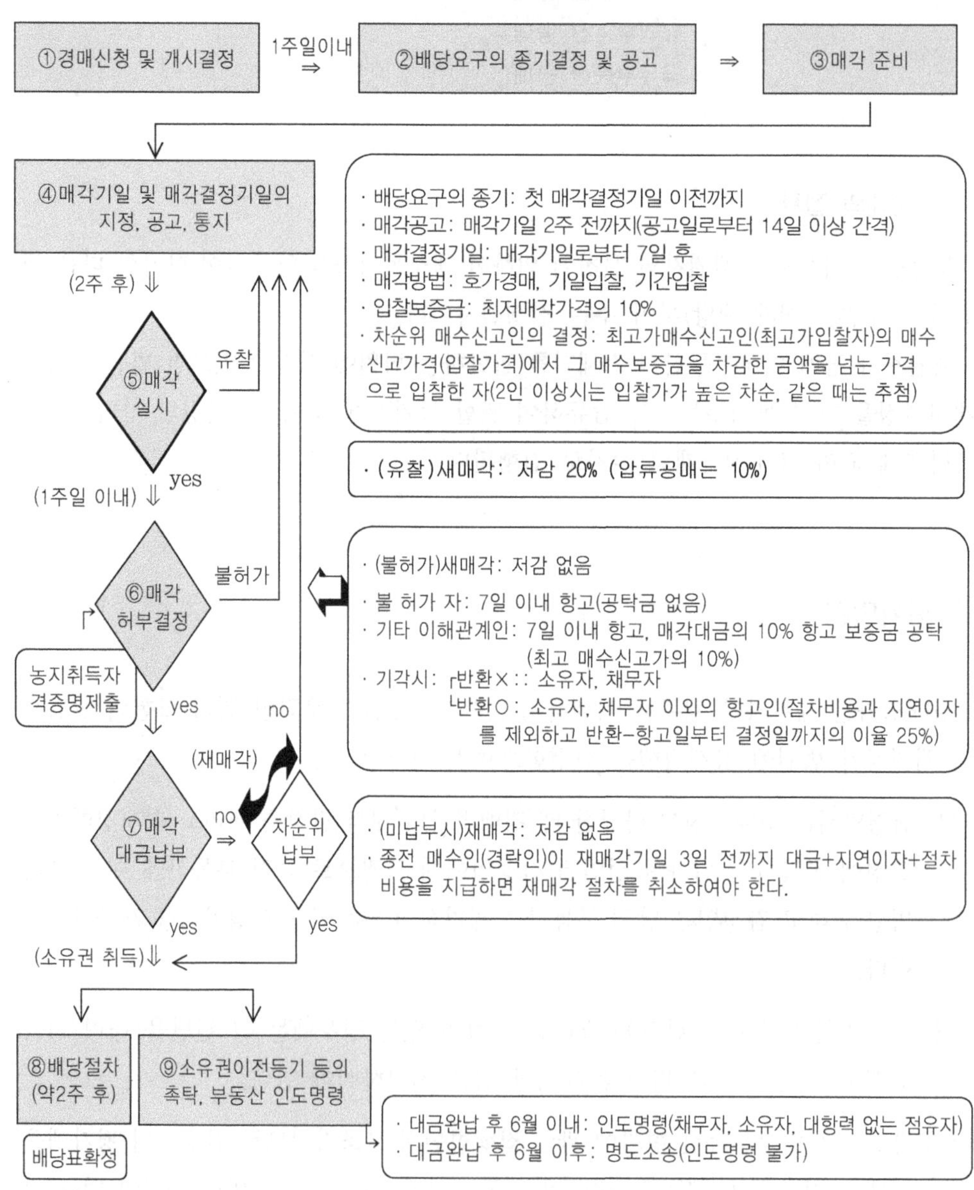

3. 물건별 평가방법

1) 기준가치

경매평가는 시장가치를 기준으로 감정평가한다. 다만, 집행법원으로부터 시장가치 외의 가치로 감정평가 해줄 것을 요청받은 경우에는 시장가치 외의 가치로 감정평가 할 수 있다.

2) 평가방법

(1) 경매평가액은 최저경매가격의 결정기준이 되므로 채권자 보호가격의 의미가 있다. 따라서 부동산의 위치, 형상, 주위 상황, 건물의 구조, 자재 등 제반 사정을 참작하여 객관적으로 공정하고 타당성 있는 방법으로 평가하여야 하며, 「부동산 가격공시법」 및 「감정평가에 관한 규칙」의 기준에 의한다.

(2) 경매평가는 경매 자체를 감가요인으로 해서는 안된다. 시장가치로 평가하는 경우 경매물건에 부담된 권리나 이익의 가격을 공제한 후 경매물건으로서 불합리한 점을 감안하여 구한다.

(3) 경매평가의 기준시점은 경매시점을 기준으로 평가하여야 하나 경매시점이나 장래가격의 예측이 곤란하여 가격조사를 완료한 날짜로 본다.

(4) 기타 감정평가방법은 감정평가관계법규에서 따로 정한 것을 제외하고는 '제7장 감정평가의 절차'부터 '제11장 기타자산 및 권리의 평가'까지의 규정을 참조한다.

부 록

1. 감정평가에 관한 규칙

2. 감정평가서 서식

감정평가에 관한 규칙

[시행 2016.9.1., 국토교통부령 제356호, 2016.8.31., 일부개정]

국토교통부(부동산평가과), 044-201-3423

제1조(목적) 이 규칙은 「감정평가 및 감정평가사에 관한 법률」 제3조제3항에 따라 감정평가업자가 감정평가를 할 때 준수하여야 할 원칙과 기준을 규정함을 목적으로 한다.

제2조(정의) 이 규칙에서 사용하는 용어의 뜻은 다음과 같다.

1. "시장가치"란 감정평가의 대상이 되는 토지등(이하 "대상물건"이라 한다)이 통상적인 시장에서 충분한 기간 동안 거래를 위하여 공개된 후 그 대상물건의 내용에 정통한 당사자 사이에 신중하고 자발적인 거래가 있을 경우 성립될 가능성이 가장 높다고 인정되는 대상물건의 가액(價額)을 말한다.
2. "기준시점"이란 대상물건의 감정평가액을 결정하는 기준이 되는 날짜를 말한다.
3. "기준가치"란 감정평가의 기준이 되는 가치를 말한다.
4. "가치형성요인"이란 대상물건의 경제적 가치에 영향을 미치는 일반요인, 지역요인 및 개별요인 등을 말한다.
5. "원가법"이란 대상물건의 재조달원가에 감가수정(減價修正)을 하여 대상물건의 가액을 산정하는 감정평가방법을 말한다.
6. "적산법(積算法)"이란 대상물건의 기초가액에 기대이율을 곱하여 산정된 기대수익에 대상물건을 계속하여 임대하는 데에 필요한 경비를 더하여 대상물건의 임대료[(賃貸料), 사용료를 포함한다. 이하 같다]를 산정하는 감정평가방법을 말한다.
7. "거래사례비교법"이란 대상물건과 가치형성요인이 같거나 비슷한 물건의 거

래사례와 비교하여 대상물건의 현황에 맞게 사정보정(事情補正), 시점수정, 가치형성요인 비교 등의 과정을 거쳐 대상물건의 가액을 산정하는 감정평가 방법을 말한다.

8. "임대사례비교법"이란 대상물건과 가치형성요인이 같거나 비슷한 물건의 임대사례와 비교하여 대상물건의 현황에 맞게 사정보정, 시점수정, 가치형성요인 비교 등의 과정을 거쳐 대상물건의 임대료를 산정하는 감정평가방법을 말한다.

9. "공시지가기준법"이란 「감정평가 및 감정평가사에 관한 법률」 (이하 "법"이라 한다) 제3조제1항 본문에 따라 감정평가의 대상이 된 토지(이하 "대상토지"라 한다)와 가치형성요인이 같거나 비슷하여 유사한 이용가치를 지닌다고 인정되는 표준지(이하 "비교표준지"라 한다)의 공시지가를 기준으로 대상토지의 현황에 맞게 시점수정, 지역요인 및 개별요인 비교, 그 밖의 요인의 보정(補正)을 거쳐 대상토지의 가액을 산정하는 감정평가방법을 말한다.

10. "수익환원법(收益還元法)"이란 대상물건이 장래 산출할 것으로 기대되는 순수익이나 미래의 현금흐름을 환원하거나 할인하여 대상물건의 가액을 산정하는 감정평가방법을 말한다.

11. "수익분석법"이란 일반기업 경영에 의하여 산출된 총수익을 분석하여 대상물건이 일정한 기간에 산출할 것으로 기대되는 순수익에 대상물건을 계속하여 임대하는 데에 필요한 경비를 더하여 대상물건의 임대료를 산정하는 감정평가방법을 말한다.

12. "감가수정"이란 대상물건에 대한 재조달원가를 감액하여야 할 요인이 있는 경우에 물리적 감가, 기능적 감가 또는 경제적 감가 등을 고려하여 그에 해당하는 금액을 재조달원가에서 공제하여 기준시점에 있어서의 대상물건의 가액을 적정화하는 작업을 말한다.

12의2. "적정한 실거래가"란 「부동산 거래 신고등에 관한 법률」 에 따라 신고된 실제 거래가격(이하 "거래가격"이라 한다)으로서 거래 시점이 도시지역(「국토의 계획 및 이용에 관한 법률」 제36조제1항제1호에 따른 도시지역을 말한다)은 3년 이내, 그 밖의 지역은 5년 이내인 거래가격 중에서 감정평가업자가 인근지역의 지가수준 등을 고려하여 감정평가의 기준으로 적용하기에 적정하다고 판단하는 거래가격을 말한다.

13. "인근지역"이란 감정평가의 대상이 된 부동산(이하 "대상부동산"이라 한다)이 속한 지역으로서 부동산의 이용이 동질적이고 가치형성요인 중 지역요인을 공유하는 지역을 말한다.

14. "유사지역"이란 대상부동산이 속하지 아니하는 지역으로서 인근지역과 유사한 특성을 갖는 지역을 말한다.

15. "동일수급권(同一需給圈)"이란 대상부동산과 대체·경쟁 관계가 성립하고 가치 형성에 서로 영향을 미치는 관계에 있는 다른 부동산이 존재하는 권역(圈域)을 말하며, 인근지역과 유사지역을 포함한다.

제3조(감정평가업자의 의무) 감정평가업자는 다음 각 호의 어느 하나에 해당하는 경우에는 감정평가를 하여서는 아니 된다.

1. 자신의 능력으로 업무수행이 불가능하거나 매우 곤란한 경우
2. 이해관계 등의 이유로 자기가 감정평가하는 것이 타당하지 아니하다고 인정되는 경우

제4조(적용범위) 감정평가업자는 다른 법령에 특별한 규정이 있는 경우를 제외하고는 이 규칙으로 정하는 바에 따라 감정평가하여야 한다.

제5조(시장가치기준 원칙) ① 대상물건에 대한 감정평가액은 시장가치를 기준으로 결정한다.

② 감정평가업자는 제1항에도 불구하고 다음 각 호의 어느 하나에 해당하는 경우에는 대상물건의 감정평가액을 시장가치 외의 가치를 기준으로 결정할 수 있다.

1. 법령에 다른 규정이 있는 경우
2. 감정평가 의뢰인(이하 "의뢰인"이라 한다)이 요청하는 경우
3. 감정평가의 목적이나 대상물건의 특성에 비추어 사회통념상 필요하다고 인정되는 경우

③ 감정평가업자는 제2항에 따라 시장가치 외의 가치를 기준으로 감정평가할

때에는 다음 각 호의 사항을 검토하여야 한다. 다만, 제2항제1호의 경우에는 그러하지 아니하다.

1. 해당 시장가치 외의 가치의 성격과 특징

2. 시장가치 외의 가치를 기준으로 하는 감정평가의 합리성 및 적법성

④ 감정평가업자는 시장가치 외의 가치를 기준으로 하는 감정평가의 합리성 및 적법성이 결여(缺如)되었다고 판단할 때에는 의뢰를 거부하거나 수임(受任)을 철회할 수 있다.

제6조(현황기준 원칙) ① 감정평가는 기준시점에서의 대상물건의 이용상황(불법적이거나 일시적인 이용은 제외한다) 및 공법상 제한을 받는 상태를 기준으로 한다.

② 감정평가업자는 제1항에도 불구하고 다음 각 호의 어느 하나에 해당하는 경우에는 기준시점의 가치형성요인 등을 실제와 다르게 가정하거나 특수한 경우로 한정하는 조건(이하 "감정평가조건"이라 한다)을 붙여 감정평가할 수 있다.

1. 법령에 다른 규정이 있는 경우

2. 의뢰인이 요청하는 경우

3. 감정평가의 목적이나 대상물건의 특성에 비추어 사회통념상 필요하다고 인정되는 경우

③ 감정평가업자는 제2항에 따라 감정평가조건을 붙일 때에는 감정평가조건의 합리성, 적법성 및 실현가능성을 검토하여야 한다. 다만, 제2항제1호의 경우에는 그러하지 아니하다.

④ 감정평가업자는 감정평가조건의 합리성, 적법성이 결여되거나 사실상 실현 불가능하다고 판단할 때에는 의뢰를 거부하거나 수임을 철회할 수 있다.

제7조(개별물건기준 원칙 등) ① 감정평가는 대상물건마다 개별로 하여야 한다.

② 둘 이상의 대상물건이 일체로 거래되거나 대상물건 상호 간에 용도상 불가분의 관계가 있는 경우에는 일괄하여 감정평가할 수 있다.

③ 하나의 대상물건이라도 가치를 달리하는 부분은 이를 구분하여 감정평가할 수 있다.

④ 일체로 이용되고 있는 대상물건의 일부분에 대하여 감정평가하여야 할 특수한 목적이나 합리적인 이유가 있는 경우에는 그 부분에 대하여 감정평가할 수 있다.

제8조(감정평가의 절차) 감정평가업자는 다음 각 호의 순서에 따라 감정평가를 하여야 한다. 다만, 합리적이고 능률적인 감정평가를 위하여 필요할 때에는 순서를 조정할 수 있다.

1. 기본적 사항의 확정
2. 처리계획 수립
3. 대상물건 확인
4. 자료수집 및 정리
5. 자료검토 및 가치형성요인의 분석
6. 감정평가방법의 선정 및 적용
7. 감정평가액의 결정 및 표시

제9조(기본적 사항의 확정) ① 감정평가업자는 감정평가를 의뢰받았을 때에는 의뢰인과 협의하여 다음 각 호의 사항을 확정하여야 한다.

1. 의뢰인
2. 대상물건
3. 감정평가 목적
4. 기준시점
5. 감정평가조건
6. 기준가치
7. 관련 전문가에 대한 자문 또는 용역(이하 "자문등"이라 한다)에 관한 사항
8. 수수료 및 실비에 관한 사항

② 기준시점은 대상물건의 가격조사를 완료한 날짜로 한다. 다만, 기준시점을 미리 정하였을 때에는 그 날짜에 가격조사가 가능한 경우에만 기준시점으로 할

수 있다.

③ 감정평가업자는 필요한 경우 관련 전문가에 대한 자문등을 거쳐 감정평가할 수 있다.

제10조(대상물건의 확인) ① 감정평가업자가 감정평가를 할 때에는 실지조사를 하여 대상물건을 확인하여야 한다.

② 감정평가업자는 제1항에도 불구하고 다음 각 호의 어느 하나에 해당하는 경우로서 실지조사를 하지 아니하고도 객관적이고 신뢰할 수 있는 자료를 충분히 확보할 수 있는 경우에는 실지조사를 하지 아니할 수 있다.

1. 천재지변, 전시·사변, 법령에 따른 제한 및 물리적인 접근 곤란 등으로 실지조사가 불가능하거나 매우 곤란한 경우
2. 유가증권 등 대상물건의 특성상 실지조사가 불가능하거나 불필요한 경우

제11조(감정평가방식) 감정평가업자는 다음 각 호의 감정평가방식에 따라 감정평가를 한다.

1. 원가방식: 원가법 및 적산법 등 비용성의 원리에 기초한 감정평가방식
2. 비교방식: 거래사례비교법 및 임대사례비교법 등 시장성의 원리에 기초한 감정평가방식 및 공시지가기준법
3. 수익방식: 수익환원법 및 수익분석법 등 수익성의 원리에 기초한 감정평가방식

제12조(감정평가방법의 적용 및 시산가액 조정) ① 감정평가업자는 제14조부터 제26조까지의 규정에서 대상물건별로 정한 감정평가방법(이하 "주된 방법"이라 한다)을 적용하여 감정평가하여야 한다. 다만, 주된 방법을 적용하는 것이 곤란하거나 부적절한 경우에는 다른 감정평가방법을 적용할 수 있다.

② 감정평가업자는 대상물건의 감정평가액을 결정하기 위하여 제1항에 따라 어느 하나의 감정평가방법을 적용하여 산정(算定)한 가액[이하 "시산가액(試算價額)"이라 한다]을 제11조 각 호의 감정평가방식 중 다른 감정평가방식에 속하는 하나 이상의 감정평가방법(이 경우 공시지가기준법과 그 밖의 비교방식에 속한 감정평가방법은 서로 다른 감정평가방식에 속한 것으로 본다)으로 산출한 시산

가액과 비교하여 합리성을 검토하여야 한다. 다만, 대상물건의 특성 등으로 인하여 다른 감정평가방법을 적용하는 것이 곤란하거나 불필요한 경우에는 그러하지 아니하다.

③ 감정평가업자는 제2항에 따른 검토 결과 제1항에 따라 산출한 시산가액의 합리성이 없다고 판단되는 경우에는 주된 방법 및 다른 감정평가방법으로 산출한 시산가액을 조정하여 감정평가액을 결정할 수 있다.

제13조(감정평가서 작성) ① 감정평가업자는 법 제6조에 따른 감정평가서를 의뢰인과 이해관계자가 이해할 수 있도록 명확하고 일관성 있게 작성하여야 한다.

② 감정평가서에는 다음 각 호의 사항이 포함되어야 한다.

1. 감정평가업자의 명칭
2. 의뢰인의 성명 또는 명칭
3. 대상물건(소재지, 종류, 수량, 그 밖에 필요한 사항)
4. 대상물건 목록의 표시근거
5. 감정평가 목적
6. 기준시점, 조사기간 및 감정평가서 작성일
7. 실지조사를 하지 아니한 경우에는 그 이유
8. 시장가치 외의 가치를 기준으로 감정평가한 경우에는 제5조제3항 각 호의 사항. 다만, 같은 조 제2항제1호의 경우에는 해당 법령을 적는 것으로 갈음할 수 있다.
9. 감정평가조건을 붙인 경우에는 그 이유 및 제6조제3항의 검토사항. 다만, 같은 조 제2항제1호의 경우에는 해당 법령을 적는 것으로 갈음할 수 있다.
10. 감정평가액
11. 감정평가액의 산출근거 및 결정 의견
12. 전문가의 자문등을 거쳐 감정평가한 경우 그 자문등의 내용
13. 그 밖에 이 규칙이나 다른 법령에 따른 기재사항

③ 제2항제11호의 내용에는 다음 각 호의 사항을 포함하여야 한다. 다만, 부득이한 경우에는 그 이유를 적고 일부를 포함하지 아니할 수 있다.

1. 적용한 감정평가방법, 감가수정 및 시산가액 조정 등 감정평가액 결정 과정
2. 공시지가기준법으로 토지를 감정평가한 경우 비교표준지의 선정 내용, 비교표준지와 대상토지를 비교한 내용 및 제14조제2항제5호에 따라 그 밖의 요인을 보정한 경우 그 내용
3. 적산법이나 수익환원법으로 감정평가한 경우 기대이율 또는 환원율(할인율)의 산출근거
4. 제7조제2항부터 제4항까지의 규정에 따라 일괄감정평가, 구분감정평가 또는 부분감정평가를 한 경우 그 이유
5. 감정평가액 결정에 참고한 자료가 있는 경우 그 자료의 명칭, 출처와 내용
6. 대상물건 중 일부를 감정평가에서 제외한 경우 그 이유

④ 감정평가업자는 감정평가서를 작성할 때에는 별지 제1호서식에 따라 작성하되, 별지 제1호서식에서 정한 사항 외에 필요한 사항이 있는 경우에는 이를 추가할 수 있다. 다만, 감정평가업자가 의뢰인의 요청에 따라 다음 각 호의 어느 하나에 해당하는 방법으로 감정평가를 하는 경우 감정평가서 표지는 별지 제2호서식에 따라야 한다.

1. 제5조제2항제2호에 따라 시장가치 외의 가치를 기준으로 하는 경우
2. 제6조제2항제2호에 따라 감정평가조건을 붙인 경우

⑤ 감정평가업자는 제4항에도 불구하고 국토교통부장관이 별도로 정하는 표준서식 또는 의뢰인의 요구에 따른 서식을 사용할 수 있다. 이 경우 제2항부터 제4항까지의 규정에 따른 기재사항을 적어야 하고, 표지에는 감정평가서라는 제목을 명확하게 적어야 한다.

제14조(토지의 감정평가) ① 감정평가업자가 법 제3조제1항 본문에 따라 토지를 감정평가할 때에는 공시지가기준법을 적용하여야 한다.

② 감정평가업자는 공시지가기준법에 따라 토지를 감정평가할 때에 다음 각 호의 순서에 따라야 한다.

1. 비교표준지 선정: 인근지역에 있는 표준지 중에서 대상토지와 용도지역·이용상황·주변환경 등이 같거나 비슷한 표준지를 선정할 것. 다만, 인근지역에 적절한 표준지가 없는 경우에는 인근지역과 유사한 지역적 특성을 갖는 동일수급권 안의 유사지역에 있는 표준지를 선정할 수 있다.

2. 시점수정: 「국토의 계획 및 이용에 관한 법률」 제125조에 따라 국토교통부장관이 조사·발표하는 비교표준지가 있는 시·군·구의 같은 용도지역 지가변동률을 적용할 것. 다만, 다음 각 목의 경우에는 그러하지 아니하다.

가. 같은 용도지역의 지가변동률을 적용하는 것이 불가능하거나 적절하지 아니하다고 판단되는 경우에는 공법상 제한이 같거나 비슷한 용도지역의 지가변동률, 이용상황별 지가변동률 또는 해당 시·군·구의 평균지가변동률을 적용할 것

나. 지가변동률을 적용하는 것이 불가능하거나 적절하지 아니한 경우에는 「한국은행법」 제86조에 따라 한국은행이 조사·발표하는 생산자물가지수에 따라 산정된 생산자물가상승률을 적용할 것

3. 지역요인 비교

4. 개별요인 비교

5. 그 밖의 요인 보정: 대상토지의 인근지역 또는 동일수급권내 유사지역의 가치형성요인이 유사한 정상적인 거래사례 또는 평가사례 등을 고려할 것

③ 감정평가업자는 법 제3조제1항 단서에 따라 적정한 실거래가를 기준으로 토지를 감정평가할 때에는 거래사례비교법을 적용하여야 한다.

④ 감정평가업자는 법 제3조제2항에 따라 토지를 감정평가할 때에는 제1항부터 제3항까지의 규정을 적용하되, 해당 토지의 임대료, 조성비용 등을 고려하여 감정평가할 수 있다.

제15조(건물의 감정평가) 감정평가업자는 건물을 감정평가할 때에 원가법을 적용하여야 한다.

제16조(토지와 건물의 일괄감정평가) 감정평가업자는 「집합건물의 소유 및 관리에 관한 법률」에 따른 구분소유권의 대상이 되는 건물부분과 그 대지사용권을 일

괄하여 감정평가하는 경우 등 제7조제2항에 따라 토지와 건물을 일괄하여 감정평가할 때에는 거래사례비교법을 적용하여야 한다. 이 경우 감정평가액은 합리적인 기준에 따라 토지가액과 건물가액으로 구분하여 표시할 수 있다.

제17조(산림의 감정평가) ① 감정평가업자는 산림을 감정평가할 때에 산지와 입목(立木)을 구분하여 감정평가하여야 한다. 이 경우 입목은 거래사례비교법을 적용하되, 소경목림(소경목림: 지름이 작은 나무·숲)인 경우에는 원가법을 적용할 수 있다.

② 감정평가업자는 제7조제2항에 따라 산지와 입목을 일괄하여 감정평가할 때에 거래사례비교법을 적용하여야 한다.

제18조(과수원의 감정평가) 감정평가업자는 과수원을 감정평가할 때에 거래사례비교법을 적용하여야 한다.

제19조(공장재단 및 광업재단의 감정평가) ① 감정평가업자는 공장재단을 감정평가할 때에 공장재단을 구성하는 개별 물건의 감정평가액을 합산하여 감정평가하여야 한다. 다만, 계속적인 수익이 예상되는 경우 등 제7조제2항에 따라 일괄하여 감정평가하는 경우에는 수익환원법을 적용할 수 있다.

② 감정평가업자는 광업재단을 감정평가할 때에 수익환원법을 적용하여야 한다.

제20조(자동차 등의 감정평가) ① 감정평가업자는 자동차를 감정평가할 때에 거래사례비교법을 적용하여야 한다.

② 감정평가업자는 건설기계를 감정평가할 때에 원가법을 적용하여야 한다.

③ 감정평가업자는 선박을 감정평가할 때에 선체·기관·의장(艤裝)별로 구분하여 감정평가하되, 각각 원가법을 적용하여야 한다.

④ 감정평가업자는 항공기를 감정평가할 때에 원가법을 적용하여야 한다.

⑤ 감정평가업자는 제1항부터 제4항까지에도 불구하고 본래 용도의 효용가치가 없는 물건은 해체처분가액으로 감정평가할 수 있다.

제21조(동산의 감정평가) 감정평가업자는 동산을 감정평가할 때에는 거래사례비교법을 적용하여야 한다. 다만, 본래 용도의 효용가치가 없는 물건은 해체처분가

액으로 감정평가할 수 있다.

제22조(임대료의 감정평가) 감정평가업자는 임대료를 감정평가할 때에 임대사례비교법을 적용하여야 한다.

제23조(무형자산의 감정평가) ① 감정평가업자는 광업권을 감정평가할 때에 제19조 제2항에 따른 광업재단의 감정평가액에서 해당 광산의 현존시설 가액을 빼고 감정평가하여야 한다. 이 경우 광산의 현존시설 가액은 적정 생산규모와 가행조건(稼行條件) 등을 고려하여 산정하되 과잉유휴시설을 포함하여 산정하지 아니한다.

② 감정평가업자는 어업권을 감정평가할 때에 어장 전체를 수익환원법에 따라 감정평가한 가액에서 해당 어장의 현존시설 가액을 빼고 감정평가하여야 한다. 이 경우 어장의 현존시설 가액은 적정 생산규모와 어업권 존속기간 등을 고려하여 산정하되 과잉유휴시설을 포함하여 산정하지 아니한다.

③ 감정평가업자는 영업권, 특허권, 실용신안권, 디자인권, 상표권, 저작권, 전용측선이용권(專用側線利用權) 및 그 밖의 무형자산을 감정평가할 때에 수익환원법을 적용하여야 한다.

제24조(유가증권 등의 감정평가) ① 감정평가업자는 주식을 감정평가할 때에 다음 각 호의 구분에 따라야 한다.

1. 상장주식[「자본시장과 금융투자업에 관한 법률」 제373조의2에 따라 허가를 받은 거래소(이하 "거래소"라 한다)에서 거래가 이루어지는 등 시세가 형성된 주식으로 한정한다]: 거래사례비교법을 적용할 것
2. 비상장주식(상장주식으로서 거래소에서 거래가 이루어지지 아니하는 등 형성된 시세가 없는 주식을 포함한다): 해당 회사의 자산·부채 및 자본 항목을 평가하여 수정재무상태표를 작성한 후 기업체의 유·무형의 자산가치(이하 "기업가치"라 한다)에서 부채의 가치를 빼고 산정한 자기자본의 가치를 발행주식 수로 나눌 것

② 감정평가업자는 채권을 감정평가할 때에 다음 각 호의 구분에 따라야 한다.

1. 상장채권(거래소에서 거래가 이루어지는 등 시세가 형성된 채권을 말한다): 거래사례비교법을 적용할 것

2. 비상장채권(거래소에서 거래가 이루어지지 아니하는 등 형성된 시세가 없는 채권을 말한다): 수익환원법을 적용할 것

③ 감정평가업자는 기업가치를 감정평가할 때에 수익환원법을 적용하여야 한다.

제25조(소음 등으로 인한 대상물건의 가치하락분에 대한 감정평가) 감정평가업자는 소음·진동·일조침해 또는 환경오염 등(이하 "소음등"이라 한다)으로 대상물건에 직접적 또는 간접적인 피해가 발생하여 대상물건의 가치가 하락한 경우 그 가치하락분을 감정평가할 때에 소음등이 발생하기 전의 대상물건의 가액 및 원상회복비용 등을 고려하여야 한다.

제26조(그 밖의 물건의 감정평가) 감정평가업자는 제14조부터 제25조까지에서 규정되지 아니한 대상물건을 감정평가할 때에 이와 비슷한 물건이나 권리 등의 경우에 준하여 감정평가하여야 한다.

제27조(조언 · 정보 등의 제공) 감정평가업자가 법 제10조제7호에 따른 토지등의 이용 및 개발 등에 대한 조언이나 정보 등의 제공에 관한 업무를 수행할 때에 이와 관련한 모든 분석은 합리적이어야 하며 객관적인 자료에 근거하여야 한다.

제28조(그 밖의 감정평가 기준) 이 규칙에서 규정하는 사항 외에 감정평가업자가 감정평가를 할 때 지켜야 할 세부적인 기준은 국토교통부장관이 정하여 고시한다.

부 칙 〈국토교통부령 제356호, 2016.8.31.〉

이 규칙은 2016년 9월 1일부터 시행한다.

감정평가서 별지서식

(「감정평가에 관한 규칙」 제13조)

■ 감정평가에 관한 규칙 [별지 제1호서식] <개정 2016. 8. 31.>

※ 제6쪽의 작성방법을 읽고 작성하시기 바랍니다.

(8쪽 중 제1쪽)

감 정 평 가 서

APPRAISAL REPORT

건 명 :

감정평가서번호 :

이 감정평가서는 감정평가 의뢰목적 외의 목적에 사용하거나 타인(의뢰인 또는 담보감정평가 시 확인은행이 아닌 자)이 사용할 수 없을 뿐 아니라 복사, 개작(改作), 전재(全載)할 수 없으며 이로 인한 결과에 대하여 감정평가업자는 책임을 지지 않습니다.

감정평가업자의 명칭

210㎜×297㎜[백상지 80g/㎡]

■ 감정평가에 관한 규칙 [별지 제2호서식]
※ 제6쪽의 작성방법을 읽고 작성하시기 바랍니다. (8쪽 중 제1쪽)

의뢰인의 요청에 따라
([ ]시장가치 외의 가치로
[ ]감정평가조건을 붙여)
감정평가함

감 정 평 가 서

APPRAISAL REPORT

건 명 :

감정평가서번호 :

이 감정평가서는 감정평가 의뢰목적 외의 목적에 사용하거나 타인(의뢰인 또는 담보감정평가 시 확인은행이 아닌 자)이 사용할 수 없을 뿐 아니라 복사, 개작, 전재할 수 없으며 이로 인한 결과에 대하여 감정평가업자는 책임을 지지 않습니다.
또한, 이 감정평가서는 의뢰인의 요청에 따라 ([ ]시장가치 외의 가치로 [ ]감정평가조건을 붙여) 감정평가한 것으로 의뢰인의 요청이 없었을 경우와 감정평가액이 다를 수 있음을 알려 드립니다.

감정평가업자의 명칭

210㎜×297㎜[백상지 80g/㎡]

1. (　　)감정평가표

(8쪽 중 제2쪽)

이 감정평가서는 감정평가에 관한 법규를 준수하고 감정평가이론에 따라 성실하고 공정하게 작성하였기에 서명·날인합니다.

감 정 평 가 사 (서명 또는 인)

감정평가액					
의 뢰 인		감정평가 목적			
채 무 자		제 출 처			
소 유 자 (대상업체명)		기준가치			
		감정평가조건			
목록표시 근거		기준시점		조사기간	작성일

감정평가 내용	공부(公簿)(의뢰)		사 정		감정평가액	
	종 별	면적 또는 수량	종 별	면적 또는 수량	단 가	금 액
	합계					

심사확인	본인은 이 감정평가서에 제시된 자료를 기준으로 성실하고 공정하게 심사한 결과 이 감정평가 내용이 타당하다고 인정하므로 이에 서명·날인합니다. 심 사 자 : 감 정 평 가 사 (인)

2. 감정평가액의 산출근거 및 결정 의견

(8쪽 중 제3쪽)

가. 대상물건 개요 ○ 대상물건의 형상, 이용 상황 및 공법상 제한사항 등 ○ 기준시점 결정 및 그 이유 ○ 실지조사 실시기간 및 내용
나. 기준가치 및 감정평가조건 ○ 기준가치 결정 및 그 이유 ○ 의뢰인이 제시한 감정평가조건에 대한 검토
다. 감정평가액 산출근거 1) 감정평가방법의 적용 ○ 대상물건에 대한 감정평가방법 적용 규정 ○ 대상물건에 적용한 주된 방법과 다른 감정평가방법 ○ 일괄·구분·부분감정평가를 시행한 경우 그 이유 및 내용

(8쪽 중 제4쪽)

2) 감정평가액 산출과정 ○ 주된 방법에 따른 산출내역 ○ 다른 감정평가밥법에 따른 산출내역 ○ 시산가액 조정 관련사항 3) 그 밖의 사항
라. 감정평가액 결정 의견

3. (　　)감정평가 명세표

(8쪽 중 제5쪽)

일련번호	소재지	지번	지목·용도	구조	면 적		감정평가액		비고
					공 부	사 정	단 가	금 액	

(8쪽 중 제6쪽)

작 성 방 법

○ 감정평가서(표지)

가. 건명
1) 담보목적의 감정평가는 "채무자명 담보물"이라 적는다.
2) 법원의뢰 감정평가는 소유자명을 위쪽에 적고, 괄호를 사용하여 사건번호를 아래쪽에 적는다.
3) 그 외의 경우에는 대상물건의 대표소재지를 적고 그 끝부분에 「감정평가에 관한 규칙」 제14조부터 제25조까지에서 규정한 물건의 종류를 기준으로 적는다. 다만, 물건의 종류가 토지, 건물의 복합부동산인 경우에는 "부동산"으로 적고, 공장재단인 경우에는 사업체의 명칭을 적으며, 소재지 표기가 곤란한 물건(예: 운행 중인 자동차 등)인 경우에 한정하여 그 소재지 표시를 생략할 수 있다.

나. 감정평가서 번호: 접수번호를 적는다.

다. 감정평가업자의 명칭: 감정평가사무소 또는 감정평가법인의 명칭을 적고 대표전화번호, 팩스번호 등을 적는다.

1. 감정평가표

가. (　)감정평가표: 괄호 안에는 표지의 건명에 기재한 물건의 종별을 적는다.

나. 감정평가사: 감정평가에 참여한 감정평가사가 그 자격을 표시하고 각각 서명하고, 날인한다.

다. 감정평가법인: 감정평가법인의 명칭(법인의 분사무소의 경우 분사무소 명칭)을 적고, 그 대표사원 또는 대표이사(법인의 분사무소는 상법상 대리인도 가능)이 서명이나 날인을 한다. 개인사업자의 경우에는 생략할 수 있다.

라. 감정평가액: 감정평가액은 한글 또는 한자로 적고, 괄호 안에 아라비아 숫자로 병기한다.

마. 의뢰인: 감정평가의뢰서상의 의뢰인을 적는다.
바. 감정평가 목적: 감정평가서의 사용목적을 적는다.
사. 채무자: 담보감정평가인 경우 채무자명을 적는다.
아. 제출처: 감정평가서의 구체적인 사용처(담보감정평가인 경우는 채권기관, 소송감정평가 또는 경매 감정평가인 경우는 법원)를 적는다.
자. 기준가치: 시장가치를 기준으로 감정평가한 경우 "시장가치"라고 적고, 시장가치 외의 가치로 감정평가한 경우에는 해당 가치의 명칭이 있는 경우에는 그 명칭을 적고, 명칭이 없는 경우에는 "시장가치 외의 가치"라고 적는다.
차. 감정평가조건: 감정평가조건이 있는 경우에 그 조건을 요약하여 적는다.
카. 목록표시 근거: 감정평가명세표의 목록표시 근거 자료명을 적는다.
타. 기준시점: 대상물건의 가격조사를 완료한 날짜를 적는다. 다만, 소급감정평가 등 기준시점이 미리 정해졌을 때에는 그 날짜를 적는다.
파. 조사기간: 실지조사 착수일부터 가격조사 완료일까지의 기간을 적는다.
하. 작성일: 감정평가서 작성 완료일을 적는다.
거. 감정평가내용: 감정평가명세표상의 감정평가 내용을 종별로 분류하여 합산해서 적되, 다음 요령에 따른다.
 1) 토지: 종별란에 "토지"라 적고, 면적란에 공부 또는 사정 총면적을 적는다. 다만, 사정면적은 제곱미터(㎡)로 적는다(이하 같다).
 2) 건물: 면적란에 공부 또는 사정 총면적을 적는다. 다만, 미등기건물 또는 제시외 건물은 종별란에 "미등기건물(또는 제시외 건물)"이라 적고, 면적란에 사정 총면적을 적는다.
 3) 구분소유건물: 종별란에 "구분건물"이라 적고 수량란에 세대수(주거용의 경우) 또는 개수(상업용, 업무용의 경우)를 적는다.
 4) 단가: 유효숫자 둘째자리까지 표시함을 원칙으로 하되, ㎡당 가격이 100,000원 이상인 경우에는 유효숫자 셋째자리까지 표시할 수 있다. 다만, "사정면적(또는 수량)×단가=금액"이 성립되지 않는 경우에는 단가란에 횡선(－)을 긋는다.
 5) 기계기구 및 공작물 등 단가를 적는 것이 불합리한 종별은 단가란에 횡선(－)을 긋는다.
너. 심사확인: 같은 감정평가법인 소속의 다른 감정평가사가 적정성을 심사하고, 심사자는 서명과 날인을 한다.

2. 감정평가액의 산출근거 및 결정 의견 (8쪽 중 7쪽)

가. 대상물건 개요
 1) 대상물건의 형상, 이용 상황, 공법상 제한사항 및 감정평가 시 고려할 필요가 있는 주변 상황 등을 적는다.
 2) 대상물건의 감정평가 기준시점과 해당 시점으로 결정한 이유를 적는다.
 3) 실지조사를 실시한 기간과 내용을 적고, 실지조사를 하지 않은 경우에는 그 이유를 적는다.
나. 기준가치 및 감정평가조건
 1) 시장가치를 기준으로 감정평가액을 결정한 경우 기준가치를 "시장가치"라고 적고, 시장가치 외의 가치를 기준으로 감정평가액을 결정한 경우 해당 시장가치 외의 가치의 명칭, 성격과 특징, 시장가치 외의 가치로 감정평가를 하는 이유를 적는다.
 2) 의뢰인이 감정평가조건을 붙인 경우 그 이유와 감정평가조건의 합리성, 적법성 및 실현가능성에 대한 검토사항을 적는다.
다. 감정평가액 산출근거
 1) 감정평가방법의 적용
  ① 대상물건의 감정평가를 위해 적용한 감정평가방법의 관련 규정을 적는다.
  ② 대상물건을 감정평가 하는 주된 방법의 내용과 채택이유를 기재하고, 주된 방법을 적용하는 것이 곤란하거나 부적절하여 다른 방법을 적용한 경우 그 이유와 내용을 적는다.
  ③ 감정평가 시 하나의 대상물건에 대하여 하나의 감정평가액을 산출하는 것을 원칙으로 하되, 예외적으로 일괄감정평가, 구분감정평가 또는 부분감정평가를 하는 경우에는 그 이유와 내용을 적는다.

2) 감정평가액 산출과정

① 대상물건을 감정평가 하는 주된 방법으로 감정평가액을 산출하는 과정을 적는다. 「감정평가에 관한 규칙」 제13조제3항에서 열거한 사항 외에도 감정평가액 결정에 영향을 미치는 중요한 내용은 모두 적는다.

② 대상물건을 감정평가 하는 주된 방법 이외에 다른 방법으로 감정평가액을 산출하는 과정을 적는다.

③ 시산가액을 조정하는 방법 및 산출과정을 기재하고, 대상물건의 특성 등으로 인하여 다른 감정평가방법에 의한 시산가액으로 합리성 검토를 할 수 없는 경우 그 이유와 내용을 적는다.

3) 그 밖의 사항: 다음 요령에 따라 적는다.

① 감정평가액 산출내역에 포함되지 않았으나 산출과정에서 참고한 각종 부동산통계지표, 부동산 시황자료 및 그 밖에 대상물건의 감정평가에 미치는 사항 등을 적는다.

②「감정평가에 관한 규칙」 제13조제3항에서 열거한 사항 외에 감정평가액 결정에 영향을 미치는 중요한 내용을 적는다.

라. 감정평가액 결정 의견: 감정평가액 산출과정에 대한 종합적인 의견과 최종 감정평가액의 결정에 관한 감정평가사의 의견을 적는다.

3. 감정평가명세표 (8쪽 중 제8쪽)

가. (　　)감정평가명세표: 괄호에는 토지와 건물, 기계기구 및 공작물 등으로 구분하여 작성한다. 토지와 건물의 경우에는 서식에 따라 작성하고, 기계기구 및 공작물인 경우에는 소재지, 지번, 지목용도 대신 명칭(종류), 제작자, 제작번호, 제작날짜, 수량을 적는다.

나. 일련번호: 토지는 1, 2, 3…등으로 표시하고, 등기건물은 가, 나, 다…등으로 표시하며, 미등기건물은 ㄱ, ㄴ, ㄷ…등으로 표시하되, 건물을 감정평가에서 제외하였을 경우에는 괄호를 사용하여 해당 번호를 표시한다.

다. 소재지: 공부(의뢰목록) 내용대로 적는다. 다만, 행정구역이 변경되었음에도 공부에 정리되지 않았을 경우에는 변경된 행정구역 소재지를 적을 수 있다.

라. 지번: 공부(의뢰목록) 내용대로 적되, 구분건물의 경우에는 다음에 따른다.

1) 공부내용대로 적되, 건물의 명칭과 동수가 표시되어 있는 경우에는 이를 함께 적는다.

2) 건물등기부상 1동의 건물의 표제부(이하 "공통표제부"라 한다)에서 "대지권의 목적인 토지의 표시" 란에 기록할 토지가 10필지 이상인 경우에는 "(대표필지의 지번) 외 ○○필지"라고 적고, 그 밖의 필지 지번은 적지 않을 수 있다.

마. 지목, 용도 및 구조: 공부(의뢰물건) 내용대로 적되, 구분건물의 경우에는 다음에 따른다.

1) 건물공부(등기부)의 공통표제부 내용을 적은 다음 전유부분(專有部分) 표제부 내용을 적는다. 다만, 아파트의 경우에는 공통표제부의 내용 중 각 층별 표시 및 부속 건축물의 용도, 구조, 층별 표시는 적지 않을 수 있으며, 대지권의 표시는 소유권 및 대지권만을 적는다.

2) 1동의 건물 중 구분소유권의 목적이 되는 여러 개의 물건을 감정평가하는 경우에는 최초의 구분건물에만 공통표제부의 지목, 용도 및 구조를 적고, 그 밖의 구분건물에 대하여는 적지 않을 수 있다.

3) 건물등기부상 공통표제부에서 "대지권의 목적인 토지의 표시" 란에 적을 토지가 10필지 이상인 경우에는 "(대표필지의 지목) 외"라 적고 그 밖의 필지의 지목에 대하여는 적지 않을 수 있다.

바. 면적(공부면적 및 사정면적): 공부란에는 공부내용대로 적고, 사정란에는 사정 면적을 제곱미터(㎡)로 적는다. 이때 면적은 아라비아 숫자로 표시한다.

사. 단가란 및 금액란 기재방법

1) 단가란은 토지 또는 건물의 감정평가 시 적용할 단가를 산출할 경우 그 적용 단가를 적는다. 적용 단가가 산출되지 않은 경우와 건물이 멸실된 경우 등에는 횡선(－)을 긋는다.

2) 금액란은 감정평가에서 제외한 경우는 "감정평가 외"라 적고, 건물이 멸실된 경우는 횡

선(-)을 긋는다.

아. 비고: 다음 사항이 있을 경우 적는다.

1) 공부내용과 실제가 다른 경우 그 내용
2) 도시계획에 저촉되는 경우 그 내용
3) 환지(換地)에 관한 사항
4) 구분감정평가한 경우 구분기호 또는 구분별 현황
5) 일괄감정평가한 경우 그 이유
6) 부분감정평가한 경우 부분기호 또는 부분별 현황
7) 일단지로 감정평가한 경우 일단지 기호 또는 일단지 현황
8) 적산가격으로 감정평가한 경우 감가수정 내용 다만, 부합물(附合物) 또는 종물(從物)로서 그 가치가 미미한 것은 생략할 수 있다.
9) 감정평가에서 제외한 경우 그 이유
10) 그 밖의 참고사항

찾아보기

참고문헌

- 강교식·임호정, 부동산가격공시 및 감정평가, 서울 : 부연사, 2007. 9.
- 강해규·윤창구 외, 부동산감정평가실무, 서울 : 형설출판사, 2003. 1.
- 권자영, 토지보상평가지침 해설, 서울 : 리북스, 2007. 11.
- 김영진, 부동산학총론, 서울 : 범론사, 1994. 1.
- 손성태, 감정평가 및 보상법규, 서울 : 박문각, 1997. 2.
- 송형국·양종희·장동훈, 부동산학실무, 서울 : 형설출판사, 2013. 2.
- 안정근, 부동산평가강의, 서울 : 법문사, 2007. 7.
- 윤창구, 부동산 평가론, 서울 : 도서출판 좋은 만남, 2005. 3.
- 윤창구·장동훈·정성조, 부동산평가실무, 파주 : 21세기사, 2010. 6.
- 이계형, 담보감정평가실무, 한국금융연수원, 2006.
- 이창석, 부동산학개론, 서울 : 형설출판사, 2006. 4.
- 이창석·윤창구 외, 부동산감정평가론, 서울 : 형설출판사, 2003. 10.
- 이홍규, 감정평가실무연습, 서울 : 리북스, 2007. 12.
- 장동훈·김철호·정성조, 부동산학개론, 서울 : 형설출판사, 2010. 1.
- 장동훈·이창석 외, 부동산신개념 이론분석, 서울 : 형설출판사, 2006. 1.
- 장동훈·정성조 외, 재테크 첫걸음-생활속의 부동산, 서울 : 형설출판사, 2008. 1.
- 장동훈·정승영, 부동산입지론, 서울 : 부연사, 2008. 2.
- 정성조, 부동산학논문작성실무, 서울 : 부연사, 2010. 6.
- 정성조·장동훈·나길수, 부동산기술론, 서울 : 부연사, 2009. 2.
- 한국감정원, 단독주택평가, 1992. 12.
- 홍병각·박태환·양우석, 신체계 감정평가실무, 서울 : 부연사, 2008. 1.
- 대일감정원, 부동산제도의 이해, 2012. 7.
- 한국감정평가협회, 감정평가지 2010. 5~6(Vol.97), 2011. WINTER (Vol.104).
- 한국부동산연구원, 부동산연구(Vol.19 No.2), 2009. 12.
- 국토교통부, 감정평가 실무기준(고시 제2013-620호)

장동훈

- 경영학 박사
- De la Salle-Araneta University 졸업(부동산학 전공)
- 공인중개사 시험 출제위원 및 서울시 공무원 시험 출제위원 위촉
  용산구, 구리시, 남양주시 토지평가위원, 중개분쟁조정위원, 분양가 상한제 심의위원, 평생교육진흥원 학점인정 심의위원회 분과위원 등 위촉
- 서일대학 학술진흥연구소 소장 역임
- 현) 서일대학교 자산법률학과 교수

〈저서 및 논문〉

- 부동산학개론 / 부동산평가실무 / 부동산기술론 / 부동산공법 / 부동산중개업 경영실무
- 부동산법론 / 부동산신개념 이론분석 / 부동산입지론 / 부동산학원론 / 부동산세법
- 부동산법의 이론과 실제 / 부동산학연습 / 입지분석론 / 생활속의 부동산 / 생활과 부동산
- 國土利用의 效率化를 위한 土地利用規制에 관한 硏究
- 서울 오피스 빌딩의 임대료 특성 분석
- The Management of Socialized Housing Projects in Selected Districts in Seoul, Korea : Status and Problems 외 다수
- e-mail : sukhalsa@hanmail.net

정성조

- 경영학 석사
- 동국대학교 경영대학원 졸업(부동산학 전공)
- 능인선원불교대학 졸업(법명 : 鶴林)
- 국가공무원(정보통신부)
- 동부건설(주) 건축사업부, 프랜트사업부 기획팀장 역임(24년 재직)
  -H. M. The King's office(Saudi Arabia), 국군수도통합병원,
  FED 용산미군기지 121병원 등 공사수행
- 동부그룹 연수원 사내강사
- (주)남일기업 부사장, (주)세진전기연구소, (주)유일엔지니어링, 한방유비스, 다인건축 이사 역임
  -건국대학교 기숙사, 상암 DMC단지 LG CNS IT Center, LG Telecom 사옥, LH 학교시설공사, 평택 미2사단 본부시설공사 등 CM감리 용역 수행
- 현) 서일대학교 자산법률학과 겸임교수
  (주) 건일엠이씨 상무

〈저서 및 논문〉

- 부동산기술론 / 부동산학 개론 / 재테크 첫걸음 생활속의 부동산
- 부동산평가실무 / 부동산학논문작성실무 / 논문의 향기/생활과 부동산
- 공동주택의 life cycle 단계별 유지관리 및 renewal 방안에 관한 연구
- e-mail : sj8275@hanmail.net

나길수

• 행정학 박사
• 동국대학교 대학원 행정학과(정책전공), 연세대학교 대학원 공간디자인(이학석사), 동국대학교 대학원 부동산학과(경영학석사), 전북대학교 경영학과 졸업(경영학사)
• 한국실내디자인학회, 한국공공디자인학회, 디자인융복합학회, 대한부동산학회, 한국부동산학회, 한국주택학회, 한국부동산경영학회, 현대한옥학회, 도시연대 회원 및 임원, 송파구청 정책연구단장 역임
• 현대백화점, 현대오일뱅크(관리팀장) 근무(전)
• 현) 한국공동주택관리연구소 소장, 한국공동주택입주자대표연합회 사무총장, 서울시 공동주택관리규약준칙 심의위원, 서울시 공동주택 입주자대표회의 구성원교육 강사, 송파구 공동주택분쟁조정위원회 위원
• 현) 서일대학교 자산법률학과 겸임교수
동국대학교 행정대학원 부동산학과 객원교수

〈저서 및 논문〉
• 부동산공법 / 국토이용개발법 / 부동산기술론 / 공동주택관리론
• 주민자치기구로서 입주자대표회의의 발전방안에 관한 연구, 아파트 공급면적 변동추세에 관한 연구, 공동주택 관리제도 발전방안에 관한 연구 외 다수
• e-mail : jamsilforum@naver.com

부동산평가론

초판1쇄 발행 2008년 8월 08일
개정1판 1쇄 발행 2011년 7월 10일
개정2판 1쇄 발행 2013년 8월 01일
개정3판 1쇄 발행 2014년 7월 25일
개정4판 1쇄 발행 2016년 8월 25일
개정5판 1쇄 발행 2017년 8월 25일
공 저 자 장동훈 • 정성조 • 나길수
발 행 인 이범만
발 행 처 **21세기사** (제406-00015호)
경기도 파주시 산남로 72-16 (413-130)
Tel. 031-942-7861 Fax. 031-942-7864
E-mail : 21cbook@naver.com
ISBN 978-89-8468-492-8

정가 27,000원